Intellectual Disability

지적장애 학생의 이해와 교육

김형일 저

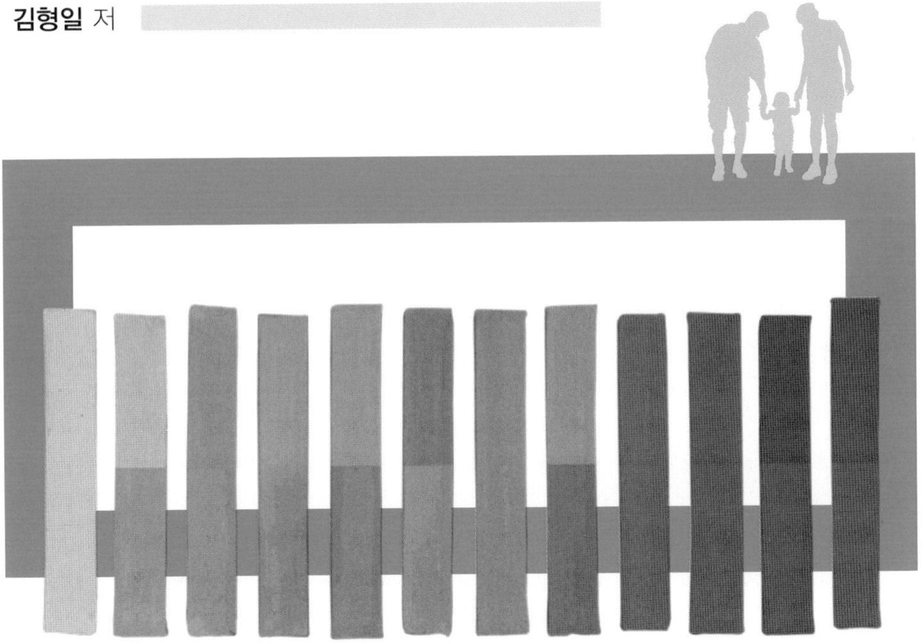

학지사

이 책은 2014 나사렛대학교 학술연구비 지원으로 수행되었음

머리말

지적장애 교육을 전공하고 특수교육 현장에서 오랜 기간 지적장애 학생들을 가르쳤으며 대학에서도 강의를 하고 있지만, 지적장애에 대한 이론과 실천의 거리는 늘 느껴지는 부분이었다. 최근 특수교육 현장에서는 대학에서 배우는 이론보다는 특수교육 현장 중심의 실행을 강조하는 논의들이 더 이루어지는 경향이 있다. 그러나 이론적 근거나 교수적 모형 및 방법적 체계가 없는 수업 실행은 그 뿌리와 틀이 부실할 수밖에 없다. 필자는 이론과 실제를 별도로 접근하기보다는, 이론을 기본으로 지적장애 학생을 이해하고 이를 기반으로 하여 현장에서 실행하는 데 길잡이가 되는 자료를 만들고 싶었다. 따라서 그동안 지적장애 학생들을 가르치면서 경험하고 느꼈던 점들과 대학에서 모아 두었던 연구물들을 중심으로 이 책을 집필하게 되었다.

기본적으로 지적장애 학생에 대한 이해와 이들을 지도하기 위한 교수적 실행을 어떻게 할 것인가에 중점을 두고 이 책을 기술하였다. 특히 지적장애 학생이 고등학교를 졸업하고 사회에 진출하는 전환 과정에서 필요한 지원과 방법에 관한 자료도 함께 제시하였다. 전반부(제1~3장)는 지적장애를 이해하는 데 필요한 이론적 내용을 기술하였고, 이에 대한 이해를 중심으로 교육계획(제4~5장)을 통한 목표 제시와 지도 내용 및 지도 방법을 어떻게 구성할 것인가에 대해 기술하였다. 그리고 지적장애 학생을 지도하기 위한 교육 내용(제6~7장)과 지도 방법(제8장)을 소개하였다. 특히 최근 지적장애 학생의 통합 상황에서의 교수적 접근을 위해 통합교육에서의 교수적 수정 방법(제9장)을 제시하였으며, 전환교육 차원에서 고등학교를 졸업하고 지역사회 및 중등 이후 교육의 진학을 위한 교육적 모형과 지원을 어떻게 할 것인가에 대한 논의(제10장)를 하였다. 제9장은 제5장의 개별화교육계획과 연계하여 살펴보면 더 효과적인 접근을 할 수 있을 것이다. 그 밖에 지적장애 학생을 위한 개인 및 학교 차원의 긍정적 행동지원 방안(제11장)과 최근 빠르게 발전하고 있는 보조공학적 접근 방안(제12장)을 실제 지원도구를 중심으로 구성하였으며, 아울러 지적장애 가족 및 부모를 지원하기 위한 방법적 논의(제13장)를 하였다.

부족하지만 자료를 책으로 엮어 내기까지 많은 분의 고마움이 있었다. 무엇보다도 지적장애에 대한 학문적 뿌리와 배경을 주신 단국대학교 신현기 지도교수님께 늘 감사드린다. 그리고 나의 학문적 부족함을 지원하기 위해 자신의 전문분야 원고를 기꺼이 이 책에 기여해 주신 정동훈 교수님(제12장 '보조공학')께 진심으로 감사드린다. 아울러 원고 수정과 글에 대한 냉정한 평가를 해 준 허창효 선생님과 딸 규진에게 감사하며, 표지 자료와 아이디어를 준 아들 의규에게도 고마움을 전한다. 수업 시간마다 원고 교재를 출력해서 보는 불편함 속에서 글 수정을 해 준 나사렛대학교 중등특수교육과 재학생들에게도 고마움을 전한다. 나름 원고 작성에 최선을 다했다고 하지만, 보는 이의 관점에 따라 의견이 다를 수 있고 여러 가지 오류나 미흡한 점이 많을 것으로 생각한다. 이 책에 대한 다양한 충고를 겸허하게 받아들이고 지속적으로 관련 연구를 통해 좀 더 실제적인 자료가 될 수 있도록 수정·보완하도록 하겠다. 그리고 원고가 나오기까지 오랜 시간을 기다려 주신 학지사의 김진환 사장님과 편집에 많은 수고를 해 주신 하시나 선생님을 포함한 모든 직원들께도 감사의 말씀을 드린다.

2014년 9월

지혜관 연구실에서

저자 김형일

차 례

제 1 장

지적장애 학생의 정의 및 분류

학습목표

1. 지적장애 교육의 역사, 정의, 분류를 이해한다.
2. 지적장애 분류의 의미와 출현율을 이해한다.

지적장애에 대한 관심은 오랜 세월을 거치면서 그 접근 방식에서 꾸준한 변화와 발전이 이루어져 왔다. 초기 암흑기에서는 장애유아의 유기와 죽임이 있었고, 동정적 보호가 있었다. 이후 프랑스의 Itard와 그의 제자 Seguin을 통해 지적장애아에 대한 좀 더 체계적인 훈련과 교육적 노력이 있었다. 그러나 19세기에 이르기까지 지적장애를 보는 사회적 시각은 부정적이었으며, 정상 사회와 거리가 먼 시설 중심의 분리 배치가 주류를 이루었다. 이러한 흐름은 1960년대 이후 인간 존엄성을 바탕으로 한 법적 지위 신장과 더불어 급격한 변화를 맞게 되었다. 그 변화의 큰 맥락은 장애인도 한 인간으로서 존엄성과 가치를 인정받아야 한다는 것이었다. 최근 지적장애 학생 교육의 새로운 패러다임은 지적 능력에 분명한 한계를 가지고 있지만 또래와 어울려 능동적이고 적극적으로 정상적 생활을 영위할 수 있도록 하는 데 있다.

이와 같이 지적징애 학생에 대한 정의는 시대적 변화와 사회적 상황과 그 맥을 같이하고 있다. 지적장애의 정의는 그 사회가 이들을 어떤 관점으로 보고 판단하느냐에 따라 달라진다. 즉, 그 사회의 장애인에 대한 보편적 가치관과 서비스 제공 주체의 현실적 입장을 반영한다. 이 장에서는 지적장애 정의에 대한 전반적 변화 과정과 논점 및 의미를 살펴보고, 정의에 따른 분류와 출현율에 대하여 살펴본다.

1. 지적장애

'지적장애'는 장애(disability)와 손상(impairment)이라는 개념을 포함하고 있다. 장애는 손상에 대한 해석을 사회적으로 정의한 것이다. 따라서 장애는 그 의미에 문화적 · 사회적 맥락이 내포되어 있다. 장애는 사회적 맥락 내의 기능에 제한을 가지는 것을 의미한다. 또한 장애는 특정한 손상에 대한 요구, 즉 손상을 보는 사회적 해석과 장애에 대한 정치적 · 경제적 맥락과 서로 연관하여 나타난다. 반면, 손상은 알려진 생물학적 조건을 지칭하는 것이다. 기술의 획득과 학습 능력에 영향을 주는 유전, 염색체 그리고 환경적 원인에 의한 중앙 신경 조직과 연관된다(Braddock & Parish, 2001, 2002).

지적장애는 발달적 장애이지만, 한 가지의 특정한 질병(disease)이나 병(illness)이 아니라(Clarke, Clarke, & Berg, 1985), 오히려 인지와 적응적 기능을 지칭한다. 또한 '지적장애'의 일반적 분류에서 단일한 원인, 기제, 임상적 과정 혹은 예후(prognosis)가 있는 것이 아니다. 지적장애는 고정불변의(static) 장애가 아니라, 오히려 그 병인(etiology)과 가능한 환경적 지원에 따라 다양한 역동적 조건을 가졌다 할 수 있다. 복합적 병인들이 지적장애와 연관되고, 이러한 것들이 처치 계획에 고려되어야 한다. 지적장애에서 사고(thinking)는 주된 장애의 원인이 되지 않는다. 또한 지각도 발달적 · 정신적 장애가 수반되지 않는 한 장애가 되지 않는다. 지적장애는 유전이나 대사 장애부터 출생 시나 출생 후, 발달기의 신경체계의 외상에 의한 인지에서 기능적 변화까지를 포함하는 이질적(heterogeneous) 조건의 집합이다. 이러한 진단적 이질성에 따라서 각 지적장애인은 증후군(syndrome)과 연관이 있는지 없는지에 따라 개별적으로 판단되어야 한다. 예를 들어, 다운증후군의 경우에는 유전적 배경, 의학적 · 심리학적 · 환경적 요인들이 인지적 · 적응적 장애의 정도를 결정하는 데 상호 영향을 미친다. 이러한 요인들에 대한 이해는 각 장애인의 구체적 치료 프로그램을 계획하는 데 중요한 요소다(Harris, 2006).

정신지체(mental retardation)와 지적장애(intellectual disabilties)는 최근 가장 보편적으로 사용되고 있는 용어들이다. 정신지체는 미국을 중심으로 많이 사용되어 왔다. 특히 국제질병분류(International Classification of Disease: ICD-10, World Health Organization, 1992)와 정신장애 진단 및 통계 편람(DSM-IV, DSM-IV-TR, American Psychiatric Association, 1994, 2000)은 발달기인 인생 초기에 시작되는 지적 · 적응적 인지장애를 나타내는 '정신지체'를 아직 사용하고 있다. 반면, '지적장애'는 세계 여러 나라에서 일반적으로 사용되었고(Patton, 2003), 특히 영어를 사용하는 나라에서 '지적장애'라는 용어를 선호하고 있다. 국제지적장애과학연구협회(International Association for Scientific Study of Intellectual Disability: IASSID)에서도 자체 저널에서 지적장애란 용어를 사용하고 있다. 그 외 몇몇 전문가 단체에서 지적으로 도전을 받는(intellectually challenged) 혹은 정신장애(mental disability)란 용어를 쓰고 있다(Garnett, 2003: Harris, 2006에서 재인용).

지적장애 용어 사용은 전문가 집단에서 더 선호하고 있고, 2007년 미국정신지체협회도 지적장애협회로 명칭을 변경하였다. 그 외 여러 저널의 표제 등에서 지적장애라는 용어를 달기 시작하는 것을 볼 수 있다. 우리나라에서도 최근 '정신지체'보다는 '지적장애' 용어 사용을 더 선호하고 있다. 장애인부모단체에서 전국지적장애부모협회라는 용어를 사용하고 있고, 전문가 단체인 정신지체학회도 2008년부터 공식적으로 지적장애학회라는 명칭을 사용하기로 하였다. 그러나 '지적장애' 역시 용어의 모호함, 잘못된 해석의 가능성, 함의성 부족 등을 이유로 이 용어의 사용에 비판적 의견도 있다(Harris, 2006).

이 책에서는 정신지체 대신 지적장애를 주로 사용하였다. 특히 2010년 이전 미국 정신결함협회(American Association on Mental Deficiency: AAMD) 및 미국 정신지체학회(American Association on Mental Retardiation: AAMR)의 정의와 기타 국내외 관련 자료에서 사용한 '정신지체' 용어를 혼선을 피하기 위해 '지적장애'로 임의 수정하여 서술하였다.

2. 명칭 붙이기

지적장애는 하나의 명칭이다. 우리가 여러 장애 유형에 따라 시각장애, 청각장애, 지체장애, 학습장애 등으로 부르듯이, 지적장애도 이와 마찬가지다. 또한 사회적 지위나 역할에 따라 학생, 부모, 교사, 의사, 회사원, 공무원 등 명칭을 부여한다. 명칭은 그 집단이나 개인에 대한 대표성과 정체성을 나타낸다.

명칭은 조건과 상황에 따라 긍정적 영향과 부정적 영향을 반영하기도 한다. 긍정적 명칭은 사회나 집단으로부터 존경과 부러움으로 인식되지만, 부정적 조건은 여러 가지 불리함과 부정적 선입관, 인정받지 못하는 결과를 초래할 수 있다. 우리는 부정적으로 조건 붙여지는 것을 낙인찍는 것이라고도 한다. 한편, 형식적 명칭과 비형식적 명칭은 둘 다 많은 조건과 관련된다. 형식적 명칭(formal labels)은 판별이나 진단 전문가에 의하여 공식적으로 붙여지는 것이고, 비형식적 명칭(informal labels)은 공식적인 것과는 다른 이름이다. 비형식적 명칭은 일반적으로 조롱이나 모욕의 의미로 또래나 다른 사람에 의하여 사용된다. 예를 들면, 우수아(gifted)는 형식적 명칭이며, 바보(nerd)는 비형식적 명칭이다(정동영 외 역, 2008).

그러나 형식적 명칭도 시대의 변화와 사회의 가치관에 따라 비형식적 명칭으로 변한다. 초기 지적장애의 용어들은 바보(fool), 얼간이(moron), 치우(imbecile), 백치(idiot), 정신박약(feebleminded) 등이었다. 이 당시에는 사회적으로 통용된 표현이겠지만, 개인의 입장에서는 부정적이고 거부감을 나타내는 용어들이다. 최근까지 정신지체라는 용어를 사용하였지만 이 또한 부정적 명칭으로 받아들여진다고 하여 발달장애(developmental disability)나 지적장애로 명명하고 있다. 그러나 이러한 명칭 또한 사회의 가치관에 따라 조만간 바뀌게 될 수 있다.

사실, 명칭은 받아들이는 사람의 주관적 생각이 많이 작용한다. 이름에 붙인 아이디어에 대하여 그것이 모욕인지 혹은 칭찬인지를 결정하는 것은 우리의 연상과 감정이다. 그에 따라 중요한 방식에서 명칭 붙임과 관련된 낙인(stigma)은 단어의 문제라기보다 태도의 문제다(정동영 외 역, 2008). 일부 장애인들은 신체 장애의 한계를 극복하고 성공한 자신의 장애인으로서의 삶에 대하여 결코 부끄러워하지 않는다. 또는 장애인으로서의 긍정적이고 적극적인 삶에 대하여 오히려 다른 사람의 태도가 변화되기를 원한다. 최근 지적장애인 및 그 가족들은 지적장애는 하나의 특성이지 장애 자체가 아님을 강조한다. 따라서 장애를 가지고 있다는 사실을 자연스럽게 알리고 옹호한다.

명칭 붙임의 주요 목적은 서비스를 제공하고자 하는 전문적 · 행정적 이유 때문일 것이다. 교육적 · 의학적 · 사회적 서비스를 제공하기 위하여 공식적인 명칭 요구는 부수적으로 낙인 문제를 가져왔다. 이러한 낙인 문제의 대안으로 일부 교육학자들은 교육 목적을 위하여 특정 명칭의 사용보다는 개인의 교육적 요구에 초점을 두고 접근하기를 원한다. 개인에게 유용하고 적절한 교육과정을 개발하고 지도 방법을 모색하여야 한다는 것이다. 지적장애에 대한 정확한 진단기준이나 범주 없이 일반적 준거에 따른 서비스의 적격 여부를 결정하는 것은 명칭 붙이기는 쉽게 하지만 개인의 교수적 접근에는 도움이 되지 않는다는 것이다.

3. 초기 지적장애의 정의

지적장애에 대한 초기 명칭은 백치(idiot)와 정신박약(feebleminded)이다. 이는 실패나 결핍을 뜻하고, 매우 부정적인 의미로 사용되었다. 20세기에 접어들면서 지적장애에 대한 조작적 정의를 하려는 시도가 이루어졌다. 그 대표적인 것이 Tredgold(1937)와 Doll(1941)의 정의라고 할 수 있다(신종호 외 역, 2002; 신현기 역, 2006).

Tredgold(1937)는 "정신적 결핍(mental deficiency)이란 누군가로부터 관리, 통

제, 혹은 스스로 자신의 존재를 유지하는 데 일반적 환경에서 자신을 적응할 수 없을 정도의 불완전한 정신적 발달 상태다."라고 정의하였다. Doll(1941)은 '정신지체'라는 용어를 사용하였고, "정신지체는 기질적 원인(유전적 혹은 후천적)으로 생긴 발달의 정지로 초래되며, 성숙기에 나타나거나 혹은 획득될 수 있는 사회적 무능력의 상태로서 그 조건은 근본적으로 훈련을 통해 교정 불가능하고 처치를 통해 치료 불가능하다."라고 정의하였다. Doll(1941)은 여기서 정신지체를 개념화하는 데 중요하게 고려되어야 할 점들을 여섯 가지 일반적인 준거로 제시하였다. 즉, ① 사회적 무능력, ② 그 원인으로서의 정상 이하의 지적 능력, ③ 그것은 발달적으로 정지되어 왔으며, ④ 성숙기에 획득되며, ⑤ 기질적(constitutional) 문제에 기인하며, 그리고 ⑥ 본질적으로 치료가 불가능하다는 것이다(박승희, 신현기 역, 2003에서 재인용). 이러한 초기 정신지체 정의에서 보여 주듯이, 사회적 능력을 강조한다는 측면에서 Doll의 여섯 가지 중 ①~④의 준거는 오늘날 AAMD와 AAMR의 정의에서도 주요 주제로 다루어지고 있다는 점에서 시사점이 크다. 그러나 이 두 학자의 정의는 사회적 무능력을 정신적 저능에 근거를 두었고, 지능은 고정되어 치료가 불가능하다는 점을 강조함으로서 오늘날 정의와 차이를 보이고 있다.

미국 정신결함협회(AAMD), 미국 정신지체학회(AAMR)는 미국 지적장애 및 발달장애협회(American Association on Intellectual and Developmental Disabilities: AAIDD)의 이전 명칭이다. AAIDD의 전신인 AAMR에서 1921년 지적장애 정의를 최초로 발표한 이후 2010년 제11판까지 출판한 매뉴얼은 지적장애의 정의 및 분류에 상당한 영향을 미치고 있다. Heber(1961)부터 AAIDD(2010)까지 지적장애의 변천과 주요 특징을 비교하면 〈표 1-1〉과 같다.

표 1-1 지적장애 정의의 변천

연도와 저자	정의	지능지수 절사점	진단	발달기간	적응행동	지능지수에 따른 심각도
5번째 AAMR 정의 (Heber, 1959)	지적장애는 일반적인 지적 기능이 평균보다 유의미하게 낮으며, 이는 발달기 동안에 나타나는데, 이는 ① 성숙, ② 학습, ③ 사회적 적응 가운데 하나 이상의 손상과 연계된다.	일반적 지적 기능의 측정도구에 포함된 또래 집단의 모집단 평균에 비해 1 표준편차 이하	다음 두 가지가 요구됨: 표준화된 지능검사와 적응행동상의 한 가지에서의 손상(예: 바인랜드 사회성숙 척도)	출생부터 대략 16세까지	환경의 자연적 및 사회적 요구에 대한 개인의 대처 방식의 유효성 여기에는 다음의 두 가지 주요한 특성이 포함됨: ① 개인이 독립적으로 기능하고 자신을 지탱할 수 있는 정도, ② 문화적인 면에서 부여되는 개인적 · 사회적 책임을 개인이 만족스럽게 수행하는 정도	• V수준: −1SD~−2SD • IV수준: −2SD~−3SD • III수준: −3SD~−4SD • II수준: −4SD~−5SD • I 수준 =< −5SD
6번째 AAMR 정의 (Heber, 1961)	지적장애는 일반적인 지적 기능이 평균보다 유의미하게 낮고, 이는 적응행동에서의 손상과 연계되며, 발달기 동안에 나타난다.	평균 이하 1표준편차 이상(이론적으로 모집단의 16%)	표준화된 지능검사와 적응행동검사	출생부터 16세까지	성숙, 학습, 사회적 적응에 반영된 개인의 환경의 자연적 및 사회적 요구에 대한 개인 적응의 유효성	경계선급 MR: −1SD 경도, 중등도, 중도, 최중도
7번째 AAMR 정의 (Grossman, 1973)	지적장애란 일반적인 지적 기능이 평균보다 유의미하게 낮고, 이와 동시에 적응행동의 결손을 보이며, 발달기 동안에 나타난다.	평균 이하 2 혹은 2 이상 표준편차(이론적으로 모집단의 3%)	표준화된 지능검사와 적응행동검사	최고 연령 18세까지	자신이 속한 동년배 및 문화집단 내에서 기대하는 사회적 책임과 독립성 기준에 개인이 부합하는 정도의 유효성 ① 영유아기: 감각운동 기술, 의사소통, 자조, 사회화, ② 아동기와 청소년기: 기본적 학업기술의 일상생활에 적용, 추론과 판단 능력의 적용, ③ 청소년 후기와 성인기: 직업적 및 사회적 책임감과 수행	경도, 중등도, 중도 및 최중도 정신지체와 평균지능[학습지진(slow learner)] 사이에 해당되는 것으로 정의되는 경계선급

연도와 저자	정의	지능지수 절사점	진단	발달기간	적응행동	지능지수에 따른 심각도
8번째 AAMR 정의 (Grossman, 1983)	지적장애란 일반적인 지적 기능이 평균보다 유의미하게 낮으며, 그 결과로 또는 그와 연관되어 적응행동에서 손상을 보이는 것을 말하며, 이는 발달기 동안에 나타난다.	표준화된 지능검사결과 지능지수 70 혹은 그 이하; 상한 점수는 한 지침이고, 75 혹은 그 이상까지 확장 가능	표준화된 지능검사와 적응행동검사	임신부터 18세까지	개인이 속한 동년배 및 문화적 집단에게 기대되는 성숙, 학습, 개인의 독립성, 사회적 책임감의 기준에 부합하는 개인의 유효성에서의 유의미한 제한성	경도, 중등도, 중도 및 최중도
9번째 AAMR 정의 (Luckasson et al., 1992)	지적장애는 현재 기능에 제한성이 있는 것을 지칭한다. 지적장애는 유의하게 평균 이하인 지적 기능과 동시에 그와 연관된 적응적 제한성이 두 가지 혹은 그 이상의 실제 적응기술 영역들, 즉 의사소통, 자기관리, 가정생활, 지역사회 활용, 자기지시, 건강과 안전, 기능적 학업교과, 여가, 직업 기술의 영역에서 존재하는 것으로 특정지어진다. 지적장애는 18세 이전에 나타난다.	한 가지 혹은 이상의 개인용 일반지능검사를 포함한 진단평가에 기초할 때 대략 70~75 혹은 그 이하의 IQ 표준점수	표준화된 지능검사와 적응행동기술 검사; 팀 구성원의 관찰과 임상적 판단을 결부, 타당한 진단평가 도구와 과정의 활용	임신부터 18세까지	적응기술은 상황의 요구에 따라 행동을 변화시키고 환경에 적절하게 맞추어 가는 능력을 말한다. 열 가지 적응기술 영역은 개인이 종합적인 제한성을 지니고 있음을 보여 주기 위한 요구 조건으로서, 이 가운데 두 가지 혹은 그 이상의 기술을 동년배 집단에서 적용하는 데의 제한성으로 해석된다. 열 가지 기술 영역: 의사소통, 자기관리, 가정생활, 사회성 기술, 지역사회 활동, 자기지시, 건강과 안전, 기능적 학업교과, 여가, 직업 기술	지능지수에 의한 분류 체계 삭제 적응기술 영역에서 개인의 필요에 따라 지원 강도를 결정하는 것 추가 지원의 강도는 지능의 정도에 따른 분류가 아닌 시간에 따라 개인의 사회적 기술 영역에서의 능력에 따라 변화함
10번째 AAMR 정의 (Luckasson et al.,	지적장애는 지적 기능과 개념적 · 사회적 · 실제적 적응기술로서 표현되는 적응행동 양 영역에서 유의미한 제한성을 가	사용된 특정 검사도구의 측정 표준오차와 그 도구의 강점과	표준화된 지능검사, 적응행동 기술 검사와 팀 구성원의 관찰	임신부터 18세까지	적응행동은 사람이 일상생활 속에서 기능하기 위해서 배워야만 하는 것으로서, 이는 개념적 · 사회적 · 실제적 기술의 집합체다. 적	정의를 적용하는 목적(진단, 분류, 지원 계획)에 따라서 정신지체로서 서비스를 받을

연도와 저자	정의	지능지수 절사점	진단	발달기간	적응행동	지능지수에 따른 심각도
10번째 AAMR 정의 (Luckasson et al., 2002)	진 장애로 특징지어진다. 이 장애는 18세 이전에 시작된다. 다섯 가지 가정: ① 개인이 현재 나타내고 있는 기능상의 제한성은 그 개인의 동년배와 문화에 전형적인 지역사회 환경 맥락 안에서 반드시 고려되어야 한다. ② 타당한 진단평가를 위해서는 개인의 의사소통 능력, 감각능력, 운동능력, 행동 특성에서의 차이뿐만 아니라 문화 및 언어적 다양성까지도 고려되어야 한다. ③ 개인이 보이고 있는 특정 능력에서의 한계는 그것이 전부가 아니라 다른 강점도 함께 가지고 있을 수 있다. ④ 개인의 제한성을 기술하는 주된 목적은 그 개인에게 필요한 지원이 무엇인지 그 윤곽을 파악하기 위함이다. ⑤ 개별화된 적절한 지원이 장기간 주어지면, 지적장애의 생활 기능성은 일반적으로 향상될 것이다.	약점을 고려하면서, 적합한 검사도구의 평균 이하, 적어도 2표준편차 이하의 수행	과 임상적 판단을 병행, 타당한 사정 도구와 검사 절차 준수		응행동의 한계는 일상생활에 영향을 미치고 생활의 변화 및 환경의 요구에 반응하는 능력에 영향을 미친다. 적응행동의 한계는 지적 능력, 참여·상호작용·사회적 역할, 건강, 맥락의 네 가지 차원에 비추어 고려되어야 한다. 적응행동의 유의미한 한계는 장애인과 일반인을 포함하는 일반 모집단으로 규준이 설정된 표준화된 도구를 사용해서 밝혀야 한다. 적응행동은 ① 개념적·사회적·실제적 적응행동 유형 가운데 하나에서, 혹은 ② 개념적·사회적·실제적 기술의 표준화된 측정 도구의 전체 점수가 대략 평균 이하, 2 표준편차에서의 수행을 보이는 것으로 정의된다.	만한 적격성을 갖춘 사람은 다양한 방법들, 즉 지원 강도, 지능지수 범위, 적응행동의 제한성, 원인론, 정신건강 범주 등에 의해 분류될 수 있다.

11번째 AAIDD 정의(The AAIDD Ad Hoc Committee on Terminology and Classification)는 2002년 10차와 동일함. 용어가 정신지체에서 지적장애로 수정됨.
출처: 박승희, 신현기 역(2003)에서 재인용; 박승희 외 역(2011).

초기 AAMD와 AAMR의 지적장애 정의에 대한 주요 쟁점은 표준편차와 지능 그리고 연령에 대한 변화다.

1961년 발표한 정의에서는 [그림 1-1]에서와 같이 지능검사의 15점을 1 표준편차로 하여 IQ에서 85점 이하를 받은 사람을 모두 지적장애의 범위에 포함시켰다. 발달기는 0~16세까지로 발생 시기의 구간을 정해 두었다. 즉, 17세에 사고로 지능이 85 이하이고 낮은 적응기술을 나타낸다고 하더라도 지적장애로 간주되지 않는다.

1961년 정의에서는 공식적으로 적응행동의 결함은 진단을 위해 요구되지만, 실제로 측정의 문제 때문에 좀처럼 고려의 대상이 되지 않았다. 그러나 1961년 정의는 지능의 −1 표준편차의 적용으로 많은 지적장애를 출현시키는 결과를 초래하였다. 그리고 적응행동보다 지능지수를 지나치게 강조함에 따라 가정과 지역사회에서는 잘 적응하지만, 단지 학교에서 수업에 참여하는 동안(6시간 지체[six-hour retardation])만 지체를 보인다는 주장도 제기되었다. 이러한 문제 제기는 이후 적응행동의 본질을 강조하는 계기가 되었다.

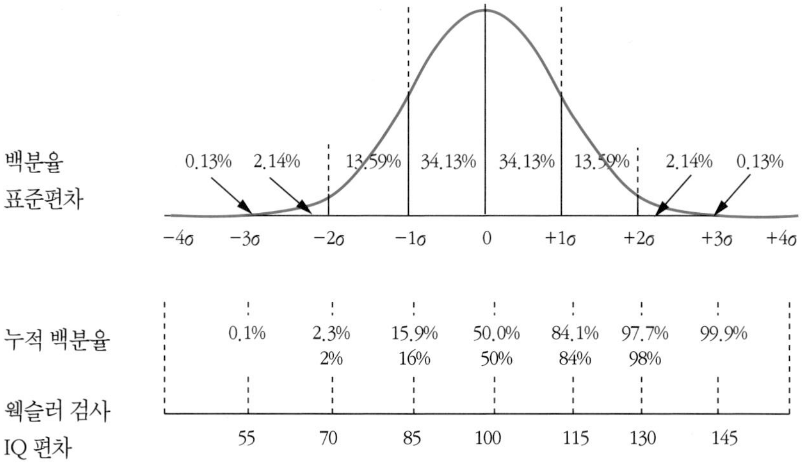

[그림 1-1] 지능검사 점수의 분포

이후 1973년 정의에서는 지적장애를 결정하는 필수 요소로 지능과 함께 적응행동의 결함을 강조하였다. 또한 지적장애 판단 기준을 −1 표준편차에서 −2 표준편차로 낮췄다. 이와 더불어 검사자의 임상적 판단[1]의 융통성이 허용되었다. 발달기도 이전의 16세에서 18세까지로 조정되었다. 이와 같이 1973년 정의의 수정으로 지적장애로 판별되는 수가 급격히 감소하게 되었다. 또한 경계선에 있던 대상자가 지적장애라는 낙인을 피하게 되었지만, 특수교육 서비스 대상에서 제외되어 필요한 교육적 혜택을 받을 수 없는 결과를 초래하게 되었다. 1977년 정의는 큰 변화 없이 임상적 판단과 역할만을 강조하였다.

1983년 정의의 변화는 발달기를 출생부터 18세까지를 태아부터 18세까지로 확장한 것이다. 또한 1973년 정의에서 표준편차를 엄격한 기준으로 적용하고 의존하던 것과 달리, 표준화된 지능검사의 지능지수 70 이하를 지적장애로 간주하였다. 그 이유는 표준편차의 경우 검사의 임의오차에 따라 검사 점수가 변화될 수 있기 때문이다(검사의 임의오차는 측정도구와 개인의 연령에 따라 대략 ±3 이상이다). 따라서 경도 지적장애의 경우 지능지수의 범위를 50~55부터 70~75까지로, 중등도의 경우 35~40부터 50~55로 하였다. 그리고 1983년 정의에서는 적응행동의 개별적이고 명확한 측정을 다시 강조하였다. 이는 적응행동의 주요 요인들이 지능과 연관될 수 있다고 보기 때문이다. 그러나 실제 적응행동의 적용 면에서는 측정도구, 신뢰도와 타당도에 대한 한계에 부딪혔다.

4. 1992년과 2002년 정의의 이해

지적장애 정의에서 1992년과 2002년 이후 10차와 2010년 11차 정의는 기본적

1) Luckasson 등(2002)은 임상적 판단 근거로, 광범위한 자료, 높은 수준의 임상적 전문지식과 경험을 근거로 한 특별한 판단, 생략된 평가에 대한 정당성, 불충분한 조사에 대한 대체물, 놓쳤던 자료에 대한 해명 등을 소개하였다.

으로 차이를 보이고 있지만 큰 패러다임 면에서는 유사한 면을 가지고 있다. 이러한 정의들은 이전의 지능지수에 의한 분류 체계에서 벗어나 기능적·생태학적 수준에 따른 분류 체계를 채택하고 있는 것이 특징이다.

1) 정 의

표 1-2 지적장애에 대한 1992년 및 2002년 이후 정의

1992년 정의 (Luckasson et al.)	2002년 정의(Luckasson et al.) 2010년(Committee on Terminology and Classification) (박승희 외 역, 2011)
지적장애는 현재 기능에 제한성이 있는 것을 지칭한다. 지적장애는 유의하게 평균 이하인 지적 기능과 동시에 그와 연관된 적응적 제한성이 두 가지 이상의 실제 적응기술 영역들, 즉 의사소통, 자기관리, 가정생활, 지역사회 활용, 자기지시, 건강과 안전, 기능적 학업교과, 여가, 직업기술의 영역에서 존재하는 것으로 특징지어진다. 정신지체는 18세 이전에 나타난다. • 네 가지 가정 ① 타당한 평가는 의사소통과 행동요인의 차이뿐만 아니라 문화적·언어적 다양성을 고려한다. ② 적응기술에서 제한의 존재는 개인의 또래에 전형적이며, 지원을 위하여 개인의 개별화된 욕구에 지표가 되는 지역사회의 맥락 내에서 나타난다. ③ 특정 적응 제한은 흔히 다른 적응기술이나 다른 개인적 수행능력의 강점과 함께 공존한다. ④ 지속된 기간 동안 적절한 지원으로 정신지체인의 생활기능은 일반적으로 개선될 것이다.	지적장애는 지적 기능과 개념적·사회적·실제적 적응기술로서 표현되는 적응행동 양 영역에서 유의미한 제한성을 가진 장애로 특징지어진다. 이 장애는 18세 이전에 시작된다. • 다섯 가지 가정 ① 개인이 현재 나타내고 있는 기능상의 제한성은 그 개인의 동년배와 문화에 전형적인 지역사회 환경 맥락 안에서 반드시 고려되어야 한다. ② 타당한 진단평가를 위해서는 개인의 의사소통 능력, 감각능력, 운동능력, 행동 특성에서의 차이뿐만 아니라 문화 및 언어적 다양성까지도 고려되어야 한다. ③ 개인이 보이고 있는 특정 능력에서의 한계는 그것이 전부가 아니라 다른 강점도 함께 가지고 있을 수 있다. ④ 개인의 제한성을 기술하는 주된 목적은 그 개인에게 필요한 지원이 무엇인지 그 윤곽을 파악하기 위함이다. ⑤ 개별화된 적절한 지원이 장기간 주어지면, 지적장애의 생활기능성은 일반적으로 향상될 것이다.

2) 지적장애 판단 기준

지능지수의 절사 한계를 1992년 정의에서는 지능 지수 70~75 혹은 그 이하의 IQ 표준점수로, 2002년 정의에서는 −2 표준편차로 정하고 있다. 발달 기간은 두 정의 모두 임신부터 18세까지로 하였다. 또한 진단이 불확실할 경우 팀 구성원들이 관찰과 임상적 판단을 중시하고 있다. 적응기술(행동)에 대한 판단 기준으로 1992년에서는 평균 이하의 지적 기능과 열 가지 적응기술 영역에서 두 가지 이상의 영역에서 제한성에 두었고, 2002년에서는 적응행동의 유의미한 제한성은 개념적 · 사회적 · 실제적 적응행동의 세 가지 유형 중 한 가지, 혹은 개념적 · 사회적 · 실제적 기술들의 표준화된 측정도구에서 전반적 점수의 평균보다 적어도 −2 표준편차의 수행으로 규정하였다.

3) 구조적 측면

1992년 이후 정의들은 이론적인 다차원적 체제라는 측면에서 유사성을 가지고 있다. 1992년 정의에서는 차원 I: 지적 기능 및 적응기술, 차원 II: 심리적 및 정서적 측면, 차원 III: 건강 및 신체적 측면, 차원 IV: 환경적 측면과 같은 4차원을 제시하였고, 2002년 정의에서는 차원 I: 지적 능력, 차원 II: 적응행동(개념적 · 사회적 · 실제적 기술), 차원 III: 참여 · 상호작용 · 사회적 역할, 차원 IV: 건강(신체적 건강, 정신적 건강, 원인론), 차원 V: 맥락(환경, 문화)이라는 다섯 가지 차원을 구성하고 있다. 여기서 차원 V는 장애에 관한 '기능, 장애, 건강에 관한 국제 분류'(World Health Organization)와 일관성을 갖기 위해 추가된 것이다(신현기, 2004). 그리고 2010년 11차 정의에서는 2002년 정의와 차원과 관련 내용이 같지만, 건강과 참여 차원의 위치가 조정되었다.

1992년과 2002년, 2010년 정의의 개념적 틀은 기본적으로 지적장애인 개인의 환경에 대한 모든 기능적 측면을 강조한다. 즉, 개인이 일상생활에서 실질적으

표 1-3 지적장애 정의의 구조적 측면

차원	1992년 정의	2002년 정의	2010년 정의
I	지적 기능 및 적응기술	지적 능력	지적 능력
II	심리적 및 정서적 측면	적응행동(개념적 · 사회적 · 실제적 기술)	적응행동(개념적 · 사회적 · 실제적 기술)
III	건강 및 신체적 측면	참여 · 상호작용 · 사회적 역할	건강
IV	환경적 측면	건강(신체적 건강, 정신적 건강, 원인론)	참여
V		맥락(환경, 문화)	맥락

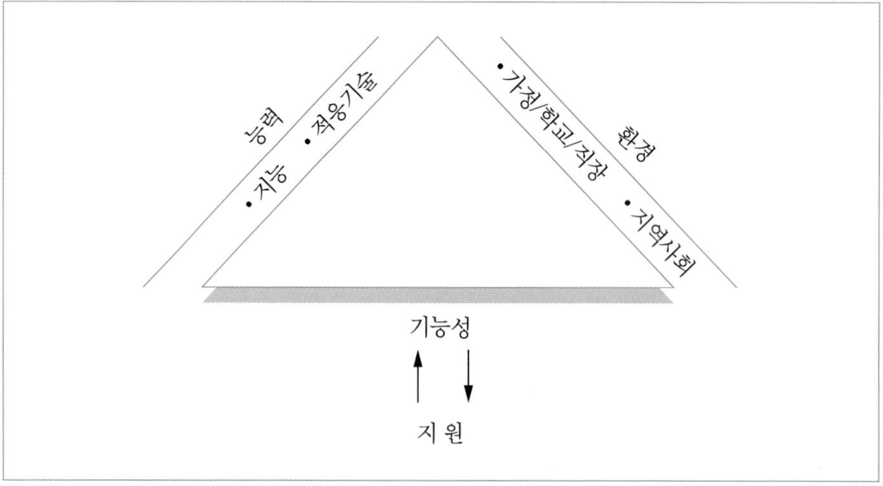

[그림 1-2] 1992년 지적장애 정의의 일반적 구조

로 기능을 잘하는지에 따라서 지적장애를 결정한다는 것이다(Luckasson et al., 1992). [그림 1-2]에서 보여 주듯이, 1992년 정의에서 수행능력(인지, 학습 및 적응기술), 환경(자신의 일상생활에 대한 특징과 기대), 기능(수행능력과 환경 사이의 적합성의 결과) 사이의 관계에 중점을 두고 있다. 또한 [그림 1-3]과 같이 2002년 개념 틀에 비해 2010년 개념 틀([그림1-4] 참조)은 '개인의 기능성'을 '인간 기능

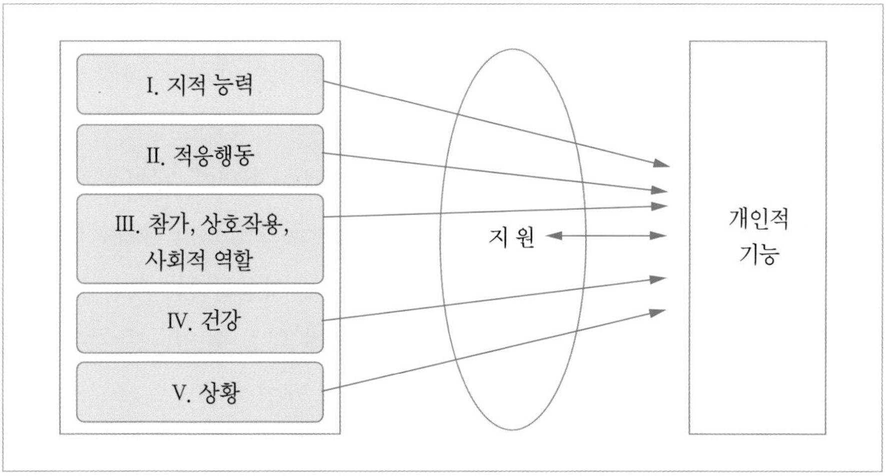

[그림 1-3] 2002년 지적장애 정의의 일반적 구조

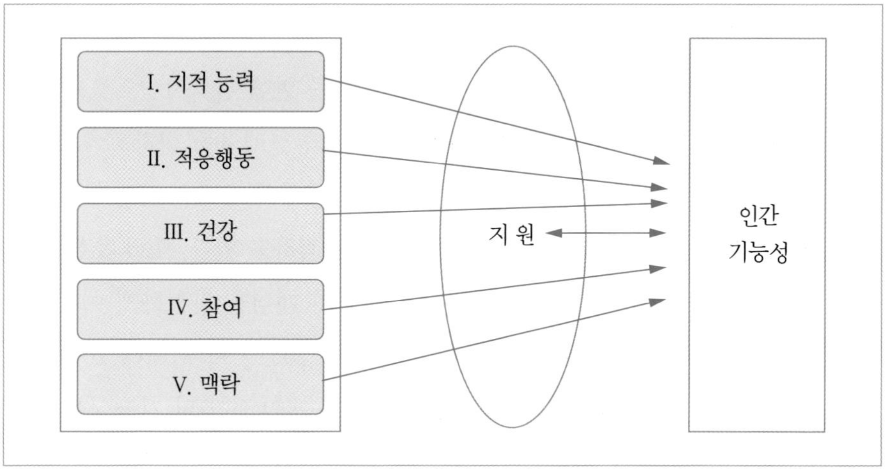

[그림 1-4] 2010년 지적장애 정의의 일반적 구조

출처: American Association on Mental Retardiation (1992), p. 10; Luckasson et al. (2002); 박승희, 신현기 역(2003); 박승희 외 역(2011)에서 재인용.

성'으로 좀 더 일반적인 용어로 수정하였다. 그러나 두 개념 틀은 모두 지적장애의 조건과 개인(인간)의 기능성을 이해하는 데 주요한 요인인 사람, 환경 및 지원에 대한 생태학적 초점을 계속 유지하고 있다. 개인(인간)의 기능성과 관련한 다차원적 영향들은 개인(인간)에게 유용한 자원을 통해 조정된다. 개인(인간)의 기능성에 대한 이 틀은 지적장애의 표출(manifestation)이 다섯 가지 다차원과 개별화된 지원 사이에서 역동적이고 상호적 관여를 통해 작용한다는 것을 보여 준다. 그리고 지원 요구와 기능성은 상호적으로 영향을 미칠 수 있다는 것을 나타낸다. 여기서 지원은 한 개인의 발달, 교육, 이익 및 개인적 안녕을 촉진하는 목적을 가지며, 개인(인간)의 기능성을 향상시키는 자원들과 전략들이다. 이는 지능지수로 지적장애를 판별하던 이전의 정의와 비교하여 새로운 접근이라고 할 수 있다. 즉, 이는 지적장애를 특성(trait)으로 보지 않고, 개인(인간)과 그의 환경 특성과 기대 사이의 상호작용의 결과, 즉 상태임(state)을 강조한다.

그러나 2002년과 2010년 정의의 모형은 1992년 모형과 차별을 시도하였다. 1992년 정의는 개인적 요인인 능력을 삼각형의 왼쪽 변에 위치시킴으로써 지적장애의 기능적 한계를 다른 원인과 관련된 기능상의 한계와 구별하고 있다. 삼각형의 한쪽 변에만 개인적 측면을 두는 것은 지적장애의 개념을 완전히 이해하는 데 필요하기는 하지만 충분한 요소는 아님을 지적하고 있다. 또한 오른쪽 면에는 환경 요인을 묘사함으로써 환경이 지적장애의 개념을 완전하게 이해하는 데 필수적이라는 것을 가리킨다(박승희, 신현기 역, 2003). 이에 대해 2002년과 2010년 모형에서는 지적장애의 다차원성과 지원이 개인(인간)의 기능성에서 작용할 수 있는 중개적(mediational) 역할을 강조하고 있다. 다차원성은 지적 능력, 적응행동, 참여, 상호작용, 사회적 역할, 건강, 맥락(환경) 등 종합적 요소가 지적장애 개인(인간)의 기능에 작용될 수 있음을 묘사를 하고 있다.

4) 가정들

1992년과 마찬가지로 2002년과 2010년 정의 역시 주요한 가정들을 제시하였다. 즉, 이 두 정의는 지적장애를 진단하는 데 본질적 요소로 작용한다. 기본적으로 2002년과 2010년 정의는 1992년의 네 가지 가정과 아주 유사하다. 2002년에 추가된 가정은 '개인이 필요한 지원 파일의 개발' 부분이다. 이는 개인 능력의 한계를 분석하는 것만으로는 충분하지 않음을 의미한다. 개인의 한계에 대한 상세한 기술은 그 기능상의 한계를 극복시키는 데 필요한 지원 방법의 개발에 목적을 두어야 한다. 즉, 누군가를 지적장애라고 명명하는 것은 그에게 필요한 지원 방법을 마련해 줄 수 있는 근거가 되어야 함을 강조한다.

5) 적응행동(적응기술)

1992년 정의는 이전에 사용하던 적응행동이라는 용어를 적응기술(adaptive skill)로 대체하고 열 가지 적응기술 영역을 제시하였다(〈표 1-4〉 참조). 1992년 이전 정의의 적응행동 개념은 생활 상황을 관리하는 일반적 능력으로 본 반면, 1992년의 적응기술은 특정 기술, 즉 개인이 상황의 요구에 적응하고자 행동을 변화시켜 가는 방식과 주어진 상황이나 사회적 맥락과 조화를 이루고 작용하는 능력으로 보았다. 1992년 정의의 적응기술은 상당히 많은 논쟁을 불러일으켰다. 우선, 열 개의 하위 영역 선정에 대한 타당성이 부족하다는 문제가 있었다. 그리고 판단 기준인 두 가지 영역이 다른 나머지 영역보다 우선적으로 중요하다는 근거가 부족하였다. 또한 적응기술의 발달적 측면이 충분히 설명되지 못하였고, 검사도구의 부재와 구체적인 평가 방법의 어려움 등이 제기되었다.

표 1-4 1992년 정의의 열 가지 적응기술

영역	기술
의사소통 (communication)	말하기, 읽기, 상징, 수화, 비상징 행동(얼굴표정, 신체적 접촉, 제스처)을 통한 정보를 이해하고 표현하는 능력
자기관리 (self-care)	음식 섭취, 옷 입고 벗기, 화장실 이용하기, 몸 치장하기 및 개인위생 기술
가정생활 (home-living)	가정에서 자기의 역할을 성공적으로 수행하는 데 필요한 기술로서, 살림살이, 옷 관리, 재산 관리, 음식 준비, 쇼핑 계획 및 예산 짜기, 가정 안전 등에 관련된 일상적 기능
사회적 기술 (social skill)	다른 사람과 사회적 상호작용을 하는 데 필요한 제반 기술로서 적절한 행동(예: 친구 사귀기, 감사 표현하기, 미소 짓기 등)과 부적절한 행동(예: 화내기, 질투, 공공연한 성적 행동 등)
지역사회 이용 (community use)	대중교통, 쇼핑, 공공 서비스의 활용, 종교 및 편의 시설의 이용 등 지역사회 자원의 적절한 이용
자기-지시 (self-direction)	선택하기, 스케줄 따르기, 맥락적으로 적절한 활동 시도하기, 요구된 과제 완성하기, 지원 요청하기, 문제해결, 적절하게 자기주장 하기
건강과 안전 (health and safety)	자신의 복지와 안녕 유지하기, 적절한 다이어트하기, 병명 확인하고 치료하고 예방하기, 기본적인 응급처치 알기, 규칙과 법규 지키기 등
기능 교과 (functional academics)	학교에서 배우는 교과로서 일상생활에 바로 적용될 수 있는 인지적 능력 및 기술(예: 기능적 읽기 및 쓰기, 기본적 및 실제적 수학 개념 사용, 물리적 환경과 개인의 건강과 성에 대한 인식에 관련된 기초 과학, 지리와 사회 과목)
여가 (leisure)	연령과 문화적 규준에 적절한 다양한 여가와 오락적 흥미(예: 혼자 하는 오락과 여럿이 함께하는 오락)의 개발
일 (work)	특정 직업 기술, 적절한 사회적 행동, 직업과 관련된 기술을 활용하여 지역사회 내에서 시간제 및 전일제 직업을 유지할 수 있는 능력

출처: American Association on Mental Retardation (1992), pp. 40-41.

한편, 2002년과 2010년 정의는 1992년 적응기술을 다시 적응행동으로 용어를 변경하고 열 가지 영역에서 세 가지의 광범위한 영역인 개념적 · 사회적 · 실제적 기술을 채택하였다. 특히 지적 능력, 참여, 상호작용, 건강 및 맥락의 다섯 가지 차원에 비추어 제안하였다. 2002년과 2010년 정의는 1992년 정의의 열 가지 영역들이 내적으로 일관되거나 독립적이지 않다는 문제점을 극복하기 위해 요인분석을 통해 열 가지 항목들과 요인들이 포함된 적응행동을 제시하였다(〈표 1-5〉 참조).

표 1-5 1992년과 2002년의 적응기술 영역들의 관계

적응행동 (기술) 영역들	2002년, 2010년 정의의 대표적 기술	1992년 정의에 나열된 기술 영역	2000년 DSM-IV-TR 적응 기능기술
개념적	언어 읽기 및 쓰기 금전 개념 자기-지시	의사소통 기능 교과 자기-지시 건강 및 안전	의사소통 기능적 학업 기술 자기-지시
사회적	대인관계 책임감 자존감 속기 쉬움 순진성 규칙 준수 법률 준수 희생되는 것을 피함	사회적 기술 여가	사회적/대인관계 기술 여가
실제적	일상생활 활동 일상생활의 도구적 활동 작업 기술 안전한 환경의 유지	자기-관리 가정생활 지역사회 이용 건강과 안전 직업(일)	자기-관리 가정생활 건강 지역사회 자원 활용 일 안전

출처: Luckasson et al. (2002): 박승희, 신현기 역(2003); Beirne-Smith et al. (2006): 박승희 외 역(2011)에서 재인용.

6) 분류, 진단, 지원

1992년 정의의 분류 체계는 이전의 정의에서 가장 급진적인 변화를 시도한 부분이다. 1992년 이전까지는 IQ 점수에 따라 심각도 수준을 결정하는 분류 체계를 만들었다(〈표 1-6〉 참조). 그러나 1992년 정의에서는 IQ를 따르지 않고, 지원의 종류와 강도에 대한 심각도 수준을 정하였다(〈표 1-7〉 참조). 이 분류 체계는 기능적 정의로의 전환을 의미하였고, 기능성에 대한 지원의 상호작용의 중요성을 강조한 것이다. 즉, 사람들이 필요로 하는 것이 무엇인지에 대한 정보를 분류하고 조직하는 방법을 제시한 것이다. 또한 이 정의에서는 앞서 판단 기준에서 언급한 것처럼 구체적인 적응기술과 능력에 대한 임상적 분석을 요구한다. 예를 들면, 필요한 지원의 수준은 4개 차원(2002년, 2010년 정의에서는 5개 차원)에서 결정하는데, 차원 I은 발달 수준에 따라 지능과 적응기술의 평가, 차원 II는 DSM-IV에 따라 개인의 심리적 · 정서적 기능을 고려한 반면, 차원 III은 지적장애의 원인과 관련하여 개인의 신체, 건강 및 욕구를 고려한다. 그리고 마지막으

표 1-6 IQ 중심 분류 체계

수준	AAMR(1992년 이전)	APA(DSM-IV)	교육적 기대*
경도 (mild)	50~70	50~55 내지 70	교육 가능(EMR) 55~75
중등도 (moderate)	35~50	35~40 내지 50~55	훈련 가능(TMR) 20~55
중도 (severe)	20~35	20~25 내지 35~40	보호 수용(SPMR) < 20
최중도 (profound)	20 이하	< 20 혹은 < 25	

* 현재는 좀처럼 사용하지 않음.
EMR: Educable Mental Retardation
TMR: Trainable Mental Retardation
SPMR: Severe Profound Mental Retardation

표 1-7 지원 수준에 대한 정의

간헐적 지원 (intermittent support)	필요에 따른 지원으로, 일시적(지원을 항상 필요로 하지는 않는다) 또는 단기적(실직이나 심각한 의료적 위험 등 일생에서의 전환기에 지원을 필요로 한다) 속성을 갖는 특징이 있다.
제한적 지원 (limited support)	한동안 지속되고 시간제한은 있지만 간헐적인 속성은 없는 등의 특징을 갖는 지원의 강도로, 보다 강한 수준의 지원보다는 인력이 덜 필요하고, 비용 면에서도 더 저렴할 수 있다(예: 학교를 졸업하고 성인기로 들어서는 기간에 필요한, 시간이 제한된 고용훈련 또는 전환지원 등).
확장적 지원 (extensive support)	최소한 어떤 환경(예: 학교, 직장, 가정)에 정기적으로 관여(예: 매일)하고 시간제한이 없는 특성에 대한 지원을 말한다(예: 장기 지원 및 장기 가정생활 지원 등).
전반적 지원 (pervasive support)	항구적, 높은 강도, 여러 환경에 걸친 제공 등으로 특징되는 지원으로, 어쩌면 일생 동안 지속되는 속성을 가질 수도 있다. 전반적 지원은 보통 확장적 또는 시간제한이 있는 지원보다 더 많은 인력 및 개입을 포함하게 된다.

로 차원 IV는 가족, 가정, 이웃, 대규모 지역사회 및 개인이 생활하는 다른 환경에 대한 생태학적 분석을 요구한다(Luckasson et al., 1992).

한편 2002년과 2010년 정의에서도 1992년 분류를 그대로 유지하고 있으며, 다차원 분류 체계의 지원 수준을 채택하고 있다. 개인이 지적장애로 진단되면, 필요한 지원 수준을 차원 I: 지적 능력, 차원 II: 적응행동(개념적 · 사회적 · 실제적 기술), 차원 III: 참여 · 상호작용 · 사회적 역할, 차원 IV: 건강(신체적 건강, 정신적 건강, 원인론), 차원 V: 맥락(환경, 문화)의 영역에서 다시 확인하도록 하였다. 2010년 정의는 차원 I: 지적 능력, 차원 II: 적응행동(개념적 · 사회적 · 실제적 기술), 차원 III: 건강, 차원 IV: 참여, 차원 V: 맥락으로 구분하였다.

이 정의들에서의 분류와 지원은 중재 계획을 도와줄 수 있는 정보를 제공하는 것을 주요 목적으로 하고, 동시에 개인의 결함보다는 개인의 요구에 중점을 두었다. 그리고 서비스의 결정에서 간학문적 조정을 중시하였다.

지적장애 정의 매뉴얼(박승희 외 역, 2011)에 따르면, 2010년 AAIDD는 진단, 분

표 1-8 지적장애 진단 평가를 위한 틀

평가 기능	특정 목적	측정 검사, 도구 및 평가 방법의 예*
진단	• 지적장애의 여부 규명 • 서비스의 적격성 확립 • 혜택의 적격성 확립 • 법적 보호에 대한 적격성 확립	• 지능검사들 • 적응행동 척도들 • 문서화된 시작 연령 • 발달적 측정 검사들 • 사회력과 교육적 기록들
분류	• 필요한 지원(들)의 강도를 위한 분류 • 연구 목적들을 위한 분류 • 선정된 특성들에 의한 분류 • 특수교육 지원을 위한 분류 • 상환/자금 조달을 위한 분류	• 지원 요구 강도 척도들 • 적응행동의 수준들 • 지능지수 범위 혹은 수준들 • 환경적 평가 • 원인-위험 요인 체계들 • 정신건강 검사들 • 혜택 범주들
지원 체계를 계획하고 개발하기	• 인간 기능성의 향상을 위한 지원 • 성과의 개선을 위한 지원 • 개인의 선택 실시를 돕기 위한 지원 • 인간 권리를 확실히 하기 위한 지원	• 개인 중심 계획 • 자기평가 • 생태학적 목록 • 발달적 검사들 • 말/언어, 운동, 감각 평가 • 성취 검사들 • 지원 요구 강도 척도들 • 기능적 행동평가 • 행동지원 계획 • 가족 중심 지원 계획 • IFST, IEP, ITP** • 자기주도계획

* 두 번째 칸의 목적들은 세 번째 칸의 예들과 일대일로 평행되지 않음.

** IFSP = Individualized Family Service Plan(개별화가족지원계획)

IEP = Individualized Education Program(개별화교육계획)

ITP = Individualized Transition Plan(개별화전환교육계획)

출처: Luckasson et al. (2002): 박승희 외 역(2011)에서 재인용.

류, 지원 계획 및 개발의 세 가지 기능을 담고 있는 평가의 틀이다. 〈표 1-8〉의 진단 평가의 틀에 나타난 것처럼, 평가는 한 장애를 진단하기 위해, 적절한 특성들로 분류하기 위해, 그리고 한 개인의 필요한 지원을 계획하기 위해 실시한다. 두 번째 칸에 나타나듯이, 각각의 광범위한 평가 기능은 어떤 특정 행동들을 취하기 위해 특정 목적을 지향할 수 있다. 세 번째 칸은 여러 다른 목적들과 연관된 평가들을 실시하는 데 필요한 평가 척도, 도구 및 방법들을 보여 준다. 진단을 위해 사용되었던 도구들은 다른 평가 목적에서는 척도나 도구 및 평가 방법을 다르게 할 수 있다.

5. 지적장애 관련 정의들

1) 우리나라의 법적 정의와 분류

「장애인 등에 대한 특수교육법」은 지적장애를 "지적 기능과 적응행동상의 어려움이 함께 존재하여 교육적 성취에 어려움이 있는 사람"으로 규정하고 있다. 또한 「장애인복지법 시행규칙」은 장애를 6등급으로 나누고, 지적장애를 다음 3등급으로 규정하고 있다.

- 1등급: 지능지수 34 이하의 자로 일상생활과 사회생활의 적응이 뚜렷하게 곤란하여 일생 동안 타인의 보호가 필요한 사람
- 2등급: 지능지수 35 이상 49 이하의 사람으로 일상생활의 단순한 행동을 훈련시킬 수 있고, 어느 정도의 감독과 도움을 받으면 복잡하지 아니하고 특수기술을 요하지 아니하는 직업을 가질 수 있는 사람
- 3등급: 지능지수 50 이상 70 이하의 사람으로, 교육을 통한 사회적 · 직업적 재활이 가능한 사람

이 규정은 「장애인 등에 대한 특수교육법」과 유사하지만, 지능지수의 상한선과 적응기술 영역을 등급별로 정하고 있는 것이 특징이다.

2) 발달장애의 정의

지적장애는 발달장애의 한 유형이다. 최근에는 지적장애를 발달장애로 자주 부르는 것을 보게 된다. 특히 성인 지적장애인을 그렇게 부르는 경우가 있다. 발달장애는 지적장애뿐만 아니라 다른 장애 영역의 대상자들도 포함하고 있는 용어이며, 그 대상 범위가 넓어 지적장애인도 여기에 포함된다(Beirne-Smith, Patton, & Kim, 2006). 종종 적용 기관에 따라 행정적 지원이나 서비스 제공을 위해 지적장애 정의보다 대상 범위가 넓은 발달장애의 정의를 활용하기도 한다. 미국의 2000년도 발달장애 지원과 권리법 조항(Develppment Disabilities; PL 106-402)에서는 다음과 같이 정의하고 있다.

'발달장애'라는 용어는 5세 이상 개인의 심각한 만성적 장애를 의미한다.

(A) 정신이나 신체의 손상 또는 정신과 신체 모두의 손상에 기인하며,

(B) 22세 이전에 나타나며,

(C) 무기한 계속될 것으로 예상되며,

(D) 다음의 주요한 생활활동 영역들에서 세 가지 이상의 실질적인 기능상 제한성을 초래하며; (i) 자기관리, (ii) 수용 및 표현언어, (iii) 학습, (iv) 이동, (v) 자기-지시, (vi) 독립적 학습을 위한 역량, (vii) 경제적 자립,

(E) 특수한, 간학문적 혹은 일반적인 서비스, 개별화된 지원 혹은 일생 동안 지속되거나 장기간 필요로 하고 개별적으로 계획되고 협응되는 도움의 다른 형태들의 한 병합과 계열에 대한 개인적 욕구를 반영한다.

이 정의에서는 보다 많은 사람이 관련된 주요 생활활동에서의 기능적 제한성을 강조하고 있다. 아주 이른 시기부터의 만성적 장애와 그에 따른 잠재적 부적절성에 대한 언급은 다른 일반적 정의와 구별되는 점들이다. 또한 AAMR 정의와 비교하면, IQ를 참조하지 않고, 시작이 5세 이상이며, 제한 연령도 22세 이전으로 더 늦다. 그리고 주요 활동들의 영역이 지적장애 정의와 많이 중복되고 있으며(박승희, 신현기 역, 2003), 정의의 조작적 명확성이 취약함을 알 수 있다(정동영 외 역, 2008). 그러나 발달장애를 규정하는 시각도 학자들에 따라 다르며, 용어 자체에 대해서도 상당히 다양한 관점이 제시되고 있다(백은희, 2005).

6. 지적장애의 발생률과 출현율

1) 출현율

발생률(incidence)과 출현율(prevalence)은 지적장애 분야에서 종종 혼란을 주는 용어다. 발생률은 특정 기간 내에(보통 1년) 발생한 새로운 사례 수를 의미한다. 발생률 통계는 새로 태어난 아동, 학교에서 진단된 아동 등 이 기간 동안 지체를 가진 것으로 새롭게 판별된 모든 대상자의 수를 포함한다. 발생률은 주로 장애의 원인을 알아내고 이를 예방하고자 하는 목적으로 실시된다. 다운증후군의 경우, 나이가 많은 산모에게서 발생률이 높다. 이러한 발생률 조사 사례는 산모의 연령과 다운증후군의 발생률 간의 관계를 예방하게 하였다.

한편 출현율은 주어진 기간에서의 지적장애인의 전체 수로서, 이는 흔히 비율로 표현된다. 출현율은 이 기간 동안 새롭게 발견된 사례 수와 이른 시기의 진단에서 지적장애로 분류되어 온 사례 수를 모두 포함한다. 즉, 다음과 같이 산출한다.

$$\frac{\text{지적장애인으로 판별된 사람의 수}}{\text{전체 인구수}} \times 100$$

[그림 1-5]는 발생률과 출현율의 차이점과 관련성을 보여 준다. 분명히 이 발생률과 출현율은 같은 수의 결과로 나타나지 않는다. 그러나 이 용어들은 종종 다소 엄격한 구분 없이, 때로는 서로 바꾸어(interchangeably) 사용되기도 한다(Drew & Hardaman, 2000).

Drew와 Hardaman(2000)은 발생률을 연령층에 따라서 다양성을 보이는 것으로 기술하였다. 이들에 따르면, 취학 전과 졸업 이후의 연령에서보다는 5세에서 18세까지의 학령기에서 지적장애의 발생률이 높다. 이러한 발생 분포의 원인은 지적장애의 수준과 과제와 연관성으로 설명되고 있다. 취학 전에는 아주 심한 장애의 경우를 제외하고 대부분은 기대한 만큼 과제를 수행하기 때문에 6세 이전에는 심한 장애에 한해 발견되어 지적장애로 판단되는 것은 전체에서 아주 소

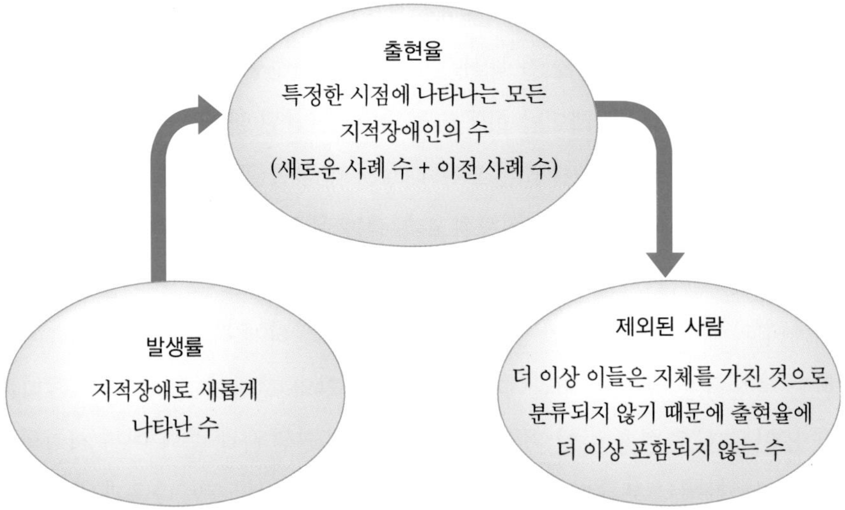

[그림 1-5] 발생률과 출현율

출처: Drew & Hardaman (2000).

수로 제한된다. 그러나 지적장애인이 공식적인 학교 환경에 접하게 됨으로써 교과와 추상적 과제에 의해 지적장애의 발생률이 두드러지게 나타나고, 이들이 학교를 떠나는 시기가 되면 급격하게 줄어든다.

출현율도 연령에 따른 기능에서 상당히 다양성을 보이고 있다. 전체 지능지수의 수준에서, 가장 높은 출현율을 보이는 연령은 6~19세의 범위에 있다(지적장애 전체 인구의 거의 70%). 출현율의 양상도 이 연령대에서 전체 백분율의 수치가 떨어진다는 점과 취학 전과 졸업 이후 연령 범위에서의 백분율이 더 낮아진다는 점을 제외하고는, 지능지수 50 이상의 지적장애인의 경우에 발생률과 비슷한 양상을 보인다. 여기에는 다음과 같은 몇 가지 요인이 작용하고 있다. 우선, 공식적인 학령기가 특히 지적장애인에게 부담을 주고 있다. 지적장애인이 어려움을 보이는 영역에서 개념적인 과제를 수행하도록 요구하기 하기 때문이다. 또한 학교 졸업 이후에 출현율의 감소가 흥미롭다. 이는 발생률과는 다소 다른, 관련된 몇 가지 이유로 인한 것이다. 학교 졸업 이후 많은 지적장애인(특히 지능지수 50 이상)이 자신에게 부담을 주었던 영역에서 벗어나게 된다. 이들은 졸업 이후 환경에 더 적응할 수 있는 능력을 갖게 된 것으로 보인다. 졸업 이후 기간에 낮은 발생률과 더불어, 출현율 또한 줄어들게 된다. 그 이유는 일부 개인은 이제 더 이상 지체로 기능하지 않고, 분류되지 않기 때문이다. 출현율의 이러한 감소는 '사라짐(disappearing)' 또는 '6시간 지체'라는 현상으로 설명된다. 이것은 학교 교육과정이 적어도 이들에게 졸업 이후 생활에서 영향권 밖에 있고, 영향을 미치지 않음을 의미한다. 또한 출현율의 양상은 낮은 지능 범위에 해당하는 연령 기능에서도 차이가 있다. 6~19세에 출현율이 상당히 낮은 것으로 나타나는데, 이러한 양상은 인생 초기의 높은 발생률에 영향을 받은 것이고, 어린 나이에 심각한 영향을 받은 개인의 높은 사망률(mortality)에 영향을 받은 것이다(Drew & Hardaman, 2000).

발생률과 관련하여 지적장애를 지니고 태어나는 이들은 70% 이상이 출생 시에 진단될 수 없다. 보통 지적장애와 전형적으로 관련된 분명한 신체적 특징(다운증후군이나 태아알코올증후군 등)을 지니지 않는 한 중도 지적장애도 몇 개월 또는 몇 년이 지나도 판별되지 않을지 모른다. 더구나 선천적으로 장애를 지닌 많은 영아는 출생 전이나 직후에 사망한다(Rowitz, 1991: 정동영 외 역, 2008에서 재인용). 이러한 이유 때문에 아동은 지적장애를 지니고 있어도 발생률 계산에서 누락된다. 이러한 발생률 통계에 포함된 불확실성 때문에 출현율이 상대적으로 빈도를 제공하는 데 신뢰적일 수 있다(Kiely & Lubin, 1991: 정동영 외 역, 2008에서 재인용). 또한 출현율은 발생률과 달리 인과관계를 알아보는 데는 활용할 수 없으나 지원의 필요를 결정하는 데는 발생률보다 더 많이 활용되고 있다(김승국 외, 2003).

한편, 세계보건기구(WHO)가 회원국의 지적장애 출현율을 수합하여 발표한 자료에 따르면, 지적장애는 연령별로 0~4세에서는 0.21%, 5~19세에서는 0.45% 출현하고, 남자의 경우에는 0.36%, 여자의 경우에는 0.30% 출현하며, 지역별로는 아프리카 0.37%, 아메리카 0.26%, 동지중해 0.39%, 유럽 0.24%, 동남아시아 0.34%, 서태평양 0.33% 출현한다(Privett, 1996). 그리고 OECD(1995)에 따르면, 지적장애 출현율은 미국 0.82%, 독일 0.56%, 스위스 0.12%, 프랑스 0.54% 등으로 대부분의 국가에서 1.0% 미만이다(정동영, 김형일, 정동일, 2001).

한국보건사회연구원(2001)의 2000년도 장애인 실태조사에 따르면, 우리나라 지적장애의 출현율은 0.31%이나 이들을 연령별로 구분하면 0~9세는 0.33%, 10~19세는 0.46%다. 한편, 김승국(1985)의 연구에서는 지적장애를 0.40%로 보고하였는데, 이들을 구분하면 지능지수 70 이하나 사회성 지수 70% 이하인 경우가 13.64%, 70 이상에서 84 이하까지가 40.91%, 85 이상이 36.36%이며, 행동장애를 지닌 아동도 12.90%나 포함된다. 그리고 김자윤, 안동현과 신영전(1999)은 지적장애 출현율을 2.23%라고 보고하고 있다. 강영택 등(1998)은 지적장애 아동의 출현율을 경도장애 0.39%와 중도장애 0.46%를 합해 0.85%라고 보고하고 있다.

정동영, 김형일과 정동일(2001)의 특수교육 요구아동 출현율 조사연구에 따르면, 2001년 현재 6~11세 초등학교 학령아동 중 지적장애 아동은 전체 0.83%로 나타났다. 이를 영역별로 보면, 남자 0.97%, 여자 0.68%이고, 대도시가 0.56%, 중소도시 0.79%, 읍면이 1.25%로 보고되었다. 장애범주별로 보면 제한적 지원 요구아동이 0.47%, 전반적 지원 요구 아동이 0.36%였다. 교육장면 배치 상황은 일반학급 45.97%, 특수학급 25.25%, 특수학교 23.76%, 기타 5.02%로, 특수학교 위주의 교육지원이 이루어지는 현실을 고려한다면 일반학교에 배치된 지적장애 아동 교육에 대한 지원 대책 수립이 이루어져야 함을 시사하고 있다(정동영 외, 2001).

연구문제

1. 지적장애 정의의 변천 과정과 이에 대한 시사점을 탐색해 봅시다.
2. 지적장애의 발생률과 출현율의 의미를 파악하고, 출현율에 따른 교육적 지원 실태를 논의해 봅시다.

참고문헌

강영택 외(1998). 특수교육대상자 출현율 조사 연구. 미간행. 경기: 국립특수교육원.

교육부(1998). **특수학교 교육과정 해설**.

교육인적자원부(2007). **특수교육 실태조사서**.

김승국(1985). **특수교육학**. 서울: 양서원.

김승국 외(2003). **정신지체아동 교육의 이론과 실제**. 서울: 특수교육.

김승국, 박원희, 신현기, 전병운(1992). 장애인의 직업적응에 관한 연구: 정신지체인을 중심으로. **특수교육요구아동연구**, 1, 1-47.

김옥기, 유균화 역(1990) **경도정신지체아 교육방법**. 서울: 교육과학사.

김자윤, 안동현, 신영전(1999). 농촌지역의 주의력결핍-과잉행동장애와 학습장애아의 역학적 연구. **신경정신의학, 38**(4), 783-793.

박승희(1999). 일반학급에 통합된 장애학생의 수업의 질 향상을 위한 교수적 수정의 개념과 실행 방안. **특수교육연구, 34**, 29-71.

박승희, 김수연, 장혜성, 나수현 역(2011). **지적장애: 정의, 분류, 및 지원체계**. 서울: 교육과학사.

박승희, 신현기 역(1994). **정신지체: 정의, 분류, 지원의 체계**. 서울: 교육과학사.

박승희, 신현기 역(2003). **정신지체 개념화: AAMR 2002년 정신지체 정의, 분류, 지원체계**. 서울: 교육과학사.

백은희(2005). **정신지체이해와 교육**. 서울: 교육과학사.

신종호, 김동일, 신현기, 이대식 역(2002). **정신지체**. 서울: 시그마프레스.

신현기(2004). **정신지체아 교수방법론**. 서울: 교육과학사.

신현기 역(2006). **정신지체: 역사적 관점, 현재의 동향, 그리고 미래의 방향**. 서울: 시그마프레스.

신현기 외(2005). **특수교육의 이해**. 서울: 교육과학사.

이소현, 박은혜(2007). **특수아동 교육**. 서울: 학지사.

이유훈, 김경진, 박정연(2000). **특수학급 교육과정의 편성과 운영**. 경기: 국립특수교육원.

정동영, 김형일, 김주영, 김희규, 유장순, 정동일, 최혜승 역(2008). **정신지체: 지역사회 통합적 접근**. 서울: 박학사.

정동영, 김형일, 정동일(2001). **특수교육 요구아동 출현율 조사연구**. 경기: 국립특수교육원.

최중옥, 박희찬, 김진희(2002). **정신지체아 교육**. 서울: 양서원.

한국보건사회연구원(2001). **2000년도 장애인 실태조사**. 서울: 한국보건사회연구원.

한국보건사회연구원(2006). **2005년도 장애인 실태조사**. 서울: 한국보건사회연구원.

American Psychiatric Association (2000). *Diagnostic and statistical manual of mental disorders* (4th ed.) (Text Revision). Washington, DC: American Psychiatric Association.

American Association on Mental Reterdiation (1992). *Mental retardiation: Defiaition, classification, and systems of supports* (9th ed.). Washington DC: American Association on Mental Retardiation.

Beirne-Smith, M., Patton, J. R., & Kim, S. H. (2006). *Mental retardation: An introduction to intellectual disabilities.* Columbus, OH: Pearson Merrill Prectice Hall.

Braddock, D., & Parish, S. L. (2002). An institutional history of disability. In D. Albrecht, K. Seelman, & M. Bury (Eds.), *Handbook of disability studies* (pp. 11-68). New York: Sage.

Braddock, D., & Parish, S. L. (2002). An institutional history of disability. In D. Braddock (Ed.), *Disability at the dawn of 21st century and the state of the states.* Washington, DC: American Association on Mental Retardation.

Clarke, A. M., Clarke, D. B., & Berg, J. M. (1985). *Mental deficiency: The changing outlook* (4th ed.). New York: Free Press.

Cody, H., & Kamphaus, R. W. (1999). Down syndrome. In S. Goldstein & C. R. Reynolds (Eds.), *Handbook of neurodevelopmental and genetic disorder in children.* New York: Guilford.

Drew, C. J., & Hardaman, M. L. (2000). *Mental retardation: A life cycle approach.* Ohio: Merrill.

Harris, J. C. (2006). *Intellectual disability: Understanding its development, causes, classification, evaluation, and treatment.* Oxford University Press.

Kiely, M., & Lubin, R. A. (1991). Epidemioloigical methods. In J. L. Matson & J. A. Mulick (Eds.), *Handbook of mental retardation* (2nd ed.). Elmsford, NY: Pergamoon.

Kirk, S. A., Gallagher, J. J., & Anastasiow, N. J. (2003). *Educating exceptional children* (10th ed.). Boston: Houghton Mifflin Company.

Luckasson, R., Borthwick-Duffy, S., Buntinx, W., Coulter, D., Craig, E., Reeve, A., Schalock, R., Snell, M., Spitalink, D., Spreat, S., & Tasse, M. (2002). *Mental retardation: Definition, classification, and systems of supports* (10th ed.). Washington, DC: American Association on Mental Retardation.

Luckasson, R., Coulter, C. L., Polloway, E. A., Reiss, S., Schalock, R. L., Snell, M. E., Spitalnik, D. M., & Stark, J. A. (1992). *Mental retardation: Definition, classification, and systems of supports* (9th ed.). Washington, DC: American Association on Mental Retardation.

Luffig, R. L. (1987) *Teaching the mentally retarded student: Curriculum, methods, and strategies*. Boston: Allyn and Bacon.

OECD (1995). *Integrating students with special needs in mainstream schools*. Paris: Organisation for Economic Co-Operation and Development.

Patton, J. R. (2003). Using applied academics to enhance curricular reform in secondary education. In C. Kochnar-Bryant & D. S. Bassett (Eds.), *Aligning transition and standards-based education: Issues and strategies* (pp. 55-76). Arlington, VA: Council for Exceptional Children.

Rowitz, L. (1991). Social and environmental factors and developmental handicaps in children. In J. L. Matson & J. A. Mulick (Eds.), *Handbook of mental retardation* (2nd ed.). Flmsford, NY: Pergamon.

Taylor, R. L., Richards, S. B., & Brady, M. P. (2005). *Mental retardation: Historical perspectives, current practices, and future directions*. Boston: Pearson Education.

Thomas, G. E. (1996). *Teaching students with mental retardation: A life goal curriculum planning approach*. Ohio: Merrill.

World Health Organization (1992). The ICD-10 classification of mental and behavioral disorders: *Clinical description and diagnositic guidelines*. Geneva, Switzerland.

제 2 장

지적장애의 원인과 예방

INTELLECTUAL DISABILITY

학습목표

1. 지적장애의 원인론적 관련성 및 중요성을 이해한다.
2. 지적장애의 원인에 따른 예방과 서비스 지원 가능성을 이해한다.

지적장애는 많은 원인이 서로 복합적으로 작용하고 있다. 이미 밝혀진 원인은 지적장애를 예방하는 데 큰 기여를 하고 있지만, 대다수는 아직 그 원인이 알려져 있지 않다. 지적장애의 원인을 밝히려는 노력은 관련 단체와 학자에 따라 다소 달리하고 있다. AAIDD에서는 생의학적 · 사회적 · 행동적 · 교육적 요인으로 분류하여 기술하고 있다. 그러나 일반적으로 지적장애 원인에 대한 분류는 생의학적 · 환경적 · 사회심리학적 영역으로 접근하고 있다. 또한 발생 시기별로 출생 전, 출생 시, 출생 후로 구분하기도 한다.

이 장에서는 일반적인 논의의 범주인 이 세 가지 영역과 발생 시기를 중심으로 기술하고자 한다. 그러나 이러한 영역 간 구분은 연구자들의 설명을 위한 편의에 의한 것이지 실제 원인론에 대한 영역 간 구분으로는 모호한 측면이 있다. 예를 들어, 생의학적 요인, 즉 유전적 요인이라고 설명되지만, 그 원인이 환경적 요인에 의해 영향을 받기 때문이다. 따라서 생의학적 · 사회적 · 환경적 영역에 특정한 원인을 두는 것은 바람직하지 않은 접근일 수 있다. 오히려 지적장애의 원인론적 접근은 관련 영역 간의 중복성이나 상호작용을 염두에 두고 살펴볼 필요가 있다. 그리고 지적장애 원인에 대한 접근은 예방과 서비스 제공을 위한 방안을 마련하는 데 그 의미를 둘 필요가 있다. 또한 지적 · 행동적 특성들의 원인론적 예측을 통하여 일반적인 증상을 알고, 이를 통해 보다 유용한 중재 방안을 모색해야 한다.

1. 생의학적 요인

1) 유전적 요인 및 전달과정

유전자는 유전에서 가장 중요한 인자인 인체의 특성과 기능에 대한 청사진을 제공한다. 정자와 난자의 결합으로 착상이 이루어지면 단일 세포가 만들어지는데, 이때 하나의 유전자 청사진이 결정된다. 이 유전자 청사진을 유전자형(genotype)이라 한다. 유전자는 신체 발달과 외모, 건강, 성격 특성 등을 전달하는 생물학적 기본 단위다. 개별 유전자는 뉴클레오티드(nucleotides)의 배열인 네 가지 질소 물질(아데닌, 시토닌, 구아닌, 티민)로 이루어진 DNA로부터 만들어지며, 이 뉴클레오티드는 우리 몸을 구성하는 유전에 관한 분자적 정보를 제공한다. 유전자는 염색체에 특정한 배열을 가지고 있다. 염색체에 위치한 유전자들은 실질적으로 수천 개의 염기짝들을 포함하고 있으며, 발달의 여러 단계에서 인체에서 요구되는 특정 단백질들을 합성하는 과정을 통해 유전된 특성들을 지정한다.

염색체 쌍은 번호(1~23)와 문자(A~G)로 나타내고, 1번째 쌍(가장 긴 구조)에서 22번째 쌍(가장 짧은 구조)으로 크기가 작은 순서로 염색체를 배열하고, 그 후에 성염색체(XX 또는 XY)를 배열한다([그림 2-1] 참조). 염색체는 크기와 형태가 광범위하고 다양하지만, 인간 세포는 23쌍(46개)의 염색체를 가지고 있다. 각각의 쌍 중 하나는 친모(X염색체)로부터 다른 하나는 친부(Y염색체)로부터 물려받는다. 이 중 22쌍(44개)은 성별의 결정과 무관한 상염색체(autosomes)이고, 23번째 쌍은 성염색체(allosomes)다. 이러한 세포들은 태아를 형성하기 위해 결합하고, 23개의 쌍을 이루기 위해 감수분열(meiosis)과 체세포분열(mitosis)을 한다. 이렇게 착상 단계에서부터 태아는 부모에게서 각각 절반씩의 유전 형질을 받게 된다. 이때 XX는 여성으로, XY는 남성으로 결정되는데, X염색체가 상당한 유전 정보량을

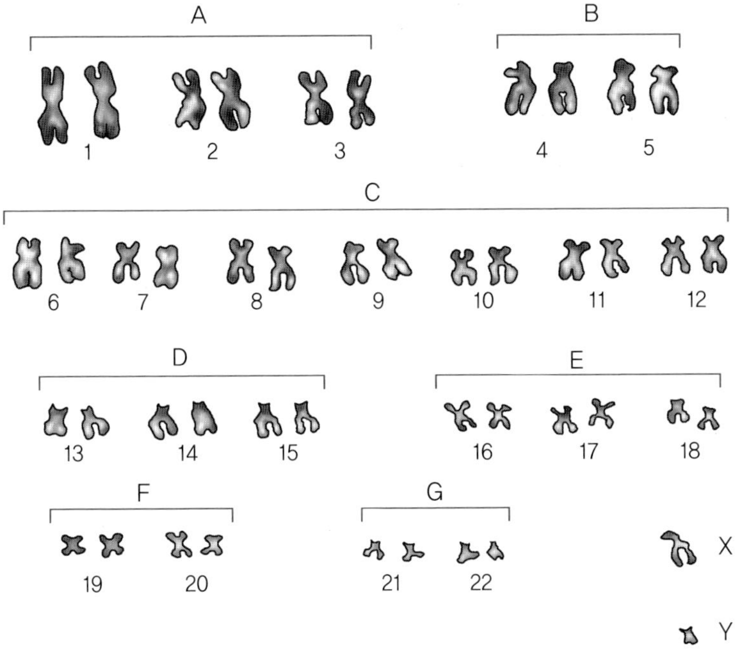

[그림 2-1] 인간의 핵형

출처: Chinn (1979): Drew & Hardaman (2000), p. 162에서 재인용.

가지고 있는 것에 반해, Y염색체는 주로 남성 결정인자로서만 기능한다.

유전자의 전달은 [그림 2-2], [그림 2-3] 및 [그림 2-4]와 같이 상염색체의 우성 및 열성 유전과 성염색체(반성) 열성 유전을 통해 일어난다. 유전법칙에서 우성유전과 열성유전은 우성과 우성이 만나면 우성으로 표현되고, 우성과 열성이 만나면 우성으로 표현되지만 후에 잠재된 열성이 열성으로 나올 수 있다. 또한 열성과 열성이 만나면 열성으로 표현된다. 따라서 우성유전은 유전자의 쌍이 유전형적으로 다를 때 하나의 유전자가 다른 하나보다 우성으로 표현된다. 열성유전은 유전자의 존재로 그들의 형질을 분명히 표현하지 못하는 유전자라고 할 수 있다. 그리고 동일한 형질을 전달하는 유전자 쌍들은 동형접합체(homozygous)라 하고, 다른 형질을 전달하는 쌍을 이형접합체(heterozygous)라 한다(Beirne-

Smith, Patton, & Kim, 2006; Drew & Hardaman, 2000).

2) 상염색체 우성장애

상염색체 우성장애는 부모 중 한쪽이 장애의 원인이 되는 대립유전자(D)를 물려주게 되면, 우성 대립 유전자가 자녀에게 유전되는 것이다. 부모 중 한쪽이 장애에 영향을 받고 자녀에게 상염색체 우성 유전자를 물려주는 경우다([그림 2-2] 참조).

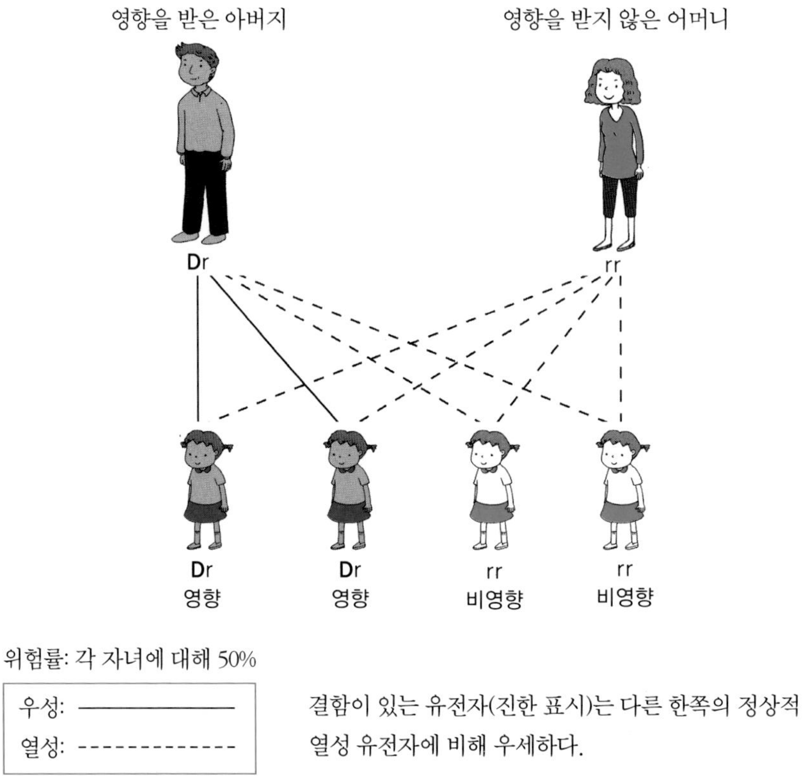

[그림 2-2] 상염색체 우성유전

출처: 정동영 외 역 (2008); Beirne-Smith et al., (2006).

영향을 받은 아버지(Dr)와 영향을 받지 않은 어머니(rr)의 경우, 영향을 받은 자녀(Dr)가 50%, 비영향 자녀(rr)가 50%의 확률을 보이게 된다.

신경섬유종증(neurofibromatosis)은 17번 염색체의 유전자에 의해 우성 유전된다. 특징으로는 밀크커피색 반점, 피하섬유종, 홍체에 나타나는 작은 종양인 리쉬결절이 나타난다. 그리고 종양들이 전정신경이나 뇌신경에 영향을 미치는 것으로 알려져 있다. 지적장애, 학습장애, 정서 · 행동장애, 간질, 뇌수종, 양성 뇌종양, 시신경 종양 등에 어려움을 보일 수 있다. 결절성경화증(tuberous sclerosis)은 9번이나 16번 염색체에서 야기되는 피부병의 한 유형이다. 피부종양들이 돌기(감자) 모양으로 시작하여 나이가 들면서 굳어진다(결절경화). 이는 지적장애라고 하더라도 경도와 중도에 이르기까지 다양하게 나타난다. 그 외에도 간질 등 건강상의 장애를 보인다. 또한 상염색체 우성장애로 레트증후군, 아퍼드증후군 등이 있다.

3) 상염색체 열성장애

상염색체 열성장애는 부모 모두 특정 유전자를 자녀에게 전달해야 한다([그림 2-3] 참조). r은 열성장애 유전자, D는 영향을 받지 않은 유전자라고 했을 때, 부모 모두 특정 유전자, 즉 보균자라고(이형접합) 할 수 있다. 영향을 받을 자녀(rr) 확률은 25%, 보인자(Dr)는 50%, 영향을 받지 않은 확률은(DD) 25%다.

상염색체 열성유전으로는 갈락토스혈증, 테이-삭스병, 페닐케톤뇨증 등이 있다.

- 갈락토오스 혈증(galactosemia): 탄수화물 갈락토오스를 글루코스로 대사시키는 기능의 장애인 열성유전이다. 주요 특징으로 정신지체, 간과 신장 기능 장애, 백내장, 뇌손상 등 내장기관의 기능 이상을 초래한다. 아동의 식단에서 갈락토오스와 유당을 함유하고 있는 낙농 식품을 제한하여 증상 악화

를 예방할 수 있다. 생후 1주일 내에 혈액검사를 통해 발견할 수 있고, 바로 치료를 시작할 수 있다.

- 테이-삭스병(Tay-Sachs disease): 강글리오사이드-GM2라 불리는 물질을 신진대사 시키기 위한 효소가 부족하여 이 지질이 뇌에 축적되어 발생한다. 대뇌중추신경계의 악화로 초래된다. 아슈케나지(Ashkenazy) 유대인에게서 특히 많이 나타난다. 생후 첫 몇 개월 동안 정상적으로 발달하다가 점차적으로 악화된다. 생후 첫 18개월 이내 혹은 3~4세가 되기 전에 발생할 때는 매우 치명적이다. 상염색체의 열성유전을 통해 유전된다. 현재 치료법은 없

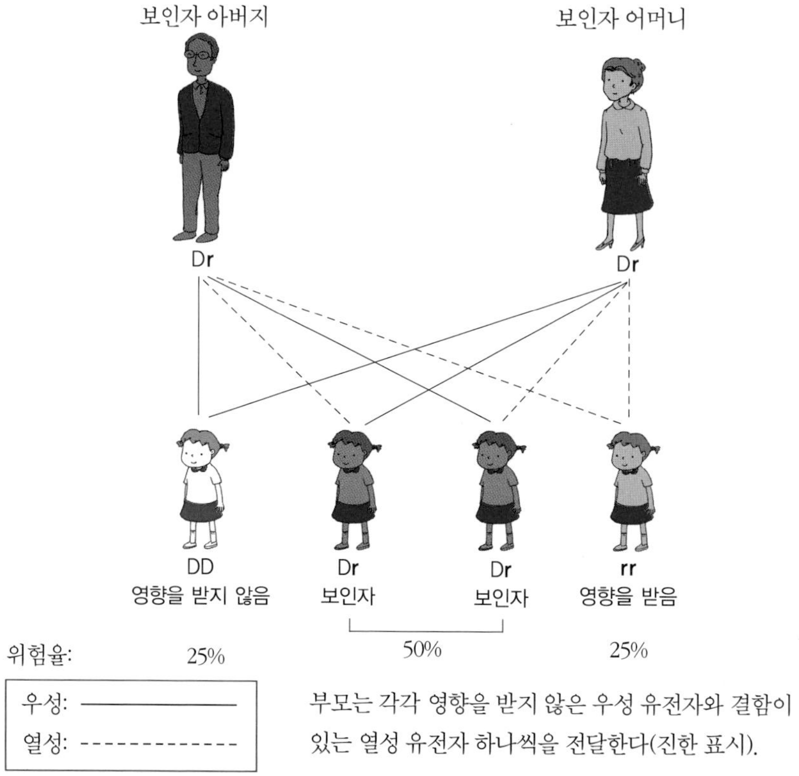

[그림 2-3] 상염색체 열성유전

출처: 정동영 외 역 (2008); Beirne-Smith et al., (2006).

으며, 문제 유전자는 임신 중 옮겨지기 전에 발견할 수 있어 태아 검사를 통해 테이-삭스병의 존재 유무를 확인할 수 있다.

- 페닐케톤뇨증(phenyketonuria: PKU): 아미노산 장애인 페닐케톤뇨증은 결함 효소가 신체의 필수아미노산 신진대사를 방해(페닐알라닌을 티로신으로 전환하는 것을 방해)하여 축척된 페닐알라닌이 정상적 두뇌 발달을 방해하는 유전적 상태를 말한다. 이 질병에서 비롯되는 뇌손상과 지적장애의 유발을 막기 위해서는 유아의 식이요법을 통한 조기 발견 및 예방법이 필요하다. 즉, 고단백 음식에 많은 페닐알라닌의 섭취를 제한함으로써 그에 따른 유해한 영향을 크게 감소시킬 수 있다.

그 밖에 선천성 갑상선기능저하증(congeital hypothyroidism), 호모시스틴뇨증(homocystinuria: HCU), 단풍나무시럽병(maple-syrup urine disease), 후들러증후군(mucopolysaccharide) 등이 있다.

3) 성염색체(반성장애) 유전장애

사람의 성을 결정하는 23번째 염색체는 여아는 부모 모두로부터 X염색체를, 남아는 어머니로부터 X염색체와 아버지로부터 Y염색체를 유전받게 된다. 성염색체는 남아(Xy)의 X염색체와 관련되어 문제가 된다. 따라서 남아는 결함이 있는 열성 유전자의 영향을 받아 상응하는 우성 유전자를 이어받지 못한다. 그 결과로 남아가 결함이 있는 반성 유전자를 이어받았다면, 그 유전자가 단지 하나뿐이라 해도 연관된 장애를 가질 수 있다. [그림 2-4]는 반성 열성유전의 전달과정을 설명한다(정동영 외 역, 2008).

- 약체 X 증후군(fragile X syndromen): 23번 성염색체의 이상으로 발생하고 남아에게서 많이 나타난다. 이들은 긴 얼굴과 큰 귀, 주걱턱, 돌출된 이마, 근

육긴장저하(hypotonia), 평발 등의 특성을 나타낸다. 청소년기 이후 남성에게서는 비정상적으로 고환이 크게 발달하기도 한다. 과잉행동, 주의력 결핍 및 자해행동 등의 행동적 특징을 보이고, 상동어와 반향어를 나타내기도 한다.

- 레쉬-니한증후군(Lesch-Nyhan syndrom): X염색체에 관여하는 효소의 결핍

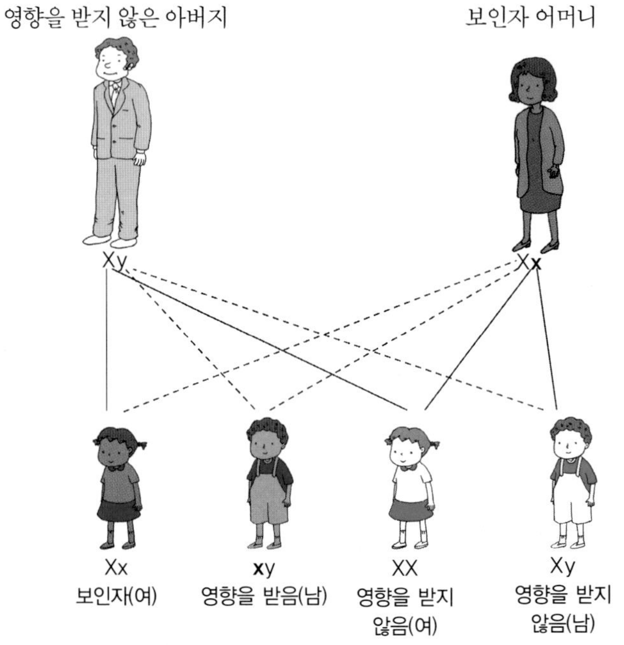

위험률:

보인자:	남아 = 0%	영향:	남아 = 50%	비영향:	남아 = 50%
	여아 = 50%		여아 = 0%		여아 = 50%

우성 X: ————————
열성 x: - - - - - - - - - - - -
y: ....

어머니는 결함 열성 유전자(진한 표시)를 전달하고 있다.

[그림 2-4] **반성(성염색체) 열성유전**

출처: 정동영 외 역 (2008); Beirne-Smith et al., (2006).

으로 온몸에 요산이 축적되어 나타나는 열성유전이다. 남성에게서 더 많이 나타나고, 특징으로 심각한 자해행동이 빈번하게 나타난다. 경직 등과 같이 신경학적 증상과 반복적 행동을 보인다. 약물 치료와 행동지원을 통한 문제 행동 개선을 유도하고 있다.

- 레트증후군(Rett syndrome): X염색체의 특정한 단백질을 제공하는 유전자의 돌연변이로 야기된다. 이에 따라 신경발달장애와 연관되어 인지 및 언어기능 장애, 특정한 손의 상동행동 등을 보인다. 특히 주로 여아에게 나타난다. 6~18개월까지 정상 발달을 보이다가, 어느 정도 시기가 지난 다음 퇴보하고 말과 언어 및 운동 기능을 상실한다. 자발적 음식 섭취의 어려움, 타액과다 분비, 이갈이에 의한 치아 손상과 다양한 경련장애를 보인다.
- 클라인펠터증후군(Klinefelter Syndrome): 남자가 여분의 여자의 X염색체를 갖게 되어 XXY가 될 때 발생한다. 특징으로, 작은 고환, 큰 가슴, 사회적 관계 형성 곤란, 우울 등을 보인다. 언어와 관련된 학습장애와 연관성이 많다.
- 터너증후군(Turner Syndrome): 여성에게만 나타나며, X염색체가 단 하나인 XO 염색체 결합이 된다. 특징으로 난소가 발달되지 않거나 없고, 비정상적인 성적 발달을 보인다. 작은 키, 물갈퀴 목, 내장기관 문제, 운동능력 결손, 주의집중과 시지각 문제 등을 보인다.

4) 일반적인 염색체 장애

염색체 이상은 부모로부터 유전 물질을 물려받는 것이 아니라 비정상적 염색체 배열 및 정렬 과정과 관련이 깊은 것으로 보고 있다. 피부와 혈액에서 추출한 인간 세포에서 염색체의 사진을 찍고, 그것을 확대하여 개별 염색체의 그림을 자른 핵형([그림 2-1] 참조)이 정상적이라면 44개의 상염색체와 2개의 성염색체로 구성된다. 그러나 염색체가 비정상적으로 너무 많거나 너무 적은 염색체를 가지게 되는 경우 장애의 주요인이 된다. 주로 그 유형은 삼염색체(trisomy), 전좌(translocation), 모자이크형(mosaicism) 및 결실(deletion)로 나타난다. 염색체 그룹 A부터 G까지로 주로 상염체와 관련이 깊고, 다운증후군의 원인이 된다.

첫째, 삼염색체 혹은 비분리(nondisjunction)는 부모의 염색체 쌍이 분리하지 못하고 여분의 염색체가 21번(G 그룹)에 세 개의 염색체가 한 그룹(삼염색체)으로 나타나는 것이다. 이 유형은 다운증후군의 가장 일반적 원인으로 알려지고 있고, 임신 여성의 연령과 상관이 높은 것으로 알려지고 있다(Ariel et al., 1997; Avramopoulos et al., 1997; Kornman et al., 1997). 그 이유 중 하나는 정자가 생애 전반에 걸쳐 생산되는 반면, 난자는 임신 때 여성 자체로부터 오기 때문에 수정되는 난자의 나이가 비분열의 가능성과 관련될 수 있다. 그러나 이것이 난자의 비분리의 실패에 대한 유일한 이유라고 할 수 없다. 삼염색체는 13번과 18번에서도 발생할 수 있다. 그러나 이 경우 대부분 생후 1년을 넘기지 못하는 중증의 선천적 기형장애를 초래한다. 이보다 가벼운 수준의 8번 삼염색체는 남자에게서 주로 발생하며, 장애 정도는 경도에서 중도까지 다양하며, 수명도 일반인과 비슷하다(Pueschel & Thuline, 1991).

둘째, 전좌는 염색체 조각의 위치가 바뀌거나 다른 염색체 쌍과 바뀌는 경우다. G 그룹의 21번 염색체 조각이 D 그룹의 15번 염색체 쌍에 붙어 발생한다. 산모가 30세 이상일 경우 발생률이 높은 것으로 알려지고 있다. 또한 부모의 한쪽이 이러한 조건을 가졌을 때 발생할 가능성이 있다. 이는 유전에 의한 것이 아니라 염색체 이상으로 나타날 수 있다(Drew & Hardaman, 2000).

셋째, 모자이크형은 서로 다른 세포들의 불균형한 패턴, 혹은 개인의 세포가 혼합된 형태로 나타난다. 어떤 것들은 삼염색체의 패턴을 갖는가 하면, 다른 경우는 정상이다. 이러한 이상은 수정 이후 세포 분열의 아주 초기에 발달 단계에서 발생한다. 반면, 이상이 일어나기 전에 다른 세포 그룹들은 정상적으로 형성되거나, 경미한 증상만을 보인다(Borsatto et al., 1998; Harda et al., 1998).

넷째, 결실은 원래의 유전자 물질이 특정한 염색체의 쌍에 없는 것을 말한다.

염색체 이상과 관련하여 다운증후군과 고양이울음증후군(Cri-du-chat syndrome)

은 상염색체, 클라인펠터증후군과 터너증후군은 성염색체 이상의 예들이다. 보다 일반적 의미로 보면, 상염색체의 이상은 지적장애의 원인과 관련이 있고, 성염색체의 이상은 보통 학습장애와 연관이 있다(Bender et al., 1986; Smith et al., 2004; Beirne-Smith et al., 2006에서 재인용).

- 다운증후군(Down's syndromen): 염색체 이상으로 21번 삼염색체, 모자이크형, 전위형(translocation)의 세 염색체 중 어느 하나의 이상으로 발생할 수 있다. 즉, 알 수 없는 이유로 염색체가 분열하지 않는다(예: 46개의 세포로부터 23쌍의 염색체로 구성). 다운증후군은 일반적으로 독특한 신체적 특징을 보여 외모에서 서로 유사하게 보이기도 한다. 전반적으로 발달 수준이 지체되지만 성격이 명랑한 편이다. 그러나 이들도 실제로는 다른 사람과 마찬가지로 일상적인 감정의 기복을 가지고 있다. 건강과 수명은 다운증후군에게 잘 나타나는 합병증인 심장질환이나 갑성선기능저하증, 백혈병 등을 어떻게 관리하는지에 달려 있다. 그러나 의료 기술의 발달에 따라 다운증후군의 평균 수명이 증가된 것으로 나타났다(Cody & Kamphaus, 1999).
- 프래더-윌리증후군(Prader-Willi Syndrome): 대개 15번 염색체의 부분적 결실과 관련된다. 이들의 중요한 특징은 식탐, 작은 체구, 심장 이상 등이다. 성장하면서 과도한 짜증, 충성성, 공격성, 고집 부리기, 자해행동 등의 문제행동을 보이기도 한다. 과도한 식욕으로 생명을 위협하는 비만을 초래한다. 그러나 일반적으로 프래더-윌리 유아(1~3세)는 저성장을 경험하는 것으로 나타나 흐느적거리는 아기(floppy baby)로 불리기도 한다.

5) 유전 평가

유전평가는 지적장애 증상을 이해하는 핵심으로서 평가를 통해 관리, 예후, 재발 위험, 예방 전략 개발 등에 답을 얻는 데 도움을 받을 수 있다. 유전평가의 목적은 진단을 명확히 하고, 가능하면 원인을 찾고 장애 관련 병인을 규명하여 개인 및 부모에게 그들의 관심사에 대해 도움을 주기 위함이다(〈표 2-1〉 참조). 진단은 분자 세포 유전 기술과 뇌영상 기술의 발달로 그 정확성이 점차 높아지고 있다.

- 양수천자(amniocentesis): 자궁으로 얇은 주사기를 삽입하여 복벽을 통과시켜 체액을 뽑는다. 태아에게서 뽑은 이 체액을 화학적으로 분석하고 세포들을 배양하고 실험하여 유전자 결함 여부를 파악한다. 문제가 발견되면 부모는 임신 유지 여부를 결정하게 된다.
- 융모막 검사(chorionic villus testing): 태반조직(융모막)의 일부에 바늘을 통해 작은 세포의 끝부분을 떼어 내 분석한다. 양수천자보다 일찍 실시하지만 (6~8주, 양수천자는 14주), 유산 위험과 사지 변형 장애를 초래할 수 있는 단점이 있다.
- 초음파 검사: 자궁에서 느끼는 고주파수를 비디오 모니터를 통해 판독할 수 있는 검사다. 초음파 검사는 손상의 위험을 줄이기 위해 많이 활용되고 있고, 뇌수종과 기형의 유무를 파악할 수 있다.

표 2-1 유전평가의 목적

개인	• 적절한 의료적 및 비의료적 치료 • 연관된 복합 요인/기능적 장애에 대한 예비 증상 선별 • 교육 계획 • 불필요한 검사와 평가의 생략
가족	• 예견적 안내 • 교육과 자기주장(옹호) • 적절한 의료적 · 사회적 서비스 기관에 대한 자문 • 지원 단체에 대한 자문 • 생식 상담, 유전전달 검사, 산전 진단 • 가족 네트워크 유지

2. 환경적 영향

지적장애의 여러 원인 가운데 환경적 원인은 예방과 예방적 치료를 가능하게 한다. 환경적 요인들 가운데는 임신 중 영양 부족, 독소 노출(특히, 임신 중 물질 남용), 태아기 때의 산모 질병(바이러스, 대사장애, 유전) 그리고 임신 중 방사선 노출 등이 있다(Harris, 2006).

1) 임신 중의 원인

(1) 감 염

① 톡소플라즈마증(toxoplasmosis)

- 원인: 주혈 원충병(住血原蟲病)이라고 하는 톡소플라즈마증은 주로 임신 중 감염으로 일어난다. 날고기(소, 돼지, 양고기)나 고양이의 배설물을 통해 감염된다. 톡소플라즈마증은 원생동물인 톡소플라즈마 곤디(toxoplasma gondii) 기생충이 주원인이다.
- 특징: 유아에 영향을 미쳐 지적장애, 뇌수종, 소두증, 정신운동 지체, 시력, 청각장애 등을 유발한다. 출생 후에 감염되면 톡소플라즈마증이 뇌염이 된다. 톡소플라즈마증은 대부분의 성인에게는 증상이 나타나지 않는다. 증상은 전염성 단핵증(單核症, mononucleosis)이나 바이러스성 질병과 같다.
- 예방 및 치료: 임신한 성인의 진단은 혈청 검사(IgG 항체 검사)를 통해 실시한다. 치명적 감염의 확인을 위한 유용한 검사는 초음파 실험, IgG-특수항체 검사를 위한 탯줄천자(cordocentesis), 톡소플라즈마 DNA 검사를 위한 양수천자(amniocentesis)다. 톡소플라즈마증은 산모에 대한 항생제(스피라마이신, 설파다이진, 피리멘다민)를 통해 효과적으로 치료할 수 있다.

② 사이토메갈로바이러스(cytomegalovirus)

- 원인: 이 바이러스의 감염은 지적장애와 감각신경계 청각장애의 원인이 된다(Revello & Gerna, 2004). 자궁 안과 밖에서 감염될 수 있다.
- 특징: 태아에게 확대된 간, 비장, 수두증, 뇌의 석회화, 정신지체, 감각기관 문제, 경련성 장애, 뇌성마비, 백내장 등의 증상을 초래할 수 있다.
- 예방 및 치료: 임신한 여성에게 안전하게 사용할 수 있는 백신이나 특정한 항바이러스가 없어, 태아기의 진단은 감염에 의해 야기되는 임신 중 관리에 매우 중요하다. 또한 태아의 혈액과 양수 샘플의 가능한 차이점 분석은 결과적으로 위험을 줄일 수 있다. 치료 과정 중에 약물 사용을 통해 DNA 분열 활동을 억제하기도 한다.

③ 풍진(rubella)

- 원인: 선천적 풍진은 풍진에 감염된 여성이 임신했을 때 3개월 이내에 발생한다. 모체의 감염으로 청각, 심장혈관 손상, 망막병증(retinopathy) 등 신경학적 기능이 저하되거나 뇌손상을 가져올 수 있다.
- 특징: 임산부가 임신 초기 풍진에 감염되었을 경우 치사율이 50%에 이른다. 아동기 때의 면역체계는 성인이 되어 여성이 풍진에 걸리지 않도록 하는 예방에 효과적인데, 연구에 따르면 임산부의 1/4은 이러한 면역력이 없어서 감염되기 쉬운 것으로 나타나고 있다(Lee et al., 1992).
- 예방 및 치료: 풍진은 적절한 면역을 통하여 예방될 수 있다.

(2) 기타 임신 중의 원인

기타 임신 중의 원인에 의한 장애는 다음과 같다(Berk, 2000; 신종호 외 역, 2002; 신현기 역, 2006; 정동영 외 역, 2008에서 재인용).

- 후천성면역결핍증(AIDS), 수두, 성병, 매독, 결핵 등: 임신 중에 이러한 질병

에 걸렸을 때 태아에게 장애를 초래하기도 한다. 감염 중 어떤 것은 유아기의 감염이 태아 때보다 더 지적장애를 유발할 위험이 높은 것도 있다. 예를 들어, 여러 유형의 장애를 초래하는 뇌염은 뇌에 영구적 손상을 줄 수 있다.

- Rh 혈액형의 불일치: 주요한 지적장애의 원인으로 어머니와 태어나지 않은 아기 간의 혈액형이 일치하지 않아 발생한다. Rh+ 아버지와 Rh− 어머니가 Rh+를 가진 아기를 임신하게 되면 태아에게 영향을 미치지 않지만, 출산 시 어머니의 면역체계가 태아의 Rh+ 혈액에 대하여 항체를 형성하게 된다. 이 항체가 모체에 남아 다음에 임신하게 되는 Rh+ 아기의 혈류에 들어가 중추신경계를 공격하여 지적장애, 간질, 뇌성마비를 초래할 수 있다. 치료는 아기가 태어난 뒤 72시간 이내에 백신(RhoGam) 접종을 통해 어머니의 혈액이 Rh+ 혈액에 부정적으로 반응하는 것을 억제하도록 하는 예방에 초점을 두고 있다. 또 다른 방법으로는 수혈을 통해 아기의 피를 완전히 바꾸어 모체의 항체에 의한 혈액 세포의 피괴를 예방할 수 있다.
- 임신 중 음주: 태아알코올증후군(fatal alcolol syndrome)을 가진 아기를 출산할 위험이 있다
- 니코틴 흡연: 미숙아, 저체중아, 유산 및 영유아 사망에 영향을 준다.
- 코카인: 신생아가 마약에 중독된 채로 태어나게 하며, 저체중, 소두증, 사지 손상 등의 원인이 된다(Hoyme et al., 1990).
- 마리화나 흡연: 저체중, 과민성 증상, 비정상적인 반사, 학습장애 전조 증상 및 태반조기박리(placenta abruptia)의 위험이 높다.

2) 출산 시 원인

출산 시란 보통 출생 1주일 전과 출산 후 4주간의 기간을 의미한다(Harris, 2006).

(1) 감 염

- 원인: 전체 선천적 이상의 2~3%는 출산 시 감염으로 야기된다. 톡소플라즈마, 매독, 수두포자, 파브로바이러스 19, 풍진, 사이토메갈로바이러스, 포진 감염 등은 출산 시 선천적 이상과 연관된 가장 일반적인 감염들이다.
- 특징: 톡소플라즈마, 매독, 수두포자, 파브로바이러스 19는 산모에게는 가벼운 것이라도 태아에게는 종종 심각한 영향을 미친다. 산모에 대한 감염 치료는 태아에게 영향을 미치지 않는다.
- 예방 및 치료: 산모의 질병에 대한 인식과 태아 질병에 대한 모니터링이 필요하다. 이러한 질병에 대한 지식은 산모에게 감염을 피할 수 있는 적절한 자문을 할 수 있게 한다. 출산 시 감염은 빠르게 전염되기 때문에, 초기 치료는 질병이 악화되는 것을 막아 준다.

(2) 기타 출산 시 원인

- 출산 시 발생할 수 있는 위험 요인 중의 하나인 질식(asyphyxia)은 뇌를 손상시킬 수 있는 요인이다. 특히 미숙아의 경우 더욱 위험하다. 뇌 산소의 부족-빈혈(cerebral hypoxia-ischemia)은 출산 시 심각한 뇌손상의 원인이 되고, 궁극적으로 신경학적 기능장애인 뇌성마비, 지적장애, 간질로 이어질 수 있다.
- 저체중아는 뇌출혈과 저혈당의 위험이 있다. 이러한 문제는 질식과 비슷한 결과를 가져온다. 빈혈과 연관된 이와 같은 문제들은 뇌성마비, 감각신경계 청력 손상, 지적장애의 원인이 될 수 있다.

3) 출산 후 원인

(1) 감 염

수막염(meningitis)과 뇌염(encephalitis)은 항구적 지적장애의 원인이 될 수 있다. 이러한 감염에 의한 질병은 접종을 통해 예방할 수 있다.

(2) 독성 물질: 납

- 원인: 흡입이나 소화를 통해 우리 몸에 들어온 납의 작은 입자가 혈관을 돌아다니며 뼈, 신장, 간, 뇌 기관 등에서 세포 조직을 파괴한다.
- 특징: 납중독은 과거에 비해 그 위험성이 줄어들었지만, 지적장애, 청력 손상, 성장 발육 지체, 주의력 문제, 운동실조(ataxia)의 중요한 원인으로 인식되고 있다. 가솔린 속의 납 첨가물, 자동차 배출가스, 납 성분이 든 유약으로 된 도자기 그릇, 식품 캔, 오래된 건물의 페인트, 전선, 놋쇠와 청동, 포일, 수도와 토양 등에서 노출될 수 있다.
- 예방 및 치료: 체내의 납 성분을 조기에 발견하면 충분한 영양 공급과 약물치료를 통해 지적 기능을 향상시킬 수 있으나, 뇌손상 자체를 완치하기는 어렵다. 따라서 예방에 중점을 두어야 한다.

그 외에도 수은, 비소, 코발트, 니켈 등 다른 금속들도 몸에 들어가면 중추신경계를 손상시킬 수 있다.

(3) 기타 출생 후 원인

- 교통사고에 의한 뇌손상과 기타 뇌종양 등은 발달장애에 심각한 영향을 줄 수 있다.
- 영양 결핍은 출생 전·후 모두 영향을 미치지만 출산 후 영양 결핍은 뇌세포 발달을 저해할 수 있다.
- 아동 학대와 방치 등도 영양 결핍에 의한 성장 발육 지체와 뇌손상 등 여러 장애의 원인이 될 수 있다.

3. 심리사회적 영향

지적장애가 되는 요인 중 심리사회적 영향은 생물학적 영향 및 환경과 분리하여 설명하기 어렵다. 유전적 영향들은 명백히 생물학적이라고 할 수 있지만, 표면적인 결과는 환경적 요인에 의한 영향을 받는다. 지적장애의 대부분의 원인들은 환경적 문제와 심리사회적 문제가 서로 유기적으로 얽혀 발생하기 때문에 어느 한쪽에 특정한 원인을 두고 설명하는 것은 바람직하지 않다. 지적장애 원인과 관련하여 미국 지적장애 및 발달장애협회(AAIDD)에서는 기존의 생의학적 그리고 심리사회학적 범주로 구분하는 것은 바람직하지 않다고 지적하고 있다. 왜냐하면 지적장애의 약 50%가 한 가지 이상의 원인적 위험 요인을 가지고 있고, 때론 한 가지 이상의 위험 요인들을 중복적으로 또는 이들이 상호작용하여 영향을 미칠 수 있은 위험 요소를 가지고 있다고 보기 때문이다.

1) 가족 문화 · 환경적 열악함의 영향

문화-가족적 정신지체(cultural-familial mental retardation)라는 말은 1959년도에 미국정신지체협회(AAMR)가 처음 사용한 용어다. 최근 더 일반적으로 사용하고 있는 지적장애라는 용어는 심리사회적 불리함과 연관하여 이 문화-가족적 정신지체와 더 관련이 깊다(Beirne-Smith et al., 2006). 장애의 원인이 밝혀지진 않았지만 지적 손상을 초래한 원인으로 환경적 독소, 사회적 관습, 빈곤한 환경 등과 같은 요인이 연관되어 있다. 스웨덴에서 지난 반세기 동안 급격한 빈곤이 줄어들면서 원인 불명의 지적장애인의 수가 상당히 줄었다는 보고는 이러한 연관성을 시사하고 있다(Hagberg et al., 1981).

문화적 · 경제적으로 열악한 환경에 있는 아동은 아동 발달에 필요한 기본적인 환경 자극 요구에 노출이 제한될 수 있다. 특히 일반적으로 경제적 · 사회적으로 빈곤한 위치에 있는 가정에서 지적장애가 발견될 가능성이 더 높다. 빈곤은 가족의 스트레스에 영향을 주고, 이는 지적장애의 원인적 상황(양육 유형, 알코올, 흡연, 영양실조, 기타 약물 복용 등)에 노출될 가능성이 높으며, 결국 이러한 불리한 요인들은 다음 세대로 이어지게 된다.

이에 대한 예방 및 치료적 접근으로, 문화적 · 환경적 열악함에 의한 지적장애 발생 가능성에 대한 개인적 · 사회적 차원의 인식 개선, 조기 중재, 산전 관리나 여성 · 유아 · 아동을 위한 영양 개선 프로그램, 부모 훈련 및 장애아동 교육, 응용행동 분석을 통한 정신건강 중재 그리고 물리 · 작업 · 언어 치료와 같은 특별 치료 등이 있다.

2) 사회적 영향

6시간 지적장애 아동(6-hour retarded child)은 단지 학교생활과 학교 수업 시간 동안만 교육적으로 지적장애로 분류된다는 의미로 사용되었다. 다른 의미로 이들은 학교를 벗어난 지역이나 가정에서는 어떤 인지적 제한이나 주의를 받지 않는 다는 의미다(Beirne-Smith et al., 2006). 즉, 6시간 지적장애 아동은 학교의 문화적 차이로 인해 아동들은 주류 사회의 중산층 문화에 동화되는 데 어려움을 갖지만, 이들이 자신의 가정 환경에 돌아갔을 때에는 사회에 통합될 수 있다는 것이다. 그리고 이 아동들은 학교에서 자신에게 제시된 높은 수준의 인지적 과제를 수행하면서 구별된다는 것이다. 이들은 수학이나 읽기 및 언어를 강조하지 않는 가정이나 지역사회에서는 기능적으로 잘 수행할 수 있다. 성인으로 자라면서는 이러한 기능을 요구하지 않는 진로를 선택할 수 있다. 그리고 인지적 제한성을 적합화(adapting)할 수 있을 것이다(Campbell & Fedeyko, 2001). 일부는 장애가 학교 졸업 이후 없어질 수도 있지만, 일부는 졸업 후에도 실제 일상을 살아가는 데 지속적으로 직면하고 극복해야 할 과제가 될 수 있다(Richardson & Koller, 1996).

연구문제

1. 지적장애의 원인을 이해하고 예방교육에 대하여 논의해 봅시다.
2. 문화적 · 환경적 열악함으로 지체를 보이는 학생을 위한 교육적 지원에 대하여 논의해 봅시다.

참고문헌

박승희, 신현기 역(1994). **정신지체 정의, 분류, 지원의 체계.** 서울: 교육과학사.

박승희, 이수연, 장혜성, 나수현 역(2011). **지적장애 정의, 분류 및 지원체계.** 서울: 교육과학사.

백은희(2005). **정신지체이해와 교육.** 서울: 교육과학사.

신종호, 김동일, 신현기, 이대식 역(2002). **정신지체.** 서울: 시그마프레스.

신현기(2004). **정신지체아 교수방법론.** 서울: 교육과학사.

신현기 역(2006). **정신지체: 역사적 관점, 현재의 동향, 그리고 미래의 방향.** 서울: 시그마프레스.

신현기 외(2005) **특수교육의 이해.** 서울: 교육과학사.

정동영, 김형일, 김주영, 김희규, 유장순, 정동일, 최혜승 역(2008). **정신지체: 지역사회 통합적 접근.** 서울: 박학사.

Ariel, I., Lerer, I., Yagel, S., Cohen, R., Ben-Neriah, Z., & Abeliovich, D. (1997). Trisomy 2: Confined placental mosaicism in a fetus with intrauterine growth retardation. *Prenatal Diagnosis, 17*, 180-183.

Avramopoulos, D., Kennerknecht, I., Barbi, G., Eckert, D., Delabar, J. M., Maunoury, C., Hallberg, A., & Peterson, M. B. (1997). A case of apparent trisomy 21 without the Down'syndrome phenotype. *Journal of Medical Genetics, 34*, 597-600.

Beirne-Smith, M., Patton, J. R., & Kim, S. H. (2006). *Mental retardation: An introduction to intellectual diabilities.* Columbus, OH: Pearson Merrill Prectice Hall.

Bender, B. G., Puck, M. H., Salbenblatt, J. A., & Robinson, A. (1986). Cognitive development of children with sex chromosome abnormalities. In S. D. Smith (Ed.), *Genetics and learning disabilities* (pp. 175-201). San Diego, CA: College-Hill Press.

Borsatto, B., Smith, M. A., Garcez, E. M., & Peres, C. A. (1998). Age-associated mosaicism and polyploidy in Down' syndrome. *Mechanisms of Ageing and Development, 100*, 77-83.

Campbell, V. A., & Fedeyko, H. J. (2001). The healthy people 2010 process: Difficulties related to surveillance and data collection. In A. J. Tymchuk, K. C. Lakin, & R. Luckasson (Eds.), *The forgotten generation: The status and challenges of adults with mild cognitive limitations* (pp. 221-240). Baltimore: Brookes.

Cody, H., & Kamphaus, R. (1999). Down syndrome. In S. Goldstein & C. Reynolds (Eds.), *Handbook of neurodevelopmental and genetic disorders in children* (pp. 385-405). New York: Guilford.

Drew, C. J., & Hardaman, M. L. (2000). *Mental retardation: A life cycle approach.* OH: Merrill.

Harda, N., Abe, K., Nishimura, T., Sasaki, K., Ishikawa, M., Fujimoto, M., Matsumoto, T., & Niikawa, N. (1998). Origin and mechanism of formation of 45, X.47, XX, +21 mosaicism in a fetus. *American Journal of Medical Genetics, 75*, 432-437.

Harris, J. C. (2006). *Intellectual disability: Understanding its development, causes, classification, evaluation, and treatment.* New York: Oxford University Press.

Hagberg, B., Hagberg, C., Lewerth, A., & Lindberg, U. (1981). Mild mental retardation in Swedish school children. *Acta Paediatra Scand*, 70, 445-452.

Hoyme, H. E., Jones, K. L., Dixon, S., Jewett, T., Hanson, W., Robinson, L. K., Msall, M. E., & Allanson, J. E. (1990). Prenatal cocaine exposure and fetal vascular disruption. *Pediatrics*, 85, 743-747.

Kornman, L. H., Morssink, L. P., Worelboer, M. J., Beekhuis, J. R., DeWolf, B. T., Pratt, J. J., & Mantingh, A. (1997). Maternal urinary beta-core hCG in chromosomally abnormal pregnancies in the first trimester. *Prenatal Diagnosis, 17*, 135-139.

Lee, S. H., Ewert, D. P., Frederick, P. D., & Mascola, L. (1992). Resurgence of congenital rubella syndrome in the 1990s. *Journal of the American Medical Association, 276*, 2616-2620.

Luckason, R., Borthwick-Duffy, S., Buntinx, W., Coulter, D., Craig, E., Reeve, A., Schalock, R., Snell, M., Spitalink, D., Spreat, S., & Tasse, M. (2002). *Mental retardation: Definition, classification, and systems of supports* (10th ed.). Washington, DC: American Association on Mental Retardation.

Richardson, S. A., & Koller, H. (1996). *Twenty-two years: Causes and consequences of mental retardation.* Cambridge, MA: Harvard University Press.

Rovello, M. G., & Gerna, G. (2004). Pathogenesis and prenatal diagnosis of human cytomegalovirus infection. *Journal of Clinical Virology, 29*, 71-83.

Smith, T. E. C., Polloway, E. A., Patton, J. R., & Dowdy, C. A. (2001). *Teaching students with special needs in inclusive settings* (3rd ed.). Needham Heights, MA: Allyn & Bacon.

제 3 장

지적장애 학생의 특성

학습목표

1. 지적장애 학생의 사회정서적 특성을 이해한다.
2. 지적장애 학생의 심리 및 인지적 특성을 이해한다.
3. 지적장애 학생의 신체 건강 특성을 이해한다.
4. 지적장애 학생의 학습 특성을 이해한다.

지적장애 학생을 어떻게 볼 것인가? 이들이 나타내는 일반적 특성에 대해 대답하기 위해서는 많은 관련 요인의 확인이 필요하다. 지적장애에 대한 정의와 분류에 대하여 끊임없는 논의가 이어지는 것도 이와 같은 맥락이다. 또한 어떤 관련 요인이 가능성이 높다고 하여 이것이 지적장애 개인의 특성이라고 단정 짓기에는 더욱더 무리가 따른다. 지적장애 아동 개인 간 그리고 개인 내에서도 무수한 변인들이 상존하고 있기 때문이다.

이 장에서는 지적장애 학생의 일반적 특성에 대하여 접근하고자 한다. 그러나 이러한 특성은 일반적인 지적장애에 대한 이해로 한정한다. 개인에 대한 교육적 지원과 이들이 성취하고자 하는 궁극적 목적에 대한 지원을 위해서는 일반적 특성뿐만 아니라 각 개인의 특성과 수준이 함께 고려되어야 한다.

1. 사회정서적 특성

1) 정서적 능력

정서적 능력은 크게 정서적 반응과 정서적 인식으로 구분하여 설명할 수 있다. 이와 관련된 지적장애 아동의 연구 결과를 보면 다음과 같다.

정서적 반응(emotional responsiveness)은 개인이 다른 사람을 대할 때 정서적으로 나타내는 반응이다. 지적장애 아동에 대하여 연구자들은 사회적 상호작용에서 아동의 정서적 반응과 여러 가지 정서적 표출 환경에서 어떻게 행동하는가에 관심을 가져 왔다.

다운증후군 유아를 대상으로 한 정서적 반응 연구의 초기 연구에서 이들은 웃음과 미소의 반응을 늦게 보이고, 음악의 톤에서 지나치게 음이 높거나 낮은 발음상의 이상을 보였다(Kasari & Bauminger, 1998). 좀 더 나이 든 아동을 대상으로 한 연구에서는 같은 연령과 비교하여 정서적 반응이 같거나 더 긍정적 감정을 나타낸 것으로 나타났다(Capps et al., 1993; Kasari et al., 1990; Landry & Chapieski, 1990). 다운증후군 아동의 경우 동일한 정신연령의 아동과 비교하여 적극적인 정서적 표현을 하였고, 유아와 취학 전 다운증후군의 경우도 질적인 부분에 차이는 있었지만 비슷한 웃음의 빈도를 보인 것으로 나타났다(Kasari et al., 1990). 그러나 다운증후군 아동을 대상으로 한 다른 연구는 발달장애 아동, 신체장애 아동, 일반아동에 비해 웃음을 짓거나 적극적인 정서적 반응을 지속하지 않은 것으로 보고하였다(Brooks-Gunn & Lewis, 1982). 그 외 연구에서도 다운증후군 아동은 다른 대상이나 물체보다 사람의 얼굴을 더 오랫동안 주시하는 것으로 보고하였다(Kasiri et al., 1990; Kasari et al., 1995; Ruskin et al., 1994). 이는 이들이 다른 사람에 대하여 더 사회적 관계를 할 수 있음을 시사한다. 정서적 반응은 다른 사람과 정서를 공유할 수 있는 능력이다. 사실, 이러한 사회성은 적극적이고 원만한 성격을 가진 다운증후군의 지각력을 넓히고 상호작용을 할 수 있는 가능성을 시사한다(Gibson, 1978). 다른 사람과의 관계에서 주의 집중 시간은 비록 짧지만, 타인에 대한 적극적 정서와 주의를 나타낼 수 있다는 것은 자폐아동과 구별되는 특징 중의 하나다.

정서적 인식(emotional recognition)은 행복함, 슬픔, 화남, 두려움과 같은 간단한 얼굴 표정을 인식하는 것이다. 일반 아동은 생후 2년 이내에 이러한 정서적 얼굴 표정을 인식하고 구별할 수 있다(Cohn et al., 1990; Huebner & Izard, 1988). 정서적 인식 능력은 타인과의 사회적 상황을 이해하는 데 중요한 역할을 한다. 그러나 지적장애 아동은 이러한 정서적 인식 능력에 많은 어려움을 가지고 있는 것으로 보인다(Kasari & Bauminger, 1998).

정서적 인식의 결함은 지적장애의 전 연령대에 걸쳐 나타난다. Mauer와 Newbrough(1987)는 지적장애 성인을 대상으로 한 연구에서, 생활연령이 같은 비지적장애 성인과의 비교에서 지적장애 성인이 얼굴 표정을 더 잘 읽지 못한다는 것을 보고하였다. Rojahn, Rabold와 Schneider(1995)는 비지적장애인의 생활연령과 정신연령을 대상으로 한 연구에서 같은 결과를 보고하였다. McAlpine, Kendall과 Singh(1991)은 지적장애 아동 및 성인을 대상으로 한 광범위한 연구를 실시하였다. 이 연구에서 대상자들은 같은 정신연령의 비지적장애인에 비해 정서적 인식을 잘 하지 못하는 것으로 나타났다. 그리고 지적장애 청소년을 대상으로 한 Adams와 Markham(1991)의 연구에서 비지적장애인은 생활연령과 정신연령 대상과의 비교에서 정서적 인식 과제를 잘 수행하지 못하는 것으로 나타났다.

4~6세 다운증후군 아동을 대상으로 한 연구에서, 이들의 정서적 인식능력이 일반 아동의 정신연령 비교 집단과 비슷한 결과가 나타났다(Kasari, Hughes, & Freeman, 1995). 그러나 정신연령과 비교한 두 집단(다운증후군 아동과 어린 일반 아동)이 생활연령이 같은 일반 아동 집단에 비해 정서적 판단에서 능숙성(proficient)이 부족한 것으로 나타났다. 이 연구에서 정서적 인식기술이 정신연령과 지능과 상관되었지만, 생활연령과는 상관되지 않았다. 따라서 이 연구 결

과는 정서적 인식능력은 발달적 능력과 밀접히 관련되어 있고, 여러 해에 걸친 경험에 의한 것이 아님을 시사한다. 이는 정서적 인식능력은 원인론적으로 개인에 따라 달라질 수 있고, 발달적 시기에 따라 다양해짐을 알 수 있다(Kasari & Bauminger, 1998).

이러한 결과는 최소한 두 가지 문제와의 연관성을 고려해야 함을 시사한다. 첫째, 수행된 연구들의 대상자들이 복합적인 원인적 요인들을 가지고 있었을 수 있다. 이는 특정 병인론(원인)이 수행된 결과에 영향을 미쳤는지를 판단할 수 없게 하는 것이다. 예를 들면, 유전적 문제, 영양실조, 임신 기간 중 약물남용, 뇌손상, 독극물에의 노출 등은 뇌의 성장과 발달 그리고 뇌가 기능하는 방식에 영향을 미칠 수 있다. 둘째, 비교 집단들이 생활연령에 맞추어졌다. 이는 발달 영향의 판단을 어렵게 하는 요인이다. 지적장애인과 비지적장애인의 비교는 항상 차이가 나타날 수 있다. 그리고 정신연령과의 비교는 일관성이 부족하다. 다수의 정신연령과의 비교 연구들은 이에 대한 명확한 보고가 아직 부족하다. 일반 아동과 지적장애 아동 간의 정신연령이 어느 정도 일치하는지에 대해 아직 명확하지 않는 상태라고 볼 수 있다. 따라서 정서적 인식능력에 대한 차이와 유사성의 정확한 평가에 어려움이 있다고 본다(Kasari & Bauminger, 1998).

2) 또래 및 친구 관계

또래관계(peer relationships)는 초기 아동기에 또래와의 사회화에 가장 의미 있는 과제 중 하나다. 사회적 능력이 부족한 아동은 이후 삶의 사회적 적응에서 어려움을 겪을 가능성이 크다. 그러나 사회적 능력이 부족하다고 하더라도 성장하면서 친구관계를 발전시키면 적절하게 사회적 적응을 할 수 있다. 가까운 친구를 사귀는 것은 적절한 사회적 발달을 형성하는 데 중요한 의미를 갖는다. 따라서 또래 간의 상호작용과 친구관계는 지적장애 아동의 사회적 능력을 알아보는 데 중요한 고려사항이다.

지적장애 아동은 같은 정신연령대의 비지적장애 아동에 비해 상대적으로 상호작용에 어려움을 가지고 있다. 이들은 사회적 상호작용이 부족하고(Field, 1984; Mindes, 19982), 협력적 놀이보다는 일방적 놀이나 고립을 더 자주 보인다(Crawley & Chan, 1982; Guralnick & Weinhouse, 1984). 그리고 취학전 연령의 또래 상호작용에서 발달적 변화를 보이지 않는다(Beckman & Kohl, 1987; Guralnick & Weinhouse, 1984; Lieber, Beckman, & Strong, 1993). 일반적으로 지적장애 아동의 또래 상호작용에서 나타나는 결핍은 정신연령을 기준으로 예상한 것보다 더 어려운 것으로 나타나고 있다(Guralnick, 1984).

통합된 취학 전 연령의 다운증후군 아동을 대상으로 한 연구에서, Sinson과 Wetherick(1981)은 이들이 또래 일반 아동과의 관계에서 상당히 공격적이고 관심 끌기(attention-seeking) 행동과 비음성적 상호작용을 한 것으로 보고하였다. 이들의 대부분의 상호작용은 또래보다는 어른과의 관계가 많았다. 그러나 이들을 같은 장애아동과 상호작용하도록 하였을 때, 눈 맞추기나 상상 놀이 등에서 더 몰두한 것으로 나타났다. 통합 상황의 다른 연구(Guralnick, 1997)에서는, 분리된 상황과는 다르게 또래가 적절한 모델과 사회적 파트너로서의 행동을 할 수 있었기 때문에 더 많은 장점을 가질 수 있었던 것으로 보고하였다. 분리된 상황에서는 사회적 제한을 가지게 되고, 적절하거나 좀 더 진전된 사회적 모델이 거의 일어나지 않지만, 통합된 상황에서는 또래와의 사회적 행동을 증진시킬 수 있는 기회를 가질 수 있다.

그러나 통합된 상황만으로는 장애아동과 비장애아동의 사회적 상호작용이 잘 일어나지 않는다(Field et al., 1981; Guralnick, 1984). 비장애아동으로 하여금 장애아동에게 풍부한 사회적 환경을 제시하도록 하기 위하여, 직접 중재를 통한 개입이 이루어져야 한다. 친숙함만으로는 충분한 또래 상호작용이 일어나게 하기 어렵지만(Sinson & Wetherick, 1981), 중재를 통해 지적장애 아동의 사회적 행동에서의 증진을 기대할 수 있을 것이다.

친구관계 형성(friendship formation)은 또래관계와는 다른 의미다. 친구관계는 상호 호혜적(reciprocal)이고, 오랜 시간에 걸쳐 안정적이며, 역동적인 사회적 상호작용에 바탕을 두고 있다(Buhrmester, 1990; Dunn, 1993; Hartup, 1992; Howes, 1983, 1988; Parker & Gottman, 1989). 특히 어린 아동의 친구관계에는 두 가지 사회적 상호작용 조건이 요구된다. 첫째, 규칙적인 놀이 기회에 참여하여 상호작용을 해야 한다. 둘째, 서로 규칙적인 상호작용 틀을 구성할 수 있는 기회를 갖기 위해 또래끼리 충분하게 친숙해져야 한다(Howes, 1996). 친구관계의 기본적인 기능 세 가지는 교제(companionship), 밀접한 신뢰성(intimacy-trust) 그리고 애정(affection)이다. 이 세 가지 기능은 서로 친구이거나 친구가 아님을 구별하는 것이 된다(Buhrmester, 1990; Gottman & Parker, 1986; Parker & Gottman, 1989).

지적장애 아동은 친구관계를 형성하는 데 어려움을 가지고 있다(Parker et al., 1995). 그러나 이러한 어려움의 속성은 지적장애의 병인론(원인)에 따라 다양할 수 있다. 그러므로 중요하게 고려해야 할 사항은 먼저 지적장애 아동의 독특한 발달적 조건이 어떻게 친구관계 형성에 영향을 미치는가에 관심을 갖는 것이다. 그리고 일단 친구관계가 형성되면 친구관계가 일반 아동과 같은 형태인지 혹은 구별되는 것인지를 살펴보아야 한다. 또한 지적장애 아동의 친구관계 구성과 기능은 이들의 장애 특성에 따라 달라질 수 있다. 그리고 친구관계를 형성하는 맥락적 사항도 고려하여야 한다(Kasari & Bauminger, 1998).

3) 대인관계 특성

대인관계(interpersonal relation) 능력은 다른 사람의 심리적 특성이나 신체적 특성을 파악하는 능력이나 태도라고 할 수 있고, 대인 지각과 상관 관계가 있는 대인전략은 다른 사람의 표출 행동이나 언어로부터 정보를 분석해 받아들이고 그에 따라 최선의 반응 양식을 발견하여 자신의 관점을 행동이나 언어로 표출하는 과정이다(Shaw, 1984). 그리고 대인관계 기술은 사회적 상황에서 다른 사람의 역할을 조망할 수 있는 능력, 문제 상황에 대하여 여러 가지 관련된 반응을 제시할 수 있는 능력, 그리고 제시한 반응을 효과적으로 수행할 수 있는 능력이다(Weinstein, 1969).

이와 비슷하게, Kitano, Stiehl과 Cole(1978)은 대인관계에서 역할수행 능력은 두 가지 기술, 즉 정의적 상태(affective state)의 이해, 인지적 상태의 지각이 포함된다고 하였다. 이것은 인간 간 상호작용에서 능력이 있는 사람은 다른 사람의 감정과 다른 사람이 무엇을 생각하고 있을까 하는 것을 정확하게 파악할 수 있다는 것이다.

지적장애 아동의 대인관계의 형성 및 유지에 장애를 주는 주요 요인으로 이들의 자기중심적 사고를 들 수 있다. 대부분의 연구에 따르면, 지적장애 아동은 상대방의 관점을 무시하고 자기중심적인 사고와 행동을 하기 때문에 또래로부터 배척을 받게 되며(김형일, 1995; 신현기, 1993), 이에 따라 친구가 거의 없고 사회적 고립과 외로움을 만성적으로 겪게 되며, 가족 구성원 외의 다른 사람과의 사회적 상호작용은 짧게 된다(Newton & Horner, 1993).

지적장애인의 대인관계는 이들에 대한 일반인의 반응에서도 영향을 받는다. Green 등(1995)은 비장애 성인은 지적장애인과 관계를 맺는 데 일반적으로 조심하는 경향이 있지만, 시간이 지나면서 보다 나은 관계가 성립되었다는 것을 보고하였다. 통합교육 환경에서 낙인의 염려가 있지만, 지적장애 아동은 또래와 관계를 발전시킬 수 있다. 또한 이들의 행동적 장애와 기타 다른 변인들(의사소통 등)이 가족이나 다른 사람에게 대인관계 형성에 영향을 줄 수도 있다(Westling & Fox, 2000). 이들의 행동적 특성이 사회에서 바람직하지 못하거나 위험한 것으로 인식될 때에도 대인관계에서 어려움을 겪게 된다. 특히 행동적 · 인지적 제한을 가진 아동은 신체적 제한을 가진 아동보다 또래와의 교류가 더 적은 것으로 보고되었다(Geisthardt, Brotherson, & Cook, 2002).

한편, 지적장애인이 졸업을 하게 되면 직장에 취업하게 되고, 직장에서의 대인관계는 졸업 이후의 삶에 중요한 요인이 된다. Cheney와 Foss(1984)는 작업 동료 및 감독의 관찰 그리고 면담을 통해 지적장애 직장인의 대인관계 문제해결 특성을 다음과 같이 제시하였다.

첫째, 작업 감독과의 관계에서 지적장애인은 감독의 권위적 행동을 이해하는 데 어려움이 있기 때문에 작업장에서 문제를 야기하게 된다. 감독이 잘못된 점을 지적하였을 때 적절하고 효과적으로 대처하지 못하고 갈등을 유발한다. 둘째, 지적장애인은 동료만큼 작업을 만족스럽게 할 수 없다. 동료와의 협력적 작업이 어렵고 문제해결 전략을 효과적으로 사용하지 못하기 때문에 일에 적응하는 데 어려움이 있으며, 이러한 이유로 실망감과 고립감을 느끼고 결국 일을 그만두게 된다. 셋째, 작업장에서 산만하고 소란한 행동을 한다. 자기통제를 잘하지 못하기 때문에 작업장의 다른 사람에게 방해를 주고, 작업 수행에 영향을 미치기 때문에 감독으로부터 지적을 당한다.

Bullis와 Foss(1986)도 직장에서 지적장애인이 직면하는 대인관계 문제의 구체적인 유형을 제시하였는데, 주로 작업 감독과 직장 동료와의 문제를 지적하였다. 즉, 작업 감독과의 관계에서 야단과 잘못의 지적을 제대로 수용하지 못하고, 문제가 발생했을 때 적절하게 지원을 요청하지 못하며, 감독의 지시를 잘 따르지 않는다는 것이다. 또한 이 연구자들은 직장 동료와의 관계에서는 협력 작업이 곤란하고, 동료의 조롱이나 야유를 적절하게 대처하는 능력이 부족하거나 인간관계를 형성하지 못하는 것으로 기술하였다. 이와 같이 Bullis와 Foss(1986)는 지적장애인이 직장에서 고용주나 상사가 기대하는 일의 기술적(skills) 능력에 문제가 있다기보다는 비기능적인 적응행동의 문제점을 제기하였다.

한편, 연구자들은 직장에서 감독과 동료와의 관계에서 대인관계 문제가 주로 발생하지만, 상대에 따라 대인관계의 관련 정도에 차별성이 있다는 점을 지적하였다. 즉, 지적장애인의 직업 관련 대인관계 특징에서 감독과의 관계는 일과 관련된 상호작용이 많으나, 직장 동료와의 관계는 주로 일과 관련이 적은 직접적인 대인관계 문제가 많이 발생한다는 것이다. 따라서 지적장애 직장인의 사회적 대인관계는 감독과의 관계보다는 직장 동료와의 관계에서 발달할 수 있는 기회가 더 많기 때문에 동료와의 대인관계 결핍은 친구관계 발달에 장애를 줄 수 있다(Chadsey-Rusch et al., 1989; Storey & Hornern, 1991).

LaGreca와 Stone(1982)은 지적장애인이 일하고 있는 작업 감독 및 동료와의 면담과 관찰을 통하여 지적장애인이 직장 상황에서 어려움을 겪는 직업 관련 대인 문제 장면들에 대해 조사하였다. 그들은 많은 문제를 일으키는 내용을 작업 감독과의 관계, 동료와의 관계, 자기 자신의 내적 문제로 구분하고, 이 세 영역에 대한 하위 문항을 만들어 직장 적응을 방해하는 문제행동의 빈도를 감독과 동료들을 대상으로 〈표 3-1〉과 같이 조사하였다. 조사 방법은 문제행동의 빈도와 심각성으로 제시하였다.

연구 결과, 심각한 행동은 감독과 동료에 대한 부적절하고 공격적인 대인 문제 행동들뿐만 아니라 작업 습관과 주의력 문제도 매우 심각한 것으로 나타났

표 3-1 작업 장면에서 직장적응을 방해하는 문제행동

상황	하위 문제	문제 상황	빈도	심각성
부적절한 대인 문제행동 (동료/감독)	언어적	일하면서 동료와 이야기하기	높음	낮음
		일하지 않고 동료와 이야기하기	낮음	높음
		지나가는 사람에게 말 걸기	낮음	낮음
		이리저리 돌아다니며 말 걸기	낮음	낮음
		감독에게 사적인 것 부탁하기	낮음	낮음
		감독에게 일에 관해 수시로 질문하기	낮음	낮음
		감독의 하는 일에 대해 물어보기	낮음	낮음
		일과 관계없는 것에 관해 물어보기	높음	높음
		감독의 대화에 끼어들기	낮음	높음
		다른 사람과 이야기하는 감독 방해하기	낮음	높음
		일하고 있는 감독 방해하기	높음	높음
	비언어적	일하지 않고 동료 쳐다보기	높음	높음
		동료에게 걸어가기	낮음	높음
		동료 주위를 맴돌기	높음	높음
		감독 건드리기	낮음	높음

공격적인 대인 문제행동 (동료/감독)	신체적	동료에게 물건 던지기	낮음	낮음
		동료와 주먹질하며 싸우기	낮음	높음
		동료를 밀거나 때리기	낮음	높음
		감독을 밀거나 때리기	낮음	높음
	언어적	동료 야유하기	높음	높음
		동료와 다투기	낮음	높음
		동료 위협하기	낮음	높음
		동료에게 욕설하기	낮음	높음
		감독이 지시하면 뒤에서 욕하기	낮음	높음
		감독이 질책하면 뒤에서 욕하기(일하지 않거나 이야기할 때)	낮음	높음
		일을 하라고 했을 때 감독과 다투기	낮음	높음
		감독에게 욕설하기	낮음	높음
		감독 위협하기	낮음	높음
좌절이나 화냄에 대한 부적절한 반응	공격적	화나거나 좌절했을 때 물건 집어던지기	낮음	높음
		화났을 때 물건 던지기	낮음	높음
		화났을 때 소리 지르기	낮음	높음
	비공격적	동료가 놀리면 화내기	높음	낮음
		화나거나 좌절했을 때 소리내 울기	낮음	낮음
주의나 기억 문제		작업 시간에 잠자기	낮음	높음
		작업할 일 잊어버리기	낮음	낮음
		자리 이탈하기	높음	높음
		공상하기	높음	높음
부적절한 개인적 습관이나 태도		단정하지 못하게 옷 입기	낮음	낮음
		특이한 얼굴 모양으로 다니기	낮음	낮음
		매우 큰 소리로 이야기하기	낮음	낮음
		다른 사람이 알아듣지 못하게 불분명하게 말하기	낮음	낮음
		일하면서 혼자 떠들고 노래하기	낮음	낮음
		일하면서 소란 피우기	낮음	낮음
부적절한 작업 습관		더디게 일하기	높음	높음
		출근 늦게 하기	낮음	높음
		휴식 끝나고 늦게 들어오기	높음	높음
		허가 없이 근무지 이탈하여 돌아다니기	낮음	낮음
		허가는 받아도 작업 주위 자주 돌아다니기(물 마시기)	높음	높음

* 빈도: 1점 전혀 없음, 4점 항상 있음, 2.5점 이상 높음, 이하 낮음, 심각성: 1점 전혀 심하지 않음, 5점 매우 심함, 3점 이상 높음, 이하 낮음

출처: LaGreca & Stone (1982): 김형일(2009)에서 재인용.

다. LaGreca와 Stone(1982)은 개인적인 나쁜 습관이나 태도 그리고 좌절과 같은 비공격적 반응, 화냄 등을 문제점으로 제기하였다. 따라서 이 연구자들은 지적장애인에게 나타난 문제행동에 대한 빈도나 정도가 심한 행동들을 우선적으로 직업 관련 대인 문제해결 훈련의 내용으로 선정하여 집중 지도를 해야 할 필요성을 강조하였다.

또한 Foss와 Peterson(1981)은 작업장에서 지적장애인의 직장 배치 업무를 맡고 있는 인사들을 통해 이들의 직업 유지에 필요한 대인 문제를 조사하였다. 그 결과, 지적장애인의 직업 유지에 필요한 것으로 ① 감독의 지시 따르기, ② 감독의 비판이나 지적에 적절하게 대처하기, ③ 직접 감독 없이 독립적으로 일하기 등을 제시하였고, 가장 부족한 것으로 ① 유머 감각 유지, ② 필요할 때 동료를 지원할 수 있는 능력을 제시하였다.

이와 관련하여 최근 지적장애인의 직장에서의 대인관계 훈련 프로그램은 직장 적응에 많은 효과가 있음을 보고하고 있다(김형일, 1995, 2000; Castles & Glass, 1986; Kazdin, 1992; Vaughn & Ridley, 1983).

4) 적응행동 및 행동적 특성

적응행동(adaptive behavior)은 AAIDD의 지적장애인 정의에서 그 개념적 기준을 제시하고 있다. 정의에 따르면, 사회적 그리고 기타 적응행동에 문제를 보이지 않는다면 지적장애로 분류되지 않는다. 적응행동과 관련하여 지적장애인은 사회적 기술 영역에서 심각한 그리고 지속적 어려움을 보인다고 가정할 수 있다. AAIDD 정의에서 적응행동과 관련하여 제시한 주요 세 가지 영역은 개념적 · 사회적 · 실제적 적응기술이다. 추상적 개념 및 이해기술과 관련되는 개념적 적응기술, 행동적 문제, 대인관계와 연관된 사회적 기술 그리고 실제 일상생활 기술과 연관된 실제적 기술은 이 책의 여러 영역에서 언급하므로 구체적인 기술은 생략한다. 여기서는 지적장애인의 행동적 특성에 대해 살펴본다.

지적장애인의 행동적 특성은 매우 다양하게 나타난다. 그리고 학습과 일상생활에서 문제행동은 개인의 적응뿐만 아니라 다른 사람과의 관계에서도 부정적 요인으로 작용한다. 문제행동은 적응행동과 서로 다른 개념으로 여기기도 하지만, 큰 맥락에서 서로 연관성을 가지고 있다. 지적장애인의 행동적 특성의 원인은 개인에 따라 다르다. 그리고 인과관계도 환경이나 맥락적 요인과 연관될 수 있고, 병인론적 측면과 관련을 가질 수 있다. 문제행동의 유형으로 속임수, 거짓말, 훔치기, 기질적 울화(temper tantrums), 기타 심각한 문제행동들이 있다. 또한 일반 아동에게는 단순한 문제행동이지만(예: 잡담이나 수다[tattling]), 이들에게는 심각한 결과로 나타날 수도 있다(Everington & Luckasson, 1989; William, 1985). 따라서 각 개인의 상황에 따라 개별적 문제행동이 진단되어야 한다.

그 외에도 AAMR(2003)은 정신과적 · 행동적 문제들의 치료적 문제와 연관하여 문제행동들을 나열하였다. 자해, 신체 공격, 재산 파괴, 충동/과잉행동, 자살에 대한 상상/행동, 성적 공격성, 성적 자기노출/공공장소에서의 자위행위, 사회적 위축, 과도한 불복종/반대행동, 심인성 요인 등이 있다. 그러나 이러한 행동의 원인은 잘 알려져 있지 않지만 이런 행동들이 지적장애인의 대표적 행동으로 잘못 인식되는 경우가 있다. 따라서 이러한 문제행동이 지적장애인의 정신질환과 연관될 경우 서로 다른 상황으로 인식할 필요가 있다. 즉, AAMR은 정신과적 장애(psychiatric disorders)는 지적 기능에 바로 영향을 주긴 하지만, 이중진단이 내려지기 위해서는 지능에서의 손상이 반드시 선행되어야 하며 정신과적 장애와 직접적으로 연관되어서는 안 된다고 지적하였다(신현기 역, 2006에서 재인용).

2. 인지 및 심리적 특성

1) 인지발달과 수행

인지발달은 크게 두 가지 이론으로 구분할 수 있다.

첫째, Zigler와 Bennett-Gates(1999)가 주장하는 발달적 입장(developmental position)은 지적장애를 특히 문화-가족적 지체(cultural-familial retardation)로 설명한다. 이 문화-가족적 지체는 특정하게 밝혀진 기질적 혹은 유전적 이상(예: 다운증후군 혹은 주된 뇌손상)으로 야기된 것이 아니다. 이들은 직계 가족 중에 지적장애인이 속해 있을 수 있다. 이 문화-가족 집단에서의 지적장애인은 발달적 입장에 따라 비장애인과 같은 순서로 인지적 발달과정과 단계를 거치지만, 발달적 지체(developmental delay)를 보인다. 지적장애인이 비장애인에 비해 발달적 지체를 크게 보이는 것은 이들이 비장애인보다 느린 속도로 단계를 거치며, 궁극적으로 낮은 수준의 인지적 발달을 하기 때문이다. 이러한 발달적 입장을 순차적 이론(sequence hypothesis)이라고 한다(Weisz & Zigler, 1979). 발달적 입장은 또한 인지적 발달 수준(전형적 · 조작적으로 정신연령이라고 정의됨)이 비슷한 문화-가족 지체인과 비장애인은 추론과 문제해결에서 사용하는 형식적 조작 단계의 인지 처리에서도 서로 비슷하다고 주장한다. 이러한 발달적 입장을 구조주의적 이론(structure hypothesis)이라고 한다.

발달적 지체와 관련하여 Piaget의 이론은 지적장애를 이해하는 데 도움을 준다. Piaget(1969)는 아동이 환경에 대한 자신의 감각과 경험을 통해 마음의 도식(schema)을 발달시켜 간다고 주장하였다. 그 발달기제는 동화(assimilation), 조절(accommodation) 그리고 평형화(equilibration) 과정이다. 아동은 새로운 지식과 기술을 배우고 기존 지식에 통합하는 동화와 새로운 지식에 기초해 자신의 생각과 활동을 조절함으로써 평형화를 이룬다. 이러한 발달기제는 그 과정을 반복하면서, 아동의 도식은 감각운동 단계(출생 후~2세), 전조작 단계(2~7세), 구체적 조작 단계(7~11세), 형식적 조작 단계(11세 이상)로 발달하게 된다. Inhelder(1968)에 따르면, 지적장애 아동은 Piaget의 각 발달 단계에 도달하는 연령이 늦고, 장애 정도가 심할수록 단계를 거쳐 발달하는 속도가 더 느릴 뿐만 아니라 모든 발달 단계를 성취하지 못할 수도 있다. 또한 경도 지적장애인은 구체적 조작 단계에 도달할 수 있으나 중등도 지적장애인은 전조작 단계 이상 발달할 수 없으며, 중도 혹은 최중도 지적장애인은 감각운동 단계에 머무르게 된다고 하였다(Beirne-Smith, Patton, & Kim, 2006).

발달적 지체를 주장하는 사람들의 입장은 지적장애인의 현재 수준 이상의 과제를 수행할 때 실패할 수 있다고 주장한다. 따라서 개인의 정신연령에 맞는 과제를 제시할 것을 권하고 있다. 환경과의 상호작용을 강조한 Piaget 이론에서도 각 지적장애 아동의 예상되는 느린 발달 속도에 적절한 교육적 지원을 통해 최적의 기능 수준을 발달시킬 기회를 제공해야 함을 강조한다.

둘째, 지적장애인과 비장애인은 인지발달에서 서로 차이가 있다는 입장이다(Ellis & Cavalier, 1982; Milgram, 1973). 이 차이이론(difference theories)은 지적장애와 비장애인 간의 인지적 발달 단계에서의 발달적 차이(developmental difference)를 강조한다. 즉, 비슷한 인지적 발달 수준에 있는 지적장애와 비장애인에 의해 사용되는 인지적 처리에서 차이가 있다는 것이다. 이 발달적 차이이론은 순차적 이론과 서로 구별된다(Zigler & Bennett-gates, 1999). 발달적 차이는 지적장애인이 특정 병인(예: 유전적 요인, 영양실조, 임신 기간 중 약물남용, 뇌손상, 독극물 노출 등)을 가질 때 분명해진다. 앞서 기술한 발달적 지체는 특정 병인으로 야기되지 않지만, 발달적 차이는 이 병인들이 뇌의 성장, 발달 및 기능에 영향을 미칠 수 있다는 것을 강조한다. 발달적 차이를 주장하는 사람들의 입장은 지적장애인이 정보를 처리하는 데 있어 비장애인과는 질적으로 다르다고 본다. 따라서 교육적으로 지적장애인이 가지고 있는 결함을 없애거나 감소하는 데 중점을 둔다(Ellis & Dulaney, 1991).

이와 같은 두 입장에 대하여 어떤 이론이 옳다는 결론을 내리기에는 무리가 있으며, 이 주장들은 아직도 계속 논란이 진행 중이다. 그 주요 이유는 인지발달에 영향을 미치는 다양한 변인들 때문이다. 또는 이들의 주장을 비판하는 이론들이 존재하고 있기 때문이다.

그러나 인지적 발달과 관련된 이러한 주요 이론들은 다음과 같은 도움을 준다. 첫째, 지적장애인을 이해하기 위한 참조틀을 제공할 수 있다. 둘째, 인지발달의 결함은 지적장애인을 정의하는 데 필수적인 요소이므로 전형적인 발달과정과 인간발달에 영향을 주는 과정들을 이해하는 데 도움을 준다. 셋째, 이러한 이론들(행동주의와 다른 이론들 포함)은 각 특성에 따라 어떻게 수정된 교육적 지원을 할 수 있는지, 그리고 아동의 학습 발달 특징을 어떻게 이해할 것인지에 도움을 준다(신현기 역, 2006).

2) 동 기

Haywood(2006)와 Switzky(2001, 2003)는 지적장애인의 동기적 요인은 지능에 의한 제한과는 별도로 기능적 어려움을 야기하고, 교육적 성취, 문제해결 능력, 적응행동을 제한하는 기제(orientation)를 가지고 있다고 하였다. 또한 Zigler와 Bennett-Gates(1999)는 지적장애인과 관련이 깊은 다섯 가지 동기적 요인을 제시하였다. 그들은 동기적 장애(motivational handicaps)를 가진 지적장애인은 다음의 다섯 가지 요인으로 인해 낮은 수행 능력을 보인다고 제안하였다.

첫째, 적극적 반응 경향성(positive-reaction tendency)은 사회적 강화로 형성된 반응성이다. 특히 도움을 주는 성인으로부터 받는 사회적 강화에 대한 반응성이다(Zigler & Hodapp, 1986). Zigler 등은 지적장애 아동은 사회적 강화를 받기 위해 지루한 과제도 오랫동안 수행할 수 있다고 하였다. 적극적 반응 경향성은 주위의 성인에게 지나치게 의존하려는 경향에서 나온 특성이라고 할 수 있다. Zigler와 Balla(1972)는 지적장애 아동은 나이가 들어 감에 따라 사회적 강화에 의한 동기화는 적어질 수 있지만, 정신연령이 같은 또래보다 더 의존을 보인다고 지적하였다. Zigler와 Hodapp(1986)는 사회적 상호작용에 대한 이러한 동기는 학급 상황에서 독립적으로 학습하려는 동기를 포함하여 독립성과 자발성을 갖기 위한 것과 상반되는 특성이라고 하였다. 적극적 반응 경향성을 가진 아동은 교과 기술을 습득하는 것보다는 교사의 관심을 얻기 위해 일에 더 관심을 기질 수 있다(Tasse & Havercamp, 2006).

둘째, 부정적 반응 경향성(negative-reaction tendency)은 지적장애인이 성인과의 상호작용에서 지나친 신중함(wariness)과 꺼림을 나타내는 것을 의미한다. 이 경향은 지적장애인에게서 종종 나타나는 사회적 강화로 형성된 반응(적극적 반응 경향성)과 대조된다. Zigler와 Hodapp(1991)는 성인에 대한 지나친 신중함은 이후 성인과의 지속적 상호작용이 부정적이거나 나쁘게 작용하지 않는다면, 적극적 반응 경향성에 의해 나중에 극복될 수 있다고 제안하였다. 부정적 반응 경향성에서 중요한 점은 이러한 신중함이 아동의 사회적 효율성을 약화시킬 수 있다는 것이다. 지나친 부정적 반응 경향성은 아동과 친숙하지 않은 성인이 제시하는 과제를 꺼리거나 위축된 반응을 보일 수 있다. 이는 이들의 낮은 지적 능력 수준으로 인해 그들의 행동을 더 악화시킬 수 있다. 지나친 부정적 반응 경향성은 더 위축적이고 자기고립적이 될 수 있다(Tasse & Havercamp, 2006).

셋째, 성공 기대감(expectancy of success)은 개인이 새로운 과제를 만났을 때 성공을 기대하는 정도다. 성공에 대한 기대는 과거 경험과 관련된다. 아동이 성공 경험을 가지고 있다면, 새로운 상황에서도 성공할 것이라는 기대를 가지게 될 수 있다. 지적장애 아동은 지적 과제에서 이미 실패한 경험을 더 많이 가지고 있기 때문에 낮은 성공 기대감을 가지고 있다(Zigler & Hodapp, 1991). 낮은 성공 기대감은 새로운 학습 상황에서 노력이 부족하고 시도를 거의 하지 않는 결과로 이어진다. 성공 기대감은 학습된 무기력(learned helplessness)과 비슷한 점이 있다(Seligman, 1975). 학습된 무기력은 사건이나 결과가 개인의 통제에서 벗어나는 것으로 기술된다. 이러한 결과는 심지어 아주 쉬운 과제라고 하더라도 수동적이 되고 실패로 이어질 수 있는 동기적 · 정서적 곤란을 갖게 한다(Tasse & Havercamp, 2006).

넷째, 외부 지향성(outerdirectedness)은 문제해결에서 자신의 내적 인지능력을 활용하기 전에 외부 세계에서 단서를 찾으려고 하는 것이다(Bybee & Zigler, 1999). 독립적으로 문제를 해결하는 대신, 외부 지향적 아동은 외적 촉진이나 상황적 단서를 안내자로 의존하는 것이다. Bybee와 Zigler(1992, 1998)는 지적장애 아동은 보통 자신의 능력을 신뢰하지 않거나 과거에 실패를 자주 하였기 때문에, 외부 지향성이 흔히 나타난다고 하였다. 외적 단서에 지나치게 의존하는 아동은 결정-하기(decision-making), 자기결정(self-determination)에 상당한 어려움을 갖게 된다(Zigler & Balla, 1982). Bybee와 Zigler(1992, 1998)는 지적장애 아동이 구별되게 외부 지향적으로 문제를 해결한다는 것을 보고하였다. 이들은 문제해결 노력에서 비연관된 그리고 잘못된 단서에 주의를 함으로써 학습과 학교에서의 수행에 상당한 어려움을 보인다고 하였다.

다섯째, 효과성 동기(effectance motivation)는 어렵고 힘든 문제를 해결하는 데서 오는 만족감이다. 이것은 호기심, 능력을 높이기 위한 숙달, 도전적 과제를 선호하는 것 등의 문제와 연관된다(Zigler & Balla, 1982). Zigler와 Balla(1982)는 효과성 동기를 환경에서 영향을 받고 그 환경에서 직면하는 도전들을 극복하기 위한 동기라고 하였다. 효과성 동기는 환경에서 지식이 축적되고 기술을 획득함으로써 발달한다. 효과성 신념(efficacy beliefs)은 조건적이며 맥락적이다. 효과성은 학생이 어렵거나 복잡한 문제에 움츠리지 않고 과제에 적극적으로 접근할 때 그리고 잘 수행했다는 즐거움을 갖게 될 때 분명하게 나타난다. 지적장애 아동은 비지적장애 아동에 비해 낮은 효과성 동기를 가지고 있다(Harter & Zigler, 1974). 효과성 동기는 학급 및 직업 과제의 학습 수행에서 중요한 요인이다. 왜냐하면 낮은 효과성 동기를 가진 아동은 새로운 과제에서 전형적으로 두려움, 부주의 그리고 노력 부족 등을 보일 수 있기 때문이다.

Zigler와 Bennett-Gates(1999)가 제시한 다섯 가지 동기적 요인 외에 학습된 무기력과 통재소재가 있다. 먼저, 학습된 무기력은 어려운 과제에 대하여 아예 포기하거나 문제를 해결하려고 시도하지 않는 것을 말한다. 심지어 그들이 스스로 할 수 있는 과제나 상황에서도 자신들은 할 수 없다고 믿는다. 상황에 대하여 스스로 통제할 수 없다고 지각하는 심리적 상태를 의미한다. 성공했다고 하여도 그 결과를 자신의 노력보다는 행운으로 돌린다. 이러한 신념은 과거 실패 경험의 결과로 인한 것이다. 특히 부모나 교사 혹은 다른 사람의 비판과 낮은 기대 등은 초기 실패를 경험하게 한다. 따라서 지적장애인이 감당할 수 있는 과제나 상황을 제시하여 스스로 성취감과 만족감을 얻을 수 있도록 하는 것이 중요하다. 또한 실패를 감당할 수 있는 마음을 갖게 하는 것 또한 지도하는 데 중요한 요인이다.

다음으로, 통제 소재(locus of control)는 개인이 자신의 행동 결과를 어떻게 지각하느냐에 관한 것이다. 통제 소제는 내적(internal) 통제 소재와 외적(external) 통제 소재로 구분된다. 내적 통제 소재는 긍정적이거나 부정적이든 행동 결과를 자신의 것으로 간주하는 것이다. 반면, 외적 통제 소재는 행동 결과를 운명이나 행운 혹은 다른 사람과 같은 외부의 힘에 의해 이루어진 것으로 보는 것이다. 지적장애인은 자신의 행동 결과에 대하여 성공이나 실패에 대한 원인이나 책임을 외적 통제 소재에 두는 경향이 강하고, 노력을 해도 실패가 뒤따를 것이라는 학습된 무기력을 가지고 있다.

3) 주 의

주의(attention)는 환경으로부터의 모든 정보에 접근을 하게 하는 다양한 내적 처리 과정을 기술하는 용어로 보통 사용된다. 주의는 크게 선택적 주의(selective attention)와 주의 유지(sustained attention)로 구분할 수 있다. 선택적 주의는 환경을 이해하기 위해 개인이 관련 있는 것은 선택하고 주의하는 반면, 관련 없는 다른 자원은 무시하는 것이다(Johnston & Dark, 1989). 선택적 주의의 각 구성 요소는 성공적 과제의 실행을 위해 중요한 역할을 한다. 그러나 과제 완성은 주의의 유지 능력에 달려 있다. 주의 유지는 특히 지속적인 기간 동안 환경에서 변화를 탐색하는 것과 관련이 있다. 즉, 환경에서 방해 자극을 억제하면서 집중된 주의를 유지하는 것이다.

지적장애 아동은 비지적장애 아동에 비해 선택적 주의 집중이 어렵고, 주의 집중 시간이 짧으며, 주의 유지가 어렵기 때문에 한 번에 여러 자극에 자발적으로 집중이 곤란하다(Bergen & Mosley, 1994; Zearman & House, 1963, 1979). 또한 관련 단서보다는 무관 단서에 더 주의를 기울이는 경향이 있다(Krupski, 1977). 이러한 특성들은 지적장애인의 학습 곤란에 영향을 준다. 왜냐하면 주의 결핍은 초기 정보 입력 단계에서부터 정보의 왜곡, 편견 혹은 비효율적 부호화를 할 수 있기 때문이다. 그러나 교사가 환경의 자극, 과제의 단순화, 무관 자극 단서 제거 그리고 적절한 단서의 활용을 통해 주의 문제를 개선할 수 있다.

4) 기 억

기억(memory)은 정보처리 모형을 통해 설명할 수 있다. 기억의 여러 기제 중 지적장애인과 관련해서는 주로 단기기억(short term memory)과 장기기억(long term memory)에 관한 많은 연구가 이루어졌다.

단기기억은 단기간의 사용을 위해 정보를 의식적으로 저장하는 것이다. 지적장애인은 이러한 단기기억에 어려움을 가지고 있다. 특히 지적장애인은 단기기억에서 작동기억(working momory)과 연관된 문제가 제기된다. 작동기억은 동일한 다른 정보를 처리하면서 동시에 그 정보를 보존하는 한정된 용량의 처리 자원으로 설명된다(Swanson, 1999). 작동기억은 정보의 저장 기능뿐만 아니라 정보의 검색과 활용 및 처리 기능을 가지고 있다. 그러나 지적장애인은 작동기억의 용량이 적고, 정보 조작 속도가 늦으며, 일차 정보처리 프로그램의 이용 가능성이 한정되어 있고, 장기기억으로의 통로가 한정되어 있으며, 특정한 실행 과정에 제한이 있다(최영하, 2001). 이는 주로 중추신경계의 구조적 결함에 그 원인이 있다고 보는 입장이 있다. 그러나 정보를 자발적으로 체계화하지 못하는 정보처리 결함, 즉 실행과정의 문제로 보는 입장에서는 지적장애인이 주로 선택적 주의 부족(Westling & Fox, 2000), 비효율적 시연전략이나 시연전략의 부재(Brooks & McCauley, 1984), 학습전략의 문제(Borkowski & Day, 1987), 새롭거나 자연적인 상황에서 학습한 기술들의 일반화의 어려움(Stephens, 1972)을 가진 것으로 본다. 다양한 전략을 통해 지적장애인의 기억 한계의 개선을 시도하는 연구들이 많다. 단기기억은 반복 지도와 체계화를 통하거나 지적장애인의 실생활과 관련된 정보를 구조화시킴으로써 개선될 수 있다(Luftig, 1987). 또한 지적장애인이 시연전략을 자발적으로 사용하도록 훈련하면 단기기억이 극적으로 증가될 수 있다(Borkowski & Cavanaugh, 1979; Butterfield & Ferretti, 1985).

장기기억은 기억된 정보가 오랜 시간이 경과한 후에도 회상되는 정보를 의미한다. 일반적으로 지적장애인은 정보가 단기기억에서 충분히 전송되고 난 후 장기기억에서의 파지는 지적장애의 영향을 덜 받는 것으로 본다. 즉, 지적장애인과 일반 아동은 장기기억 능력에서 차이가 없는 것으로 확인되었다(McCartney, 1987). 그러나 지적장애인은 정보를 저장하고 저장된 정보를 어떻게 적절히 활용하는가의 문제를 가지고 있다. 이는 지적장애인에 대한 여러 측면의 학습과 교수 내용 및 전략과 관련된다. 이에 대한 논의는 이후의 장들에서 살펴볼 것이다.

5) 사고, 추리, 개념 형성

일반적으로 지적장애인은 초인지(metacognition)에 결함을 가지고 있는 것으로 알려져 있다. 초인지는 언어나 기타 다른 학습 과정이나 활동으로 수행하기 위한 개인의 인지적 능력을 사용하는 능력이다. 즉, 개인이 자신이 알고 있는 것에 관해 아는 능력이다(Berger & Reid, 1989; Ellis & Dulaney, 1991). 이 처리 과정에서의 가장 분명한 사실은 지적장애인은 효과적으로 사고(think)하고 추리(reason)

하는 능력이 부족하다는 것이다(Baroody, 1987; Schultz, 1983; Zetlin & Bilsky, 1980). Mosley(1985)는 지적장애인은 문어(written)와 구어(oral) 자극에 느리며, 열악한 처리를 한다고 하였다. Stephens과 McLaughlin(1975)은 Piaget의 인지적 과제에서 비장애 학생이 지적장애 학생보다 추리와 기억 과제를 더 잘 처리한 것으로 보고하였다. 또한 Baray 등(1994)은 지적장애 학생이 효과적인 문제해결을 위해 추리와 전략 요구를 잘 발달시키지 못한다고 하였다. 지적장애 학생은 비장애인에 비해 개념에 대해 비현실적이고 제한적이며 차별화되지 않은 개념을 가지고 있다. 이는 한 영역의 능력이 관련 없는 다른 영역에 영향을 미치는 것이다. 그리고 세부적이지 못한 광범위한 일반적(general) 지각을 가지고 있다. 또한 전반적 영역에서 손상된 개념을 가질 수 있다(Hodapp & Zigeler, 1997; Wehmeyer, 1994).

3. 말과 언어 특성

지적장애인은 비장애인에 비해 말과 언어 문제를 보인다. 이는 이들이 가지고 있는 인지적 능력의 결핍과 밀접한 관련이 있고, 이는 언어 발달에 상당히 연관되기 때문이다. 일반적으로 지적장애인은 조음장애, 음성장애, 말더듬 등을 보인다(Hardman, Drew, & Egan, 1996).

그러나 지적장애인의 말과 언어 특성의 원인적 측면에서는 논의가 복잡해진다. 인지적 결함이 언어 발달의 지체를 보여 비장애인과 발달상 차이를 보이게 된다. 경도 지적장애인의 경우 일상생활에 필요한 정상적으로 기능할 수 있는 말과 언어를 획득할 수 있지만, 중도 지적장애인은 이들보다 더 지체를 보일 뿐만 아니라 말과 언어적 장애도 중복되어 더 심각한 수준에 머무른다. 또한 지적장애인의 말과 언어 장애는 2차적 장애로 나타날 수 있다. 말을 사용할 수 있는 환경이 제한되거나 적절한 언어적 모델이 없을 경우 말과 언어 기능의 장애를 심하게 보일 수 있다. 또한 언어 획득을 위한 결정적 시기(critical period)에 환경의 영향을 절대적으로 받게 된다.

그리고 지적장애의 경우 지적 능력뿐만 아니라 다른 장애 상태의 원인론적 중복성 때문에 말과 언어 장애를 수반할 수 있다. McCormick과 Schiefelbusch(1990)는 지적장애의 인지적 장애와 연관되는 네 가지 병인론적 특징을 설명하였다.

첫째, 언어와 의사소통 장애는 청각과 시각 장애와 같은 감각장애와 연관된다. 낮은 청각 기능은 조음능력에 영향을 주어 언어 습득의 방해 요인으로 작용한다. 또한 전도성 및 감음성 청력 손실은 말과 언어 발달을 지체시킨다. 둘째, 언어와 의사소통 장애는 뇌성마비 혹은 이분척수(spina bifida) 장애와 같은 운동장애와 연관된다. 뇌성마비 혹은 이분척수는 여러 가지 원인이 작용한다. 뇌성마비 장애인의 거의 50%는 인지적 결핍과 연관된다(Owens, 1993). 셋째, 언어와 의사소통 장애는 학습장애와 같이 중추신경계의 손상과 연관된다. 넷째, 언어와 의사소통 장애는 정신분열(schizophrenia) 혹은 자폐와 같이 정서적 기능장애와 연관된다. 자폐아동의 언어적 특징은 지능지수와 상당히 의미 있는 연관성을 가지고 있다. 그러나 지능지수 자체만으로는 언어적 문제를 명확하게 설명하지 못한다. 자폐아동은 동시 주의(joint attention) 문제를 가진다(Dawson et al., 2002). 동시 주의는 사회적 맥락에서 대상과 사람 간에 주의를 조정(coordinate)하는 능력인데, 이러한 행동은 언어 발달 지체와 연관된다(Sigman & Ruskin, 1999). 특히 동시 주의 문제는 사회적 언어에서의 결핍, 의도적 의사소통, 특이한(idiosyncratic) 발화와 신조어(neologisms), 마음이론, 역할 조망 수행(perspective taking), 언어 발달 지체 등 자폐아동의 독특한 말과 언어 문제와 연관된다(Frith, 1989; Volden & Lord, 1991; Wetherby, Prizant, & Schuler, 2000). 그 밖에 자폐아동은 제한된 의사소통 기술과 자발적 의사소통 및 상호 호혜 결핍, 반향어 등의 특징이 있다.

4. 신체건강 특성

지적장애인은 추리나 높은 수준의 사고를 요하는 과제보다는 운동 활동이나 신체적 노력에서 생활연령이나 정신연령이 같은 또래 수준으로 수행할 수 있다. 여러 연구에서 비록 어떤 지적장애인은 일부 비장애인보다 더 높은 수준의 성취를 할 수 있었지만, 대부분의 지적장애인은 신체적 능력이나 지속력 연구에서 더 낮은 수행을 보였다(Bruininks, 1974; Holland, 1987; Moon & Renzaglia, 1982; Stein, 1963). 지적장애인의 일반적인 건강 상태(well-being)는 또래보다 열악한 것으로 조사되었다(Asberg, 1989; Dunne, Asher, & Rivara, 1993). 또한 지적장애인은 비장애인에 비해 간질발작(epilepsy)을 일으킬 가능성이 더 높고(Coulter, 1993), 사고에 노출될 경우가 더 높으며, 더 충동적이고 자해 행동을 더 하는 것으로 나타났다(Dunne, Asher, & Rivara, 1993). 그리고 약물을 남용하는 학생들의 출현율이 높은 것으로 나타났다(Fox & Westling, 1986; Rimmer, Braddock, & Fujiura, 1993). Schupf 등(1995)은 중증 및 최중도 지적장애인은 비장애인에 비해 비위생적인 환경에 노출될 수 있어 이들의 건강상의 위험에 유의할 필요성을 제안하였다.

Fox 등(1982)은 지적장애인의 과체중 및 체중 감량 프로그램의 제안과 비만 및 건강 문제 개선을 위한 프로그램을 보고함으로써 이들의 과체중과 비만이 건강에 많은 위험이 있음을 시사하고 있다. 이를 위해 에어로빅 활동이나 조깅이 효과적임을 제안하였다(Croce, 1990).

5. 학습 특성

1) 일반화와 전이

지적장애 학생은 일반화(generalization) 기술과 훈련한 내용의 전이에 어려움을 가지고 있다(Heyes & Taplin, 1993). 일반화는 결과를 이끌어 내는 능력, 규칙, 아이디어 또는 경험으로부터 참조할 수 있는 능력이다. 즉, 학습자가 어떤 과제를 학습한 뒤, 자신이 배운 지식을 다른 비슷한 과제 또는 같은 시기에 다른 과제에 혹은 다른 환경에 적응할 수 있는 능력이다. Ferguson과 McDonnell(1991), 그리고 Tirapelle와 Cipani(1992)는 지적장애인이 일반화에 도달하는 데 어려움을 갖는 것은 전형적인 문제이지만, 잘 설계된 교수를 통해 어느 정도 이러한 문제를 극복할 수 있다고 하였다. Horner, William과 Steveley(1987)도 중증에서 중도 지적장애인에게 집중적인 전환 훈련을 함으로써 설정된 상황이 아닌 다른 상황에서도 일반화할 수 있음을 보고하였다.

훈련의 전이(transfer)는 획득된 기술을 실제적 상황 혹은 다른 교실 상황에 적용하고 개념화하는 능력이다. 지적장애인의 전이 기술을 높이기 위해 학습한 기술과 개념을 적용할 집중적인 기회를 제공해 주어야 한다.

2) 우연학습

지적장애인은 우연학습(incidental learning)에도 어려움을 가지고 있다(Gast et al., 1991). 우연학습은 의도하지 않고 일어날 수 있고 혹은 어떤 다른 기술이나 개념이 학습될 수 있다는 점에서 훈련의 일반화와 전이에 상당히 밀접한 관계를 가지고 있다. 예를 들면, 두 학생이 같은 장소와 같은 시간에 서로 다른 색깔을 학습하였다. 우연학습은 각 학생이 다른 학생에게 제시된 색깔도 학습하는 것이다. 일반적으로 비지적장애 학생은 관찰이나 다른 사람에 의한 경험으로 쉽게 학습할 수 있지만, 지적장애 학생은 이러한 학습이 어렵다. 즉, 우연학습은 학습하려는 의도나 학습 태세가 없이 일어나는 학습이다. 지적장애인의 우연학습에 대한 어려움에 따라 이들의 학습은 상당히 주의 깊게 직접적으로 기술되어야 한다. 이는 지적장애 학생이 특별한 지원 없이는 실생활 상황으로 그들이 학습한 것을 적용하는 데 어려움을 가지고 있기 때문이다(Gast et al., 1991; Greeson & Vane, 1986). 또한 우연학습 기회를 개선시켜 주기 위하여 우연학습에 필요한 자극, 지도 및 동기유발이 필요하다(정정진, 1996).

3) 교과 능력

지적장애 학생은 모든 교과 능력이나 학급 과제에서 의미 있는 어려움을 보인다. 이들은 특히 교육적 측면, 즉 읽기, 쓰기, 철차 그리고 수학 교과(academic)에서 곤란을 보인다(Bilsky & Judd, 1986; Porter, 1993). 지적장애 학생은 비교과적 영역인 체육, 독립생활, 개인위생, 작업 체험, 전환교육 등에서는 교과 영역보다 잘 수행하는 것으로 나타났다. 그러나 지적장애 학생에게 교과를 효과적으로 접근시키기 위해서는 상당한 노력과 주의 깊은 교수적 설계가 필요하다(Ezell & Goldstein, 1991). 이들에 대한 구체적인 교수 전략은 이후 장들에서 자세히 살펴본다.

연구문제

1. 지적장애 학생의 다양한 특성에 대하여 논의해 봅시다.
2. 개인별 특성 사례를 조사하여 토론해 봅시다.
3. 각 특성에 따른 교육적 지원 방안에 대하여 논의해 봅시다.

참고문헌

김형일(1995). 대인문제해결훈련이 정신지체인의 직업적응행동에 미치는 효과. 단국대학교 대학원 석사학위 논문.

김형일(2009). **전환교육의 이해와 실행**. 서울: 교육과학사.

신현기(1993). 정신지체인의 대인문제해결 특성. 단국대학교 대학원 석사학위 논문.

신현기 역(2006). **정신지체**. 서울: 시그마프레스

정정진(1996). 정신지체아동의 인지적 학습 특성. 김승국 외 (편). **정신지체아동 교육의 이론과 실제**. 서울: 특수교육.

최영하(2001). **정신지체아의 심리 및 지도**. 대구: 대구대학교 출판부.

Adams, K., & Markham, R. (1991). Recognition of affective facial expressions by children and adolescents with and without mental retardation. *American Journal on Mental Retardation, 96*, 21-28.

Asberg, K. H. (1989). The need for medical care among mentally retarded adults. A five-year follow-up and comparison with a general pupulation of the same age. *British Journal of Mental Subnormality, 35*(68), 50-57.

Baroody, A. J. (1987). Problem size and mentally retarded children's judgment of commutativity. *Education and Training in Mental Retardation, 91*(4), 439-442.

Beckman, P. J., & Kohl, F. L, (1987). Interactions of preschoolers with and without handicaps in integrated and segregated settings: A longitudinal study. *Mental Retardation, 25*, 5-12.

Beirne-Smith, M., Patton, J. R., & Kim, S. H. (2006). *Mental retardation: An introduction to intellectual diabilities*. Columbus, OH: Pearson Merrill Prectice Hall.

Bergen, A., & Mosley, J. L. (1994). Attention and attentional shift efficiency in individuals with and without mental retardation: *American Journal on Mental Retardation, 98*(6), 732-743.

Berger, R. S., & Reid, D. K. (1989). Differences that make a difference: Comparisons of metacomponential functioning and knowledge base among groups of high and low IQ learning disabled, mildly mentally retarded, and normally achieving adults. *Journal of Learning Disabilities, 22*(7), 422-429.

Bilsky, L. H., & Judd, T. (1986). Sources of difficulty in the solution of verbal arithmetic problem by mentally retarded and nonretarded individuals. *Education and Training in Mental Retardation, 90*(4), 395-402.

Borkowski, J. G., & Cavanaugh, J. C. (1979). Maintenance and generalization of skills and strategies by the retarded. In N. R. Ellis (Ed.), *Handbook of mental deficiency* (2nd ed.). Hillsdale, NJ: Erlbaum.

Borkowski, J. G., & Day, I. (1987). *Cognition in special children: Comparative approaches to retardation, learning disabilities and giftedness.* Norwood, NJ: Ablex.

Bray, N. W., Saarnio, D. A., & Hawk, L. W. (1994). Context for understanding intellectual and developmental differences in strategy competencies. *American Journal on Mental Retardation, 99*(1), 44-49.

Brooks-Gunn, J., & Lewis, M. (1982). Affective exchange between normal and handicapped infants and their mothers. In T. Field & A. Fogel (Eds.), *Emotion and early interaction* (pp. 161-212). Hillsdale, NJ: Erlbaum.

Brooks, P. H., & McCauley, C. (1984). Cognitive research in mental retardation. *American Journal of Mental Deficiency, 88*, 479-486.

Bruininks, R. H. (1974). Physical and motor development of retarded persons. In N. R. Ellis (Ed.), *International review of research in mental retardation* (pp. 209-261). New York: Academic Press.

Buhrmester, D. (1990). Intimacy of friendships, interpersonal competence and adjustment during preadolescence and adolescence. *Child Development, 61*, 1101-1111.

Bulllis, M., & Foss, G. (1986). Assessing the employment-related interpersonal competence of mildly mentally retarded workers. *American Journal of Mental Dificiency, 91*(1), 43-50.

Butterfield, E. C., & Ferretti, R. P. (1985). Toward a theorical integration of cognitive hypothesis about intellectual differences among children. In J. G. Borkowski & J. D. Day (Eds.), *Memory and cognition in special children.* Norwood, NJ: Ablex.

Bybee, J., & Zigler, E. (1992). Is outerdirectedness employed in a harmful or beneficial manner by students with and without mental retardation? *American Journal on Mental Retardation*, *96*, 512-521.

Bybee, J., & Zigler, E. (1998). Outerdirectedness in individuals with without mental retardation: A review. In J. A. Burack, R. M. Hodapp, & E. Zigler, (Eds.), *Handbook of mental retardation and development* (pp. 434-461). Cambridge: Cambridge University Press.

Capps, L., Kasari, C., Yirmiya, N., & Sigman, M. (1993). Parental perception of emotional expressiveness in children with autism. *Journal of Consulting and Clinical Psychology, 61*, 475-483.

Castles, E. E., & Glass, C. R. (1986). Training in social and in social and interpersonal problem solving skills for mildly and moderately mentally retarded adults. *American Journal on Mental Deficience*, *91*, 35-42.

Chadsey-Rusch, J., Gonzalez, P., Tines, J., & Johnsons, J. R. (1989). Social ecology of the workplace: A study of interaction among employees with and without mental retardation. *American Journal on Mental Retardation*, *94*(2), 141-151.

Cheney, D., & Foss, G. (1984). An examination of thesocial behavior of mentally retarded workers. *Education and Training of the Mentally Retarded*, *19*, 216-221.

Cohn, J. F., Campbell, S. B., Matias, R., & Hopkins, J. (1990). Face-to-face interactions of postpartum depressed and nondepressed mother-infant pairs at 2 months. *Developmental Psychology*, *26*, 15-23.

Coulter, D. L. (1993). Epilepsy and mental retardation: An overview. *American Journal on Mental Retardation, 98*, 1-11.

Crawley, S. B., & Chan, K. S. (1982). Developmental changes in free-play behavior of mildly and moderately retarded preschool-aged children. *Education and Training of the Mentally Retarded, 17*, 234-239.

Croce, R. V. (1990). Effects of exercise and diet on body composition and cardiovascular fitness in adults with severe mental retardation. *Education and Training in Mental Retardation, 25*(2), 176-187.

Dawson, G., Munson, J., Estes, A., Osterling, J., McPartland, J., Toth, K. et al. (2002). Neurocognitive function and joint attention abilities in young children with autism spectrum disorders versus developmental delay. *Child Development, 73*, 345-358.

Dunn, J. (1993). *Young children's close relationships: Beyond attachment.* London: Sage.

Dunne, R. G., Asher, K. N., & Rivara, F. P. (1993). Injuries in young people with developmental disabilities: Comparative intestigation from the 1988 National Health Interview Survey. *Mental Retardation, 31*(2), 83-88.

Ellis, N. R. (1970). Memory process in retardates and normals. In N. R. Ellis (Ed.), *International review of research in mental retardation, 4*, 1-32.

Ellis, N. R., & Cavalier, A. R. (1982). Research perspectives in mental retardation. In E. Zigler & D. Balla (Eds.), *Mental retardation: The developmental difference controversy* (pp. 121-152). Hillsdale, NJ: Erlbaum.

Ellis, N. R., & Dulaney, C. L. (1991). Further evidence for the cognitive inertia of persons with mental retardation. *American Journal on Mental Retardation, 95*, 613-621.

Everington, C., & Luckasson, R. (1989). Addressing the needs of the criminal defendant with mental retardation: The special educator as a resource to the criminal justice system. *Education and Training in Mental Retardation, 24*(3), 193-200.

Ezell, H. K., & Goldstein, H. (1991). Comparison of idiom comprehension of normal children and children with mental retardation. *Journal of Speech and Hearing Research, 34*(4), 812-819.

Ferguson, B., & McDonnell, J. (1991). A comparison of serial and concurrent sequencing strategies in teaching generalized grocery item location to students with moderate handicaps. *Education and Training in Mental Retardation, 26*(3), 292-304.

Field, T. (1984). Play behaviors of handicapped children who have friends. In T. Field, J., L. Roopnarine, & M. Segal (Eds.), *Friendships in normal and handicapped children* (pp. 153-163). Norwood, NJ: Ablex.

Fox, R., & Westling, D. (1986). The prevalence of students who are profoundly mentally handicapped receiving medication in a school district. *Education and Training of the Mentally Retarded, 21*, 205-210.

Fox, R., Switzky, H., Rotatori, A. F., & Vitkus, P. (1982). Successful weight loss techniques with mentally retarded children and youth. *Exceptional Children, 49*(3), 175-181.

Foss, G., & Peterson, S. (1981). Social-interpersonal skills relevant to tenure for MR adults. *Mental Retardation, 19*, 103-106.

Frith, U. (1989). A new look at language and communication in autism. *British Journal of Disorders of Communication, 24*, 123-150.

Gast, D. L., Doyle, P. M., Wolery, M., Ault, M. J., & Baklatz, J. L. (1991). Acquisition of incidental information during small group instruction. *Education and Treatment of Children, 14*(1), 1-18.

Geisthardt, C. L., Brotherson, M. J., & Cook, C. C. (2002). Friendships of children with disabilities in the home environment. *Education and Training in Mental Retardation and Developmental Disabilities, 37*, 235-252.

Gibson, D. (1978). *Down's synsrome: The psychology of mongolism*. Cambridge: Cambridge University Press.

Gottman, J., & Parker, J. (1986). *Conversations of friends: Speculations on affective development*. Cambridge: Cambridge University Press.

Green, F., Schleien, S., Mactavish, J., & Benepe, S. (1995). Nondisabled adults' perceptions of relationships in the early stages of arranged partnerships with peers with mental retardation. *Education and Training in Mental Retardation and Developmental Disabilities, 30*, 91-108.

Greeson, L. E., & Vane, R. J. (1986). Imagery-based elaboration as an index of EMR children's creativity and incidental associative learning. *Education and Training of the Mentally Retarded, 21*(3), 174-180.

Grenser, J., & Forman, B. (2009). Speech and language deficits in children with developmental disabilities. In J. W. Jacobson, J. A. Mulick, & J. Rojahn (Eds.), *Handbook of intellectual and developmental disabilities* (pp. 563-579). Cambridge: Cambridge University press.

Guralnick, M. J. (1984). The peer interactions of young developmentally delayed children in specialized and integrated settings. In T. Field, J. L. Roopnarine, & M. Segal (Eds.), *Friendships in normal and handicapped children* (pp. 139-152). Norwood, NJ: Ablex.

Guralnick, M. J., & Weinhouse, E. (1984). Peer-related social interactions of developmentally delayed young children: Development and characteristic. *Developmental Psychology, 20*, 815-827.

Guralnick, M. J. (1997). Peer social networks of young boys with developmental delays. *American Journal on Mental Retardation*, 101, 595-612.

Hardman, M. L., Drew, C. J., & Egan, M. W. (1996). *Human exceptionality: Society, school, and family* (5th ed.). Boston, MA: Allyn & Bacon.

Harter, S., & Zigler, E. (1974). The assessment of effectance motivation in normal and retarded children. *Developmental Psychology, 10*, 169-180.

Hartup, W. W. (1992). Peer relation in early and middle childhood. In V. B. VanHasselt & M. Hersen (Eds.), *Handbook of social development: A lifespan perspective* (pp. 257-281). New York: Plenum.

Haywood, H. C. (2006). A transpersonal motivational perspective on intellectual disability: A model. *International Review of Research in Mental Retardation, 31*, 289-314.

Heyes, B. K., & Taplin, J. E. (1993). Development of conceptual knowedge in children with mental retardation. *American Journal on Mental Retardation, 98*(2), 293-303.

Hodapp, R. M., & Zigler, E. (1997). New issues in the developmental approach to mental retardation. In W. E. MacLean, Jr. (Ed.), *Ellis' handbook of mental deficiency, psychological theory, and research* (3rd ed., pp 115-136). Mahwah, NJ: Lawrence Erlbaum Associates.

Holland, B. V. (1987). Fundamental motor skills of nonhandicapped and educable mentally impairded students. *Education and Training of the Mentally Retarded, 22*(3),

192-204.

Horner, R. H., Williams, J. A., & Stevely, J. D. (1987). Acquisition of generalized telephone use by students with moderate and severe mental retardation. *Research in Developmental Disabilities, 8*(2), 229-247.

Howes, C. (1983). Patterns of friendship. *Child Development, 54*, 1041-1053.

Howes, C. (1988). Peer interaction of young children. *Monographs of the Society for Research in Child Development, 53* (series 217).

Howes, C. (1996). The earliest friendships. In W. M. Bukowski, A. Newcomb & W. W. Hartup (Eds.), *The company they keep: Friendship in childhood and adolescence. Cambridge studies in social and emotional development* (pp. 66-86). New York: Cambridge University Press.

Huebner, R. R., & Izard, C. E. (1988). Mothers' responses to infants' facial expressions of sadness, anger, and physical distress. *Motivation and Emotion, 12*, 185-196.

Inhelder, B. (1968). *The diagnosis of reasoning in the mentally retarded.* New York: Day.

Johnston, W. A., & Dark, V. J. (1989). Selective attention. *Annual Review of Psychology, 37*, 43-75.

Kamon, T., & Fujita, T. P. (1994). Visual and scanning paterns of adolescents with menttal retardation during tracing and copying tasks. *American Journal on Mental Retardation, 98*(6), 766-775.

Kasari, C., & Bauminger, N. (1998). Social and emotional development in children with mental retardation. In J. A. Burack, R. M. Hodapp, & E. Zigler, (Eds.), *Handbook of mental retardation and development*. Cambridge: Cambridge University Press.

Kasari, C., Freeman, S., Mundy, P., & Sigman, M. (1995). Attention regulation by children with Down syndrome: Coordinated joint attention and social referencing. *American Journal on Mental Retardation, 100*, 128-136.

Kasari, C., Hughes, M., & Freeman, S. (1995). Emotion recognition in children with Down syndrome. Manuscript submitted for review.

Kasari, C., Mundy, P., & Sigman, M. (1990, April). Empathy in toddlers with Down syndrome. Paper presented at the Society for Research in Child Development.

Kasari, C., Mundy, P., Yirmiya, N., & Sigman, M. (1990). Affect and attention in children with Down syndrome. *American Journal on Mental Retardation, 95*, 55-67.

Kazdin, A. E.(1992). Cognitive problem-solving skills training and parent management trining in the treatment of antisocial behavior in children. *Journal of Consulting and Clinical Psychology, 60*(5), 733-747.

Kitano, M. U., Stiehl, J., & Cole, J. T. (1978). Role-taking: Implications for special education. *Journal of Special Education, 12*, 59-74.

Krupski, A. (1977). Role of attention in the reaction time performance of mentally retarded adolescents. *American Journal of Mental Deficiency, 82*, 79-83.

LaGrerca, A. M., & Bell, C. R. (1983). Faciliting the vocational-interpersonal skills of mentally retarded individuals. *American Journal of Mental Deficiency, 88*(3), 270-278.

LaGrerca, A. M., & Stone, W. L. (1982). Assessing the problematic interpersonal skills of mentally retarded individuals in a vocational setting. *Applied Research in Mental Retardation, 3*, 37-53.

Landry, S. H., & Chapieski, M. L. (1990). Joint attention of six-month-old Down syndrome and preterm infants: 1. Attention to toys and mothers. *American Journal on Mental Retardation, 94*, 488-495.

Lieber, J., Beckman, P. J., & Strong, B. N. (1993). A longitudinal study of social exchanges of young children with disabilities. *Journal of Early Intervention, 17*, 116-128.

Luftig, G. L. (1987). *Teaching the mentally retarded children.* MA: Allyn and Bacan.

McAlpine, C., Kendall, K. A., & Singh, N. N. (1991). Recognition of facial expressions of efacial by persons with mental retardation. *American Journal on Mental Retardation, 96*, 29-36.

McCartney, J. R. (1987). Mentally retarded and ninretarded subjects' longterm recognition menory. *American Journal of Mental Retardation, 92*, 312-317.

McCormick, L., & Schiefelbusch, R. (1990). *Early language intervention.* Columbus, OH:

Merrill/MacMillan.

Milgram, N. A. (1973). Cognition and language in mental retardation: Distinctions and implications. In D. K. Routh (Ed.), *The experimental psychology of mental retardation.* Chicago, IL: Aldine.

Mindes, G. (1982). Social and cognitive aspects of play in young handicapped children. *Topics in Early Childhood Education, 2,* 39-52.

Molsley, J. (1985). High-speed memory scanning task performance of mildly mentally retarded and nonretarded individuals. *American Journal on Mental Retardation, 90*(1), 81-91.

Moon, M. S., & Renzaglia, A. (1982). Physical fitness and the mentally retarded: A critical review of the literature. *Journal of Special Education, 16*(3), 269-287.

Newton, J. S., & Horner, R. (1993). Using a social guide to improve social relationships of people with severe disabilities. *The Association for Persons with Severe Handicaps, 18*(1), 36-45.

Owens, R. R. (1993). Mental retardation: Difference or delay. In K. Bernstein & E. M. Tiegerman (Eds.), *Language and communication disorders in children.* Boston, MS: Allyn & Bacon.

Parker, J. G., & Gottman, J. M. (1989). Social and emotional development in a relational context: Friendship interaction from early childhood to adolescence. In T. Brendt & G. Ladd (Eds.), *Peer relationships in child development* (pp. 95-131). New York: Wiley.

Parker, J. G., Rubin, K. H., Price, J. M., & DeRosier, M. E. (1995). Peer relationships, child development, and adjustment: A developmental psychopathology perspective. In D. Cicchetti & D. J. Cohen (Eds.), *Developmental psychopathology* (pp. 96-161). New York: Wiley.

Piaget, J. (1969). *The theory of stages in cognitive development.* New York: McGraw-Hill.

Porter, J. (1993). What do pupils with severe learning difficulties understand about counting? *British of Journal of Special Education, 20*(2), 72-75.

Rimmer, J. H., Braddock, D., & Fujiura, G. (1993). Prevalence of obesity in adults with mental retardation: Implication for health promotion and disease prevention. *Mental Retardation, 31*(2), 105-110.

Ruskin, E. M., Kasari, C., Mundy, P., & Sigman, M. (1994). Attention to people and toys during social and object mastery in children with Down syndrome. *American Journal on Mental Retardation*, *99*, 111.

Schultz, E. E., Jr. (1983). Depth of processing by mentally retarded and MA-matched nonretarded individuals. *Education Training in Mental Retardation, 88*(3), 307-313.

Schupf, N., Ortiz, M., D., Kiely, M., & Rudelli, R. D. (1995). Prevalence of intestinal parasite infections among individuals with developmental disabilities. *Mental Retardation, 33*(2), 84-89.

Seligman, M. E. (1975). *Helplessness: On depression, development, and death.* New York: Henry Holt and Co.

Sigman, M., & Ruskin, E. (1999). Continuity and change in the social competence of children with autism, Down syndrome, and developmental delays. *Monographs of the Society for Research in Child Development, 64*, 1-142.

Sinson, J. C., & Wetherick, N. E. (1981). The behavior of children with Down syndrome in normal playgroups. *Journal of Mental Deficiency Research*, *25*, 113-120.

Stein, J. (1963). Motor function and physical fitness of the mentally retarded: A critical review. *Rehabilitation Literature*, *24*, 230-242.

Stephens, W. E. (1972). Equivalence formation by retarded and nonretarded children at different mental ages. *American Journal of Mental Deficiency*, *77*, 311-313.

Spephens, S., & McLauglin, J. A. (1974). Two-year gains in reasoning by retarded and nonretarded persons. *Education and Training in Mental Retardation, 79*(2), 116-126.

Storey, K., & Horner, R. H. (1991). Social interaction in three supported employment options: A comparative analysis. *Journal of Applied Behavior Analysis*, *24*(2), 349-360.

Swanson, H. L. (1999). What develops in working memory? A lifespan perspective. *Developmental Psychology*, *35*, 986-1000.

Switzky, H. N. (Ed.) (2001). *Personality and motivational differences in persons with mental retardation.* Mahwah, NJ: Lawrence Erlbaum Associates, Publishers.

Switzky, H. N. (2003). A cognitive-motivational on retardation? In H. N. Switzky & S. Greenspan (Eds.), *What is mental retardation? Ideas for an evolving disability category.* Washington, DC: American Association on Mental Retardation(Published as an e-book, accessible at www.disabilitybooksonline.com).

Tasse, M. J., & Havercamp, S. M. (2006). The role of motivation and psychopathology in understanding the IQ-Adaptive behavior discrepancy. *International Review of Research in Mental Retardation, 31*, 231-240.

Tirapelle, L., & Cipani, E. (1992). Developing functional requesting: Acquesting, durability, and generalization of effects. *Exceptional Children, 58*(3), 260-269

Vaughn, S. R., & Ridley, C. A. (1983). Evaluating the eficacy of an interpersonal skills training program with children who are mentally retarded. *Education and Training of the Mentally Retarded,* October, 191-195.

Volden, J., & Lord, C. (1991). Neologisms and idiosyncratic language in autistic speakers. *Journal of Autism and Developmental Disorders, 21*, 109-130.

Wehmeyer, M. L. (1994). Perceptions of self-determination and psychological empowerment of adolescents with mental retardation. *Education and Training in Mental Retardation and Developmental Disabilities, 29*(1), 9-21.

Weinstein, A. E. (1969). The development of interpersonal competence. In D. Goslin (Ed.), *Handbook of socialization theory and research.* Chicago, IL: Rand McNally.

Weisz, J. R., & Zigler, E. (1979). Cognitive development in retarded and nonretarded persons: Piagetian tests of the similar sequence hypothesis. *Psychological Bulletin, 86*, 831-851.

Westling, D. L., & Fox, L. (2000). *Teaching students with severe disabilities* (2nd ed.). Upper Saddle Rever, NJ: Merrill.

Wetherby, A. M., Prizant, B. M., & Schuler, A. L. (2000). Understanding the nature of communication and language impairments. In A. M. Wetherby & B. M. Prizant (Eds.),

Autism spectrum disorders: A transactional developmental perspective. Baltimore, MD: Brookes.

Williams, L. D. (1985). A band that exceeds all expectations. *Music Educators Journal, 71*(6), 26-29.

Zeaman, D., & House, B. T. (1963). The role of attention of retardate discrimination learning. In N. R. Ellis (Ed.), *Handbook of mental deficiency.* New York: McGraw-Hill, 159-223.

Zeaman. D., & House, B. J. (1979). A review of attention theory. In N. R. Ellis (Ed.), Handbook of mental deficiency: *Psychological theory and research* (2nd ed., pp. 63-120). Hillsdale, NJ: Erlbaum.

Zetlin, A. G., & Bilsky, L. H. (1980). Reasoning by trainable mentally retarded and young nonretarded individuals. *Journal of Mental Deficiency Research, 24*(1), 65-71.

Zigler, E., & Balla, D. (1972). Developmental course of responsiveness to social reinforcement in normal children and institutionalized retarded children. *Developmental Psychology*, *6*, 66-73.

Zigler, E., & Balla, D. (1982). Introduction: The developmental approach to mental retardation. In E. Zigler & D. Balla (Eds.), *Mental retardation: The developmental-difference controversy.* Hillsdale, NJ: Lawrence Erlbaum Associates.

Zigler, E., & Hodapp, R. M. (1986). *Understanding mental retardation.* New York: Cambridge University Press.

Zigler, E., & Hodapp, R. M. (1991). Behavioral functioning in individuals with mental retardation. *Annual Review of Psychology*, *42*, 29-50.

Zigler, E., & Bennett-Gates, D. (1999). *Personality-motivation in individuals with mental retardation.* New York: Cambridge University Press.

제 4 장

지적장애 학생의 진단과 평가

학습목표

1. 지적장애 학생 선별을 위한 진단과 평가의 의미를 이해한다.
2. 지적장애 학생의 교육적 지원을 위한 진단 및 평가 방안을 이해한다.
3. 진단 및 평가 도구와 유형을 이해한다.

지적장애 학생의 평가는 크게 판별 및 배치를 위한 것과 교육적 지원을 위한 것으로 구분된다. 지적장애 학생에게 특수교육 서비스를 제공하기 위해서는 대상자에 대한 개별 평가가 이루어져야 한다. 그리고 판별 및 배치를 위해서는 지능과 적응행동 영역을 평가해야 한다.

이 장에서는 지적 능력과 적응행동 평가와 관련된 주요 사항들과 검사도구에 대하여 논의한다. 그리고 교육적 지원을 위한 평가 절차와 주요 평가 유형 및 방법을 살펴본다.

1. 지 능

지적 능력 평가는 지적장애 영역에서 매우 중요한 부분이다. 지적 능력은 지적장애를 진단하고 판단하는 데에서 적응능력과 더불어 필수적 구성 요소라고 할 수 있다. 지적 능력은 진단하고 판단하는 데 복합적 요인이 연관되어 있기 때문에 이에 대한 평가는 전문화된 훈련을 필요로 하고, 책임과 부담이 따르는 과제다(Bryant, 1997).

지능(intelligence)에 대한 정의는 여러 영역의 전문가들에 의해 시도되어 왔다. 그리고 각 전문 영역의 특성을 강조하는 정의들이 소개되기도 하였다. 그러나 중요한 것은 소개되는 여러 정의들은 공통적인, 즉 일반적인 합의점이 없다는 것이다.

지능은 일반 대중, 각기 다른 학문 영역의 구성원들, 그리고 각자 서로 다른 이론적 지향을 하고 있는 심리학자들에 의해서 상당히 다양한 의미로 사용되고 있다. 염두에 두어야 할 중요한 점은 지능은 하나(single)이거나 단일성(unitary)의 능력이 아니라 몇 가지 기능으로 구성되었다는 것이다(Anastasi & Urbina, 1997).

1) 지능의 이해

(1) 지능의 요인설

요인설을 주장한 학자로는 Spearman, Thursonne 및 Carroll이 대표적이다. Spearman(1927)은 두 개의 요인, 즉 일반요인(g factor)과 특정요인(s factor)으로 구성되었다고 제시하였다. 일반요인은 모든 지적 활동에 공통적으로 작용하는 것이며, 특정요인은 독립하여 개개의 지적 활동에 관여하는 것이다. Thurstone (1938)은 주된 요인(primary factors)을 제시하였는데, 이를 개인의 주요 정신능력으로 보았다. 주된 요인들은 말의 이해, 단어 유창성, 수 능력, 공간의 시각화, 연상 기억, 지각 속도, 추론 등이다. 특히 이러한 요소는 오늘날 지능검사의 구성 요소들과 연관성을 가지고 있다. 이후 Thurstone는 지능을 유동지능(Gf)과 결정지능(Gc)으로 제시하였다. 유동지능은 추상적 사고, 그림 추론, 귀납적·연역적 추리와 관련되는 일반적 능력이며, 결정지능은 지식의 습득과 관련된다. Carroll(1993)은 일반적인 단일 능력 요인, 이보다 넓은 능력 요인(주로 유동지능과 결정지능이 해당됨), 일반능력으로 된 3층 이론을 제시하였다.

(2) 다중지능이론

다중지능(multiple intelligences)을 제시한 Howard Gardner는 사람은 단일 지능이나 일반적 지능보다는 다중지능을 가지고 있다고 하였다(Chen & Gardner, 1997). 그는 지능은 전통적인 수평적 관점, 즉 지능의 단일 요인 중심과 달리 수직적 능력들로 구성되었다고 하였다(Torff & Gardner, 1999). Gardner는 지능의 정의에서 추상적 사고기술, 문제해결 기술뿐만 아니라 이 기술들의 기능과 실세계에 적응할 때의 능력이 중요하게 고려되어야 함을 강조하였다(Borkowski et al., 2009). 다중지능이론에서는 지적인 사람을 그들의 문화에서 가치를 인정받는 생산적인 것을 창출할 수 있고 문제를 해결할 수 있는 사람으로 본다(Gardner, 1993, 1997). 또한 지능의 정의에 대해서 어떤 문화에서는 지적인 것으로 고려될 수 있지만, 다른 문화에서는 그렇지 않을 수 있다는 것을 강조하였다(Borkowski et al., 2009).

다중지능이론에 따르면, 인간은 최소한 여덟 가지 지능 요소, 즉 언어적, 논리적/수학적, 공간적, 음악적, 신체적/운동적, 대인 간, 대인 내적, 그리고 자연탐색(Torff & Gardner, 1999) 요소들을 가지고 있다. 이러한 각 요소들은 자율적 능력(autonomous faculty)으로 기능하지만, 서로 독립하여 별도로 작용하지 않는다. 각 영역의 원래 본성은 문화와 교육적 경험에 의하여 이루어지는 것으로 가정한다(Chen & Gardner, 1997). 또한 모든 개인은 동일한 다중지능 틀을 가지고 있지만, 모든 개인이 동일한 장점과 특성을 보이지는 않는다(Gardner, 1997). 따라서 다중지능은 각 영역을 별도로 점수화하는 것보다는 개인의 태도 유형에 따라 평가할 것을 제안한다(Borkowski et al., 2009).

다중지능의 교육적 이해는 학생이 교실에서 수행하는 구체적인 분석 · 해석 · 비교 · 비평 능력은 실세계에도 이와 같은 능력을 수행할 수 있다고 본다. 따라서 이 이론은 교사로 하여금 학생의 평가에서 다양한 측면을 고려하여야 함을 강조한다. 평가에서도 단일 검사보다는 복합적 평가를 권장하고 있고, 전통적인 정적 평가보다는 역동적 평가를 제안한다(Borkowski et al., 2009).

(3) 삼두이론

Sternberg가 주장한 삼두이론(triarchic theory)은 지능의 작동 방법을 설명하기 위해 제시되었다. Sternberg는 서로 구별적이지만 내적 관련성(interrelated)을 가진 분석적 · 창의적 · 실제적 지능 유형을 제시하였다(Sternberg, 1988; Sternberg et al., 2001). 비록 지능의 이 세 요소들이 이론적으로는 구별적이지만, 각 요소들은 동일한 정보처리 능력을 수행하는 데 활용된다(Sternberg et al., 2001). 첫째, 분석적 지능은 실행 과정, 지식, 수행으로 구성되어 있다(Sternberg et al., 2001). 둘째, 창의적 지능은 개인이 친숙하지 않은 상황이나 과제를 만났을 때, 행동과 전략들을 표상하는데 사용된다. 셋째, 실제적 지능은 실세계 환경에 긍정적인 적응으로 나타난다(Cooper, 1999; Strenberg, 1999). 이 이론에 따르면, 지적 행동은 정보처리 기술의 적응 그리고 새로운 과제나 상황을 처리하는 능력으로 설명된다.

이 이론에 따라 Sternberg 등(2001)은 검사 도구(Sternberg Triarchic Abilities Test: STAT)를 개발하였다. 그들은 분석적 · 창의적 · 실제적 지능을 평가하기 위하여 언어, 수량 그리고 숫자로 된 항목을 사용하였다. 이는 전통적 지능검사와 다른 평가 방식으로서 다른 측정과의 상관이 거의 없는 것으로 나타났다. 따라서 전통적 지능검사보다 교과 성취를 더 정확하게 예측해 줄 것이라는 점은 명확하지 않다(Borkowski et al., 2009).

이 이론에 따르면, 교육의 목적은 미래의 삶과 개인적 진로를 증진하는 데 기여해야 한다. 따라서 교육심리학자나 교육자가 인지적 기술이나 능력으로 결합을 개선할 수 있다는 입장을 취한다. 이는 교육적 지원을 위해 역동적 평가 절차를 강조한다. 그리고 교수와 평가는 분석적 · 창의적 · 실제적 능력을 반영할 수 있도록 수행되어야 한다는 것이다. Sternberg에 의하면, 교사는 학생이 잠재력을 계발해야 하는 중요성을 깨닫고 자신의 미래의 삶과 진로에 성공하기 위해 학습하는 것을 즐길 수 있도록 지도해야 한다고 하였다(Borkowski et al., 2009).

(4) 초인지 처리 중심 이론

Borkowski 등(2009)은 지능을 평가하기 위하여 처리 중심 초인지 모형(process-oriented model of metacognition)을 제시하였다. 이 이론은 동기와 실행 기능을 연계한 정보처리와 전략 사용을 설명하기 위해 제시되었다(Borkowski, Chan, & Muthukrishna, 2000). 또한 개인이 자신의 인지적 처리를 조절(regulate)하는 방법을 기술한 것이다(Puustinen & Pulkkinen, 2001). 이 이론은 전통적 지능의 관점과 달리 전략 선택과 전략 중심 학습을 강조하였다(Borkowski et al., 2000). 따라서 이 이론은 자기-조절 학습, 전략 중심 학습과 관련이 높으며, 이전에 학습한 기술과 지식은 조절 과정과 동기적 신념에 의해 새로운 상황과 과제에서 일반화될 수 있다(Borkowski & Muthukrishi, 1995). 인지, 동기, 상황, 특성 그리고 개인을 통합하는 초인지 체제는 인간의 지능과 적응 문제의 핵심이라고 할 수 있다(Borkowski et al., 2000; Pressley, Borkowski, & Schneider, 1990). 이 이론에 따르면, 교육적 환경은 학생에게 그 자신의 교과적 결과에 대하여 자기-조절 전략을 통해 개인이 스스로 통제할 수 있도록 해 주어야 함을 의미한다(Borkowski et al., 2000). 이를 위해 교육자는 학생으로 하여금 스스로 자신의 문제해결에 대하여 지속적으로 자극과 격려를 받을 수 있도록 기본적 교수를 제공하여야 한다. 학생이 스스로 효과적인 자기 모니터링을 한다는 것은 자기 자신의 학습을 통제하는 것이고, 이러한 통제적 지각은 동기, 조절, 성취 과정 그리고 교과 등에서 긍정적 영향을 미치게 될 것이다(Borkowski et al., 1999).

2) 지능지수

대부분의 지능검사는 지적 능력을 지수로 나타내고 있다. 개인의 지적 능력을 수치로 나타내는 문제는 논란의 여지가 많고, 앞서 언급한 것처럼 지적 능력에 대한 이론적 배경이 서로 다르기 때문에 지능지수는 과거와 달리 매우 제한된 측면으로 언급된다. 하지만 지능평가와 관련하여 지능지수는 아직도 사용되고 있기 용어이기 때문에 이해해 둘 필요가 있다. 초기 지능검사 도구들은 정신연령(mental age)을 활용하였다. 정신연령은 생활연령(chronological age)과 비교되며, 이는 한 개인의 지적 수준에 대한 추정치다. 예를 들어, 8세 아동이 스스로 수행할 수 있는 과제가 실제 생활연령이 5세 아동의 것을 수행하였다고 하면, 이 아동의 정신연령은 5세로 본다. 또한 정신연령을 통해 지능지수(intelligence quotient: IQ)를 산출할 수 있는데, 산출 공식은 다음과 같다.

$$\text{지능지수(IQ)} = \frac{\text{정신연령(MA)}}{\text{생활연령(CA)}} \times 100$$

이는 초기 지능검사 도구에서 주로 사용되었으나 최근에는 거의 사용하지 않는다. 최근에는 편차 IQ(deviation IQ)를 많이 사용한다. 편차 IQ는 평균이 100이고 표준편차가 15인 표준화된 점수다. 즉, 편차 IQ는 피험자가 검사 점수에서 얻은 원점수를 피험자 연령집단의 표준점수로 환산한 점수이다. 예들 들어, ±1 표준편차는 대략 68%인 IQ 85~115의 득점일 것이고, ±2 표준편차는 약 96%인 IQ 70~130의 득점이 될 것이다. 지적장애 정의에서 −2 표준편차를 적용하였기 때문에 편차 IQ 70이 절사점(cutoff)이 되는 것이다. 오늘날 대부분의 규준-지향 개인 지능검사는 평균이 100이고 표준편차는 15로 정해져 있다. 그러나 지능검사와 관련된 규준-지향 검사는 지능지수의 해석에 있어 검사의 신뢰도(reliability)와 타당도(validity) 그리고 측정의 표준오차(standard error of measurement: SEM) 등 기술적 특성들을 고려하여야 한다.

3) 지능검사 도구

「장애인 등에 관한 특수교육법 시행령」에서 제시하는 국내에서 표준화되어 사용되고 있는 검사도구를 살펴보면 다음과 같다.

(1) 인물화에 의한 간편지능검사

- 개요 및 대상: 인물화에 의한 간편지능검사는 김재은, 김동극과 여광응(1973)이 미국의 Goodenough-Harris Drawing Test(Goodenough, 1963)를 표준화하였고, 이후 김재은(1967)이 한국의 아동을 대상으로 '인물화에 의한 지능측정'으로 표준화한 도구를 개정한 것이다. 인물화에 의한 간편지능검사는 만 3세에서 만 12세까지의 아동을 대상으로 지능을 측정하기 위한 검사도구다.
- 구성: 특별한 구성 형식이 없고 남자척도와 여자척도를 채점기준으로 구성하였다. 두 척도는 각각 60문항으로 구성되었고, 점수는 득점하였을 경우 1점, 득점하지 못하면 점수를 주지 않는다(0점).
- 실시: 두 장의 종이에 남자 그림과 여자 그림을 각각 그리도록 한다. 20분 정도 소요되지만 시간 제한을 두지 않는다.
- 결과 처리: 남자 그림과 여자 그림을 각각 채점한 원점수를 근거로 표준점수와 백분위점수를 제공한다. 남자상 표준점수와 여자상 표준점수의 평균을 산출하여 지능을 측정할 수 있다.

(2) 한국 웩슬러 아동용 지능검사(K-WISC-IV)

- 개요 및 대상: 한국 웩슬러 아동용 지능검사 4판(Korean-Wechsler Intelligence Scale for Children-IV: K-WISC-IV)은 미국의 Wechsler Intelligence Scale for Children-IV를 곽금주, 오상우와 김청택(2011)이 우리나라 아동을 대상으

로 표준화한 것이다. 이 검사도구는 인지적 기능의 각 영역뿐 아니라 총체적인 전반적 지능을 측정하도록 고안하였다(Wechsler, 2004). K-WISC-IV는 만 6세 0개월부터 만 16세 11개월까지의 아동을 대상으로 일반적인 인지적 능력을 측정하기 위한 개별지능 검사도구다.

- 구성: K-WISC-IV는 언어이해, 지각추론, 작업기억, 처리속도 지표로 구성되어 있다. 〈표 4-1〉은 K-WISC-IV의 부분 검사와 그 구성 내용을 보여 주고 있다. 하위 검사는 주요(core) 소검사와 보충(supplemental) 소검사로 구분되었다. 주요 소검사는 부분 점수를 제공한다. 보충 소검사는 부가적인 임상적 정보를 제공한다. K-WISC-IV는 K-WISC-III의 10개의 소검사(토막짜기, 공통성, 숫자, 기호쓰기, 어휘, 이해, 동형찾기, 빠진곳찾기, 상식, 산수)에서 5개의 새로운 소검사(공통그림찾기, 순차연결, 행렬추리, 단어추리, 선택)를 추가하여 15개의 소검사로 구성되어 있다.
- 실시: K-WISC-IV는 지침서에 따라 기록 용지에 순서대로 시행하도록 하고 있다. 그러나 아동에 따라 순서를 변경하여 실시할 수 있다. 또는 아동이 특성 소검사에 대해 거부 반응을 보이면 순서대로 진행하고 나중에 다시 되돌아가 시행할 수 있다.
- 결과 처리: K-WISC-IV는 네 가지 지표의 합산 점수를 얻을 수 있으며, 아동의 전체적인 인지능력을 나타내는 전체 검사 지능지수를 산출할 수 있다. 이러한 처리 접근을 적용하여 아동의 인지적 처리과정을 평가할 수 있다.

표 4-1 K-WISC-IV의 구성 내용

검사 구분 \ 지표	언어이해	지각추론	작업기억	처리속도
주요 소검사	공통성 어휘 이해	토막짜기 공통그림찾기 행렬추리	숫자 순차연결	기호쓰기 동형찾기
보충 소검사	상식 단어추리	빠진곳찾기	산수	선택

(3) 카우프만 아동용 지능검사(KABC-II)

- 개요 및 대상: KABC-II(Kaufman Assessment Battery for Children, Second edition)는 만 3세부터 18세에 이르는 아동과 청소년의 정보처리와 인지능력을 측정하기 위해 개발된 개인 지능검사로서 미취학 아동부터 고등학생들의 심리, 임상, 심리교육, 그리고 신경심리적 평가를 위한 목적으로 개발되었다. 한국판 KABC-II는 문수백(2014)에 의해 표준화되어 사용되고 있다.
- 구성: KABC-II는 이원적인 이론구조 Luria 모델(인간의 인지기능을 뇌의 세 개의 영역 혹은 기능단위로 특징지어지는 신경심리학적 모델)과 CHC 모델(한정적 능력군들 간의 위계적인 구조로 특징지어지는 모델)에 입각하여 개발되었으며, 이 원리를 기본으로 하여 18개 하위검사로 구성되어 인지처리 능력을 평가하는 것이다. 또한 검사 의뢰 목적과 피검사자의 특성에 따라 검사자가 Luria 모델과 CHC 모델 중 어느 하나를 선택하여 검사를 실시할 수 있게 되어 있다.

표 4-2 KABC-II 구성 내용

구성 내용	
순차처리/Gsm	수회생, 단어배열, 손동작
동시처리/Gv	블록세기, 관계유추, 얼굴기억, 형태추리, 빠른길찾기, 이야기완성, 삼각형, 그림통합
계획력/Gf	형태추리, 이야기완성
학습력/Glr	이름기억, 암호해독, 이름기억-지연, 암호해독-지연
지식/Gc(CHC 모델)	표현어휘, 수수께끼, 언어지식

- 실시: CHC 모델과 Luria 모델 중 한 가지를 택하여 각 연령에 따라 검사를 실시하므로 이에 따라 하위검사의 영역과 검사의 수가 달라진다. 어린 아동일수록 실시되는 검사의 수도 적고 검사 실시시간도 짧다.
- 결과 처리: 동일 연령의 다른 아동과 비교하여 상대적인 위치를 파악할 수 있게 하였다. 인지능력과 사고력에 있어서 개개인의 강점과 약점을 파악할 수 있도록 되어 있으며, 기본적인 사고처리 과정의 장애를 파악하는 데 유

용하다. 또한 본 결과는 교육적 개입방법과 치료계획을 개발하는 데 매우 유용하게 사용될 수 있다.

(4) KISE 한국형 개인지능검사

- 개요 및 대상: KISE 한국형 개인지능검사(Korean Institute for Special Education-Korea Intelligence Test for Children: KISE-KIT)는 국립특수교육원(박경숙, 정동영, 정인숙, 2002)에서 우리나라 최초로 우리 문화와 사회적 배경에 적합하게 문항을 구성하여 개발한 지능검사 도구다. 만 5세부터 만 17세까지의 아동·청소년을 대상으로 지능을 측정할 수 있도록 구성되어 있다. 쉬운 문항을 포함하고 있어 지적장애나 자폐 아동과 청소년들도 검사가 가능하다.
- 구성: KISE-KIT는 〈표 4-3〉과 같이 동작성 검사와 언어성 검사로 구성되었다. 또한 12개의 소검사로 구성되어 있으며, 두 개의 보충검사(손동작, 수기억)를 제시하고 있는데 이는 특정의 검사를 수행할 수 없는 경우 보충검사 항목으로 대체할 수 있다.
- 실시: KISE-KIT는 〈표 4-3〉의 번호 순서대로 실시하도록 제안하고 있다. 그러나 피검자에 따라 검사의 실시가 원만하지 않을 경우 순서를 바꿔 실시하였다가 다시 빠진 소검사를 실시할 수 있다. 가능한 한 한 회기 내에 전체 검사를 실시하도록 권장하지만, 상황에 따라 검사자가 소검사 단위로 검사를

표 4-3 KISE-KIT의 구성 내용

동작성 검사	언어성 검사
1. 그림배열	2. 낱말이해
3. 이름기억	4. 계산
5. 칠교놀이	6. 낱말유추
7. 숨은그림	8. 교양
9. 그림무늬	10. 문제해결
11. 손동작	12. 수기억

*11, 12: 보충검사

분리해서 실시할 수 있다. 이 경우 일주일 이내로 검사가 이루어져야 한다.

- 결과 처리: KISE-KIT는 동작성 지능지수와 언어성 지능지수를 각각 산출할 수 있고, 전체 지능지수도 산출할 수 있다.

2. 적응행동

1) 적응행동의 정의와 지적장애

적응행동(adaptive behavior)은 개인이 자신의 물리적 · 사회적 환경에 스스로 적응하는 방식으로(Schmidt & Salvia, 1984), 자신이 속한 환경의 요구에 적절하게 반응하는 것 이상을 의미한다. 적응능력이 있는 사람은 현재와 미래에 대한 개인의 물리적 환경에서의 요구와 문화적 기대에 대한 책임이 따른다(Salvia, Yasseldyke, & Bolt, 2007). 적응행동의 정의와 관련하여 Salvia 등(2007)은 다음과 같은 고려사항을 제시하였다.

- 신체적 환경: 위험을 피할 수 있는 지식과 기술은 여러 환경과 조건에 따라 다양하다.
- 사회문화적 기대: 사회적 기대는 여러 문화에 따라 상당히 다양하며, 문화에서 적응하는 능력도 각 사회의 문화적 요구와 순응 정도가 각기 다르다.
- 연령과 적응: 사회문화적 기대는 개인의 연령에서의 기능이다. 유아기, 아동기, 청소년기 그리고 성인기에 따라 그 사회가 요구하는 연령층에서의 기대가 다를 수 있다.
- 수행과 능력: 기대한 방식으로 행동할 수 있는 능력은 적응행동의 수행과 다른 의미다. 생존하는 방법을 안다고 모든 사람이 그와 같이 행동하는 것이 아니기 때문이다.

- 부적응: 적응행동의 정의에는 두드러진(marked) 부적응이 나타나지 않아야 한다. 그러나 부적응은 사회와 맥락에 따라 빈도와 정도가 다를 수 있다.
- 맥락: 행동의 맥락은 특정 행동에 대한 사회적 관용과 행동이 일어나는 특정한 상황을 고려하여야 한다.
- 빈도와 정도: 행동의 빈도와 정도는 그 행동을 부적응으로 구별하는 중요한 요소다. 어떤 행동은 그 빈도가 높지 않으면 사회적으로 허용될 수 있다. 그리고 행동의 정도 또한 사회문화적 관용에 영향을 받는다.

적응행동의 정의는 지적장애의 진단과 상당히 밀접한 관계를 가지고 있다. 미국심리학회(American Psychological Association: APA)는 적응행동을 개인-환경 상호관계에서 개인이 수행하는 것, 그리고 사회적 능력의 구성 요소인 사회적 기술과 동료 수용이 포함되는 것으로 기술하였다(Jacobson & Mulick, 1996). 비슷하게, 미국지적장애협회(the American Association on Mental Retardation: AAMR)에서도 적응행동을 개인이 일상생활에서 기능하기 위해 배우는 기술들의 총체라고 하였다(Luckason et al., 2002).

2002년 미국지적장애협회의 정의에 따르면, 지적장애를 가진 사람은 지적 기능과 개념적 · 사회적 · 실제적 적응기술로 표현되는 적응행동의 양 영역에서 유의미한 제한성을 가지고 있다(〈표 1-5〉 참조). 2002년 정의는 기술의 획득보다는 적합한 기술의 수행 또는 표현을 강조하였다. 즉, 적응기술의 제한성을 나타내는 원인이 ① 기술을 수행하는 법을 모르거나(습득 결손), ② 학습한 기술을 사용할 때를 알지 못하거나(수행 결손), 그리고 ③ 기술의 표현에 영향을 미칠 수 있는 다른 동기적 요인(수행 결손)일 것이라고 가정한다. 어떤 개인이 제한된 지적 기능을 가졌을 경우, 지적장애에 의해 습득 및 수행 결손이 모두 발생할 수 있다(Widaman & McGrew, 1996; 박승희, 신현기 역, 1994에서 재인용).

2010년 AAIDD 정의에 의한 지적장애인을 진단하는 기준은 ① 세 가지 적응행동 형태(개념적 · 사회적 · 실제적) 가운데 하나 이상, 또는 ② 이 세 가지 개념적 ·

사회적 · 실제적 기술에 대한 표준화된 검사 전체 점수에서 평균으로부터 적어도 −2 표준편차 이하인 수행을 보이는 자로 조작적으로 정의되어 있다(박승희 외 역, 2011).

2) 적응행동과 지능

지적장애 정의에서 적응행동과 지능은 중요한 요소로 설명되고 있다. 정의에서 지적장애는 지능과 적응행동 모두에서 유의미한 제한성을 가지고 있음을 진단기준으로 제시함으로써 지능과 적응행동은 구별되고 서로 중복되지 않는 구성 요소들로 설명하고 있다. 따라서 지능과 적응행동 중 한 가지에서만 제한성을 갖게 되면 지적장애로 분류할 수 없고, 두 가지 영역에서 모두 유의미한 제한성을 가져야만 지적장애로 분류한다(Borkowski et al., 2009). 그러나 Borkowski 등(2009)은 지적장애 정의에서 지능과 적응행동 측정 지수로 개인의 전반적 능력을 평가한다는 것과 Greenspan 등(1996)이 두 지수를 지적장애의 본질이라고 언급한 것에 대하여 설득력이 부족하다고 주장하였다. 이와 관련하여 Greenspan (1979)은 개인 능력을 개념적 · 실제적 · 사회적 지능으로 설명하였다. 그는 실제적 · 사회적 지능은 실세계 상황과 문제에서 사용하는 것으로, 지능검사를 통해 측정할 수 있는 것은 개념적 지능 혹은 학업적(academic) 지능이라고 제안하였다. 2002년 지적장애 정의에서 AAMR은 적응행동의 세 가지 차원으로 개념적 · 사회적 · 실제적 기술을 제안하여 Greenspan의 세 가지 요소를 도입했다. 그러나 AAMR 모형은 낮은 개념적 지능(지능검사로 측정된 것)보다는 낮은 사회적 지능이 지적장애의 가장 분명한 특징이라는 점과 실제적 · 사회적 적응행동이나 기술이 실제적 · 사회적 지능을 표상한다는 점을 충분히 설명하지 못하고 있다(Greenspan, 1979; Greenspan & Driscoll, 1997). 따라서 적응행동이 지적장애를 판단하는 정의의 두 가지 중에 하나인지, 아니면 단지 지능을 더 명확하게 하는 것인지는 계속된 논란으로 남아 있다(Leffert & Siperstein, 2002).

그러나 앞으로 지적장애의 평가에서 적응행동은 중요한 지표가 될 필요가 있다. 2002년 지적장애 정의 설명 자료에서도 지능과 적응행동에 대한 균형 있는 고려를 강조하였다. 이는 이전의 정의에서 지능과 적응행동을 진단의 중추적이고 동등한 비중으로 고려했음에도 불구하고, 실제로 지능지수에 더 중점을 두었거나 강조한 측면이 있으며, 심지어는 적응행동이 지능검사의 잘못된 판정에 대한 보호 장치로 사용되어 왔음을 시사한다.

적응행동이 지적장애 평가에서 중요한 이유는 지능검사와 달리 개인의 수행 능력보다는 실제 수행에 중점을 맞추고 있기 때문이다. 특히 중도 및 최중도 지적장애인의 경우 표준화된 지능검사에서 요구하는 과제를 수행할 수 없기 때문에 이들이 생활할 수 있는 환경이나 활동에서 수행할 수 있는 것들을 파악할 필요가 있다. 적응행동 평가는 이들의 능력과 요구를 이해할 수 있는 수단이 될 수 있다(Demchak & Drinkwater, 1998).

3) 적응행동과 문제행동

적응행동과 문제행동이 기능적 · 개념적 관련성을 가지고 있을지라도 부적응 행동이 적응행동의 부재를 의미하지는 않으며, 부적응 행동이 적응행동과 관련이 없다는 점에는 일반적으로 동의한다(Jacobson & Mulick, 1996; National Research Council, 2002). 이러한 적응행동과 문제행동 척도가 서로 낮은 상관을 가지고 있다는 관점은 실험적 연구를 통해 증명되고 있다(Harrison, 1987). Greenspan(1999)은 적응행동 척도에서 부적응 행동의 항목을 포함시키는 것은 지적장애와 정신병(mental illness) 간, 그리고 부적응 행동과 사회적 무능력(incompetence) 간의 관계를 잘못 이해할 가능성을 지적하였다. 특히 중증장애인에 대한 연구에서 다른 사람이 바람직하지 못하다고 판단하지만 환경적 조건에 대한 반응을 표현하는 것으로 대안적 의사소통 기술이 미흡한 일종의 적응(adaptation)일 수 있다는 점을 증명하였다(Carr et al., 1999; Durand & Crimmins, 1988; Horner, 2000).

4) 절사점과 유의미한 제한성

AAMR, APA 그리고 전국연구위원회(National Research Council: NRC) 등은 지적장애 진단을 위해 적응행동은 비장애 집단을 대상으로 한 표준화된 적절한 도구를 사용할 것을 권장한다. 그러나 이 전문가 집단들은 적응행동에서 유의미한 제한성에 관한 조작적 정의에서 서로 다른 절사점(cutoff scores, NRC는 두 가지 적응행동 영역에서 평균보다 1 표준편차 이하의 절사점 혹은 한 가지 적응행동 영역에서 평균보다 1.5 표준편차 이하의 절사점을 권장함)을 추천하고 있다(Borkowski et al., 2009). 이러한 절사점의 차이는 지적장애를 통계적으로 좀 더 정확하게 판별하고자 하는 것이겠지만, 한편으로는 절사점에 대한 표준오차의 한계를 극복하지 못하고 있음을 나타낸다.

이와 관련하여 AAMR(Luckasson et al., 2002)은 적응행동의 표준화된 측정에서 개념적 · 사회적 · 실제적 기술을 나타내는 영역 중 하나 이상의 영역 점수 또는 전체 점수에서 평균보다 적어도 2 표준편차 이하인 점수를 가질 때 유의미한 제한성을 가진다고 하였다. 그리고 지적장애를 평가하고자 할 때, 높은 신뢰도와 낮은 측정의 표준오차를 가진 표준화된 도구를 사용하고, 도구의 표준오차를 염두에 두고 개인을 진단할 것을 권장하였다.

5) 적응행동 측정 시 고려사항

적응행동을 정의하는 것도 어렵지만, 측정하는 것은 더욱 어렵다. 아직 적응행동 평가에 대한 보편적 합의가 이루어지지 않고 있으며, 측정에 대한 끊임없는 논란 때문일 것이다. 여기서는 Beirne-Smith, Patton과 Kim(2006), Borkowski 등(2009) 그리고 2002년 AAMR 지적장애 정의 매뉴얼(Luckasson et al., 2002)에서 제시하는 고려 사항들을 살펴본다.

(1) 측정도구

첫째, 적응행동 검사도구는 그 목적에 맞게 사용되어야 한다. 적응행동 검사도구들은 모두 서로 다른 방식으로 다른 과제를 측정한다. 적응행동의 평가는 서로 다른 기능에 각각 기여할 수 있다. 한 가지 기능에 좋은 특성을 가진 평가가 반드시 또 다른 기능에도 좋은 특성을 갖는 평가는 아니다.

둘째, 표준화된 도구로 적응행동을 측정하여야 한다. 타당도, 신뢰도, 측정의 안정성, 일반화, 예측 그리고 용도의 적합성 등 도구의 기술적 적정성을 위한 적절한 준거를 확보하여야 한다.

셋째, 기술적으로 알맞은 도구의 선택뿐만 아니라 각각의 개인 또는 집단을 위해 고안된 도구를 선택해야 한다. 피검자와 동일한 연령 집단을 대상으로 표준화된 검사도구를 사용하여야 한다.

넷째, 진단은 다양한 목적에 맞게 수행되어야 한다. 특수교육 적격성을 결정하기 위한 진단이라고 하면 측정도구 역시 이 목적에 맞게 사용되어야 한다.

다섯째, 새로 개발된 도구들에 대한 지속적 주의가 요구된다. 새로운 측정도구가 안전성과 전문적 연구와 타당성을 확보하고 있는지 신중한 고려가 있어야 한다.

여섯째, 중다접근적 측정이 이루어져야 한다. 적응행동 측정도구들이 가지고 있는 제한성을 인정하고 다양한 측정 방법이 도입되어야 한다.

(2) 정보 자원의 선택

평가는 직접 관찰 또는 자기보고를 통하여 이루어지기도 하지만, 검사와 관찰을 통해 전형적 수행이 평가되지 못할 수도 있다. 이럴 경우 제3자, 즉 부모, 교사 및 직접 서비스 제공자와의 면접 과정 및 평정을 통해 이루어진다. 따라서 평가 대상자의 전형적 행동에 대해 잘 알고 있는 사람, 복수의 정보 제공자로부터 정보를 수집할 수 있다. 또한 평정자와 평가 대상자의 긍정적 · 부정적 관계 및 이들 간 점수 결과의 의미 등을 고려하여야 한다.

(3) 임상적 판단

첫째, 개인의 신체 조건과 정신건강을 고려하여야 한다.

둘째, 기회, 경험, 참여 및 상호작용을 고려하여야 한다. 정서적 · 심리적 건강, 주거 및 지역사회 참여, 적응기술을 학습할 기회 등이 제한되어 참여 및 상호작용할 기회가 없었는지 등을 살펴야 한다.

셋째, 복수의 자료 자원을 활용하여야 한다. 평가의 일관성 및 타당도를 위해 다양한 접근 자료와 평가 방법 또는 대안적 평가 방법(관찰, 비형식적 면접 등)에서 얻은 정보를 참조하여야 한다. 그러나 기타 다른 평가나 자료는 신뢰도에 심각한 문제점이 있을 수 있기 때문에 규준-참조 평가의 보충 자료로 활용하고, 이를 유일한 공식 평가 양식이나 문서로 활용하여서는 안 된다.

넷째, 적절한 맥락 또는 환경에서 판단되어야 한다. 관찰된 행동이 비전형적 환경에서 나타난 것이 아닌지, 실제 대상자가 상호작용하는 환경에서 수행한 행동인지, 점수를 임상적으로 해석할 때 대상자의 행동을 지나치게 추정하여 점수화하지 않도록 하여야 한다.

다섯째, 개인의 사회문화적 맥락을 고려하여야 한다. 규준 집단과는 다를 수 있는 사회문화적 환경, 적응행동 점수에 영향을 미칠 수 있는 개인의 문화에 대한 기대와 기회를 파악하여야 한다.

여섯째, 연령이 고려되어야 한다. 연령은 환경적 요구와 아동의 나이가 점차 들어 감에 따라 기대치의 변화가 점차 복잡하게 되어 측정 선정과 적응행동 점수의 해석에 중요한 요인으로 작용한다. 지적장애인 각 개인의 연령에서 요구되는 기술의 기대치와 획득 기술이 다양하기 때문에 해석 시 신중함이 요구된다.

(4) 기술 획득과 기술 수행

적응행동 측정에서 기술 획득과 기술의 수행 능력을 구분하는 것을 고려하여야 한다. 지능검사는 최상의 수행과 개인이 할 수 있는 것을 측정한다. 반면, 적응행동 척도는 개인이 실제로 수행하는 것을 측정한다. 지능지수는 일반적으로 안정적인 반면, 적응행동은 상황과 관점에 따라 유동적인 특성을 가지고 있다. 지적장애인은 일상생활에서의 요구를 수행하는 데 제한점을 가지고 있다. 적응행동 능력은 기술의 획득과 각기 다른 환경과 시기에 특정한 기술을 활용하는 기술의 수행으로 이루어져 있다. 어떤 개인이 낮은 지능지수를 가졌지만, 여러 가지 행동으로 그의 지적능력을 보상할 수 있다고 하면, 이는 표준화된 지능검사로 측정되지 않은 개인적 능력이 있음을 보여 주는 것이다(Borkowski et al., 2009). 환경적 요구(수행기술)에 대한 적응행동은 많은 비지적인 요소에 의해 영향을 받을 수 있다(Widaman, Borthwick-Duffy, & Lille, 1991). Leland(1991)는 적응기술을 획득하도록 하는 훈련과 획득된 기술의 활용을 증진하기 위해 기술 획득을 사용하게 하는 처치를 구분하였다. 훈련과 처치 간의 분명한 중복이 있지만, 이러한 구분은 특정한 개인을 위한 우선 지도 요소를 결정하는 데, 그리고 성공을 잠정적으로 방해하는 요소를 이해하는 데 도움을 준다.

6) 적응행동 평가도구

(1) 사회성숙도 검사

- 개요 및 대상: 사회성숙도 검사는 김승국과 김옥기(1985)가 미국의 Vineland Social Maturity Scale(Doll, 1965)을 모체로 하여 개발하였다. 사회성숙도 검사는 개인의 성장이나 변화를 측정하고 교육을 위한 기초 자료 및 교육 후 변화 정도를 측정할 수 있다. 또한 지적장애 및 장애의 정도를 판별하는 데 활용된다. 사회성숙도 검사는 적응행동을 측정하기 위한 검사로 0세부터 만 30세까지 적용할 수 있다.
- 구성: 6개의 하위 영역, 즉 자조(39문항), 자기관리(14문항), 작업(22문항), 의사소통(15문항), 이동(10문항), 사회화(17문항) 영역으로 전체 117문항으로 구성되었다.
- 실시: 검사 대상자에 대하여 잘 알고 있는 부모나 제3자와의 면담을 통해 실

시된다.

- 결과 처리: 지능검사의 정신연령 및 지능지수와 유사한 개념인 사회연령(social age: SA)과 사회지수(social quotient: SQ)를 산출할 수 있다. 표준화 척도로 일반인과 비교되는 수준을 제공한다.

(2) 적응행동 검사(K-ABS)

- 개요 및 대상: 적응행동 검사는 김승국(1990)이 미국의 AAMD의 Adaptive Behavior Scale School Edition(Lambert & Windmiller, 1981)을 번안하여 표준화한 것이다. 적응행동 검사의 적용 대상은 만 3세부터 만 17세까지다.
- 구성: K-ABS는 1부는 발달순서에 따라 9개 영역(56문항)으로, 2부는 성격 및 행동장애와 관련 있는 12개 영역(39문항)으로 이루어져 총 21개 영역(95문항)으로 구성되어 있다(〈표 4-4〉 참조). 1부에 속하는 검사는 개인과 지역사회 요구 충족, 개인 및 사회적 책임으로 구성되어 있으며, 2부는 성격 및 행동장애와 관련된 12개 영역으로 구성되었다.

표 4-4 적응행동 검사 구성 내용

구분	영역		하위 영역			문항 수	총 문항 수
1부	1	독립기능	A	식사	4	17	95
			B	용변	1		
			C	청결	3		
			D	외모	2		
			E	의복관리	1		
			F	입기 · 신기 · 벗기	2		
			G	왕래	2		
			H	기타 독립기능	2		
	2	신체발달	A	감각발달	2	6	
			B	운동발달	4		

1부	3	경제활동	A	돈의 취급과 예산 계획 세우기	2	4	95
			B	구매기술	2		
	4	언어발달	A	언어표현	5	9	
			B	언어이해	2		
			C	사회적 언어발달	2		
	5	수와 시간		·		3	
	6	직업전 활동		·		3	
	7	자기관리	A	솔선	2	5	
			B	안내	2		
			C	여가	1		
	8	책임	H			2	
	9	사회화				7	
	합계					56	
2부	10	공격				5	
	11	반사회적 행동				6	
	12	반항				6	
	13	신뢰성				2	
	14	위축				3	
	15	버릇				2	
	16	대인관계 예법				1	
	17	발성습관				1	
	18	습관				4	
	19	활동수준				1	
	20	증후적 행동				7	
	21	약물복용*				1	
	합계					39	

* 적응행동의 한 영역으로 간주할 수는 없으나 이 영역에 대한 지식은 피검자의 적응행동 프로파일 해석에 사용된다.

- 실시: 검사자가 피검자를 직접 관찰하여 평가하거나, 피검자에 대하여 잘 알고 있는 부모나 제3자와의 면담을 통해 각 문항에 대한 반응을 해당 항목에 표시한다.
- 결과 처리: 검사 결과는 목적에 따라 다음의 두 가지로 사용된다. 첫째, 개

별화교육계획이 목적이라면 교수를 위한 정보를 얻게 되고, 각 영역의 총 원점수가 일반, 교육 가능급 및 훈련 가능급 집단에게 사용한 백분위로 전환된다. 이 백분위는 프로파일로 그려진다. 둘째, 배치 결정을 목적으로 하는 것이라면, 검사의 여러 영역이 5개 요인으로 재구성되며, 요인점수가 얻어진다. 그리고 1부에 속한 3개 요인의 점수로 산출되는 비교 점수를 제공하는데, 비교 점수는 피검자의 수준이 일반, 교육 가능급, 훈련 가능급 등의 세 준거 집단 중에서 어떤 준거 집단과 가장 비슷한지를 판별하는 데 활용된다.

(3) 한국판 적응행동 검사(K-SIB-R)

- 개요 및 대상: K-SIB-R 한국판 적응행동 검사는 미네소타 대학의 '장애아동 지역사회 통합을 위한 연구소'에서 Robert Bruininks를 주축으로 한 연구진에 의해 1996년에 제작된 Scale of Independent Behavior-Revised(SIB-R)를 한국에서 표준화한 검사도구로, 적용대상은 만 0~17세 사이의 일반아동부터 중도의 장애아동까지 폭넓게 사용할 수 있다.
- 구성: K-SIB-R 한국판 적응행동 검사는 14개의 하위척도(각 16~20문항)로 이루어진 259개의 독립적 적응행동과 문제행동 문항으로 나누어져 있다. 적응행동은 4점 척도(0~3점)로, 문제행동은 '예' '아니요'로 답한 후 빈도(0~5점)와 심각성(0~4점)으로 평가하도록 되어 있다.
- 실시: K-SIB-R 한국판 적응행동 검사는 검사자가 질문하고 부모나 양육자(검사문항에 따라 대상 아동의 정보를 제공할 수 있는 사람)가 각 문항에 대한 반응을 답하면 그를 기록한다.
- 결과 처리: K-SIB-R 한국판 적응행동 검사는 지능검사와 연관하여 적응행동 수준을 평가하며 서비스, 배치 및 교수에 관련된 결정을 내리는 데 있어서 개별 차에 대한 판단을 할 수 있도록 정보를 제공하며 피검자에 대한 질적 정보, 발달 단계, 습득 수준 그리고 또래와의 비교 등에 대한 정보를 제공한다. 검사의 해석은 등가연령, 비교 습득지수, 백분위 그리고 표준점수, 적응

행동 기술 수준 및 부적응 행동 지수와 같은 새로운 점수를 통해 해석하며, 정상분포 점수를 포함한 몇 가지 선택적 표준점수 척도 또한 가능하다.

(4) KISE 적응행동 검사

- 개요 및 대상: KISE 적응행동 검사(Korea Institute for Special Education-Scales of Adaptive Behavior: KISE-SAB)는 정인숙, 강영택, 김계옥, 박경숙과 정동영(2003)이 우리나라의 사회문화적 실정에 맞게 개발한 적응행동 검사다. KISE 적응행동 검사는 일반 아동의 경우 21개월부터 만 17세까지, 지적장애 아동의 경우 만 5세부터 만 17세까지를 대상으로 한다.
- 구성: 개념적 적응행동 검사(72문항), 사회적 적응행동 검사(68문항), 실제적 적응행동 검사(102문항) 등의 세 가지 하위 검사로 총 242문항으로 구성되어 있다.
- 실시: 검사자가 피검자를 6개월 이상 관찰하여 피검자의 특성과 행동을 잘 알고 있는 부모나 제3자와의 면담을 통해 각 문항에 대한 반응을 해당 항목에 표시한다. 검사는 가능한 한 한 회기 내에 마칠 것을 권장하지만, 한 회기 내에 마치기 어려울 경우 하위 검사 단위로 분리하여 실시할 수 있다. 이 경우 첫 번째 검사와 두 번째 검사 간의 간격이 일주일 이상이 되어서는 안 된다.
- 결과 처리: 개념적 적응행동, 사회적 적응행동, 실제적 적응행동 지수 및 전체 적응행동 지수를 제공한다.

3. 교수적 진단 및 평가

1) 평가의 구성 요소 및 단계

평가는 사정과 혼용하여 사용되기도 하지만 문헌에 따라서 구분하기도 하므로, 사정과 측정의 개념을 이해할 필요가 있다. 사정(assessment)은 측정과 평가라는 두 가지 관련 요소로 이루어져 있다. 측정(measurement)은 아동에 대한 자료를 수집하는 것이다. 이 정보는 표준화된 검사나 교사 제작 검사 혹은 관찰과 같은 비형식적 절차에 의해 수집된다. 어떤 정보수집 절차가 활용되었든지 중요한 것은 수집 정보는 신뢰적이고 정확하며 관련성이 있어야 한다. 따라서 측정은 양적 · 수량적 자료를 수집하는 것을 의미한다. 평가(evaluation)는 수집된 정보를 해석하는 것이다. 일단 정보가 모아지면 그것을 사용하기 전에 체계적으로 조직, 분석 및 해석하여야 한다(Luftig, 1987).

한편 이승희(2006)는 평가는 수집된 자료에 근거하여 가치판단을 통하여 교육적 의사결정을 내리는 과정으로, 측정은 양적 · 수량적 자료를 수집하는 과정으로, 그리고 사정은 교육적 의사결정에 필요한 자료를 수집하는 과정으로 정의하였다.

평가과정은 우선 선별과 판별을 통해 특수교육 대상자로서의 적격성을 결정하기 위한 평가로 실시된다. 그리고 특수교육 대상자로 결정되면 이들에게 적합한 서비스를 제공하기 위한 교육적 평가과정이 이루어진다. 평가과정은 일정하게 정해진 순서가 있는 것은 아니지만, 일반적으로 의뢰, 선별, 사정 및 판별, 교육적 진단, 교수적 결정, 형성평가와 총괄평가로 진행된다.

(1) 의 뢰

사정은 학생에 대한 정보를 수집하고 평가하는 과정이다. 수집된 자료의 결과는 의뢰(referral)를 제안할 수 있다. 의뢰 결정은 일반학급 교사보다는 교육 전문가에 의해 아동이 특수교육 서비스와 프로그램을 필요로 하는 대상자인지 아닌지의 결정을 요구하는 것이다. 교사는 학급에서 교사와 수업을 방해하는 학생과 학급에서 행동에는 문제가 없다고 하더라도 낮은 성취를 보이는 학생을 개별적 의뢰 절차를 통해 더 신중하게 살펴볼 필요가 있다. 우리나라의 경우 「장애인 등에 대한 특수교육법」에서 제시한 특수교육 대상자의 장애 유형과 정도에 대한 선정 기준에 의해 특수교육 대상자의 적격성이 결정된다.

(2) 선 별

선별검사는 사정의 초기 단계에 이루어진다. 선별검사는 관련 문제가 있는 학생과 없는 학생들을 구분하기 위해 실시된다. 이는 모든 학생을 대상으로 심층적이고 많은 시간을 들여 진단적 사정을 하는 것이 아니다. 그리고 모든 학생이 이와 같은 사정을 필요로 하지도 않는다. 그러나 어떤 학습이나 행동에 어려움을 가지고 있는 학생은 위험군(at risk)에 속한 것으로 보고 심층적 사정을 실시한다. 심층적으로 사정할지의 여부는 선별검사의 결정에 달려 있다. 선별검사는 학생이 제시된 영역에 문제를 가지고 있는지를 정하는 것이다. 선별검사는 지각적 기능(청각과 시각)과 교과 성취를 검사한다. 대부분의 선별검사 도구는 규준-참조 검사로서 일반 또래 집단과의 비교 점수를 제시한다. 선별검사를 실시하기 위해서는 검사 시 시간이 많이 소요되지 않는지, 검사도구가 객관적이고 신뢰도 및 타당도가 확보된 표준화된 검사도구인지 등을 고려하여야 한다.

지적장애와 관련된 국내 선별검사 도구인 한국판 DIAL-3(Korea Developmental Indicators for the Assessment of Learning-Ⅲ, Mardell-Czudnowski & Goldenberg, 1998)은 전병운, 조광순, 이기현, 이은상과 임재택(2004)이 표준화하였다. 이 검사도구는 만 3세에서 만 6세 11개월까지의 발달지체 및 장애의 가능성이 있는 유아를 선별하기 위한 것이다. 그리고 한국형 Denver-II(Denver Developmental Scteening Test-II, Frankenburg et al., 1990)를 신희선, 한경자, 오가실, 오진주와 하미나(2002)가 표준화하였다. 이 검사도구는 출생에서부터 만 5세까지의 발달지체 혹은 문제의 가능성이 있는 유아를 선별하기 위한 것이다.

(3) 사정 및 판별

사정 및 판별 과정은 특수교육 대상자로서의 적격성을 결정하는 과정이다. 지적장애 학생이 특수교육 대상자로 선정되기 위해서는 지적장애 정의에 따른 장애 유형과 조건에 대한 법적 규정에 따라 결정하도록 하였다. 「장애인 등에 대한 특수교육법」 제2조에서는 '특수교육 대상자'란 제15조에 따라 특수교육을 필요로 하는 사람으로 선정된 사람이라고 규정하고 있다. 제15조에서는 교육장 또는 교육감은 시각장애, 청각장애, 정신지체, 지체장애, 정서 · 행동 장애, 자폐성장애, 의사소통장애, 학습장애, 건강장애, 발달장애, 그 밖에 대통령령으로 정하는 장애 중 어느 하나에 해당하는 사람 중 특수교육을 필요로 하는 사람으로 진단된 사람을 특수교육 대상자로 선정해야 한다고 제시하고 있다. 그리고 동법 시행령 제10조 관련에서는 지적장애(정신지체) 조건을 "지적 기능과 적응행동상의 어려움이 함께 존재하여 교육적 성취에 어려움이 있는 사람"이라고 분명히 정의하고 있다. 또한 동법 시행규칙에서는 지적장애(정신지체)를 판별하기 위한 진단 · 평가에 사용해야 하는 도구들로 개인별지능검사, 적응행동검사 및 기초학습검사 등을 제시하였다.

(4) 교육적 진단

교육적 진단(educational diagnosis)은 아동의 평가를 통해 행동적 결정을 하는 것이다. 이 결정은 포괄적이지 않고 구체적인 것으로, 아동의 심리적 · 인지적 · 심동적 기술이나 약점 등에 대하여 정확하게 기술하는 것이다. 또한 신체적 결함이나 장애를 기술하기보다는 필요한 서비스의 정도를 기술한다. 교육적 진단

표 4-5 교육적 진단 예시

학생명	평가
창수	• 또래 학년보다 2년 정도 낮은 수준을 보인다. • 단어 인식과 읽기 기술이 부족하고 추측을 통해 단어를 읽는다.
영희	• 또래 학년보다 2년 정도 낮은 수준을 보인다. • 단어 인식 기술에서 어려움을 보인다. 특히 다음의 영역에서 어려움을 보인다. 초성, 쌍자음, 이중자음. • 단어 구조 분석의 결핍: 어근, 단어 구성, 접미어

용어는 병리적이거나 의료적 용어 대신 교육적 변인으로 설명된다. 지적장애를 위한 교육적 진단은 특정한 결핍에 중점을 둔다. 교육적 진단을 유용하게 하기 위해서는 일반적인 아동의 문제를 기술하기보다는 아동이 가지고 있는 구체적 기술의 결핍이 무엇인지를 진단하여야 한다(Luftig, 1987). 〈표 4-5〉는 일반적 진단을 한 창수와 구체적인 진단을 한 영희에 대한 교육적 진단의 예시다.

(5) 교수적 결정(처치)

사정 자료는 학생을 어떻게 지도할 것인가를 결정하는 데 도움이 되어야 한다. 교수적 결정을 위한 평가 정보의 첫 단계는 개별화교육프로그램(IEP)을 구안하는 것이다(IEP는 제5장 참조). 사정은 교육적 문제에 대한 구체적 진단에 중점을 두고, 진단이 학생의 교육적 약점을 지원할 수 있도록 구체적인 교육과정 계획과 프로그램 작성에 주안점을 둔다. 이러한 프로그램 작성은 지적장애 학생을 위한 적절한 학습 목적을 설정하고 목적에 도달하는 데 필요한 교육적 활동과 자료를 구안하는 것을 의미한다. 처치적 교수는 지적장애 학생을 위해 교사가 중요하다고 생각하는 것이나 흥미 있어 하는 것이 아니라, 학생의 강점과 약점에 대한 검사와 진단에 근거하여 선정된 것을 교과와 교수적 프로그램으로 구성하는 것을 의미한다. 처치적인 구성 성분은 각 학생의 강점과 약점에 따라 개별화된 것이어야 한다. 처치는 대량의 많은 내용이 아니라 개별적이고 구체적이며 특정한 것이어야 한다. 처치에서의 검사와 진단 과정은 교육과정이 계획되기 전에 그리고 교수적 프로그램을 구성하기 전에 실시되어야 한다. 진단/처치 모형에서, 지도 과정으로 바로 들어가는 것이 아니라 아동의 강점과 약점에 대한 주의 깊은 사정이 이루어진 후에 지도가 이루어져야 한다.

(6) 과정 결정: 형성평가와 총괄평가

사정은 교수 이전과 이후에 실시된다. 교수 이후의 사정은 의미 있는 학습이 어느 정도 일어났는지를 측정하는 것이다. 교수 이후의 사정에는 두 가지, 즉 형성평가(formative evaluation)와 총괄평가(summative evaluation)가 있다. 총괄평가는 한 단원이 완료된 뒤 이루어지는 장기간의 최종적인 사정인 반면, 형성평가는 정해진 기간의 진행 과정을 판단하기 위해 매일매일 평가하는 것이다. 형성평가의 목적은 교사와 학생에게 적절한 교수와 학습에 대한 즉각적인 피드백을 제공하고, 이를 통해 문제점과 부족한 점을 신속히 수정할 수 있도록 하는 데 있다. 또한 학습한 내용에 대한 개선된 피드백 과정이 이루어진다. 학급 교사는 적절한 결정 과정이 이루어지도록 총괄평가와 형성평가 과정을 수행하여야 한다.

2) 평가의 유형

(1) 형식적 평가

형식적 평가(formal assessment)는 배점과 해석 등 수행 과정이 표준화된 절차를 따르는 것이 특징이다. 형식적 평가는 규준-참조 검사(norm-referenced tests)라고도 한다. 형식적 평가에서는 학생에 대한 명확한 정의에 따라 학생이 위치한 규준이 어디에 속하는지에 대한 점수와 해석을 내리게 된다. 형식적 평가는 객관적이고, 표준화되었으며, 집단을 주로 대상으로 한다. 그리고 특정한 목적을 위해 구조화된 상황을 설정하며 비교할 수 있는 규준 집단을 설정한다. 상업적으로 개발된 형식적 평가 도구들이 많다.

(2) 비형식적 평가

비형식적 평가(informal assessment)는 준거-참조 검사(criterion-referenced tests)라고도 한다. 비형식적 평가는 덜 구조화되었고, 융통성이 있으며, 다른 학생과 비교를 하지 않고 학생 본인의 수행 준거를 참조하기 때문에 가르친 것에 대한 효과를 확인할 수 있으며, 또한 다양한 조건이나 환경에서 자료를 수집할 수 있다는 장점을 가지고 있다. 주관적이고, 개인을 중심으로 하며, 진행 과정의 자료를 중심으로 평가한다. 비구조화된 다양한 상황(예: 작업장, 학급, 지역사회, 가정 등)에서 주로 평가하며, 면담, 질문지, 직접관찰, 기록, 환경분석, 교육과정 중심 평가 등이 있다. 비형식적 평가는 수시로 진행한다. 비형식적 평가는 교사 자작 평가 도구 등이 있으며, 형식적 평가 결과를 결정하는 데 중요한 참조 자료로 활용된다.

① 조사와 인터뷰

조사와 인터뷰는 개인으로부터 정보를 직접 수집하는 것이다. 이때 개인은 학생 본인이 될 수 있고, 부모, 교사, 직장 동료, 상사, 사장, 공동생활가정 직원, 친구 등 다양한 사람이 될 수 있다.

조사는 대상자가 직접 설문지에 작성하거나 구두로 이루어질 수 있다. 인터뷰는 일대일 직접 면접을 통해 진행할 수 있다. 직접 만나기 어려울 경우 전화나 메일을 통해서도 진행할 수 있다.

비형식적 조사나 인터뷰를 통해 형식적 평가나 다른 방법에서 정보를 얻지 못한 내용을 보완할 수 있다. 이를 위해 조사자는 사전에 조사나 인터뷰할 내용과 도구에 대하여 철저한 준비를 해야 한다. 특히 조사나 인터뷰 내용이 복잡하거나 개념적으로 어렵지 않도록 하여야 한다. 만일 어렵게 구성하면 응답자가 추측하거나 자신의 의견과 관련 없는 응답을 할 수 있다.

조사지를 사전에 구성할 때에는 질문 내용이 조사 목적과 관련성이 있어야 하며, 명확하고 짜임새 있게 구성해야 한다. 특히 관련 있는 다른 사람을 통해 내용을 검토하여 객관성을 확보할 필요가 있으며, 설문 방식(○ · ×형, 선다형, 개방형 등)에 따라 응답자의 반응이 달라지므로 응답자의 반응 수준을 고려하여 정할 필요가 있다.

② 직접관찰

직접관찰은 상황평가(situational assessment)라고도 한다. 자연적인 평가 방식으로, 교내 취업이나 졸업 후 지역사회에서의 학생을 전문가가 직접 보고 평가하는 것이다. 직업 상황을 예를 들면, 전문가는 잡 코치, 직장 동료, 레크리에이션 지도자, 교사나 직업교사 등이 될 수 있고, 팀으로 평가를 실시할 수 있다. 직접 관찰의 목적은 주로 학생의 특정한 일이나 지역사회 장면에서의 일반적인 작업 행동과 적응에 대한 관찰, 기록, 해석을 하기 위함이다. 만일 평가자가 학생의 구체적 상황에 대한 특정한 행동을 기술할 필요가 있다고 하면, 상황에 대한 세부적 정의와 관찰 영역(예들)을 제시할 필요가 있다. 직접관찰 내용은 학생의 수행 과정을 단계별로 분석하여 체크하는 것으로 과제분석 자료, 작업 중에 학생이 나타내는 정서적 반응 자료 등이 될 수 있다. Flexer 등(2008)은 구체적인 관찰 유형을 다음과 같이 제시하였다.

- 동료 작업자와의 작업 과정
- 비판 받아들이기
- 지시 따르기
- 시간 지키기
- 이웃 주민 알아보기
- 길 안전하게 건너기
- 물건 살 때 계산 과정 기다리기

이러한 상황평가에서 수집된 자료는 예비 작업자(potential worker)의 다음과 같은 특성을 찾아내어 지원하는 데 활용될 수 있다(Pierangelo & Giuliani, 2004).

- 필요한 지원 내용 및 유형이 무엇인가?
- 개인에게 필요한 훈련과 전략이 무엇인가?
- 중재에 예상되는 지원 수준은 무엇인가?
- 최소 제한 환경은 무엇인가?

• 적절한 개별화교육프로그램을 문서화하는 데 기타 필요한 것은 무엇인가?

③ 수행사정

수행사정(performance assessment)은 학생 행동을 모의 환경이나 그보다 더 통제된 환경 혹은 계획된 맥락에서 평가하는 것을 의미한다(Rosenberg, O'Shea, & O'Shea, 2006). Meyer(1991)는 수행사정의 한 측면을 자연스러운 실제적인 것들이라고 설명하였다. 수행사정은 제시된 자극물, 복합적인 과제물, 수행을 위해 개발된 기준 등을 포함하는 실제와 같은 여러 가지 특징을 지닌 과제들로 기술하였다. 미국공학사정국(U.S.A. the Office of Technology Assessment[OTA], 1992)은 수행사정을 학생의 창작 혹은 지식의 구성, 학생이 아는 것을 실행하는 것으로 정의하였다. OTA는 〈표 4-5〉와 같이 여섯 가지 유형, 즉 구성-반응 항목, 글짓기와 작문 사정, 면접과 직접관찰, 전시, 실험, 포트폴리오의 수행사정과 그 예시들을 제시하였다. 이 예시들은 ① 동료로부터 비판을 받았을 때 적절하게 반응하도록 하는 역할놀이 상황, ② 학년 수준에 맞는 자료의 구두 읽기 상황, ③ 설정된 집단 활동에서 특정한 지시를 수행하는 상황, 그리고 ④ 연습지에 수학 문제를 푸는 상황에서 사정이 이루어지는 것을 보여 준다. 교사는 수행 성공의 기준을 사전에 결정하여야 한다. 그리고 수행 성취 기준을 학생에게 교수 이전이나 과정 중에 설명해 주어야 한다. 이는 피드백을 할 때 수행 내용에 대하여 토의 자료로 활용할 수 있다. 아울러 신뢰도와 타당도를 확보할 수 있는 평가 양식도 개발하여야 한다. 수행 중심 평가가 신뢰할 수 있고 효과적으로 이루어지기 위해서는 명확하고 논리적으로 구체적인 활동과 연계되어야 한다. 심지어 교사는 실제 상황을 활용할 수 없다고 하면, 실생활과 거의 비슷하거나 모의 상황이 학생의 수행사정 절차에 반영될 수 있도록 하여야 한다(Sarouphim, 1999).

표 4-5 수행사정의 기술과 예시

유형	기술	예
구성-반응 항목	학생이 자기 자신의 대답을 산출하거나 구성한다.	• 산수 계산 • 지리 탐색 • 그래프 그리기 • 짝짓기 • 정의하기 • 답지 구분 • 글짓기
글짓기와 작문 사정	학생의 쓰기 기술, 내용에 대한 이해와 지식을 평가한다.	• 읽기 촉진 혹은 질문에 대한 반응으로 직접 받아 쓰기
면접과 직접관찰	지식을 언어나 활동으로 나타낸다.	• 제시된 화제에 대한 구두 반응 혹은 토론 • 모의 상황에서 지도한 과제 수행/혹은 실제 상황에세 자발적으로 과제 수행 • 학생의 교과 활동 참여에서 자발적 대화 내용 관찰 • 작업표본 수집
전시	학생의 전반적 산출물, 발표물 혹은 다른 사람에게 보이는 수행 등을 나타낸다.	• 연주회(발표회) • 활동, 프로젝트, 발표 등을 수집 및 전시 • 토론회 • 개별적 혹은 집단별 경쟁 • 연극 발표 • 집단 프로젝트
실험	계획 과정, 수행 과정 그리고 실험 결과 보고서 작성을 나타낸다.	• 직접 조작적 기술 과제 • 팀워크나 개인 간 기술이 요구됨
포트폴리오	학생은 자신의 경험과 수행을 문서로 학습 프로파일을 작성하고 구성하는 작업 표본에 참여할 수 있다.	• 설계하기와 최종 결과물 산출 • 자기반성

출처: U.S.A. the Office of Technology Assessment (1992), pp. 201-249.

④ 포트폴리오 사정

포트폴리오 사정(portfolio assessment)은 학생이 새로운 기술과 개념 숙달을 획득하고 배우게 됨에 따라 교사가 학생의 진행 과정을 알 수 있고 검토할 수 있는 수행 표본들을 수집하는 데 도움이 된다. 교사는 학생이 이러한 수행 결과들을 문서화할 수 있는 포트폴리오 틀을 사용할 수 있다(Sarouphim, 1999). 원래 포트폴리오는 서류철, 노트북 혹은 학생들의 활동 결과물을 묶는 기타 다른 홀더라는 의미다. Paulson, Paulson과 Meyer(1991)는 포트폴리오 사정을 한 가지 혹은 여러 분야에서 학생의 노력, 진행, 성취를 나타내기 위해 학생 작품들에 대한 의도된 수집이라고 기술하였다. 그리고 학생이 내용 선정에 참여하여야 하며, 수집 과정에서 선정 및 장점을 판단하기 위한 기준과 자기반성(self-reflection)의 내용 등이 포함되어야 한다고 주장하였다.

어떤 유형의 정보를 담은 포트포리오로 결정할 것인가가 중요하다. 학생의 작품을 단순히 묶은 홀더는 포트폴리오 사정이라 할 수 없다. 어떤 유형의 작품을 포트폴리오에 담을 것인지, 그리고 작품이 IEP의 목적과 어떻게 관련되는지 등의 내용을 학생과 협의하여야 한다. 그러기 위해서는 교사가 포트폴리오의 목적을 명확하게 설정하고, 담을 내용의 유형을 정하며, 학생이 작업을 진행할 목적과 내용의 질을 결정할 표준을 설정하여야 한다(Paulson et al., 1991).

포트폴리오의 작품은 과정 포트폴리오(예: 쓰기, 범위 정하기, 보고서 작성 초안 등)나 결과 포트폴리오(예: 성적 혹은 교사의 평가를 받기 위해 제출하는 보고서)로 구분할 수 있다. 과정 포트폴리오는 학생의 학습과정에 대한 내용으로 구성되어 교수과정을 보여 주기 위한 것이고, 결과 포트폴리오는 학생의 작품을 보여 주기 위함이다. 포트폴리오는 대부분 교수가 마무리되는 시점에서 활용된다. 포트폴리오에 담긴 작품은 교사가 독립적으로 선정하거나 학생이 선정한 것일 수 있고, 교사들이 함께 선정할 수도 있다. 또는 교사와 학생이 협력하여 선정할 수도 있다.

포트폴리오는 학생이 자기평가 기술을 배우고 활용할 수 있도록 하기 때문에 포트폴리오 과정에서 학생의 독립적 사고를 증진시킬 수 있어야 한다. 그리고 포트폴리오는 직접적으로 교과 영역과 관련된 작품뿐만 아니라, 학생들이 교과 내용에서 학습한 내용이나 잘 수행한 결과에 대한 격려문 및 안내 문구 등도 포함할 수 있다. 그 밖에 다양한 영역의 내용이 포함될 것이다(Sarouphim, 1999).

한편 Venn(2004: 이승희, 2006에서 재인용)은 장애학생을 대상으로 사용할 때의 포트폴리오 사정의 장점을 다음과 같이 제시하였다.

첫째, 포트폴리오 내용은 융통성이 있으므로 학습 문제를 가지고 있는 학생에게 유익할 수 있다. 그 이유는 학생에게 창조적인 다양한 방법으로 학업 성취를 나타낼 수 있는 기회를 제공하기 때문이다. 또한 이러한 융통성으로 인해 검사나 전통적인 학습과제에서 낮은 수행을 보이는 학생에게 특히 도움이 될 수 있다. 예를 들어, 학생에게 검사를 실시하는 대신 그림, 오디오나 비디오 테이프, 행동도표 등을 통해 진전을 확인할 수 있다.

둘째, 포트폴리오는 학습활동을 개별화하는 데 도움이 되므로 교사는 학생의 개별적 요구에 맞추어 과제를 부여할 수 있다.

셋째, 포트폴리오는 자신의 관심 영역에 노력을 집중하게 함으로써 학생의 동기를 높인다.

넷째, 포트폴리오는 학생에게 새로운 기술로 옮겨 가기 전에 특정 기술에 능숙해지는 데 필요한 시간과 연습을 허용함으로써 학습 숙달을 촉진한다. 따라서 포트폴리오는 교사로 하여금 학생이 자신의 성취 수준에서 시작하고 자신의 진행을 스스로 조절하면서 진행하도록 학습환경을 조정할 수 있게 한다.

다섯째, 읽기나 쓰기에서 심각한 결함을 가진 학생을 위해서 포트폴리오는 읽기 및 쓰기 기술을 익히고 새로운 기술을 배우는 데 필요한 자신감을 발달시키는 이상적인 방법을 제공한다.

⑤ 교육과정 중심 평가

교육과정 중심 평가(curriculum-based assessment: CBA)는 학생을 지도하는 교육자가 구체적인 교육과정에서 학생의 수행에 대한 정보를 수집하기 위해 실시하는 것을 의미한다. Gickling, Shane과 Crosker(1989)는 CBA를 "현행 교과 내용에서 가능한 한 효과적이고 효율적으로 교수를 하기 위해 학생의 수행과정상의 교수적 요구를 결정하는 체제다."라고 정의하였다. 따라서 CBA는 교육과정 내에서의 특정한 활동과 대상에서 학생의 프로그램에 대한 정확한 수행에 대하여 평가를 하게 된다. CBA의 구체적 교육과정은 특정 교과나 직업 교육과정이 될 수 있다. CBA는 표준화된 평가에서 실제 일상생활이나 상황에서 학생의 수행과정에 대한 평가를 충분히 할 수 없다는 단점을 보완하기 위한 방법으로 사용된다. 또한 성취하여야 할 내용이나 기술에 대한 분석을 하고, 이를 통해 더 작은 단위의 교육과정 과제나 목표로 접근하기도 한다. 이러한 이유로 CBA는 교수적 계획을 위한 자료를 수집하기 위해 과제분석, 작업 표본 분석, 포트폴리오 평가, 준거-참조 평가를 활용하기도 한다. CBA는 국가에서 실시하는 운전면허 시험과 비슷한 체제를 가지고 있다. 운전면허 교육과정은 모든 응시생이 같은 내용을 학습하고 그 내용에 따라 평가한다. 한 범위의 시험을 치르도록 구성되어 있기 때문이다. 또한 모든 운전자가 국가에서 요구하는 운전 규칙의 범위를 따라야 하기 때문이다(Test, Appel, & Everson, 2006; Flexer et al., 2008).

CBA는 학생이 현재 수업받고 있는 현행 교육과정에 근거하여 평가한다. 일반학교에 통합되어 있는 학생이라고 하면 정규 교육과정에 따른 학생의 각 교과에 대한 진행 과정과 교수적 요구 또는 수행 수준을 확인할 필요가 있다. 이는 현행 국가 수준의 국민공통기본교육과정이나 기본교육과정 각 교과목의 교과별 성취 목표들이 평가의 기준이 될 수 있을 것이다. 그리고 장애학생의 교과에 대한 성취 수준에 따라 수정된 목표들도 기준이 될 수 있다.

CBA를 통해 개인이 도달해야 하는 수준이나 기준을 확인할 수도 있다. 교과나 직업 프로그램에서 성공적이라고 할 수 있는 학생의 이수 수준의 정도, 시간, 보조해야 하는 지원 수준, 적절한 교수 수준 그리고 필요한 시간의 길이 등이 정해질 수 있다. 또한 구체적 영역에서 특정한 장애학생이 왜 어려움을 갖게 되는지 원인을 확인할 수도 있다.

Flexer 등(2008)은 통합교육에서의 CBA도 중요하지만, 장애학생의 요구가 일반 교육과정에 실질적으로 잘 맞지 않을 경우 교육평가 팀은 진로나 기술교육 혹은 직업훈련 등 취업 수준에 맞는 기술을 익히기 위한 교육과정 중심 직업평가(curriculum-bases vocation assessment: CBVA)로 전환할 수 있다고 제안하였다. CBA와 비슷한 CBVA는 현재 교과에서 학생들의 수행과정에 근거한 진로 개발과 직업적 요구를 결정하기 위한 과정이다(Ianacone & Leconete, 1986). 따라서 CBVA는 학급에서 교사가 자신의 교육과정에 따라 개발하여 실시하는 수행 중심 절차(performance-based procedures)를 활용한다. 그리고 이것은 직업적 교육을 필요로 하는 학생의 교수과정에 대하여 교사가 질문하고 대답하는 지속적인 과정(혹은 평가-지도를 반복하는 과정)이다. CBVA는 교사가 학생에 대하여 현재 보유하고 있는 전반적인 자료의 검토와 관찰을 통해 직업 관련 정보를 모으는 일에서 출발한다. 평가에서 학생이 학급이나 자연적 상황에서 도구를 사용하고 작업하는 방법과 학생이 할 수 있는 것과 흥미를 갖는 것들을 관찰하고 기록한다. 흥미나 태도 척도 등 그 외 다른 평가 방법들이 평가과정의 일부로 도입되기도 한다. 또한 CBVA는 전반적인 직업평가나 형식적 평가의 일부이거나 보충 자료로 활용할 수 있다. 이와 같이 수집된 CBVA 정보는 학급에서 직업교과의 교수 목표를 구체화하는 데 활용될 수 있다(Pierangelo & Giuliani, 2004).

연 구 문 제

1. 진단 및 평가의 의미와 목적을 알아봅시다.
2. 진단 및 평가의 절차와 각 단계별 과정에 대하여 논의해 봅시다.
3. 여러 가지 평가 유형과 적절한 도구를 살펴봅시다.

참고문헌

곽금주, 오상우, 김청택(2011). 한국 웩슬러 아동 지능검사(K-WISC-Ⅳ). 서울: 학지사.

김승국(1990). 적응행동검사. 서울: 중앙적성출판사.

김승국, 김옥기(1985). 사회성숙도검사. 서울: 중앙적성출판사.

김재은(1967). 인물화에 의한 지능검사. 서울: 배영사.

김재은, 김동극, 여광응(1973). 인물화에 의한 간편지능검사. 서울: 교육과학사.

문수백(2014). 한국 카우프만 아동용 지능검사(KABC-II). 서울: 학지사.

박경숙, 정동영, 정인숙(2002). KISE 한국형 개인지능검사(KISE-KIT). 서울: 교육과학사.

박승희, 신현기 역 (1994). 정신지체 정의, 분류, 지원의 체계. 서울: 교육과학사.

박승희, 김수연, 장혜성, 나수현 역(2011). 지적장애: 정의, 분류, 및 지원체계. 서울: 교육과학사.

백은희, 이병인, 조수제(2007). 한국판 적응행동검사(K-SIB-R). 서울: 학지사.

신희선, 한경자, 오가실, 오진주, 하미나(2002). 한국형 Denver Ⅱ. 서울: 현문사.

이승희(2006). 특수교육평가. 서울: 학지사.

전병운, 조광순, 이기현, 이은상, 임재택(2004). 한국판 DIAL-3. 서울: 도서출판 특수교육.

정인숙, 강영택, 김계옥, 박경숙, 정동영(2003). KISE 적응행동검사(KISE-SAB). 아산: 국립특수교육원.

Anastasi, A., & Urbina, S. (1997). *Psychological testing* (7th ed.) Upper Saddle River, NJ: Merrill/Prentice Hall.

Beirne-Smith, M., Patton, J. R., & Kim, S. H. (2006). *Mental retardation: An introduction to intellectual disabilities*. Columbus, OH: Pearson Merrill Prectice Hall.

Borkowski, J. G., Chan, L. K. S., & Muthukrishana, N. (2000). A process-oriented model of metacognition: Links between motivation and executive functioning. In G. Schraw & J. C. Impara (Eds.), *Issues in the measurement of metacognition* (pp. 1-41). Lincoln, NE: Buros Institute of Mental Measurements.

Borkowski, J. G., Carothers, S. S., Howard, K., Schatz, J., & Farris, J. R. (2009). Intellectual assessment and intellectual disability. In J. W. Jacobson, J. A. Mulick, & J. Rojahn (Eds.), *Handbook of intellectual and developmental disabilities* (pp. 261-274). New York: Springer.

Borkowski, J. G., & Muthukrishna, N. (1995). Learning environments and skill generalization: How contexts facilitate regulatory processes and efficacy beliefs. In F. E. Weinert & W. Schneider (Eds.), *Memory performance and competencies: Isuues in growth and development* (pp. 283-300). Mahwah, NJ: Erlbaum.

Bryant, B. R., (1997). Intelligence testing. In R. L. Taylor (Ed.), *Assessment of individuals with mental retardation* (pp. 13-32). San Diego: Singular.

Carr, E. G., Horner, R. H., Turnbull, A. P., Marguis, J. G., McLaughlin, D. M., et al. (1999). *Positive behavior support for people with developmental disabilities: A research synthesis.* Washington, DC: American Association on Mental Retardation.

Carroll, J. B. (1993). *Human cognitive abilities: A survey of factor analytic studies.* New York: Cambridge University Press.

Chen, J. Q., & Gardner, H. (1997). Alternative assessment from a multiple intelligences the oretical perspective. In D. P. Flanagan, J. L. Genshaft, & P. L. Harrison (Eds.), *Contemporary intellectual assessment: Theories, tests, and issues* (pp. 105-121). New York: Guilford Press.

Cooper, C. (1999). *Intelligence and abilities* (pp. 39-65). New York: Routledge.

Demchak, M., & Drinkwater, S. (1998). Assessing adaptive behavior. In H. B. Vance (Ed.), *Psychological assessment of children: Best practices for school and clinical settings.* New York: John Wiley.

Doll, E. A. (1965). *Vineland Social Maturity Scale.* Cirle Pines, MN: American Guidance Service.

Durand, V. M., & Crimmins, D. B. (1988). Identifying variables maintaining self-injurious behavior. *Journal of Autism and Developmental Disorders, 18,* 99-117.

Flexer, R. W., Baer, R. M., Luft, P., & Simmons, T. J. (2008). *Transition Planning for Secondary Students with Disabilities.* New Jersey Columbus, OH: Pearson Merrill

Prentice Hall.

Frankenburg, W. K., Dodds, J., Archer, P., Bresnick, B., Maschka, P., Edelman, N., & Shapiro, M. (1990). *Denver Developmental Screening Test-II*. Denver, CO: Denver Developmental Materials.

Gardner, H. (1993). *Multiple intelligences: The theory in practice*. New York: Basic Books.

Gardner, H. (1997). Multiple approaches to understanding. In C. M. Reigeluth (Ed.), *Instructional-design design theories and models: Vol. II. A new paradigm of instructional theory* (pp. 69-89). Mahwah, NJ: Erlbaum.

Gickling, E. E., Shane, R. L., & Crosker, K. M. (1989). Assuring math success for low-achieving high school students through curriculum-based assessment. *School Psychology Review, 18*, 344-355.

Goodenough, F. L. (1963). *Goodenough-Harris Drawing Test*. New York: Harcourt, Brace & World, Inc.

Greenspan, S. (1979). Social intelligence in the retarded. In N. R. Ellis (Ed.), *Handbook of mental deficiency, psychological theory and research* (pp. 483-531).

Greenspan, S. (1999). A contextualist perspective on adaptive behavior. In R. L. Schalock (Ed.), *Adaptive behavior and its measurement: Implications for the field of mental retardation* (pp. 61-80). Washington, DC: Americal Association on Mental Retardation.

Greenspan, S., & Driscoll, J. (1997). The role of intelligence in a broad model of personal competence. In D. P. Flanagan, J. L. Genshaft, & P. L. Harrison (Eds.), *Contemporary intellectual assessment: Thories, tests, and issues* (pp. 131-150). New York: Guilford Press.

Greenspan, S., Switzky, H., & Granfield, J. (1996). Everyday intelligence and adaptive behavior: A theoretical framework. In J. Jacobson & J. Mulick (Eds.), *Manual on diagnosis and professional practice in mental retardation* (pp. 127-135). Washington, DC: American Psychological Association.

Grossman, H. (Ed.). (1983). *Classification in mental retardation*. Washington, DC: American Association on Mental Deficiency.

Harrison, P. L. (1987). Research with adaptive behavior scales. *Journal of Special Education, 21*, 37-68.

Horner, R. H. (2000). Positive behavior supports. In M. L. Wehmeyer & J. R. Patton (Eds.), *Mental retardation in the 21st century* (pp. 181-196). Austin, TX: Pro-Ed.

Ianacone, R. N., & Leconte, P. J. (1986). Curriculum-based vocational assessment: A viable response to a school based service delivery issue. *Career Development for Exceptional Individuals, 9*, 113-120.

Jacobson, J. W., & Mulick, J. A. (1996). *Manual of diagnosis and professional practice in mental retardation.* Washington, DC: American Psycological Association.

King-Sears, M. E. (1994). *Curriculum-based assessment in special education.* San Diego, CA: Singular.

Lambert, N., & Windmiller, M. (1981). *AAMD Adaptive Behavior Scale-School Edition.* Washington, DC: American Association on Mental Deficiency.

Leffert, J. S., & Siperstein, G. N. (2002). Social cognition: A key to understanding adaptive behavior in individuals with mild mental retardation. In L. Glidden (Ed.), *International review of research in mental retardation* (pp. 135-181). San Diego, CA: Academic Press/Elsevier.

Leland, H. (1991). Adaptive behavior scales. In J. L. Matson & J. A. Mulick (Eds.), *Handbook of mental retardation* (pp. 211-221). New York: Pergamon Press.

Luftig, R. L. (1987). *Teaching the mentally retarded student curriculum, methods, and strategies.* Boston, MA: Allyn and Bacon.

Luckasson, R., Borthwick-Duffy, S., Buntinx, W., Coulter, D., Craig, E., Reeve, A., Schalock, R., Snell, M., Spitalink, D., Spreat, S., & Tasse, M. (2002). *Mental retardation: Definition, classification, and systems of supports* (10th ed.). Washington, DC: American Association on Mental Retardation.

Mardell-Czudnowski, C., & Goldenberg, D. (1998). Developmental Indicators for the Assessment of Learning (3rd ed.). *Peabody Individual Achievement Test-Revised/ Normative Update.* Circle Pines, MN: American Guidance Service.

Meyer, C. A. (1992). What's the difference between authentic and performance assessment? *Educational Leadership, 48*(8), 39-40.

National Research Council (2002). *Mental retardation: Determining eligibility for social security benefits.* Committee on Disability Determination for Mental Retardation, Division of Behavioral and Social Sciences and Education, D. J. Reschly, T. G. Meyers, & C. R. Hartel editors. Washington, DC: National Academy Press.

Paulson, F. L., Paulson, P. R., & Meyer, C. A. (1991). What makes a portfolio a portfolio? *Educational Leadership, 48*(5), 60-64.

Pierangelo, R., & Giuliani, G. (2004). *Transition services in special education: A practical approach.* Boston, MA: Pearson A and B.

Pressley, M., Borkowski, J. G., & Schneider, W. (1990). Good information processing: What it is and how education can promote it. *International Journal of Educational Research, 2*, 857-867.

Puustinen, M., & Pulkkinen, L. (2001). Models of self-regulated learning. *A review Scandinavian Journal of Educational Research*, *45*, 269-286.

Rosenberg, M. S., O'Shea, L. J., & O'Shea, D. J. (2006). *Student teacher to master teacher: A practical guide for educating students with special needs* (4th ed.). Upper Saddle River, NJ: Merrill/Prentice Hall.

Salvia, J., Yasseldyke, J. E., & Bolt, S. (2007). *Assessment in special and inclusive education* (10th ed.). Boston, MS: Houghton Mifflin.

Sarouphim, K. M. (1999). Discovering multiple intelligences through a performance-based assessment: Consistency with independent ratings. *Exceptional Children, 65*, 151-161.

Schmidt, M., & Salvia, J. A. (1984). Adaptive behavior: A conceptual analysis. *Diagnostique, 9*(2), 117-125.

Spearman, C. E. (1927). *The abilities ofman.* New York: Macmillan.

Sternberg, R. J. (1998). *The triarchic mind: A new theory of human intelligence.* New York: Viking.

Sternberg, R. J. (1999). A triarchic approach to the unterstanding and assessment of intelligence in multicultural populations. *Journal of School Psychology, 37*, 145-159.

Sternberg, R. J., Castejon, J. L., Prieto, M. D., Hautamaki, J., & Grigorenko, E. L. (2001). Confirmatory factor analysis of the Sternberg Triarchic Abilities Test in three international samples. *European Journal of Psychological Assessment, 17*, 1-16.

Sternberg, R. J. (1988). *The triarchic mind: A new theory of human intelligence.* New York: Penguin.

Test, D. W., Appel, N. P., & Everson, J. M. (2006). *Transition methods for youth with disabilities.* New Jersey: Pearson Merrill Prentice Hall.

Thurstone, L. L. (1938). Primary mental abilities. *Psychometric Monographs*, No, 1.

Torff, B., & Gardner, H. (1999). The vertical mind: The case for multiple intelligences. In M. Anderson (Ed.), *The development of intelligence* (pp. 139-159). East Sussex, UK: Psychology Press.

U.S.A. the Office of Technology Assessment (1992). Performance assessment: Methods and characteristics. In *Testing in American schools: Asking the right questions* (OTA SET-519, pp. 201-249). Washington, DC: Government Printing Office.

Venn, J. J. (2004). *Assessing students with special needs* (3rd ed.) Upper Saddle River, NJ: Prentice-Hall.

Wechsler, D. (2004). *Wechsler Intelligence Scale for Children, Fourth Edition-Intergrated: Technical and interpretive manual.* San Antonio, TX: Psychological Corporation.

Widaman, K. F., Borthwick-Duffy, S. A., & Lille, T. D. (1991). The structure and development of adaptive behaviors. In N. W. Bray (Ed.), *International review of research in mental retardation* (Vol. 17, pp. 1-54). San Diego, CA: Academic Press.

Widaman, K. F., & McGrew, K. S. (1996). The structure of adaptive behavior. In J. W. Jacobson & J. A. Mulick (Eds.), *Manual of diagnosis and professional practice in mental retardation* (pp. 97-110). Washington, DC: American Psychological Association.

제 5 장

지적장애 학생의 개별화교육계획

학습목표

1. 개별화 교육의 기본 이론을 이해한다.
2. 개별화 교육과 관련된 법규를 이해한다.
3. IEP 작성에 필요한 요소들을 알고 작성해 본다.

장애아동의 제한된 능력을 최대한 신장 · 계발하여 삶의 질을 제고하기 위해서는 그들의 개인적 요구와 필요에 따른 교육을 제공할 필요가 있다. 이러한 장애아동의 독특한 교육적 요구에 부응한 교육을 제공하기 위하여 특수교육에서 장애아동에 대한 '적절한 교육'의 보장이 크게 부각되었다. 개별화교육계획은 장애아동 개개인의 특별한 요구에 알맞은 교육과 관련 서비스를 결정하고, 그것을 문서화하여 실행하는 것을 의미한다. 우리나라 「장애인 등에 대한 특수교육법」에서는 개별화 교육 실시를 명문화하고 있다.

이 장에서는 개별화 교육의 기본이념과 관련 법규를 살펴보고, 실제 개별화교육계획을 작성하기 위한 구성요소를 논의한다. 그리고 개별화 교육의 구체적인 작성방법을 살펴보고자 한다.

1. 개별화 교육의 기본 이념

미국의 교육학자인 Green(1982)에 따르면, 미국의 역사에서 학교 교육체제는 '평등의 원리(the equal principle)'와 '최적의 원리(the best principle)' 사이를 반복적으로 왕래해 왔다. Green은 그러나 최근 모든 아동에게 동일한 교육내용을 제공해야 한다는 평등의 원리는 시간이 흐름에 따라 개인차의 문제를 심각하게 드러내는 결과를 초래하였고, 이에 따라 최적의 원리가 힘을 얻게 되었다고 하였다. 즉, 개인차에 적합한 교육내용을 제시해야 한다는 최적의 원리가 평등의 원리보다 호소력을 지니고 있다는 것이다. Strickland와 Turnbull(1993)도 아동의 능력에 부응한 적절한 교육이란 각 아동의 능력을 기반으로 한 학습 목표를 설정하되, 학습자의 학습률이나 학습 속도에 맞추어 그 목표에 계속적으로 접근할 수 있게 하는 것이라고 하였다.

인간의 존엄성을 추구하는 가치는 아동의 개인차를 인정하고 중시하는 것이다. 개인차가 있는 모든 아동이 차별 없이 동등하게 인간적 가치와 존엄성을 인정받는 것이라면, 장애아동의 발달을 위한 '독특한 요구(unique needs)'는 발달권 보장이라는 차원에서 개별적 요구에 따라 확보해 가야 한다는 것은 당연한 권리다. 결국 이러한 권리 보장은 개인 아동에게 적합한 개별화 교육이 실시되어야 함을 시사하는 것으로써, 이제 개별화 교육은 적절한 교육을 보장하기 위한 하나의 당위로서 인식되고 확립되어 가야 하는 것이다.

2. 개별화교육계획의 관련 법규

미국의 경우 개별화교육계획(Individualized Education Plan: IEP)에 대한 관련 근거는 장애아동교육법인 「전장애아교육법(Education for All Handicapped Act:

EAHA)」과 「장애인교육법(Individuals with Disabilities Education Act: IDEA)에서 찾을 수 있다. 이 법은 특별한 요구를 가진 아동 및 청소년이 특수교육 및 관련 서비스를 포함한 무상의 적절한 공교육을 받는 것을 보장하기 위해 IEP 개발을 의무화하고 있다. 또한 이 법들에서는 비밀 유지와 공정한 평가에 관한 많은 절차상의 보호 조항을 규정하고 있다(Hayes & Higgins, 1978). 나아가 IDEA는 장애 아동 · 청소년 및 부모의 권리를 보장하고, 장애아동에 대한 서비스 제공과 서비스 평가에서 주 정부와 지방 정부를 지원할 뿐만 아니라 프로그램의 효과를 보장하도록 하고 있다(American Speech-Language Hearing Association, 1994).

이 법에서는 IEP가 아동의 개별 요구에 기초하여야 하고, 아동에게 제공될 목표와 서비스를 포함한 교육 프로그램을 기술하도록 하고 있다. 또한 IEP에는 16세 이상의 아동을 대상(1997년 개정된 IDEA에서는 전환교육 대상을 14세로 하향 조정하였음)으로 직업훈련, 중등학교 이후의 교육, 독립적인 지역사회의 생활에 적응할 수 있도록 준비시키기 위해 어떤 '전환 서비스(transition service)'가 이용될 수 있는지를 첨부하도록 하고 있다(American Speech-Language Hearing Association, 1994).

또한 장애아동에 대해 교육적 결정을 내려야 하는 전문가와 부모의 교육적 결정과 책무성에 대한 공평성을 보장하기 위한 합당한 절차를 밟아야 하며, 부모가 자녀의 교육 기록과 정보를 받을 수 있는 것과 교육정책 입안에 참여하는 것을 기본정신으로 한다.

우리나라의 관련 법에서도 IEP에 대하여 다음과 같이 제시하고 있다.

「장애인 등에 대한 특수교육법 시행규칙」 제4조(개별화교육지원팀의 구성) ① 각급 학교의 장은 법 제22조 제1항에 따라 매 학년의 시작일부터 2주 이내에 각각의 특수교육대상자에 대한 개별화교육지원팀을 구성하여야 한다. ② 개별화교육지원팀은 매 학기의 시작일부터 30일 이내에 개별화교육계획을 작성하여야 한다. ③ 개별화교육계획에는 특수교육 대상자의 인적사항과 특별한 교육지원이 필요한 영역의 현재 학습수행 수준, 교육목표, 교육내용, 교육방법, 평가계획 및 제공할 특수교육 관련 서비스의 내용과 방법 등이 포함되어야 한다. ④ 각급 학교의 장은 매 학기마다 개별화교육계획에 따른 각각의 특수교육대상자의 학업성취도 평가를 실시하고, 그 결과를 특수교육 대상자 또는 그 보호자에게 통보하여야 한다.

그리고 개별화교육과 관련된 내용으로 「장애인 등에 대한 특수교육법」 제4조(차별의 금지) 제2항에서 "국가, 지방자치단체, 각급 학교의 장 또는 대학의 장은 특수교육대상자 및 보호자가 개별화교육지원팀의 참여 등 보호자 참여에서의 차별을 하여서는 아니 된다."라고 하였고, 「장애인 등에 대한 특수교육법 시행령」 제11조(특수교육 대상자의 학교 배치 등) 제3항에서 "각급 학교의 장은 특수교육 대상자에 대한 교육지원의 내용을 추가 · 변경 또는 종료하거나 특수교육 대상자를 재배치할 필요가 있으면 법 제22조 제1항에 따른 개별화교육지원팀의 검토를 거쳐 교육감에게 그 특수교육 대상자의 진단 · 평가 및 재배치를 요구할 수 있다."라고 규정하고 있다.

3. 개별화교육계획의 작성과 실행

장애아동의 제한된 능력을 최대한 계발 · 신장하여 삶의 질을 제고하기 위해서는 그들의 개인적 요구와 필요에 따른 최적의 프로그램을 마련하여 제공할 필요가 있다. 이러한 맥락에서 우리나라에서도 장애아동의 개인적 요구와 필요에 따라 개별화 교육의 중요성을 인식하고 개별화 교육의 실시를 법제화하고 있어 이제는 선택 사항인 아닌 의무적 교육활동으로 바뀌게 되었다.

하지만 우리는 아직 개별화 교육의 본질에 대한 공통된 이해가 부족할 뿐만 아니라 우리 실정에 적합한 개별화 교육이 제대로 뿌리내리지 못하고 있어 교육 현장으로부터 외면당하고 있으며, 또한 개별화 교육이 성립되기까지의 역사적 과정이나 배경에 대한 총체적 이해 없이 그저 결과물만을 받아들이고 있는 실정이다. 여기서는 IEP의 구안과 작성 실제의 요소를 살펴보고자 한다.

1) 개별화교육계획의 기본 방향

특수학교나 특수학급은 다양한 장애 유형과 학습 특성을 지닌 아동들을 교육해야 하기 때문에 학교 교육과정이 세분되어야 하며, 운영 면에서도 다양한 형태를 취하여야 한다. 이미 학교 현장에서는 이러한 점을 감안하여 아동의 능력과 필요에 근거하여 교육을 시도하고 있지만, 여러 가지 현실적 문제로 교육의 공적 책임을 다하기에는 미흡하다고 볼 수 있다. 따라서 개별화 교육에 필요한 제반 요소들을 포함할 뿐만 아니라 학교 현장에서 실제적으로 적용 가능한 IEP를 작성하여야 한다.

이러한 점에서 우리의 교육환경에 가장 적절하고 활용 가능한 IEP를 작성하는 데 고려해야 할 기본적인 사항을 제시하면 다음과 같다.

- 선행 연구된 여러 관련 이론과 실천 사례를 탐색하여 우리 실정에 적합한 IEP를 창의적으로 작성하도록 한다.
- IEP는 관련 법적 규정들에 근거하여 작성하도록 한다.
- 현재의 교육 여건을 감안하여 교사가 심리적 · 시간적으로 큰 부담을 느끼지 않는 범위에서 수립 · 실천할 수 있도록 작성한다.
- 학교 수준의 교육과정과 연계하여 지도할 수 있도록 작성한다.
- 장애 유형별로 통합하여 적용할 수 있도록 작성한다.
- 실제 수업 시간에 활용할 수 있도록 지도안과 통합된 모형을 개발한다.

• 현재 학교에서 사용하고 있는 제 양식들을 최대한 활용할 수 있도록 작성한다.

2) 개별화교육계획 작성의 실제

장애아동을 위한 IEP의 수립은 결코 쉬운 일이 아니다. 따라서 아동의 장애 상태에 대한 이해는 물론 교육이 행해지는 제반 영역에 대한 충분한 지식을 갖추고 있어야 한다. 먼저 IEP를 수립하기 위해서는 프로그램의 구성 요소를 알아야 하며, 이 요소들에 대한 이해에 기초하여 일련의 체계적 접근 절차를 밟아야 한다.

IEP를 수립하기 위해서는 가장 먼저 아동에 대한 객관적이고 정확한 평가가 이루어져야 한다. 이를 위해서는 전 학년도의 아동 교육에 중심적 역할을 해 온 담임교사와 새 학기에 아동을 담당할 교사가 협력하여 프로그램을 작성해야 한다. 그리고 아동의 교육을 담당할 관련된 교사와 협의를 거쳐야 하며, 특히 학교교육과 가정교육의 연계와 부모의 적극적 참여를 위하여 부모에게 의견을 제시할 수 있는 기회를 반드시 주어야 한다.

그러고 나서 평가 결과에 나타난 아동의 교육적 요구에 맞게 장기 교육목표를 선정하고, 이를 달성하기 위한 단기 교육목표를 구체화해야 한다. 또한 교육목표 달성에 필요한 특수교육 및 관련 교육 활동을 선정해야 한다. 개별화 교육 수행에 대한 평가를 하고, 이에 기초해서 계획을 수정하여 다시 작성하는 절차를 거친다.

(1) 개별화 교육 의뢰서 작성

의뢰 단계는 아동이 특수교육을 받을 필요가 있음을 확인하기 위한 첫 단계다. 일반학급 교사, 부모 혹은 그 밖의 사람에 의해서도 의뢰가 이루어질 수 있으며, 그중 학교에서의 많은 시간을 아동과 대하는 교사가 가장 주도적이고 중요한 역할을 하게 된다(이소현, 박은혜, 2001).

미국의 경우 의뢰 절차에 대한 법적 규정은 없으나, 각 지역 교육구나 각급 학교별로 의뢰 절차를 규정하고 있다.

(2) 특수교육 대상 아동의 진단 및 평가

일단 아동이 특수교육적 조치를 받을 필요가 있다는 의뢰가 있거나 교육감으로부터 특수교육 대상자를 선정 · 배치받은 다음에는 아동에 대한 진단 및 평가를 실시하여야 한다. 교육계획 수립을 위한 진단 · 평가 시에는 아동의 강점과 약점 등 전반적 상황을 알아보기 위해 표준화 검사와 기타 검사를 실시하고, 검사자가 검사 결과와 검사 과정에서 느낀 소견을 적어 아동의 교육적 배치나 교육계획의 작성에 참고하도록 한다.

그리고 아동의 전 담임과 부모의 협조를 얻어 아동에 대한 전반적 특성(생육력이나 병력에 대한 기록, 또래관계, 가정환경, 부모와 담임교사의 행동관찰에 의한 기록)에 대한 내용도 기록한다. 그다음에 담임교사의 의견과 부모의 요구를 기록하고, 최종적으로 운영위원회의 협의를 거쳐 전체적인 교육계획의 방향을 정한다.

현재 특수학교나 특수학급에서 이용 가능한 각종 검사도구 및 자료는 다음과 같으며, 보다 상세한 내용은 각종 검사에 대한 정보를 참고하여야 한다.

표 5-1 각종 검사도구

표준화된 검사	기타 검사	아동 관련 자료
• 지능검사 −인물화에 의한 간편지능검사 −한국웩슬러지능검사 (K-WISE-IV) −한국카프우만검사(K-ABC) • 사회 적응능력 검사 −사회성숙도검사 −적응행동검사(K-ABS) −적응행동검사(KNISE)	• 심리언어능력검사(ITPA) • 발달척도검사(KISE) • 교육진단검사(PEP) • 국립특수교육원 기초학력검사(KISE-BAAT)	• 학업성취 관련 자료(전학년도 학업성취 기록, 전학년도 관찰기록부, 아동발달기록부, 학부모 면담자료 등) • 아동의 능력을 평가하기 위한 검목표

이때 주의해야 할 점은 표준화 검사 결과를 참조할 때 검사 결과(예, 지능지수)만을 고려할 것이 아니라 검사 과정에서 발견되는 아동의 문제해결 특성에 주의를 기울여야 하며, 전체적인 결과보다는 하위 영역별 점수에 초점을 두어 그 결과를 아동의 교육목표 설정에 참조하여야 한다. 예를 들어, 적응행동 검사 결과를 아동의 전체적인 진단 프로파일 결과에 초점을 둘 것이 아니라 영역별 프로파일의 결과를 이용하여 아동의 교육목표를 설정하는 데 도움을 줄 수 있어야 한다.

(3) 현재 수행 수준 파악

아동의 현재 수행 수준을 정확하게 파악하는 것은 교육목표 설정과 교육 실행을 위한 기초 정보가 된다. 이러한 수행 수준의 파악은 주로 교육과정 과제분석표에 기초한 평가를 통해 각 교과 또는 영역에 대한 정확한 학업 성취 수준을 파악할 수 있다. 그리고 형식적 · 비형식적 사정, 행동 특성의 기술, 그리고 체크리스트나 연속적인 기술 목록 등을 통하여 교육적 지원이 요구되는 우선 영역, 예컨대 각 아동에 대하여 국어, 수학 및 그 밖의 학문적 기술, 의사소통 기술, 직업적 능력과 요구, 행동상의 패턴, 자조기술 그리고 운동근육 기술 영역들을 파악하도록 한다. 이렇게 파악된 아동의 현재 성취 수준에 대한 진술은 아동의 강점 · 약점이 모두 기술되어야 하고, 내용 면에서 포괄적이어야 한다. 즉, 신체적 · 의학적 · 감각운동적 기능뿐만 아니라 각 교과 영역의 수행 수준에 대해서도 진술되어야 한다.

일반적으로 현재 수행 수준에 대한 문장의 진술은 그 대상 아동이 할 수 있는 것들을 중심으로 긍정적으로 기술해야 한다. 예를 들어, "대상 아동은 시간표 내용의 절반을 알지 못한다." 보다는 "대상 아동은 시간표 내용의 50%를 확인할 수 있다."가 보다 긍정적인 표현이라고 할 수 있다.

참고로 Strickland와 Turnbull(1993)이 제시한 현행 수준의 작성 요령 및 기준을 보면 다음과 같다.

- IEP의 다른 요소들과 적절한 직접적 관계가 있어야 한다.
- 결점뿐만 아니라 강점을 보는 긍정적 관점에서 서술한다.
- 명확하고 간결하게 서술한다.
- IEP를 작성하는 시점에서의 현재 능력의 기록이어야 한다.

(4) 장단기 교육목표의 설정

아동의 수행능력 수준의 평가에 기초하여 연간 교육목표와 단기 교육목표를 구체화하게 된다. 이렇게 결정된 교육목표는 아동을 지도하는 과정에서 항상 수정될 수 있도록 유연성을 가져야 한다.

① 장기목표(연간목표)의 설정

연간목표는 1년 동안 이루어져야 할 교육목표를 말한다. 각 아동에 대한 연간목표는 독특한 요구를 충족시키고 능력에 맞도록 개별적으로 결정되어야 한다. 그러나 1년 후의 성취 정도를 정확하게 예견하기란 어려우므로 아동의 생활연령, 예상되는 학습 속도, 아동의 과거 성취 정도, 현행 수준, 목표의 현실성, 우선순위, 할애될 수 있는 수업 시간 등을 고려하여 합리적이고 적절하게 연간목표를 설정하도록 한다.

연간목표는 학교 교육과정에서 제시하고 있는 교과 영역별로 제시하여야만 교육과정 운영에 효율적으로 대처할 수 있으므로 교과 영역별로 기술하고, 포괄적이고 체계적으로 진술되어야 한다. 그래야만 단기 및 세부 목표를 효과적으로 설정할 수 있다. 그러나 아동의 장애 정도가 심하여 교과 영역별로 구분하여 목표를 정하기 어려운 경우에는 인지, 정서, 운동 영역으로 나누어 목표를 정할 수도 있다.

이러한 연간목표는 다음과 같은 우선순위를 고려하여 정하는 것이 바람직하다.

- 아동이 주변 환경에서 사용할 수 있는 것인가?

- 기능적이며, 실제로 유용할 것인가?
- 아동이 자주 사용하게 될 것인가?
- 아동이 해당 기능을 학습하는 데 흥미를 가질 수 있는 것인가?
- 해당 기능을 성공적으로 교수할 수 있는 것인가?
- 보다 복잡한 기능의 학습에 필요한 것인가?
- 해당 기능을 학습하면 자립성이 향상될 수 있는가?
- 해당 기능을 습득하게 되면 제한성이 보다 적은 학습 환경으로 이동할 수 있는 것인가?
- 아동 자신 또는 타인에게 위험한 행동이므로 수정할 필요가 있는 것인가?

연간목표의 진술은 측정 가능하고, 긍정적이며, 아동과 관련이 깊은 적절한 것으로 선정되어야 한다. '측정 가능한' 목표는 평가의 기초를 마련해 준다. 교육목표의 진술은 '안다, 이해하다'와 같이 평가와 관찰자의 합의를 혼동하게 하는 모호하고 일반적인 언어보다는 '발음하다, 쓰다'처럼 행동을 나타내며, 따라서 조작적으로 정의될 수 있는 용어를 사용해야 한다. '긍정적'인 목표는 적절한 교수의 방향을 제시해 준다. 부정적 용어를 피함으로써 아동의 진보를 도표로 만드는 데뿐만 아니라 부모와의 의사소통에도 도움이 되는 분위기를 창출하게 된다.

그리고 연간목표는 '아동 중심'으로 기술되어야 한다. 아동의 기술을 개발하는 것이 목적이며, 효과성에 대한 유일한 척도는 '무엇을 가르쳤느냐?'보다는 '무엇이 학습되었느냐?'가 되어야 한다. 마지막으로 목표는 개개인의 실제 요구와 관련 있는 적절한 것이어야 한다. 불행하게도 앞에서 나타난 것처럼, IEP의 연간목표가 가끔 이 준거를 만족시키지 못하고 있음이 연구에서 지적되고 있다.

일반적으로 연간 교육목표는 교육계획 및 프로그램 개발의 장기적인 방향을 제시해 주는 것으로서, 교육목표를 설정할 때에는 각 교과나 영역을 가능한 모두 포함시켜 다양한 학습 경험을 하도록 하여야 한다(기능중심 또는 통합교과). 그러나 아동의 우선적 요구와 학습능력, 교수에 걸리는 시간 등을 고려하여 목표 범위를 융통성 있게 정하여야 한다.

② 단기목표의 설정

연간목표가 설정되면, 그 목표를 달성하기 위하여 이를 과제분석(task analysis)하여 단기목표를 정하게 된다. 장기목표가 주로 포괄적인 학습 내용과 방향을 정한 것이라면, 단기목표는 실제적인 학습활동 내용을 말한다. 단기목표는 아동의 현재 수준에서 시작하여 여러 단계의 목표로 구성될 수 있다. 주간목표의 수행 수준을 점차 높여 가면 이에 대한 마지막 단계가 장기목표가 된다.

단기목표를 계열적 요소로 분석하는 과정에는 과제분석 방법을 사용하게 되는데, 과제분석은 특정 과제나 행동의 완성에 필요한 하위 과제의 확인이나 행동의 더 작은 요소의 확인을 뜻한다. 이를 교육과정 과제분석표와 관련지어 보면, 각 영역별(교과별)로 마련한 과제분석표에서 현재 수행능력 수준에 해당하는 항목을 기점으로 점차 다음 한 단계의 항목으로 나아가 연간 교육목표에 이르는 과제 전향 분석의 방법을 주로 사용한다. 그러나 과제분석표가 마련되어 있지 않은 경우에는 교사가 임의로 장단기 교육목표를 설정하여야 함으로 아동의 능력과 특성에 따른 적절한 교육목표를 설정할 수 없다. 따라서 장단기 교육목표를 효율적으로 설징하기 위해서는 먼저 교육과정 과제분석표가 마련되어야 한다.

이러한 단기목표(아동의 표적행동)에는 특정한 학습자를 위해 기술되어야 하고, 그 행동이 나타날 상황이 설정되어야 한다. 또한 성공적 수행 기준이 포함되어야 한다(행동목표). 예를 들어, 직업적 기술과 관련이 있는 목표로 "도구를 사용하는 방법을 안다." 등과 같이 모호하게 진술해서는 안 되며, 이보다는 구체적으로 진술되어야 할 것이다. 즉, 앞서 연간목표에 적용된 네 가지 준거가 단기목표에 더욱 구체적으로 적용되어야 한다. 단기목표는 더욱 정확하게 기술하는 것이므로, 측정 가능하다는 준거가 강조되어야 한다.

〈행동목표 진술의 예〉

열까지 세라고 하면 100% 정확하게 외워서 셀 수 있다.

(조건) (성공적인 수행기준) (관찰 가능한 행동)

(5) 지도 방법 · 장소 · 지도 형태 및 지도자의 결정

앞서 결정한 목표에 대해서 어느 시간(교과 및 영역)을 이용하여 어떤 지도형태(개별, 학급별, 집단별 등)로, 누가, 어느 정도의 기간을 지도할 것인가 등을 결정하도록 한다. 이 계획의 작성에서는 다수의 지도자, 다양한 장면 및 장소를 활용하도록 배려함으로써 유연한 지도 체제를 마련하도록 한다.

이 계획의 작성은 ① 개개 아동에 대한 지도목표를 어느 시간(교과 및 장면)을 이용하여 지도할 것인가를 결정하여 개인별 연간 지도 계획을 작성한다. 그리고 ② 작성된 개인별 연간 지도 계획을 통합하여 각 지도 목표가 집단별 지도가 가능한 것인가, 개별지도가 필요한 것인가 등을 검토하여 지도 형태를 결정하도록 한다. 마지막으로 ③ 지도 담당자를 결정하고 시간표를 작성하도록 한다. 이때 일반 학교 및 일반 학급과의 통합교육도 고려하도록 한다.

특히 미국의 경우 장애아동이 일반교육에 참여하는 일이 법적으로도 장려되고 실제로도 증가함에 따라 일반교육의 참여 정도를 IEP에 명시하도록 규정하고 있다. 그래서 전체 교육 시간 중 차지하는 비율을 백분율로 표시하거나 하루 혹은 일주일 단위로 몇 시간씩인지를 명시하는 방법을 많이 사용하고 있다. 그러나 이러한 규정이 있다고 하여 모든 장애아동을 무조건 일반학급에 보내는 것은 아니며, 일반교육 프로그램에의 참여 정도는 개별 아동의 교육적 필요에 근거하여 결정하고 있다(이소현, 박은혜, 2001).

최근 장애아동의 통합교육이 강조되고 학교 현장에서도 장애아동에 대한 통합교육이 확대 실시되고 있기 때문에 관련 법령에 장애아동의 일반교육 프로그램에의 참여 정도를 명문화하여 실질적 통합교육을 활성화할 필요가 있다고 본다. 이에 따라 일반 교육 프로그램에의 의미 있는 참여를 촉진하기 위한 다양한

'교육과정 수정 전략'에 대한 연구가 국가, 지역 교육청, 연구기관 또는 개인 연구자 수준에서 다양하게 이루어져야 할 것으로 본다.

그리고 IEP에는 교육의 시작과 종결 시기를 기록하게 되는데, 교육 기간을 영국의 경우 6개월, 미국의 경우 1년으로 하고 있다. 우리나라는 대개 학년도를 기준으로 1년을 기준으로 하고 있다. 그러나 관련 서비스의 경우에는 아동의 문제행동에 따라 단기간의 교육기간이 필요한 경우도 있다. 예를 들어, 음운장애의 경우 'ㅅ'과 'ㄷ'의 명확한 발음을 위해 5개월 집중언어치료로 단기간의 교육이 필요한 경우다.

(6) 특수교육 관련 교육활동 및 서비스 전달의 조정

IEP에는 구체적인 특수교육(보상 활동)과 관련 교육활동에 대한 진술을 포함해야 한다. 이러한 진술은 아동의 독특한 교육적 요구와 그 요구를 충족시키는 데 요구되는 관련 교육활동을 정확하게 기록하기 위해서다. 미국의 「장애아교육법(IDEA)」에서는 특수교육 및 관련 활동을 다음과 같이 규정하고 있다.

첫째, 특수교육은 장애아동의 독특한 교육적 요구에 알맞게 특별히 설계된 교수로서 교실교육, 교실 밖의 교육, 가정교육, 병원이나 시설에서의 교육 등을 포함한다.

둘째, 관련 교육활동은 장애아동의 독특한 요구를 충족시키기 위해 언어치료, 청능훈련, 심리치료, 물리치료 및 작업치료, 놀이치료, 장애의 조기 진단과 발견, 상담 서비스, 진단과 평가를 목적으로 하는 의료 서비스, 직업 지도, 부모의 상담과 훈련, 수송 서비스 등을 제공하는 것을 의미한다.

그리고 아동에게 제공될 서비스는 시작 일과 종료 일을 IEP에 기록하여야 한다. 그리고 만약 아동에게 제공하는 특수교육적 서비스가 유용하지 않는 것으로 밝혀질 때에는 다른 기관과 협력으로 서비스를 제공하는 등 여러 가지 방법을 즉각적으로 검토해 보아야 한다. 그리고 나서 그 서비스를 언제까지 제공할 것인지를 결정하여 IEP에 그 일자를 구체적으로 기록해야 한다.

(7) 전환교육 계획 수립

전환(transition)이라는 의미 속에는 변화가 내포되어 있다. 장애아동은 학교과정과 학교 이후 성인으로 성장하는 과정에서 끊임없는 변화와 새로운 역할을 경험하게 된다. 따라서 전환교육은 단지 직업기술만을 강조하는 것이 아니라 장애아동이 졸업 이후 성인 생활을 보다 원만하게 적응하며 살아갈 수 있도록 학령기에서부터 독립생활, 가정생활, 사회생활, 취미생활을 포함한 전반적인 분야의 기능과 기술을 교육하여야 한다.

(8) 교육목표의 평가계획

연간 교육목표와 단기 교육목표가 설정되면, 목표의 성취 여부를 평가할 구체적인 평가계획을 마련하여야 한다. 이러한 평가계획에는 반드시 다음의 요건이 갖추어져야 한다.

① 평가를 위한 목표 준거(과제분석표)의 설정: 해당 과제에서 어느 정도를 성취해야만 목표를 달성하였나를 판단할 수 있는 기준을 제시하는 것으로서, 교육목표의 평가 준거를 밝혀야 한다.
② 적절한 평가 절차의 결정: 어떤 도구와 방법으로 평가를 할 것인가에 대한 결정으로서, 교사의 질문이나 관찰 또는 교사 자작 검사, 기타 표준화된 성취도 검사 등으로 결정하여야 한다.
③ 교육목표의 평가에 대한 시간 계획: 교사는 매일의 수업 장면에서 계속적으로 평가를 실시해야 하며(형성평가), 가능하면 계획된 단기목표 수행이 끝난 후 평가를 계획함이 바람직하며, 종합 평가는 학기별로 연 2회 혹은 그 이상 할 수 있다(총괄평가).

아동의 현재 수준 평가, 교육목표의 구체화, 특수교육 및 관련 교육활동 서비스 제공 등에 대한 조정이 끝나면 IEP가 1차로 완성된 것이다. 완성된 IEP에 개별화교육지원팀의 위원들이 서명함으로써 특수교육 대상 아동을 위한 개별화 교육 프로그램을 승인하게 된다.

연구문제

1. 개별화 교육의 기본 이념을 정리해 봅시다.
2. IEP의 법적 근거와 목적을 살펴봅시다.
3. 특수교육 대상 아동을 선정해 IEP를 작성해 봅시다.

참고문헌

김병하(1998). 국민공통 기본 교육과정의 운영방안. 1998년도 특수교육학회 추계 학술심포지엄. **특수학교 교육과정의 효율적인 운영** (pp. 35-46). 특수교육학회.

김정권(1996). 개별화교육의 배경. 한국정신지체아교육연구회(편), **개별화교육프로그램의 이론과 실제**. 대구: 대구대학교 출판부.

김형일 외(2001). **장애아동 전환과정 지원방안 연구**. 아산: 국립특수교육원.

김형일(1996a). 효율적인 개별화 교육의 전제 조건. **서울정진학교 교지 제4호**.

김형일(1996b). 개별화 교육의 운영사례. **서울 정신지체 교육연구회 여름방학 연수자료**.

박경희(1993). 중증장애아동인 사회통합 연구의 동향과 과제. **죽향 추국희 정년기념 논총**. (pp. 33-49).

박기환(1996). 장애아동 교육을 위한 미국의 IEP. **제11회 장애아동인 복지 및 특수교육 세미나 자료**. 한국장애아동인복지연구소.

안기성(1994). 평등에 관한 교육법 해석학. **교육법학연구**, 6, 1-51.

이돈희(1996). 수요자 중심 교육과정의 정당성. **교육과정연구**, 14(1), 1-12.

이보숙, 전난주(1986). 정신박약학교의 부모참여 및 부모교육에 관한 연구. **대구대학교 특수교육연구**, 9, 27-43.

이소현,박은혜(2001). **특수아동 교육**. 서울: 학지사.

이유훈(1990). 학교수준 특수교육과정의 구성방향. 대구대학교 교육대학원 석사학위 논문.

이유훈(1996). 효율적인 개별화 교육계획의 수립과 적용방안. **제3회 국내 세미나자료**. 국립특수교육원.

이유훈(1998). 개별화 교육 프로그램의 발전과정에 대한 역사적 고찰. **특수교육학연구**, 33(1).

이유훈, 김형일(2002) **개별화 교육계획의 구안과 실행**. 서울: 교육과학사.

허혜경(1996). 개별화 수업에 있어서 교사의 역할. **교육과정연구**, 14(3), 123-141.

황도수(1996). 헌법재판의 심사기준으로서의 평등. 서울대학교 대학원 박사학위 논문.

American Speech-Language Hearing Association (1994). Individuals with disabilities education act(PL 101-476). *American Speech and Hearing Association Journal, 49,* 122-124.

Cooper, B. S. (1988). School reform in the 1980s: The new right legacy. *Educational Administration Quarterly, 24*(3), 282-298.

Green, T. F. (1982). *Predicting the behavior of the educational system.* Syracuse, NY: Syracuse University Press.

Hayes, J., & Higgins, S. T. (1978). Issues regarding the IEP: Teachers on the front line. *Exceptional Children, 44*, 267-273.

Orelove, F., & Sobsey, D. (1987). *Educating children with Multiple disabilities: A Trans-disciplinary.* Baltimore MD: Bookes Publishing Co.

Strickland, B. B., & Turnbull, A. P. (1993). *Developing and implementing individualized education programs* (3rd ed.). Collumbus, OH: Merrill.

제 6 장

지적장애 학생의 전환교육

학습목표

1. 장애학생 전환교육의 이론적 모형을 이해한다.
2. 장애학생 전환교육의 평가 및 계획을 이해한다.
3. 장애학생 전환교육의 결과, 고용 유형에 대하여 이해한다.

전환교육은 장애학생이 학령기의 학교생활을 마치고 성인으로서 사회생활을 독립적이고 원만하게 살아갈 수 있도록 지원하는 교육모형이다. 이는 학령기의 장애학생을 성인기로 이어 주는 중요한 가교 역할을 담당하며, 장애학생을 위한 서비스 제공의 궁극적인 종착점이라고 할 만큼 중요하다.

이 장에서는 학령기에서 성인기로 이어지는 장애학생의 전환교육의 범위와 지원을 위한 구체적인 실험모형을 살펴보고, 모형에 따른 전환시기별 작성 방법을 살펴보고자 한다. 그리고 전환의 결과로서 학교교육에서 준비해야 할 교육과정 및 고용 유형별 전환교육에 대하여 기술하고자 한다.

1. 전환교육 모형

Will(1986)이 미국 특수교육 및 직업재활서비스국(Office of Special Education and Rehabilitative Services: OSERS)에 제출한 전환모형은 중등학교에서 직업 준비 과정으로의 가교(bridges) 역할을 하는 세 가지 다른 수준의 교육과정을 준비하여야 한다는 것으로, 일반적 서비스(no special services), 시간-제한적 서비스(time-limited services) 및 지속 서비스(ongoing services)를 제시하고 있다. 이 모형의 기본 목표는 학생이 학교를 졸업한 후 지역사회에 적응하는 데 필요한 적절한 직업기술을 갖추도록 학교 교육과정에서 특수교육과 직업교육을 확고하게 설정해야 한다는 것이다(Levinson, 1998).

또한 이 모형은 세 가지 가정을 전제로 하고 있다. 즉, 보호된 교육기관인 학교에서 장애를 이해하지 못하는 복잡하고 혼란스러운 사회로 진입하는 각 개인의 요구에 전환 서비스를 맞추고, 전문가가 서비스의 책임을 지며, 모든 장애인이 대상이 되는 전환계획이다. 전환의 목적은 장애학생이 임금을 받고 고용되는 것으로, 이는 지역사회에서 중도 장애학생의 전환을 돕기 위해 지원 서비스를 다양하게 해야 하고, 궁극적으로는 장애학생의 고용에 초점을 두어야 한다는 것이다.

Wehman 등(1987)도 OSERS의 모형을 좀 더 확장시켜 전환 프로그램의 주요 결과는 고용이라고 주장하였다. 이들은 결과적으로 경쟁 고용, 분리된 작업장 및 보호작업장이라는 세 가지의 배치 유형을 모형으로 제시하였고, 투입 요인으로 기능적 교육과정, 통합학교 환경, 지역사회 중심 서비스 전달체제, 투입과 산출 사이의 과정 단계로 개별화 전환교육(transition education) 프로그램과 소비자(부모, 학생), 협력기관의 중요성을 강조하고 있다.

Halpern(1985)은 Will 등(1984)이 제시한 전환교육 모형은 전환의 주요 결과로서 고용만을 강조하는 편협하게 정의된 전환 목적에 이의를 제기하면서 "성인생활의 적응에 필요한 비직업적 차원도 고용이라는 궁극적 목적에 기여하는 한

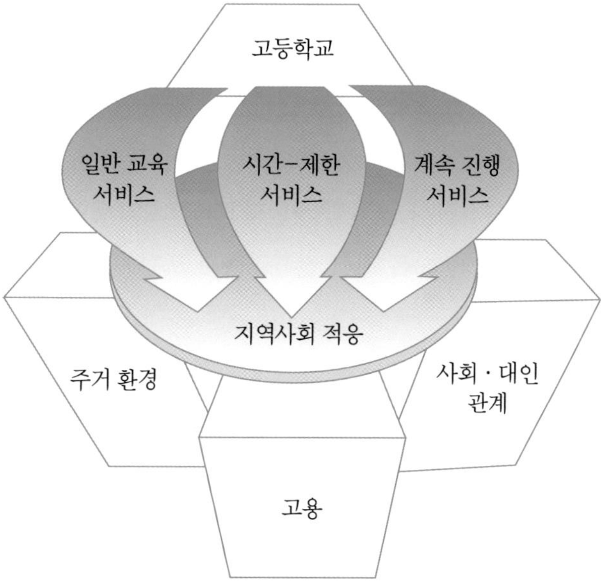

[그림 6-1] Halpern의 수정된 모형

유의미하고 중요하다."라고 주장하면서 전환의 비직업적 측면을 강조함으로써 전환의 목적을 확대하였다([그림 6-1] 참조).

Halpern(1985)은 성공적인 지역사회 적응을 위해 의미 있는 취업 이외에 중요한 두 개의 다른 차원, 즉 주거 환경의 질과 적절한 사회적 대인관계를 제안하였다. 따라서 성공적 전환의 목적을 독립생활, 지역사회 적응에 두고 있다. 그리고 각 개인의 삶의 질과 적절한 사회적 대인관계 형성을 고용과 마찬가지로 중요하게 다루고 있다. 고용에 성공했다고 해서 나머지 인생도 성공한 것으로 보지 않기 때문에 그는 서비스를 요구하는 결정을 할 때 개인의 모든 삶의 질 차원에서 프로그램을 개발하여야 한다고 주장하였다.

초기 OSERS 모형의 주 목적은 고용이었지만, 최근 이러한 전환의 포괄적 접근에 맞추어 원래의 입장을 유지하면서 직업적 측면만 볼 것이 아니라 학교에서 성인생활로의 넓은 의미의 전환으로 해석할 것을 요구하고 있다.

또한 IDEA에서도 전환을 "중등 이후 교육, 직업훈련, 통합고용(지원고용 포함), 계속교육, 성인 서비스, 독립생활이나 지역사회 참여를 포함하는 학교에서 학교 이후 활동으로의 이동을 촉진하는 결과중심 과정 내에서 고안된 장애학생을 위한 일련의 통합된 활동"(Sec. 300. 18)으로 규정하고, 중등 이후의 모든 특수교육 대상 아동에 대한 전환의 목적을 개별화교육프로그램에 포함시킬 것을 권장하고 있는 것(Michaels, 1998)은 최근 전환교육의 모형 변화에 따른 움직임이라고 볼 수 있다.

2. 전환교육 평가

전환평가(transition assessment)는 적절한 개별화전환교육계획을 세우기 위하여 학생의 능력, 태도, 적성, 관심, 직업적 행동, 자기결정 수준, 자기주장 기술, 대인관계 기술, 학업기술 수준, 독립생활 기술을 결정하는 과정으로 정의된다(Miller, Lombard, & Corbey, 2007). 따라서 전환평가를 통하여 학생, 부모, 교사 그리고 관련 인사에게 장애학생의 졸업 이후의 미래를 계획하는 데 필요한 정보를 제공할 수 있다.

최근 전환교육의 포괄적 의미와 더불어 전환평가도 광범위한 정의를 내리고 있다. 전환평가는 "연령과 관계없이 장애학생의 성공적이고 만족한 생애 전환을 위해 장애학생 본인과 그 가족을 돕기 위해 정보수집, 조직, 활용을 돕는 계획적이고 지속적인 과정"(Clark, 1998)이라고 할 수 있다. 왜냐하면 전환평가가 대상자의 학령기부터 성인기에 이르기까지의 생활의 변화와 진행 과정을 평가하고, 가정, 학교, 지역사회를 모두 포함하기 때문이다. 이러한 의미에서 전환평가는 현재와 미래의 일과 교육, 생활, 개인적이고 사회적인 환경과 관련 있는 개인의 요구, 선호도, 관심 등에 대한 자료수집 과정이라고 할 수 있다. 이러한 평가 자료는 전환 과정에서 기본적 자료뿐만 아니라 개별화교육계획에 포함되어야 할 목적과 서비스를 정하는 기초 자료로 활용된다(Sitlington et al., 1997).

3. 전환계획

전환교육의 궁극적 목적은 장애학생의 삶이 졸업 이후 긍정적인 결과로 나타나도록 하는 것이다. 즉, 졸업 이후 성인으로서 생활하게 될 직장, 주거, 지역사회 참여 등이 각 개인의 성취와 연관되어야 한다. 이를 위해 개인의 현재 능력, 흥미와 관심, 활용할 서비스 내용 등이 고려되어야 한다. 또한 개인에 대한 구체적 정보를 파악하여야 한다. IDEA(2004)는 전환 서비스를 계획하는 데 필요한 것을 다음과 같이 제시하였다.

> 결과 중심의 과정으로서, 장애학생의 교과와 기능적 성취가 학교에서 졸업 이후 활동을 촉진하는 데 중점을 두는 것이다. 중등 이후 교육, 직업교육, 통합된 고용(지원 고용 포함), 계속 교육, 성인교육, 독립생활, 지역사회 준비 등도 포함되어야 한다[Section 602(34)(A)].

IDEA(2004)는 특히 다음과 같은 졸업 이후의 영역을 고려하여야 함을 강조하고 있다.

- 고용: 지원고용을 포함한 통합된 고용
- 중등 이후 교육: 계속교육이나 성인교육/직업교육
- 주거: 독립생활
- 지역사회 참여: 성인 서비스

졸업 이후의 목적은 궁극적으로 학생의 바람직한 모습을 염두에 둔 영역별 성취 결과로 나타난다. 그리고 이 목적은 IEP의 장기 목적과 일치하게 되고 전환 과정에서 연계하여 작성할 수 있을 것이다. 즉, 졸업을 시점으로 하여 궁극적 목적 혹은 장기 목적에서 역으로 IEP의 단계별 목적을 시기별로 설정해 갈 수 있다.

졸업 이후의 목적은 실제적인 것을 많이 경험하고 성취 가능성이 높은 것이어야 한다. 이를 위해서는 학생이 직접 과정에 참여할 수 있는 기회를 제공하고, 스스로 자신의 능력을 확인하는 능동적인 활동을 유도하여야 한다. 이는 미래의 자신의 삶을 적극적으로 개척하고 책임감을 갖게 하는 데 중요한 역할을 한다. 또한 직업교육, 교과 학습, 지역사회 참여 등에서 장애학생의 관심과 능력에 따른 경험을 제공함으로써 보다 현실적이고 미래지향적인 목적이 될 수 있다.

장애학생 전환교육의 목적은 그 진행 과정에서 수시로 융통성 있게 변화될 수 있다. 전환계획의 진행 과정에서 목적이 수정되거나 추가될 수 있고, 예상한 상황이나 예상하지 못했던 상황, 일 혹은 바람에 의해 일정이 변경될 수도 있다.

1) 전환 일정 계획

전환 과정은 일시적이거나 한 번의 목적 달성으로 끝나는 것이 아니라 개인 생애의 전 과정을 통해 진행된다. 전환 과정에서 수없이 많은 전환 시점이 이루어진다. 학자들에 따라서 이를 수직적 전환과 수평적 전환으로 나누어 설명한다. 수직적 전환은 모든 사람이 겪게 되는 삶의 진행 과정상에 나타나는 시기적 사건이다. 즉, 유치원에서 초등학교 진학, 각 학년별 전환, 초등학교에서 중학교 그리고 고등학교로의 전환 또한 졸업 이후 성인생활의 전환 과정 등이 이에 해당한다. 수평적 전환은 동일한 연령대에서 이동이 이루어지는 과정이다. 즉, 병원 학급에서 특수학교로의 이동, 특수학교에서 일반 학교로의 이동 등이다. 결국 전환은 개인 생애의 전 과정을 통해 수시로 발생되고 진행되는 사건이라고 할 수 있다.

Flexer 등(2008)은 학교에서 중등교육 이후 환경으로의 전환계획에 중점을 두고 〈표 6-1〉과 같이 전환계획을 위한 일정을 제시하였다. 이 일정은 중등 수준 학생의 전체적인 교육적 경험에 초점을 맞추어 교육적 발달 경험을 나열한 것이다.

표 6-1 전환계획을 위한 일정

초등 수준: 1~4학년

- 목적: 고용 가능성과 독립적 생활기술과 태도
- 목표:
  1. 긍정적인 작업 습관 개발
  2. 모든 작업 유형 숙련
  3. 장애 극복 능력 훈련
- 가능한 활동 영역:
  - -통합 활동
  - -작업 표본 활동
  - -진로 현장 견학
  - -작업에 대한 토의
  - -관심 있고 흥미 있는 일의 토론
  - -기술의 탐색
  - -결정-하기와 문제해결 기술

중등 수준: 5~8학년

- 목적: 진로 탐색과 관련 과정에 대한 전환계획
- 목표:
  1. 학교에서 직업 관련 일에 대한 이해
  2. 흥미, 태도, 선호도의 이해
  3. 직업, 교육, 독립생활, 지역사회에 대한 이해
  4. 일반 중등과정 진로 결정
  5. 중등교육에 대한 필요한 수정과 지원 결정
  6. 14세 이전에 원하는 진로에 참여하는 데 필요한 구체적인 전환 서비스 결정
- 가능한 활동 영역:
  - -직업 및 기술학교 방문
  - -흥미검사 실시
  - -고등학교 방문
  - -기능적 직업평가 실시

- 취업박람회
- 전환 요구와 선호도 조사
- 고용 가능성 평가
- 일상생활 기술 수업
- 돈과 예산 관리 수업
- 지역사회 인식 수업
- 정치(political awareness) 수업
- 직업 탐색
- 진로 안내
- 자기결정과 옹호 훈련
- 보조공학 활용 훈련 및 관련 서비스
- 컴퓨터 훈련
- 이동 훈련
- 상담
- 고용 가능 기술 훈련
- 결정-하기와 문제해결 활동

고등학교: 9~10학년

- 목적: 진로 탐색과 전환계획
- 목표:
  1. 의미 있고 현실적인 중등교육 목적
  2. 작업, 교육, 거주, 지역사회 참여 기술과 관련 지원에 대한 목적
  3. 보조공학과 수정에 대한 장애 요인 다루기 훈련
- 가능한 활동 영역:
  - 보조공학 평가
  - 참조할 기관 조사
  - 전환 목적 수정
  - 자기결정 훈련
  - 전환계획 개발
  - 상위 학급 배치
  - 작업 경험
  - 직업 경험
  - 직업 배치
  - 직업 모임
  - 성인 서비스 기관 연계

고등학교: 11학년 이후

- 목적: 학생 희망에 의한 중등 이후 환경으로의 전환 과정
- 목표:
  1. 경험과 활동을 통한 목표 평가
  2. 중등 이후 교육과 고용을 위한 각 선택 과정
  3. 주거와 지역사회 참여
  4. 성인 서비스 기관 개발
  5. 성인 환경에 적응하기 위한 학생과 가족의 역량 기르기
- 가능한 활동 영역:
  - 전환계획의 수정과 보완
  - 성인 서비스 참여
  - 성인 서비스 적응
  - 자기결정 훈련

-중등교육 이후에 대한 적응	-재정 계획
-관련 중등교육 이후 기관	-직업 탐색 기술 개발
-직업 배치	-지역사회 구성원
-전환 협력	-지속적 지원 체제 개발
-가족과 성인 서비스 기관으로의 전환 계획	

출처: Baer, McMahan, & Flexer (1999); Baer, Luft, & Simmons (2008).

2) 전환계획의 과정

전환계획의 단계는 진행 과정의 개인과 기관에 따라 각 단계의 순서, 구성 내용, 참여 인사가 달라질 수 있다. Levinson(1998)은 전환계획의 단계를 크게 계획, 실행, 평가로 나누어 제시하였다.

- 1단계: 전환계획
  - 전환 계획 팀 구성
  - 전환 요구 평가
  - 전환모형과 목표 개발
  - 지역 기관과의 실행 계획 수립
  - 소요 경비 계획

- 2단계: 실행
  - 전환계획 책임자 담당자 선정
  - 전환 프로그램 진행 절차 안내
  - 교육 내용과 평가 자료 선정
  - 관련 학교와 지역 기관 인사 훈련
  - 학교와 지역 인사들을 위한 현장 연수 실시
  - 프로그램의 시범 평가 실시

- 3단계: 프로그램 평가
  - 프로그램 운영 결과에 대한 평가 요소 설정
  - 프로그램 평가를 위한 예비 기준 설정

–프로그램 평가 인사 선정 및 평가 실시
–프로그램 개선을 위한 계획과 실행

4. 전환교육의 결과

1) 기능적 학업 성취

학교를 졸업하고 직장, 대학 및 지역사회 생활에 성공적으로 적응하기 위하여 학생은 읽기, 쓰기, 계산과 같은 기본 학습기술을 습득해야 한다. 이러한 학습기술은 기능적 교육과정으로 운영되어야 한다. 기능적 교육과정은 개인적 · 사회적 기술, 일상생활 및 직업 적응 분야에서 장애인이 필요로 하는 교수 내용으로 구성하여 실제 생활 안에서 가르쳐야 일상생활에서 의미 있고 유용한 기본적 학업 기능이 된다.

2) 자기결정 능력

자기결정 능력이 있는 사람은 스스로 선택하는 방법을 안다. 또한 개인적 요구나 목표를 인식하고 그것을 추구하는 것을 안다. 학교 졸업 후 장애인은 지역사회에서 자신의 삶에 대해 자율적이고 주도적으로 살아갈 수 있도록 자신이 원하는 것을 결정하고 원하는 것을 획득하는 능력을 신장시켜야 한다.

3) 대인관계 능력

장애학생이 학교를 졸업하고 직장에 배치되고 나서 얼마 가지 않아 이직을 하는 가장 큰 이유 중 하나는 직장에서의 대인관계 문제다. 장애인이 직장에서의 상호작용에 필요한 사회성 기술이 부족하고 다른 사람과의 상호작용 능력이 부족한 것이 그 원인이다. 이러한 대인관계 능력은 학령기에서부터 체계적이고 장기간에 걸친 훈련으로 효과를 볼 수 있다.

4) 통합된 지역사회 참여

장애인이 학교를 졸업하고 궁극적으로 가야 할 곳은 그들이 살고 있는 통합된 지역사회다. 따라서 학교에서의 교육은 이들이 미래의 통합된 지역사회에 자연스럽게 적응할 수 있는 환경과 내용으로 이루어져야 한다.

5) 여가와 레크리에이션 참여

여가와 레크리에이션은 지역사회에서 장애인의 전반적 성공 및 만족한 삶과 직접적인 관련을 갖고 있다. 장애인의 여가와 레크리에이션은 일상생활에서의 건강 유지뿐만 아니라, 직장생활의 만족과 관련이 깊다. 또한 비만, 건강 악화, 신체 노화 등은 부족한 여가 시간, 신체활동, 건강예방 활동과 관련된다. 따라서 여가와 레크리에이션은 진로 및 직업 교육의 한 영역으로 중요하게 다루어져야 한다.

6) 독립을 위한 주거생활 준비

주거생활 준비는 학생이 학교를 졸업한 뒤에 지도해야 할 영역이 아니다. 장애학생이나 부모에게서 주거생활 준비는 학령기부터 학교 교육과정의 주요 영역으로 다루어져야 한다.

이를 위해 교사는 IEP에 주거생활 지도 과정을 포함할 필요가 있다(Test, Appel, & Everson, 2006).

첫째, 주거 희망 및 선호도 조사를 실시할 수 있다. 장애인이 자신의 장래 주거에 대한 생각을 어떻게 하고 있는지 파악하기 위하여 주거 희망 및 선호도 조사를 통해 장애청년을 대상으로 주거 평가 계획을 개발할 수 있다. 예를 들면, 수업 시간에 다음과 같은 과정으로 지도할 수 있다. 처음 시작 단계에서 가족을 포함하여 학생에게 학교를 졸업한 후 자신의 꿈과 선호하는 것을 생각하게 한다. 그리고 어른이 되었을 때를 가정하여 그 꿈과 선호하는 것을 탐색하고 구체적으로 생각하게 한다. 학생이 생각의 표현을 구체적으로 하면서, 학생의 가족도 자신의 주거 선호도를 생각하게 한다. 그리고 자기 소유로 집을 가졌을 경우와 임대했을 경우의 관련 장단점을 탐색하게 한다. 또한 이들에게 지원 서비스와 지역사회 생활기술에 대한 요구 사항과 선호도를 생각하게 한다. 그 외 IEP에 포함시키길 원하는 경험들을 생각하게 한다. 이들이 청년으로 자라면서 자신의 희망과 선호하는 것을 좀 더 구체화하고 다듬어 가도록 하고, 이를 자신의 직업 계획과 졸업 이후 교육계획 그리고 재정적 계획 등을 세울 때 도구로 활용하게 한다.

둘째, 주거 및 재정적 계획을 세워 볼 수 있다. 주거에 대한 장애학생이나 가족의 희망과 선호도를 생각하게 하고, 이후 이들에게 지역에서 얻을 수 있는 주거에 대한 지식을 충분히 제공하여야 한다. 그다음 단계는 재정계획에 대한 지식을 갖게 하는 것이다. 거주할 주택에 대한 전반적인 선택 사양을 제공하고 학생이 자신의 희망과 선호도를 진지하게 표현할 수 있도록 하여야 한다. 이를 위해 교사는 여러 가지 접근 방법과 활동을 도입할 수 있다. 다른 교과와 연계하는 방안도 고려할 수 있다. 이를 통해 학생은 자신이 원하고 필요로 하는 최선의 선택과 결정을 할 수 있을 것이다. 이렇게 함으로써, 이들은 구체적으로 자기 자신의 주택과 이와 관련한 재정적 사항에 관심을 가지게 된다. 또한 교사는 학생이 주거 관련 희망과 선호도를 다른 교과에서도 연계하여 탐색하게 함으로써 자기결정 경험을 제공할 수 있다. 그리고 학생이 취업, 주택 그리고 재정적 책임과의 관계를 탐색하는 동기를 제공하는 데 도움이 될 것이다.

7) 고 용

장애인의 취업 형태는 경쟁고용, 보호고용 및 지원고용으로 나누어 볼 수 있다.

① 경쟁고용(competitive employment): 장애인이 비장애인 근로자와 동일한 조건으로 경쟁하여 취업하는 형태다. 통합된 상황에 여건이 좋은 환경의 직업에서 종사할 수 있지만, 경쟁고용을 위해서는 장애인이 특정한 기능이나 기술을 보유하고 비장애인과 경쟁할 수 있는 능력을 갖추어야 한다.

② 보호고용(sheltered workshops): 장애가 없는 일반 작업자와 통합되지 않고 장애인들로 구성되어 있는 별도 사업 시설이다. 작업시설에는 장애인에게 훈련이 될 만한 작업 훈련을 실시한다. 포장, 조립과 같은 하청받은 과제를 수행한다. 대부분의 보호작업장은 생산성에서 경영 수지를 맞추기 어렵기 때문에 정부의 보조나 후원 등으로 운영되고 있다.

③ 지원고용(supported employment): 유급 고용으로 분리된 고용의 한계를 극복하기 위한 대안으로 일반인이 취업하는 작업장에서 일을 하는 통합된 형태의 고용이다. 주로 중증 장애인과 지적장애인, 뇌손상 장애, 신체장애, 정신장애인의 직업훈련에도 효과적인 고용 형태다. 장애인이 계속적으로 유급 직업에 종사하기 위해 필요한 감독, 훈련, 교통수단 등이 지원된다. 지원고용에는 한 개인을 직장에 배치하여 필요한 훈련을 실시하는 개별배치 모형, 감독 1명이 3~8명의 근로자를 담당하는 집단 형태의 이동작업반 모형, 장애인과 비장애인이 함께 고용되어 영리를 목적으로 운영되는 기업 형태의 소기업 모형, 그리고 사업장이나 직장 내에 소규모로 장애인을 고용하여 훈련과 작업을 병행하는 소집단 현장 고용 모형이 있다.

연 구 문 제

1. 장애 유형에 따른 전환교육 과제를 제시해 봅시다.
2. 장애학생이 학교를 졸업하고 사회에 진출하였을 때의 이상적인 전환 결과를 제시해 봅시다.

참고문헌

김형일(2005). 장애학생의 전환교육을 위한 정책적 지원과 현장의 과제: 장애학생 전환을 위한 특수교육 및 지역사회 연계 방안. 2005 삼육재활센터 심포지엄 자료.

김형일(2001). 취업한 장애인의 사례분석을 통한 특수학교 전환교육과정 운영방안. 특수교육 교육과정 연구, 2, 189-204.

김형일(2005). 특수교육진흥법의 개선과제에 대한 토론: 초·중등교육을 중심으로. 특수교육진흥법의 개선과제: 장애인교육지원법제정을 위한 대토론회 자료집. 장애인교육권 연대.

김형일 외(2001). 장애성인의 학교에서 사회로의 전환과정 요인분석을 통한 전환 지원체제 구축 방안. 특수교육학연구, 37(2), 309-346.

오길승(2007). 전환교육과 지원고용. 장애학생의 성공적인 장래생활을 위한 전환교육 방안. 2007년 국립특수교육원 원격연수 교재.

이유훈, 김형일, 강병호(2003). 학령기 장애인의 직업적성개발을 위한 직업교육훈련 기회 확충 방안 정책 보고서. 한국직업능력개발원.

정동영(2000). 장애학생의 전환서비스 강화를 위한 기관 간 협력 방안. 대구대학교 대학원 박사학위 논문.

조인수(2002a). 전환교육과 서비스. 대구: 대구대학교 출판부.

조인수(2002b). 전환교육의 발달과정과 실천적 과제. 특수교육학연구, 37(2), 175-202.

한국장애인총연맹(2003). 직업재활센터의 사업과 운영. 서울: 한국장애인단체총연맹.

Bear, R., McMahan, R., & Flexer, R. (1999). *Transition planning: A Guide for parents asd professionals* (p. 9). Kent, OH: Kent State University.

Beirne-Smith, M., Ittenbach, R., & Patton, J. (1998). *Mental retardation* (5th ed.). New York: Prentice-Hall/Merrill Education.

Brown, L., Shiraga, B., York, J., Kessler, K., Strohm, B. Rogan, P., Sweet, M., Zanella, K., VanDeventer, P., & Loomis, R. (1984). Intergrated work opportunities for adult with severe handicaps: The expended training options. *The Journal of the Association for Persons with Severe Handicaps, 9*, 262-269.

Clark, G. M. (1998). *Assessment for transitions planning*. series. Austin, TX: PRO-ED.

Clark, G. M. (2000). 한국학생 전환교육의 실제와 과제. 국제세미나 자료. 아산: 국립특수교육원.

Clark, G. M., & Kolstoe, O. P. (1995). *Career development and transition education for adolescents with disabilities* (2nd ed.). Needham, MA: Allyn & Bacon.

Flexer, R. W., Baer, R. M., Luft, P., & Simmons, T. J. (2008). *Transition planning for secondary students with disabilities*. New Jersey Columbus, OH: Pearson Merrill Prentice Hall.

Flexer, R. W., Simmons, T. J., Luft, P., & Baer, R. M. (2005). *Transition planing for secondary students with disabilities*. New Jersey: Pearson Merrill Prentice Hall.

Gaylord-Ross, R., & Browder, D. (1991). Functional assessment: Dynamic and domain properties. In L. H. Meyer, C. A. Peck, & L. Brown (Eds.), *Critical issues in the lives of people with severe disabilities* (pp. 45-66). Baltimore, MD: Brookes.

Halpern, A. S. (1985). Transition: A look at the foundations. *Exception Children, 51*, 479-486.

Isaacson, L., & Brown, D. (1993). *Career information, career counseling, and career development*. Boston, MA: Allyn & Bacon.

Levinson, E. M. (1998). *Transition: Facilitating the postschool adjustment of students with disabilities* (pp. 1-2). A Division of Haorper Collins Publishers. Westview Press.

Levinson, E. M. (2004). *Transition from school to post-school life for individuals with disabilities: Assessment from and education and school psychological perspective*. Sprinngfield, IL: Chales C Thomas Publisher.

Michaels, C. A. (1998) *Transition to employment* (transition series). Austin, TX: PRO-ED.

Miller, R. J., Lombard, R. C, & Corbey, S. A. (2007). *Transition assessment: Planning transition and IEP development for youth with mild to moderate disabilities* (pp. 5-7). Needham Heights, MA: Allyn & Bacon.

Moon, S., Inge, K., Wehman, P., Brooke, V., & Barcus, M. (1990). *Helping persons with severe mental retardation get and keep employment.* Baltimore, MD: Brooke.

Patton, J. R., & Dunn, C. (1998). *Transition from school to young adulthood: Basic concepts and recommended practices.* Austin TX: PRO-ED.

Peterson, M., Madden, B., & Ley-Siemer, L. (1981, 5). Issues and recommendations concerning vocational assessment of special needs students. Paper present at the American Vocational Association Convention, Atlanta.

Pierangelo, R., & Giuliani, G. (2004). *Transition services in special education: A Practical approach.* Boston, MA: Pearson A and B.

Powell, T. H., Pancsofar, D. E., Steere, Butterworth, J., Itzkowitz, J. S., & Rainforth, B. (1991). *Supported employment: Providing integrated employment opprtunities for persons with disabilities.* University Center at Binghamton State University of New York: Longman

Rusch, F. R., & Chadsey, J. G. (1998). *Beyond high school: Transition from school to work.* Belmont, CA: Wadsworth Publishing Company.

Sitlington, P. L., Neubert, D. A., Begun, W., Lombard, R. D., & Leconte, P. J. (1997). *Assess for success: Handbook on transition assessment.* Reston, VA: Council for Exceptional Children.

Test, D. W., Appel, N. P., & Everson, J. M. (2006). *Transition methods for youth with disabilities.* New Jersey: Pearson Merrill Prentice Hall.

Thurlow, M., & Elloott, J. (1998). Student assessment and evaluation. In F. R. Rusch & J. G. Chadsey (Eds.), *Beyond transition from high school to work school.* Belmont, CA: Wadsworth.

Wehman, P., & Targett, P. S. (1999). *Vocational curriculum for individuals with special needs: Transition from school to adulthood.* Austin, TX: PRO-ED

Wehman, P., Hill, M, Hill, J., Brooke, V., Pendletion, P., & Britt, C. (1985). Competitive employment for persos with mental retardation: A follow-up after six year. *Mental Retardation, 23*, 274-281.

Wehman, P. (1997). *Life beyond the classroom: Transitional strategies for young people with disabilities* (2th ed.). *Verginira Commonwealth University*, Baltimore: Paul H Brookes.

Wehman, P. (2008). *Life beyond the classroom: Transitional strategies for young people with disabilities* (4th ed.). Verginira Commonwealth University, Baltimore: Paul H Brookes.

제 7 장

지적장애 학생을 위한 지역사회 중심 교수

학습목표

1. 지역사회 중심의 기능적 교수의 의미를 이해한다.
2. 지역사회 중심 기능적 교수를 통한 지도 단계 및 방법을 이해한다.
3. 지역사회 중심 기능적 교수 계획을 실시할 수 있다.

지역사회 중심 교수는 학생이 주로 생활하는 익숙한 공간인 지역사회 환경에서 가르치는 것이다. 개인이 생활하고 있는 가정, 학교, 지역의 음식점, 쇼핑센터, 작업장 등에서 수업이 이루어지도록 한다. 이는 학생에게 생활 속에서 늘 보아 왔던 친숙한 환경인 지역사회에서 적응할 수 있는 기회를 더 많이 제공하기 위함이다. 지역사회 중심 교수는 학생이 수업한 내용을 일반화할 수 있는 기회를 줄 수 있다. 학생이 교실에서 수업한 것을 지역사회 상황에 맞게 적응하는 데에는 어려움이 있지만, 주변에서 많이 보았던 시설이나 환경은 학생으로 하여금 환경 자체에서 수업과 일반화가 함께 일어날 수 있는 기회를 제공한다. 이는 환경과 교수가 기능적이기 때문이다. 예를 들면, 작업장에서의 기술 훈련은 학생이 장차 지역사회 사업장에 취업하여 일하게 될 바로 그 기술이기 때문이다.

이 장에서는 지역사회 중심 교수의 실제적 지도 전략과 평가 그리고 일반화 과정을 단계별로 살펴보고자 한다.

1. 지역사회 중심 교수 구조

지역사회 중심 교수(community-based instruction)는 가정, 학교 및 지역사회에서 학생이 직면하는 실제적 문제에 근거하여 구성된다. 연구자들에 따라 구조를 달리하고 있지만, 일반적으로 다음과 같은 공통적 특징을 가지고 있다(McDonnell & Hardman, 2009).

첫째, 일, 개인적 관리, 여가와 같이 성인 생활에 대표적으로 요구되는 영역으로 구성되어 있다. 이러한 영역들은 학생이 성인으로서 역할을 하는 데 필요한 교수에 중점을 둔 교육적 요구를 강조한다(Wilcox & Bellamy, 1987).

둘째, 이 교육과정들의 주된 교수적 목표는 '활동(activities)'으로 설정된다. Wilcox와 Bellamy(1987)는 이러한 활동들이 다음과 같은 특징을 지닌다고 하였다.

① 활동은 가정, 학교 및 지역사회 상황에서 논리적 수행 단위를 나타내는 연속(chains)된 행동이다.
② 활동의 완성은 지역사회에 참여하고 독립적으로 생활할 수 있는 능력을 증진하는 의미 있는 결과로 산출된다.
③ 활동으로 구성된 행동들은 예측 가능하게 수행되며, 자연적 상황에서 수행되는 일반적 순서로 구성된다.

이와 같은 세 가지 특징으로 기능적 교육과정에서 포함되는 일반적 '활동'에 대한 정의는 '식료품 구입하기'의 예로 나타낼 수 있다. ① 식료품 구입하기는 지역사회에서 성인의 생활에서 일상적으로 이루어지는 것이다. ② 이것은 학생을 위해 의미 있는 결과를 산출한다. 학생으로 하여금 영양에 필요한 것을 충족시켜 주기 때문이다. ③ 식료품 구입하기에 필요한 기본적 반응 순서는 예측 가능하고 누구나 하는 순서, 즉 일반적으로 이루어지는 것이다(예: 마트에 가기-카트 꺼내기-물건 골라 담기-물건 값 계산하기-가게 나오기). 반대로 동전 세기와 같은 기술(skills)은 '활동'으로 정의하기 어렵다. 왜냐하면 동전 세기 능력은 그 자체에서 학생을 위해 의미 있는 결과를 산출하지 않기 때문이다. 동전 세기 기술은 학생이 식료품 구입하기와 같은 활동을 완성하기 위하여 다른 여러 가지 교과나 발달적 기술과 연계될 필요가 있다.

셋째, 포함된 활동들이 이웃이나 지역사회 내에서 이루어지는 지역적 항목들로 구성되어 있다. 즉, 학생의 실제적 요구를 반영하는 활동을 강조한다. 따라서 지역사회에서 요구되는 활동들의 목록은 학생의 교육 프로그램의 내용이 될 수 있다. 또한 활동들은 학생이 기능적으로 활동할 수 있게 일정을 계획할 필요가 있다(환경 분석이라고도 함).

넷째, 학생에게 지도하는 교육적 · 발달적 기술은 일정이나 활동의 성공적 수행을 위해 필요한 것이다. 이러한 교육적 · 발달적 기술은 실제 수행에서 필요로 하는 것들에 기초하여 선정된다. 예를 들어, 학생이 원하는 식료품을 구입하기 위해서는 찾는 식품 표시 단어를 읽을 수 있어야 하고, 구입할 물건 수를 셀 수 있어야 하며, 많고 적음을 결정할 수 있어야 한다. 그리고 식료품 가격에 맞게 금액을 지불하거나 거스름돈을 받아야 한다. 지역사회 중심 교육은 교육적 · 발달적 기술 지도의 중요성을 강조하지 않는 것이 아니라 가르쳐야 할 기술들이 바로 지역사회에 적용될 수 있고, 가정, 학교 및 지역사회에서 학생이 수행하는 데 활용될 수 있는 것임을 강조한다.

McDonnell 등(1996)은 일정, 활동 및 기술과의 관계를 〈표 7-1〉과 같이 설명하였다. 이 구조는 개별화교육계획(IEP)과 개별화전환계획(ITP)을 작성하는 데 필요한 목표 설정과 학생의 전반적인 교육과정 개발에 도움을 준다. 또한 기능적 교육과정의 환경 분석과 맥락을 같이한다.

표 7-1 일정표, 활동, 기술 관계

일정표	활동	기술
식단 계획하기	주 메뉴 개발하기	요리책 읽기 주별 스케줄 활용하기
	음식 목록 만들기	음식 단어 쓰기
	버스 타기	버스 번호 익히기
	식료품 구입하기	음식 단어 읽기 물건 사기
	식료품 가게 이용하기	식료품 분류하기 물건 사는 순서 익히기

2. 지역사회 중심 교수 절차

지역사회 중심 교수는 학생의 궁극적인 삶의 질을 향상하는 데 목적이 있다. 따라서 교육과정은 장애학생이 실생활과 졸업 이후 기대하는 결과를 성취할 수 있도록 교육 프로그램이 구성되어야 한다. McDonnell과 Hardman(2009)은 교육계획을 하는 데에 개별화교육지원팀과 학생에게 도움이 될 몇 가지 제안을 하였다. 이를 ① 목표설정 단계, ② 과제분석 단계(일반 사례 분석 단계), ③ 교수적 전략 선정 및 적용 단계, 그리고 ④ 평가를 위한 자료수집 단계로 살펴본다.

1) 목표설정 단계

(1) 목표설정 시 고려 사항

지역사회 중심 교육과정의 일정표와 활동 내용을 결정하는 것은 사전에 순서를 정해 결정하는 것이 아니라 많은 요소를 고려하면서 장애학생과 개별화교육지원팀의 상호작용 과정에서 요구되는 것이 무엇인가에 따라 결정된다.

- 효과성: 처음 고려해야 할 사항은 일정표 혹은 활동이 학생 삶의 질에 효과를 미칠 수 있는 것이어야 한다는 점이다. 즉, 일정표와 활동 내용 선정에서 중요한 점은 오랜 기간에 걸쳐 가정, 학교 및 지역사회 장면에서 학생의 참여를 증진시키는 것이어야 한다는 것이다.
- 포괄성: 성공적인 지역사회 및 졸업 이후 적응을 위해서는 장애학생이 지역사회 생활의 모든 측면에 참여할 수 있어야 한다. 이는 장애학생이 지역사회에 기여할 수 있는 기회를 가져야 함을 의미하고, 자신에게 필요로 하는 것들을 스스로 관리할 수 있어야 함을 말한다. 또한 이들이 삶을 즐길 수 있는 여가와 레크리에이션 활동에 참여할 수 있어야 한다. 우선적인 일정과 활동을 선정할 때, 개별화교육지원팀은 장애학생이 필요로 하는 모든 것을 교육계획에 포함하기 위해 지역사회에서 학생의 현재와 장차 삶에 대한 모든 측면을 살펴야 한다.
- 자기결정: 학생의 교육계획 일정과 활동은 학생 자신의 생활에 대한 통제를 증진하는 것으로 선정되어야 한다. 장애학생 스스로 다양한 선택권을 가질 수 있는 기회를 주어야 하고, 효과적으로 자신의 활동과 일정을 선택하는 방법을 배울 수 있어야 한다. 또한 자신의 요구를 주장할 수 있고, 자신의 미래 계획에서 자율성이 증진되도록 하여야 한다.
- 통합: 선정된 일정과 활동은 학교와 지역사회에서 학생들의 참여를 증진하는 것이어야 한다. 또한 일반 또래와 서로 상호작용할 기회를 높일 수 있는 것이어야 한다. 학생에게 친숙한 지역사회 환경 상황에서 이들이 학교나 일 그리고 이웃에서 사회의 일부가 될 수 있는 기회를 가져야 한다.
- 연령-적합성: 장애학생이 지역사회에서 일과 생활을 할 수 있다고 하는 것은 생활을 독립적으로 스스로 할 수 있어야 하고 자신의 삶에 대하여 책임질 수 있음을 의미한다. 학교를 떠나 사회에 진출했을 때 자신의 생활연령에 맞는 적절한 사회적 활동을 할 수 있어야 한다. 따라서 일정과 활동 선정에서는 동일한 연령에서 전형적으로 기대되는 것들이 학생의 교육계획에

포함되어야 한다.

- 위험과 안전: 장애학생의 자율성을 높이면 상대적으로 위험 요소와 안전 문제가 발생할 가능성이 높아진다. 그렇다고 학생의 안전을 너무 따진다고 하면 학생을 교육활동에서 고립시키는 결과를 가져올 것이다. 따라서 교육계획에서 학생의 위험과 안전을 균형 있게 고려해야 한다.

(2) 학생의 수행 방법 결정하기

지역사회 중심 교육과정은 모든 일정과 활동에서 학생이 다양하게 교육적이고 발달적 기술을 활용할 것을 권장한다. 학생의 교육계획에서 장애학생이 일반교육의 학습과 발달적인 기술에 접근하기 어려울 경우 개별화교육지원팀은 이들이 수행할 수 있는 전략을 고려해야 한다. 일정과 활동에서 인지적 · 언어적 · 신체적 · 교육적 요구를 일반적인 방법으로 수행할 수 없는 장애학생도 가정, 학교 및 지역사회 활동에 참여하도록 해야 한다. 예를 들면, 글을 읽을 수 없는 학생의 경우 식료품 구입하기에서 식품의 그림을 보고 물건을 구입할 수 있도록, 음성 언어가 명확하지 않은 학생의 경우 의사소통 보조 장치를 통해 그들이 원하는 것을 구입할 수 있도록 해야 한다.

(3) 우선 지도 일정표와 활동 그리고 졸업 이후 기대되는 결과와의 연관성

개별화교육지원팀은 장차 학생 삶의 질에 잠정적으로 영향을 주는 우선적 일정과 활동을 평가하여야 한다. 예를 들면, 식료품 구입하기, 버스 타기, 현금 인출기 사용하기 등이 지역사회와 학교 졸업 후 학생의 목적을 성취하는 데 도움이 되는가에 대해 개별화교육지원팀은 점검해 볼 필요가 있다.

IEP의 목표는 장애학생 개인의 입장에서 볼 때 궁극적으로 학교 이후 성과에 대한 것이다. 이는 결국 장애학생 미래의 교육적 성취 결과인 IEP의 장기 목적과 연계되어야 함을 의미한다. 따라서 목표들은 IEP의 목적에 대한 졸업 이전과 이후의 과정에 중점을 두고 설계되어야 한다. 또한 목표들은 장애학생 개인을 위해 설계된 IEP의 주요 구성 요소와 내용들을 반영하는 것이어야 한다. 즉, 교수 목적은 IEP의 목적에 기술된 지식과 기술이 연관되어야 한다. 지역사회 적응과 졸업 이후 상황에서 필요로 하는 지원과 서비스에서도 이 목적들의 연관성이 강조되어야 한다.

(4) 목표의 선정

지역사회 중심 교수에서는 다양한 목표가 제시될 수 있다. 장애학생 개인의 미래 진로와 부모의 요구에 따라 목표의 유형이 달라질 수 있을 것이다. Cronin과 Patton(1993)은 목표 선정 시 고려해야 할 순서를 다음과 같이 제시하였다.

① 학생의 각 영역에 대한 수행을 평가하고, 학생이 능력을 발휘할 바람직한 장래 환경을 밝힌다.
② 계획된 미래 환경에서 기능할 학생의 현재 환경과 관련한 활동 및 기술을 밝힌다.
③ 관련된 현재와 미래 활동을 검토하고, 몇 가지 영역을 선정하고 연령에 적절한 활동들을 제시한다.
④ 이 활동들을 가장 많이 일어날 활동에서 가장 적게 일어날 활동 순으로 나열한다.
⑤ 이 활동 목록에서 학생의 안전에 중요한 것을 우선 정한다. 다음으로 미래 환경에 독립적으로 살아가는 데 필요한 영역을 정한다.
⑥ 즉시 지도해야 할 교수내용을 선정한다.
- 현재 학생의 안전에 가장 중요한 활동
- 미래 독립적으로 살아가는 데 중요하고 가장 많이 활용될 활동

⑦ 그 외 ④에서 제시한 활동들을 선정한다.

전체적으로 목표 선정은 우선적으로 실제 생활환경과 연관이 있어야 한다. 그

리고 장애학생의 연령과 발달 정도 역시 중요한 고려 대상이 된다.

2) 과제 및 일반 사례 분석 단계

(1) 과제분석

과제분석(task analysis)은 과제 일정의 전 과정을 명확하게 하고, 작은 단위의 기술들을 순차적으로 배열하는 것을 의미한다. 과제분석을 할 때, 교사는 학습자에게 기대하는 결과를 얻기 위하여 수행에 필요한 구체적인 행동을 결정한다. 또한 교사는 이러한 행동이 수행되어 결과가 효율적이고 성공적으로 이루어질 것이라고 생각하는 순서를 정한다.

그리고 과제분석은 제한된 단일 상황에서 교수에 대한 과제분석을 해야 할 경우가 있고, 여러 상황에 걸쳐 일반적으로 과제분석을 해야 할 경우가 있다. 어느 상황에 맞추어 과제분석을 할 것인지는 훈련 상황에 대한 학생의 장애 정도와 적응 능력에 따라 달라질 수 있다. 그리고 과제분석은 다음과 같이 진행할 수 있다(신현기, 김형일, 유장순 역, 2001).

과제분석 과정은 과제의 시작과 끝을 먼저 파악해야 한다. 첫 단계는 훈련되지 않은 상황에서 일정을 수행하기 위하여 '자연적 단서'가 바로 이어질 수 있는 과제-관련 행동으로 시작할 수 있다. 여기서 '자연적 단서'는 활동이 수행되기 전 자연적 환경에서 개인이 일반적으로 받아들이는 정보를 의미한다(Faley et al., 1980). 예를 들면, 자연적 단서는 '식사하러 가기' '횡단보도 도착하기' '아침의 알람 소리' 혹은 '점원이 요구하는 가격표'가 될 수 있다. 이러한 각 단서는 바로 구별이 가능하면서 적절한 것이어야 한다. '횡단보도 도착하기'의 다음 단계는 '교통 신호 보기'이고, '식사하러 가기'의 다음 단계는 '식사하는 곳으로 이동하기'가 될 수 있다.

과제분석의 마지막 단계는 일정의 기대하는 결과 바로 앞의 성취 행동을 밝히는 것이다. 예를 들면, '의사소통의 상호작용'이라는 일정에서, 기대하는 결과는 학생이 '요구한 것을 얻는 것'일 수 있다. 마지막 단계는 의사소통판에서 '적절한 그림을 지적하는 것'일 수 있다. '재킷 입기' 기대 결과는 '문 밖으로 나가는 것'이나 '재킷의 지퍼 올리기'가 이 단계의 마지막이 될 수 있다. 즉, 학습자의 기대되는 결과(행동)가 수행되었을 때 완료된다.

일단 시작 단계와 끝 단계가 정해지고 나면, 교사는 단계 내에 절차를 결정한다. 단계의 크기와 수는 학생의 현재 수행능력과 과제의 복잡성에 따라 달라질 수 있다. 만일 학생이 스스로 할 수 있는 것이 거의 없고, 일정을 완성하는 데 교사의 지원을 상당히 많이 필요로 할 것 같으면, 좀 더 작은 크기의 단계로 과제분석을 한다. 이는 교사가 학생의 진행 과정을 평가할 수 있고 바람직한 교수적 결정을 할 수 있기 때문이다. 점심 일정에서 지원을 많이 필요로 하는 학생이라면, '점심 챙기기'라는 단계가 너무 큰 제목일 수 있다. 이런 경우 더 작은 단계로 쪼갤 수 있다. 또 한 과제를 수행하는 데 과제 내 행동이 서로 비슷하지 않거나, 서로 관련이 없는 일련의 반응으로 구성되었다면, 단계를 더 작게 나누는 것이 바람직할 것이다. 또한 불필요하거나 중복된 행동(활동)이 나타나지 않도록 해야 한다.

반면, 학생이 몇 가지 연속적인 단계를 독립적으로 수행할 수 있다면, 이 몇 가지를 하나의 단계로 합칠 수 있다. 이는 학생이 가장 부족한 부분이나 기술에 중점을 두고 훈련할 수 있게 해 주고, 훈련 과정의 시간과 노력을 줄일 수 있다.

완성된 과제분석이 15단계 이상으로 구성되었다면, 하나의 일정을 몇 가지 다른 일정이나 하위 일정으로 나눌 필요가 있다. 실제 실행 과정에서 과제분석이 15단계 이상을 초과하면 일정을 운영하는 데 어려움이 많기 때문에, 50에서 55단계를 요구하는 점심시간 일정이 있다면 세 가지 일정인 점심 준비하기, 점심 먹기, 식사 후 치우기로 나누어 단계를 줄일 수 있다.

(2) 일반 사례분석

일반 사례분석(general case analysis)은 전통적인 과제분석 절차를 확장하여 수행 상황에서의 단계와 자극 변인을 나타낸 개념이다(Horner, Sprague, & Wilcox, 1982). 예를 들면, 현금 인출기는 장소나 위치에 따라 각양각색이다. 은행에 따라 다를 수 있고, 기계 종류에 따라 다를 수 있다. 그러나 교사가 지역 내에 있는 모든 현금 인출기에 대한 과제분석과 훈련을 하기보다는 상황에서 가장 일반적인 변인이 될 은행을 골라 훈련하면 훨씬 쉽게 접근할 수 있을 것이다. McDonnell과 Hardman(2009)은 여섯 가지 일반 사례분석 과정을 통해 지역사회에서 지적장애나 발달장애 학생을 위해 보다 효과적으로 적응 훈련을 할 수 있다고 소개하였다. 〈표 7-2〉는 다음의 여섯 가지 접근 원리에 따라 구성한 일반 사례분석 예시다.

① 학생이 활동을 완성할 가능성이 높은 상황을 선정한다.

학생이 수행을 완성할 것이라 기대되는 모든 상황을 분석한다. 분석된 상황의 수는 학생이 생활하면서 필요성을 보이는 지역사회와 이웃이 될 것이다. 학생이 지역의 모든 식료품점을 다녀야 하는 것이 아니기 때문에 학생과 직접적이고 좀 더 기능적인 인근의 가게 몇 곳을 선정하여 분석한다. 개별화교육지원팀에서 지역의 어떤 가게를 분석 대상으로 할 것인지 정할 수 있을 것이다. 그리고 상황에서 수집된 정보는 교수를 위한 훈련 장면에서 활용할 수 있다.

② 활동에서 학생이 수행할 범위를 선정한다.

학생이 수행을 완성할 수 있을 것이라 기대되는 것은 이들의 구체적 요구에 따라 상당히 다양하게 나타날 수 있다. 예를 들면, 혼자 과자 사 오기, 음료수 사 오기, 과일 사 오기, 집에 혼자 있을 때 점심 챙겨 먹기 등이다. 또한 학생이 어느 정도 완성할 것으로 기대하는지 밝히는 것도 중요하다. 또래가 수행하는 방식으로 완성하는지 혹은 대안적인 몇 가지 다른 단계의 수행 전략들이 있는지를 확인해야 한다. 글씨를 읽지 못하는 학생의 경우 각 단계를 그린 그림 카드로 가르치는 단계를 선정하여 지도할 수도 있다.

③ 일반적인 활동 단계를 정한다.

공통적인 수행의 모든 장면을 단계별로 분석한다. 예를 들면, '카트 가져오기' 단계에서는 모든 마트 상황에서 '카트 가져오기' 단계를 분석하기보다는 카트를 꺼내 가게로 가져오는 가장 일반적인 상황으로 분석한다.

④ 각 단계에서 일반적인 자극 내용을 선정한다.

학생이 각 단계를 언제, 어떻게 완성할 것인가를 조정할 수 있는 일반적인 자극을 정한다. 예를 들면, '카트 가져오기' 단계에서 일반적인 자극은 '카트 보관소'와 '카트'가 될 것이다.

⑤ 기대되는 수행 장면을 선정한다.

일반적인 활동 단계와 자극에서 관찰된 다양한 변인을 기록하고 기대되는 수행 장면들을 선정한다. 일반적인 자극에서 교사는 대상이나 사건에서의 차이를 기록한다. 예를 들면, A라고 하는 마트에서는 카트 보관소가 출입구 앞에서 꺼내게 되어 있고, 다른 마트에서는 조금 떨어진 뒤쪽에서 꺼내게 되어 있다면, 학생이 반응해야 할 행동을 수정할 필요가 있다. 상황에 따라 다른 자극 변인에 반응을 달리하도록 해야 한다. 일반적인 자극과 활동 상황에서 변인은 학생을 가르치는 훈련 장면에서 다룬다.

⑥ 훈련 상황을 선정한다.

과제분석의 가장 작은 장면인 이 단계의 목적은 교수를 위해 학생을 자극 변인에 노출시키는 것이다. 이 자극 변인은 학생이 지역사회에서 마트를 이용할 수 있는 가장 일반적인이고 대표적인 것을 골라 수행하도록 한다. 다음은 관계 및 자극 변인 선정 시 고려할 점이다.

- 훈련이 이루어지는 곳과 가장 가까운 장소를 선정하여 시작한다.

- 단계 및 자극 변인이 학생에게 해당되는 변인들인지 확인한다.
- 교수가 이루어지기 쉽고 시간을 절약할 수 있는 곳으로 선정한다.
- 처음 선정한 장소와 많이 다른 곳을 선정한다.
- 단계 및 자극 변인은 학생이 가장 폭넓게 노출될 수 있는 내용으로 선정한다.
- 단계 및 자극 변인은 가능한 한 꼭 필요한 최소한의 숫자로 정한다.

표 7-2 일반 사례분석 예시

단계(자극)	자극 변인	반응	반응 변인
1. 입구 문	1) 자동문-회전 2) 자동문-미닫이 3) 자동문-여닫이	1. 가게로 들어가기	1) 걸어 들어가기 2) 문을 밀고(당기고) 걸어 들어가기
2. 카트	1) 카트 보관소 2) 가게 내 카트	2. 카드 가져오기	1) 카트 앞줄에서 빼기 2) 카트 뒷줄에서 빼기
3. 쇼핑 통로 (그림 카드)	1) 캔 식품 2) 냉동식품	3. 대상 물건이 있는 통로 둘러보기	1) 넓은 통로 2) 좁은 통로
4. 그림 카드 품목 선택	1) 선반 위, 개방형 선반, 냉동 케이스 진열 2) 선반 중간, 개방형, 폐쇄형 진열품, 폐쇄 냉동식품 3) 개방형 선반 바닥, 폐쇄 냉동 케이스, 개방형 냉동 케이스	4. 물건 담기	1) 선반 위에서 내리기 2) 문을 열고 선반 위에서 내리기 3) 중간 선반에서 내리기 4) 문을 열고 중간 선반에서 내리기 5) 선반 바닥에서 물건 담기 6) 문을 열고 선반 바닥에서 물건 담기
5. 계산하기	1) 계산대 줄서서 대기하기 2) 카트 계산대로 붙이기	5. 계산대로 가기	1) 카트 계산대에 대기 2) 줄 따라 나가기
6. 계산 확인하기	1) 물건 스캔 확인하기 2) 물건 계산 확인하기	6. 물건 스캔	1) 위쪽 바코드 확인 2) 아래쪽 바코드 확인
7. 포장지, 쇼핑 가방	1) 스캔 왼쪽 2) 스캔 오른쪽 3) 종이 쇼핑가방 4) 비닐 쇼핑가방	7. 물건 담기 (포장지)	1) 포장지 꺼내기 2) 물건 담게 포장지 벌리기

8. 계산하기	1) 현금 지급 2) 잔돈 받기 3) 모니터 확인 4) 영수증 받고 사인하기	8. 계산하기	1) 현금 꺼내고 지출하기 2) 잔돈 확인 3) 잔돈 받기
9. 잔돈 바꾸기	1) 교환기 모니터 확인 2) 영수증 받기	9. 잔돈 바꾸기	1) 동전 교환기로 가기 2) 동전 내려받기
10. 가방 들기	1) 가방 오른쪽, 왼쪽 2) 종이가방, 비닐가방	10. 가방 들기	1) 가방 끈 잡기 2) 가방 들어올리기
11. 출구 문	1) 자동문-회전 2) 자동문-여닫이 3) 이중 문 열기	11. 가게 나가기	1) 걸어 나오기 2) 가게 문 열고 걸어 나오기

출처: McDonnell & Hardman (2009).

3) 교수적 전략 선정 및 적용 단계

(1) 기초선 측정

기초선(baseline)은 과제분석이 끝나고 학생의 현재 수행 단계 혹은 수행 수준을 어디에서 시작할 것인가를 결정하기 위한 출발점이라고 할 수 있다. 기초선은 학생이 과제를 완성하는 데 기대되는 수행 수준을 평가하는 데 초점을 두어야 한다. 특히 과제를 정확하게 완성할 수 있는지 없는지, 과제를 완성하는 데 지원을 필요로 한다면 그 지원 수준이 어느 정도인지를 구체적으로 제시하여야 한다. 교수의 궁극적 목적은 학생이 교사의 도움 없이 스스로 과제를 완성하는 것이다. 따라서 기초선은 현재 학생의 지원 수준에서 점차 도움 없는 단계까지 도달하기 위한 교수나 훈련의 시작점이다. 예를 들어, 지원의 수준을 언어적 지원-제스처-부분적 신체적 지원-전반적 신체적 지원의 순서라고 했을 때, 학생이 "싱크대에 가라."는 교사의 언어적 지시를 듣고서 반응이 없자, 교사가 학생의 손을 잡고 싱크대 중간쯤까지 데리고 가는 중에 학생이 싱크대로 가는 것임을 알고 나머지 부분은 혼자 싱크대에 갔다고 하면, 이 학생의 현재 기초선 수준은 부분적 신체적 지원에 해당한다. 이 단계에서 교수의 최종 목표는 언어적 지시만 듣고 '혼자 스스로 싱크대에 가는 것'이 될 것이다.

진단 자료 목록(예시)

교 사: 김 지 도　　　학 생 명: 최 선

교육내용: 통학버스에서 내려 교실까지 이동

날 짜:

교수 시작 단서: 교사가 최선에게 다가간다.

기대되는 효과: 학급활동에 참여

교육내용 총 시간: 3분 10초　　　대기시간: 3초

교사 지원 유형			
FP	전반적인 신체적 보조	V	직접적인 언어적 지시
PA	부분적인 신체적 보조	I	자연적인 단서, 독립적 행동
G	제스처	ED	총 시간 초과

	단계	총 시간	1차 평가	2차 평가	3차 평가	초기 지원 유형
1	안전벨트 도움 요청하기	2초	FP	FP	FP	V/FP "도와주세요."라고 말하고 도와 달라는 시늉을 한다.
2	통로 걸어 나오기	15초	V	V	V	V "교실로 가자."
3	도시락이나 기타 물건 챙기기	10초	V	V(ED)	I	I (비고: 계획한 지원으로 수행하나 총 시간 지연)
4	버스 내리기	5초	PA	I	I	I
5	건물 입구로 걷기	35초	PA	PA	PA	PA 손을 잡고 걷는다.
6	현관문에서 도움 요청하기	2초	FP	FP	FP	V/FP "도와주세요."라고 말하고 도와 달라는 시늉을 한다.
7	건물 들어가기	2초	PA	PA	PA	PA 손을 잡고 건물에 들어간다.
8	교실로 걸어가기	60초	PA	FP	PA	PA 손을 잡고 걷는다.
9	도시락이나 기타 물건 내려놓기	10초	PA	G	FP	FP 손을 잡고 사물함이 있는 곳으로 간다.
10	코트 벗기	7초	I(ED)	I	I(ED)	I (비고: 교수 진행 중에 시간 초과를 적는다)
11	옷걸이 찾는 것 도움 요청하기	2초	FP	FP	FP	V/FP "도와주세요."라고 말하고 도와 달라는 시늉을 한다.
12	코트 걸기	4초	G	PA	V	4번째 시도에서, G

출처: 신현기 외 역(2001).

(2) 교수 수행

① 촉 진

촉진(prompting)은 학생이 행동이나 반응을 하기 전이나 하는 동안, 제시되는 어떤 단서이거나 교수다. 또한 정반응 행동을 높이고 실패 가능성을 줄이기 위한 것이다. 효과적인 교수적 촉진은 구체적 과제 및 개인에 따라 다양할 수 있다. 촉진의 목적은 가능한 최소한의 지원으로 학생이 정반응 행동을 하도록 유도하는 것이다.

따라서 계획적이고 체계적인 촉진의 제시와 소거가 중요하다. 〈표 7-3〉은 손 씻기 과제에서 "싱크대로 가라."라는 교사의 지시 단계를 수행하는 데 필요한 지원 및 촉진 유형을 제시한 것이다.

표 7-3 지원 유형

청각이나 시각적 지원	
직접적 언어적 단서(V)	교사는 단지 언어적 지시만 한다(아니면 약간의 대안적인 의사소통 모드를 제시한다). 손 씻기 일정에서, 학생이 싱크대에 혼자서 가지 못하면, 교사는 "싱크대로 가라."와 같은 단서를 제시한다.
제스처 단서(G)	요구하는 반응의 특성을 나타내는 정보를 제시하는 제스처나 표현(demonstration)을 나타낸다. 예를 들면, 교사가 싱크대 쪽을 가리킬 수 있다.
신체적 지원	
부분적인 신체적 지원(PA)	학생의 신체 움직임의 일부를 교사가 그대로 하게(mold) 해 준다. 교사가 학생으로 하여금 싱크대 쪽으로 향하게 할 수 있고, 학생을 한두 걸음 정도 싱크대로 데려갈 수 있다.
전반적인 신체적 지원(FA)	학생의 신체적인 움직임을 교사가 완전히 지원(mold)해 준다. 학생이 움직여서 싱크대까지 가는 데 필요한 모든 지원을 교사가 해 준다.

출처: 신현기 외 역(2001).

- 점진적 촉진 감소 체제(system of decreasing prompt): 이 지원 방법은 점진적으로 지원의 수준을 점차 줄여 가는 것이다. 두 개 이상의 촉진을 지원의 정도가 높은 수준에서 점차 지원의 수준이 낮은 것으로 배치한다. 처음 학생에게 과제를 제시할 때, 도움을 많이 주는 높은 수준의 촉진으로 시작한다. 그리고 지원을 점차 소거하여 도움이 없이 학생이 스스로 과제를 수행할 수 있도록 한다. 점진적 촉진 감소 체제를 사용하더라도 〈표 7-3〉과 같이 한 번에 제시된 모든 촉진을 사용하는 것은 아니다.
- 최소 촉진 체제(system of least prompts): 학생들은 촉진이나 어떤 지원을 하지 않고서도 과제를 수행하는 경우가 있다. 최소 촉진 체제는 지원을 하지 않은 상태에서 학생으로 하여금 과제를 수행하게 하고 필요한 경우 지원을 늘려 가는 방식이다. 이는 많은 지원을 하지 않고 학생이 과제를 수행할 수 있는 기회를 제공하기 위함이다. 따라서 교사는 학생이 과제를 성공적으로 수행하는 데 필요한 최소한의 지원을 하고, 학생이 반응할 때까지 5~6초를 기다려 준다. 이후 학생이 반응을 하지 않거나 오반응을 하게 되면, 이보다 지원 정도가 더 높은 촉진을 사용하여 해당 단계를 반복한다. 촉진은 학생이 과제의 행동을 수행할 때까지 계속 증가시켜 나간다. 〈표 7-3〉에 제시한 "싱크대로 가라."라는 훈련에서 최소한의 촉진 체제를 예를 들어 보면, 먼저, 교사는 언어적 언급 없이 시작한다. 학생이 싱크대를 보고 있으면, 교사는 "어디에 가야 하지?"라고 한다. 그리고 5초를 기다린다. 학생이 반응이 없으면, 교사는 다시 싱크대가 있는 곳을 가리킨다(제스처 촉진). 그리고 학생이 싱크대로 이동한다. 만일 교사가 싱크대가 있는 곳을 가리켰는데 5초 내에 이동하지 않으면, 교사는 부분적 신체적 지원을 한다.
- 시간-지연 전략(time-delay strategy): 시간-지연 전략은 학생으로 하여금 오반응 없는 실행을 하기 위해 지원 수준(언어적 지원, 제스처, 모델링, 신체적 지원)에 따라 즉각적 촉진을 제시하는 것이다. 그리고 학생이 정반응을 어떻게 하는지 모를 때 정확한 같은 반응을 할 수 있도록 하는 것이다. 이를 위

해 교사는 학생이 스스로 반응할 기회를 주기 위해 짧은 '시간 지연' 설정을 해 두었다가 촉진을 실시한다. 기본 전략은 학생이 어떻게 반응할지 모르면 학생은 기다리게 되고, 교사는 '가장 효과적인 촉진'을 사용하여 올바른 반응을 학생에게 보여 준다. 시간-지연 전략에는 두 가지 방법이 있다. 먼저 점진적(progressive) 시간 지연은 회기가 진행되면서 교사가 촉진을 주기에 앞서 대기 시간을 점차 늘려 나가는 방법이고, 다른 한 가지는 대기 시간을 점차 줄여 나가는 방법이다.

② 촉진의 활용 순서

[그림 7-1]은 촉진을 통한 훈련의 흐름을 보여 주고 있다. 실제에서는 이러한 틀을 그대로 따르는 것은 아니지만, 훈련 시 기본적인 진행 순서로 활용할 수 있을 것이다(신현기 외 역, 2001).

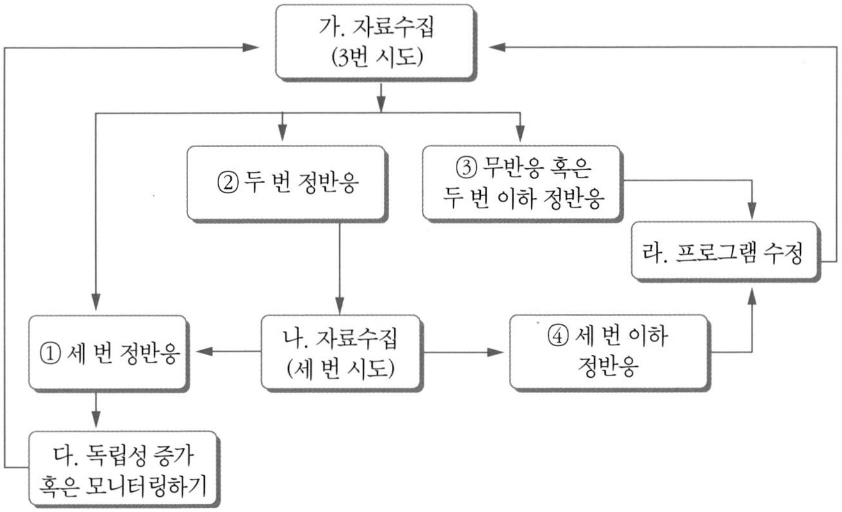

[그림 7-1] 촉진의 교수 활용

가. 세 번의 교수 시도에서 수집된 자료를 가지고 시작한다. 그리고 학생의 반응을 확인한다.

① 만일 세 번의 시도가 정확하다면, 좀 더 독립적인 곳('다')으로 이동한다. 그리고 위의 '가'로 돌아간다.

설명: 촉진의 수준을 변화시킴으로써 혹은 촉진을 점차 없애거나, 인위적인 강화를 없애 줌으로써 학생의 독립성을 더 신장시킬 수 있다. 만일 촉진과 강화가 필요 없다면, 더 이상 독립성으로 이동하지 않아도 된다. 부모나 감독자가 훈련 상황에 참여하고 있다면, 각 단계들에서의 수행을 계속 확인하고, 교사의 위치도 점차 줄여 나가야 한다. 교사의 위치를 학생으로부터 점점 멀리하거나 학생의 눈에 띄는 횟수를 줄이는 것이다. 좀 더 적당한 환경을 만들기 위해 다른 교사, 보조자, 지역사회 인사의 도움을 받아 이와 같은 환경을 만들어 갈 수 있다. 각 단계에서의 교수는 가능하면 반응 양식을 좀 더 정교하게 해 가는 절차를 수행해 나가는 것이다. 학생이 모형 접시를 사용하여 음식을 먹었다면, 더 진전된 교수는 진짜 접시를 사용하여 음식을 먹도록 지도하는 것이다.

② 반응이 두 번 정확한 것으로 나타나면, '나'로 간다.

③ 세 번의 시도에서 맞힌 점수가 무반응 혹은 두 번 이하라면, '라'로 이동하여 프로그램을 수정하고 위 '가'로 돌아간다.

설명: 대부분의 수정은 학생이 적절한 발전 단계로 진행을 하지 않기 때문에 이루어지는 것으로 교사의 지원 정도를 늘리는 새로운 촉진을 사용할 필요가 있다. 촉진 형태(언어적, 제스처, 신체적)는 변경하지 않고 그대로 사용한다. 그러나 학생에게 정보를 제공하는 양은 늘려가야 한다. 예를 들면, 먼 건너편에서 제스처 촉진으로 "싱크대로 가라."라는 반응을 유도하는 데 맞힌 점수가 두 번 이하라면, 교사는 싱크대 가까운 곳에 위치해야 하고 그것을 가리켜야 한다. 만일 부분적 · 신체적 지원 촉진 평가가 부적절한 것으로 나타나면, 교사는 학생을 좀 더 싱크대가 있는 방향으로 안내하여야

한다.

강화 내용을 조정하여야 할 경우, 강화의 수정은 강화 유형, 강화 정도 혹은 강화 스케줄로 조정한다. 훈련에서의 강화는 학생이 수행하는 속도에 영향을 주기 위해 사용하는 것이다. 따라서 이럴 경우, 수정은 학생이 강화를 받기 위해 제한된 시간 간격 내에서 주어진 단계를 완성하도록 하여야 한다.

나. 세 번의 교수 시도로 자료를 수집한다.

① 세 번의 반응이 정확한 것으로 기록되면, '가'의 ①에 따라 좀 더 독립적인 곳으로 이동한다.

④ 그렇지 않다면(세 번 이하 정반응), '라'로 이동하여 프로그램을 수정하고 위의 '가'로 간다.

설명: 만일 학생이 진행에 앞서 어떤 지점에서 촉진이 제시되기도 전에 자발적으로 독립 반응을 보인다면, 반응 기준을 즉시 좀 더 독립적인 기능으로 정한다.

다. 모든 단계에서 독립적인 수행이 이루어질 때, 전 일정의 수행 시간을 정한다. 수행 시간이 만족되면, 일반화 평가를 수행한다. 성공적인 일반화가 이루어지면, 유지 평가 일정을 잡는다. 수행 시간이 만족되지 못하면, 더 잘 수행할 수 있는 추가 훈련을 한다.

③ 강 화

강화는 동기를 부여하여 행동을 이끌어 내는 과정이다. 동기는 학생이 학습을 하는 데 매우 중요한 구성 요소 중의 하나다. 그리고 강화의 목적은 학습의 증진을 높이는 것이다.

자연스러운 사회적 칭찬은 자연적인 상황과 가장 가깝고 자주 활용되는 유형이다. 자연스러운 칭찬의 수준으로 학생이 과제를 성공적으로 수행한다면, 부가적인 훈련 강화를 사용할 필요가 없다. 교사는 자연스러운 강화만으로 학습이 충분한지, 어떤 동기가 필요한지, 얼마나 자주 강화해야 하는지, 그리고 일단 학습이 되었을 때 강화 내용과 수준을 어떻게 줄이고 얼마나 줄인 것인지 등에 대하여 계획하여야 한다.

또한 강화 시간(time)은 훈련 과정에서 매우 중요하다. 모든 긍정적인 강화는 바람직한 행동을 한 즉시 이루어져야 한다. 바람직한 행동에 대한 즉각적인 칭찬은 정반응 행동을 촉진시키는 역할을 하게 된다. 그러나 보상의 경우는 즉각적 제시가 효과가 없을 수도 있으므로, 교사는 활동 이후에 교환할 수 있는 토큰, 카드에 표시하기, 달력에 표시하기 등의 방법을 사용할 수 있다(Wehmam, 1996).

강화 계획(빈도)은 크게 두 가지로 수행한다. 첫째, 지속적 강화 계획(continuous reinforcement schedule)은 학생이 정반응 시 지속적인 강화를 주어 새로운 기술을 익히도록 하는 데 주로 사용한다. 둘째, 간헐적 강화 계획(intermittent reinforcement schedule)은 학생이 점차 독립적인 행동을 하게 되면 실시한다. 간헐적 강화 계획은 강화자가 사전에 결정해 둔 강화의 수 혹은 시간이 일어났을 때 사용한다.

또한 강화는 강화자의 지원 거리와 친숙도를 고려하기도 한다. 학생이 처음 훈련을 실시할 때 교사는 학생 바로 옆에서 강화를 하고, 점차 학생이 과제를 독립적으로 수행하면 거리를 멀리하거나 지원을 철회해 간다. 학생이 처음 훈련할 때 학생과 친숙한 사람이 훈련을 하고, 점차 과제에 익숙해지면 제3자가 훈련에 개입하여 독립성을 높여 간다.

교수과정(예시)

교 사: 김 지 도 학 생 명: 최 선

교육내용: 통학버스에서 내려 교실까지 이동

날 짜:

교수 시작 단서: 교사가 최선에게 다가간다.

기대되는 효과: 학급활동에 참여

교육내용 총 시간: 3분 10초 대기시간: 3초

I	자연적 행동, 독립수행
C	정반응
E	오반응
ED	총 시간 초과
EL	대기시간 초과

단계		기대 시간	지원 유형	지도 방법	1차 평가	2차 평가	3차 평가
1	안전벨트 도움 요청하기	2초	V/FP	"도와주세요."라고 말하고 도와 달라는 시늉을 한다.	C	C	C
2	통로 걸어 나오기	15초	V	"교실로 가자."	EL	C	C
3	도시락이나 기타 물건 챙기기	10초	I	(비고: 계획한 지원으로 수행하나 총 시간 지연)	C	C	C
4	버스 내리기	5초	I		C	C	EL
5	건물 입구로 걷기	35초	PA	손을 잡고 걷는다.	C	E	C
6	현관문에서 도움 요청하기	2초	V/FP	"도와주세요."라고 말하고 도와 달라는 시늉을 한다.	C	C	C
7	건물 들어가기	2초	PA	손을 잡고 건물에 들어간다.	C	C	C
8	교실로 걸어가기	60초	PA	손을 잡고 걷는다.	E	C	C
9	도시락이나 기타 물건 내려놓기	10초	FP	손을 잡고 사물함이 있는 곳으로 간다.	C	C	C
10	코트 벗기	7초	I	(비고: 교수 진행 중에 시간 초과를 적는다)	ED	EL ED	ED
11	옷걸이 찾는 것 도움 요청하기	2초	V/FP	"도와주세요."라고 말하고 도와 달라는 시늉을 한다.	C	C	C
12	코트 걸기	4초	G	옷걸이를 가리킨다.	C	C	EL

출처: 신현기 외 역(2001).

4) 평가를 위한 자료수집 단계

평가(probes)는 적어도 한 달에 한 번은 이전에 학습한 행동을 유지하기 위해, 그리고 훈련 과정에서 새로 나타난 행동을 관찰하기 위해 2주에 한 번 수행해야 한다. 또한 평가는 비훈련 환경에서 일반화가 되었는지를 평가하는 절차를 수행하여야 한다. 평가에는 독립성 평가, 일반화 평가 및 유지 평가의 세 가지 유형이 있다.

유지 평가와 독립성 평가 단위는 최초의 평가 실시 단위와 매우 비슷하다. 그러나 세 번 이상 하기보다는 단지 한 번만 수행한다. 각 단계에서의 수행은 최초의 평가 기간과 같이 기록한다. 그러나 다음의 설명에서는 제외되었지만, 유지 평가가 수행될 때 각 단계의 수행 시간은 기록할 필요가 없다.

- 독립성 평가: 최근 교수한 과제에 대해 평가한다. 교사가 교수와 평가를 제대로 해 왔는가를 확인하는 것이라기보다는 주로 학생이 과제의 단계 수행에서 얼마나 독립성을 획득하였는가를 알아보기 위한 의도로 수행된다. 이러한 평가는 이전에 수행한 각 단계에서 시간을 자연스럽게 증진시켰는지 확인한다. 2주에 한 번씩 수행하는 것이 바람직하다.
- 일반화 평가: 일단 학생이 교사가 선정한 훈련 상황에서 구체적이고 독립적인 행동을 획득하였으면 행동이 일반화될 것인지를 평가하는 것이 필요하다. 이런 평가에서 중요한 점은 학생이 적절하게, 스스로 훈련되지 않은 상황에서 과제를 수행하는가를 결정하는 것이다. 이 평가는 자료수집 체계의 한 부분이다. 그리고 성공적인 교수 활용의 최종 평가 단계다.
- 유지 평가: 학생이 수행할 수 있는 학기 중 학습된 모든 일정에서 수행된다. 즉, 지원 수준이 가장 적고, 가장 자연적인 보상이 이루어지며, 수용할 만한 기간 내에서 이루어진다. 만일 바람직하지 않은 행동이 유지 평가에서 관찰되었다면, 계획의 수정이 이루어져야 한다.

연구문제

1. 지역사회 중심 기능적 교수에 필요한 과제분석을 해 봅시다.
2. 특수교육 대상 아동을 선정하여 지역사회 중심 기능적 교수 단계를 작성해 봅시다.

참고문헌

김형일 (2010). **전환교육의 이해와 실행**. 서울: 교육과학사.

신현기, 김형일, 유장순 역(2001). **중도중복학생을 위한 기능적 교육과정**. 서울: 박학사.

이유훈(2008). 특수교육과 교과내용의 선정. 한국특수교육교과교육학회 (편), **특수교육 교과 교육론**. 서울: 교육과학사.

Browder, D. M., Spooner, F. E., Ahlgrim-Delzell, L., Flowers, C., Algozzine, B., & Karvonen, M. (2004). A content analysis of the curricular philosophies reflected in states' alternate assessment performance indicators. *Research and Practice for Persons with Severe Disabilities, 28*(4), 165-181.

Cronin, T. G., & Patton, J. R.(1993). *Life skills across the curriculum for youths with special needs*. Austin, TX: PRO-ED.

Demchak, M. A. (2005). Three step: Teaching students with severe disabilities in inclusive settings. In M. L. Wehmeyer & M. Agran (Eds.), *Mental retardation and intellectual disabilities: Teaching students using innovative and research-based strategies*. Boston, MD: Pearson Merrill Prentice Hall.

Falvey, M., Brown, L., Lyon, S., Baumgart, D., & Schroeder, J. (1980). In W. Sailor, B. Wilcox, & L. Brown (Eds.), *Methods of instruction for severely handicapped students* (pp. 109-134). Baltimore: Paul H. Brookes Publishing Co.

Horner, R. H., Sprague, J., & Wilcox, B. (1982). Constructing general case programs for community activities. In B. Wilcox & G. T. Bellamy (Eds.), *Design of high school programs for severely handicapped students* (pp. 61-98). Baltimore: Paul H. Brookes.

McDonnell, J., & Hardman, M. L. (2009). *Successful transition programs: Pathways for students with intellectual and developmental disabilities.* Thousand Oaks, CA: SAGE.

McDonnell, J., & Hardman., M. L. (2009). *Successful transition programs: Pathways for students with intellectual and developmental disabilities.* London, United Kingdom.

Snell, M. E., & Brown, F. (2006). *Instruction of students with severe disabilities* (6th ed.). Upper Saddle River, NJ: Pearson.

Thompson, S. J., & Thurlow, M. I. (2001). *2001 state special education outcomes: A report on state activities at the beginning of a new decade.* Minneapolis, MN: University of Minnesota, National Center on Educational Outcomes.

Wehman, P. (1996). *Life beyond the classroom: Transition strategies for young people with disabilities (2nd ed.).* Baltimore: Paul H. Brookes Publishing Co.

Wilcox, B., & Bellamy, G. T. (1987). *A comprehensive guide to the activities catalog: An alternative curriculum for youth and adults with severe disabilities.* Baltimore: Paul H. Brookes.

제 8 장

지적장애 학생의 사회적 기술 지도

학습목표

1. 사회적 기술의 정의 및 의미를 이해한다.
2. 사회적 기술 지도의 영역 및 수준을 이해한다.
3. 사회적 기술 지도 및 현장학습 계획안을 작성해 본다.

인간은 사회 속에서 상호 영향을 받으면서 성장해 가는 사회적 동물이다. 그러나 지적장애 학생은 상황을 이해하고 상호작용하는 능력이 미흡하고, 설정된 상황이나 환경에서 적절하게 대처하는 기술이 부족하다. 따라서 이들에 대한 수행능력을 파악하고 능력에 맞는 적절한 기술들을 지도해야 한다. 특히 기능적이고 실생활 중심의 현장체험학습을 통해서 사회적 기술을 학습하고 능력을 신장시켜 나갈 필요가 있다.

이 장에서는 사회적 기술의 정의와 지도 영역을 살펴보고자 한다. 그리고 사회적 기술 지도를 위해 구체적인 평가방법과 사회적 기술 모형에 따른 단계별 실제 지도 전략을 살펴보도록 한다.

1. 사회적 기술

1) 사회적 기술과 사회적 능력의 정의

Gresham과 Horner(2001)는 사회적 기술(social skills)은 개인이 구체적인 사회적 과제를 능숙하고 성공적으로 수행하는 특정한 행동이고, 사회적 능력(social competence)은 개인이 수행한 사회적 과제를 능숙하게 수행했는가의 여부를 다른 사람의 기준이나 판단에 근거하여 평가한 결과라고 구분하여 제시하였다. 즉, 사회적 기술은 가르치고 배우고 수행해야 하는 행동인 반면, 사회적 능력은 여러 상황에 걸쳐 이러한 행동을 판단하거나 평가하는 능력이라고 하였다.

사회적 기술은 학자들의 관점에 따라 조금씩 달리 정의되고 있다. Foster와 Ritchey(1979)는 사회적 기술은 제시된 상황에서 학생이 상호작용을 할 때 긍정적인 효과를 증진 및 산출할 가능성을 극대화하고, 다른 사람에게 해를 주지 않는 반응들이라고 하였다. Ladd와 Mize(1983)는 인지와 행동이 문화적으로 수용되고 대인관계 목적에 부합되게 행동하는 능력이 사회적 기술이라고 정의하였다. Vaughn과 Hogan(1990)은 사회적 기술을 네 가지 요소, 즉 ① 다른 사람과 긍정적인 관계, ② 연령에 적절한 사회적 인지, ③ 부적응 행동이 없는 것, 그리고 ④ 다른 사람에 대한 적절한 사회적 반응이나 시도로 구분하였다. Gresham(1984)은 사회적 기술 부족, 수행 부족, 자기통제 부족으로 분류하여 설명하였다. 그는 사회적 기술 부족은 요구되는 사회적 인지와 기술을 배우지 못해서 일어나는 것이고, 수행 부족은 기술은 획득되었으나 그것을 수행하는 데 어려움을 지니는 것이며, 자기통제 부족은 적절한 사회적 기술을 획득하고도 수행하는 것을 방해하는 회피적 행동이라고 기술하였다.

사회적 능력은 사회적 기술을 효과적으로 활용하는 것이라고 할 수 있다. Hazel 등(1985)은 사회적 능력을 복잡한 기술의 복합체라고 기술하고, 이는 ① 적절한 상황을 구별할 수 있고, ② 적절한 음성적/비음성적 행동을 결정할 수 있으며, ③ 사회적 규준에 적당하고, 조화 있고 부드럽게 기술을 수행할 수 있고, ④ 반응을 정확하게 읽으며, 그리고 이러한 것을 ⑤ 무리 없이 피드백을 할 수 있는 능력을 포함한다고 하였다. Vaughn, McIntosh와 Zaragoza(1992)는 사회적 능력은 다차원적인 요소로 이루어졌다고 주장하고, 그 구성 내용을 동료관계(peer-relations), 자기수용(self-acceptance), 적응행동(behavioral adjustment) 그리고 사회적 기술이라고 하였다.

이와 같은 연구자들의 주장에 따르면, 사회적 기술은 사회적 능력의 부분적인 요소이고, 사회적 능력은 이러한 기술들의 종합적인 의미를 가진다. 사회적 기술과 사회적 능력은 별개의 요소로 존재하는 것이 아니라 서로 얽혀 있다고 할 수 있다. 따라서 사회적 기술은 정적으로나 부적으로 강화된 행동을 표출할 수 있는 능력, 타인으로부터 제약을 받거나 비판을 받을 만한 행동을 하지 않는 능력, 또는 사회적 상황에 맞게 행동할 수 있는 능력이라고 정의할 수 있다(Gambrill & Richey, 1986).

2) 사회적 기술 지도의 중요성

사회적 기술은 사회에서 모든 학생이 다른 사람과의 관계를 유지하는 데 필요한 요인이다. 사회적 기술은 개인의 전체 생애에서, 가정과 학교에서, 지역사회에서 그리고 직장에서 다양한 사람들과 관계하면서 요구되는 기술이다. 결국 사회적 기술의 결핍은 학교, 직장 그리고 사회생활에서의 적응 실패를 의미한다.

지적장애 학생은 일반 학생보다 이러한 사회적 기술을 획득하고 개발하는 데 어려움이 있는 것으로 보고되고 있다. 그 이유로 지적장애 학생은 사회적 기회가 상대적으로 제한되어 있고, 사회적 기술을 개발하는 데 요구되는 노출과 경험이 부족하기 때문이다. 따라서 교사, 부모 그리고 전문가는 지적장애 학생에게 사회적 기술을 가르치고 훈련할 수 있는 기회를 다양하게 제공할 필요가 있다(Pierangelo & Giuliani, 2004).

3) 사회적 기술의 획득

사회화는 우리의 일상에서 끊임없이 이루어진다. 새롭게 직면하는 여러 상황과 장면에 노출되는 과정에서 사회적 기술을 익히는 것이다. 사회적 기술을 익히게 되는 것은 학생이나 성인이 자기 자신과 다른 사람의 행동을 관찰하고, 행동 방식을 논의하며, 피드백을 받을 수 있는 여러 상황에서의 실천 능력에 달려 있다. 그리고 신뢰와 존경을 받는 사람으로부터 건설적인 피드백을 들을 수 있는 능력과 관련이 있다.

사회적 기술 발달은 매우 일찍 시작된다. 일상생활에서 자신에게 의미 있는 대상에 대한 모방을 통해 이러한 기술이 획득될 수 있다. 사회적 기술이 발달하는 과정을 보면, 적절한 행동과 적절하지 못한 행동을 했을 때 부모의 즉각적 피드백을 통해 기술이 발달된다. 바람직한 행동에 대한 보상과 바람직하지 못한 행동에 대한 지적은 학생으로 하여금 이 다음에는 어떻게 행동해야 하는지를 알게 해 주고, 나름대로의 사회적 기술을 형성하게 하는 과정이 될 수 있다.

사회적 기술을 모델링하는 데 중요한 대상은 친구들이다. 타인의 반응을 읽을 수 있는 학생은 자신이 한 행동에 대한 다른 사람의 긍정적·부정적 반응에 따라 자신의 행동을 수정할 수 있다. 그러나 지적장애 학생의 경우 이와 같은 중요한 피드백 수행에 어려움이 있는 것으로 나타났다(Duncan & Canty-Lemke, 1986: Pierangelo & Giuliani, 2004에서 재인용). 어떤 학생은 사회적 행동에 필요한 기본적인 것도 배우지 못하기 때문에 사회적 고립 상태에 있게 된다.

지적장애 학생이 사회적 기술을 유지하는 데 많은 어려움을 갖게 된 이유는 다음과 같다.

- 대화를 주고받는 기술의 어려움

- 부적절한 시선 맞추기
- 공손함을 유지하지 못함
- 주의력 부족
- 오해를 푸는 방법 부족
- 상호 간의 관심 사항에 대한 대화 주제 찾기 부족
- 얼굴 표정이나 어조에서 사회적 단서 찾기 부족
- 언어적 장애가 있는 경우 의사 전달의 곤란
- 다른 사람과의 대면에서 어느 정도의 위치에 서야 하는지 잘 모름

우선 지적장애 학생의 부적절한 행동에 대한 지도는 가정에서 시작될 수 있다. 가정은 학생의 사회화에 도움이 될 수 있는 실제 놀이에 역할을 줄 수 있으며, 가족은 사회적 활동에 참여할 수 있는 기회를 제공해 줄 수 있다. 예를 들면, 손님에게 인사하고 안내하기, 방석 갖다 드리기, 음식 나르기 등이다. 이와 같은 가정에서의 사회적 활동 조기 참여는 장래 사회 참여에 큰 영향을 준다.

학생이 나이가 들어 가면서 좀 더 낯선 환경에서 부모나 교사가 상호작용을 할 기회를 만들어 지원할 수 있다. 학생이 학교에서 친구와 그리고 집단 활동을 하는 과정에서 서로 협력하는 방법을 익히게 되고, 점차 성숙해 가면서 사회적 기술을 더욱 세련되게 다듬어 가게 될 것이다. 우정은 학생이 타인과의 기본적인 인간관계를 유지하는 데 필요한 만남과 이해 그리고 공유할 수 있는 기회를 갖게 하는 중요한 요소다. 학생은 성장해 가면서 자연스럽게 부모로부터 또래 집단으로 옮겨지게 된다. 친구와의 놀이를 통해 부모에게서 배울 수 없는 사회적 기술과 자신의 정체성을 익히게 된다.

4) 사회적 경험 넓혀 주기

사회적 기술 지도가 어렵고 좌절에 직면하게 되는 것은 구체적인 생각을 실행

에 옮기면서 나타난다. 사회적 행동은 같은 행동이라고 하더라도 맥락에 따라 다르게 적용되고, 장애학생은 상황에 적절하게 그리고 바로 적응하는 능력이 부족하기 때문이다. 따라서 교사는 다음과 같이 다양한 방법으로 이들의 사회적 경험을 넓힐 수 있도록 준비해야 한다(Pierangelo & Giuliani, 2004).

- 바르게 화장하기, 개인위생관리, 자기관리 지도 강조
- 좋은 친구들의 성격에 관한 토론과 탐구하기: 좋은 친구 사귀는 방법, 친구관계 맺기와 유지하기, 친구관계가 이어지지 못하는 이유 알아보기
- 중요한 사회적 행동 모델링하기, 친구관계 맺기에 대한 개인적인 역할놀이하기, 전화로 대화하기, 다른 친구의 관심 사항에 대해 이야기하기, 친구 초대하기, 친구와 활동이나 우정 나누기
- 학생의 취미와 특별한 관심 사항 개발해 주기
- 지역사회에서 여가활동 지원하기
- 학교에서의 특별활동 지원하기
- 지역사회에서 청소년 일터나 자원봉사활동 지원하기
- 과잉보호하지 않기, 실패를 두려워하지 않기, 다른 사람의 거절로 마음의 상처 회피하지 않기

5) 사회적 실수 줄이기

장애학생이 피해야 하는 사회적 실수는 크게 다음과 같은 두 가지다. 첫째, 지나친 과잉 친절 행동이다. 장애학생이 주로 보이는 행동은 낯선 사람을 포옹하거나 뽀뽀하려고 하는 행동들로, 장애학생이 자신을 과시하고 친구를 믿는다고 하는 행동이 전체적으로 이상하게 나타날 수 있다. 둘째, 공공장소에서 다른 사람이 받아들일 수 없는 행동이나 말버릇이다. 특히 자신의 성기를 만지는 행동 등이 있을 수 있다. 이러한 행동은 범법자로 오해받기 쉽다. 모델링이나 설명, 지적

등을 통해 공공장소와 개인적인 장소를 구별하는 것을 지도할 필요가 있다.

2. 사회적 기술 평가

사회적 기술에 대한 평가는 면접을 통한 방법과 대상자를 직접 혹은 간접적으로 관찰함으로써 평가하는 방법이 있다(Schloss, Hughes, & Smith, 1988).

1) 면접법

면접은 교사가 학생의 대인관계와 관련한 자료를 얻는 데 도움을 준다. 면접을 통해 부모나 학생 자신이 대인관계 기술에 대한 현재의 수준을 척도로 나타낼 수 있다. 또한 면접법은 구체적인 기술의 결함을 확인할 수 있다. 이와 같은 정보는 사회적 기술 훈련을 위한 연간(장기) 목적과 단기 목표 설정에 기초가 된다.

또한 면접법은 개인의 사회적 능력에 대한 전반적인 자료를 얻을 수 있게 한다. 예를 들면, 평가자는 면접 과정에서 면접 질문에 대한 대답의 적절성뿐만 아니라 대인관계 관련 행동들, 즉 눈 맞추기, 발화 길이, 비평에 대한 반응 등을 파악할 수 있다.

사회적 기술 면접법은 비구조화나 구조화된 방법으로 실시한다. 비구조화된 방법은 평가자가 질문을 하고 여기에 반응하는 응답자의 대답에 따라 개방적 질문이 이어진다. 따라서 비구조화된 면접법은 구체적인 질문이 사전에 정해지지 않고 응답자의 대답에 대한 평가자의 질문 유형에 따라 달라진다. 특별히 기록방법이나 반응 척도가 정해져 있지 않다.

반면 구조화된 면접법은 평가자가 사전에 질문할 사항, 질문 순서, 질문 형태 등을 구체적으로 정한다. 질문 유형이나 질문 형태 자체로 인해 면접 평가에 영향을 받지 않도록 한다. 응답자의 반응에 따른 기록 유형도 사전에 어떻게 할 것인지 정해 둔다. 이는 기록상에서 평가자의 편견을 최소화하기 위함이다. 사회적 기술 평가를 위한 구조화된 면접법 척도 개발의 주요 4단계는 다음과 같다.

① 평가할 구체적인 대인관계 기술을 결정한다(예: 비평에 대한 반응).
② 각 기술을 따른 개별적 행동을 밝힌다(예: "너 화장이 엉망이구나."라는 소리를 들었을 때 나타내는 반응).
③ 각 행동에 대한 척도를 설정한다.
④ 면접 척도에 대한 지시 사항 등을 준비한다.

2) 관찰법

관찰법은 사회적 행동에 대한 더 직접적인 측정이다. 장애학생의 대인문제 기술에 대한 관찰법은 면접보다 좀 더 객관적으로 타당하고 신뢰를 주는 정보를 제공한다. 관찰법은 크게 두 가지 방법으로 진행된다. 구체적인 정해진 시간 동안 진행되는 실제 장면 관찰법(vivo observation)과 어떤 행동이 일어날 수 있는 통제된 조건을 만들어 실시하는 제한된 관찰법(analogue observation)이 있다.

(1) 실제 장면 관찰법

실제 장면 관찰법은 학교, 가정, 일터, 놀이터 등 자연스러운 상황에서 행동을 관찰하는 것이다. 실제 장면에서 행동을 관찰하기 위하여 다양한 관찰 행동 양식, 즉 빈도 기록법(event recording, 특정 문제의 기록 횟수), 동간 기록법(interval recording, 특정 시간 내 행동의 유무 기록), 지속 시간 기록법(duration recording, 행동의 시작과 종료 표시), 경과 시간 기록법(latency recording, 예상 자극의 제시 후 행동이 시작되기 전까지의 경과 시간 기록; 경과시간기록이라고도 함), 시간 표집법(time sampling, 등간 기록법처럼 특정 시간 내 행동 유무 기록), 삽화 기록법(anecdotal recording, 문제행동의 원인 측정에 이용, 되풀이되는 선행사건과 후속사건의 서술적 기록 방식, 매일 일정한 상황을 삽화 형식으로 기록 후 분석) 등이 사용된다. 관찰 기록은 주어진 관찰 양식에 따라 객관적이고 정확하게 실시한다. 관찰 결과의 분석 또한 사전에 정해진 기준(빈도, 양, 지원 수준 등)에 따라 학생이 보이는 행동의 일관성을 밝히고 이를 교수 자료의 기초로 활용한다.

실제 장면 관찰법은 시간이 많이 소요된다는 점과 모든 사회적 기술과 상황에 적용하기 어렵다는 한계를 가지고 있다.

(2) 제한된 관찰법

제한된 관찰법은 실제 장면 관찰법의 제한점을 극복하기 위해 주로 활용된다. 제한된 관찰법은 상황과 행동이 반드시 연계된다. 교사는 학생이 구체적인 행동을 나타낼 상황을 설정한다. 이는 자연적인 상황이 아니라 임의로 설정한 상황이 된다. 따라서 실제 장면에서 관찰이 어려운 행동들을 측정하고 싶을 때 많이 활용된다. 그러나 제한된 관찰법의 진행 절차 및 관찰 결과의 분석은 실제 장면 관찰법과 거의 동일하게 수행된다.

제한된 관찰법 역시 실제 장면 관찰법과 마찬가지로 시간이 많이 소요될 수 있다. 경도 장애학생의 경우 실제 자연스러운 장면이 아닐 경우 그들의 행동을 잘 표현하지 않을 수 있으니 참고해야 한다.

3. 사회적 기술 훈련 모형

지적장애 학생을 위해 사회적 기술을 지도하는 데 많은 전략이 사용될 수 있다. 여기서는 일반적으로 활용되고 있는 모형들을 살펴본다(Craig, 1994).

1) 모델링

모델링(modeling)은 관찰을 통해 대리 학습(vicarious learning)의 기회를 제공하는 것이다. 즉, 다른 사람의 행동을 관찰하고 대리 경험을 함으로써 학습을 모방하게 하는 것이다. 모델은 실생활, 비디오테이프, 오디오테이프 등으로 이루어질 수 있다. 관찰은 관찰자 자신의 입장에서 관찰하게 한다. 여러 집단이라면, 각 집단의 리더, 구성원들이 서로 모델로서 역할을 할 수 있다. 연구에 따르면, 훈련받는 사람과 연령, 성, 사회적 특성이 비슷하거나 약간 높은 위치(2학년 정도 선배)에 있는 사람이 효과적이다. 특히 관심 있는 상황을 연출할 수 있는 비디오테이프 모델링은 목표 기술을 반복하여 제시할 수 있어 자주 활용되고 있다. 한편 Stowitschek 등(1984: 신현기, 김형일, 유장순, 2004에서 재인용)은 장애아동에게 효과적인 모델링의 종류로 다음의 세 가지를 제시하였다. 즉, 선행 모델링(antecedent modeling), 실수-의존 모델링(error-dependent modeling) 그리고 부분 모델링(partial modeling)이다.

- 선행 모델링: 아동에게 반응을 요구하기 전에 각 단계에서 요구하는 올바른 반응을 교사가 먼저 시범하여 주고 이를 모방하도록 하는 것이다. 즉, 교사의 시범 → 학생에게 반응 요구 → 학생의 반응 → 칭찬의 과정을 거친다.
- 실수-의존 모델링: 아동의 반응 오류가 나타날 때에만 교사가 모델링하는 것으로서 이미 학습한 내용을 복습할 경우에 주로 사용된다. 아동에게 반응 요구 → 아동의 정반응 → 칭찬 → 아동에게 반응 요구 → 아동의 반응 오류 → 교사의 정반응 모델링 → 아동에게 반응 요구 → 아동의 정반응 → 칭찬의 과정을 거친다.
- 부분 모델링: 정반응의 일부를 교사가 제시하여 주고 아동으로 하여금 정반응의 나머지 부분을 완성하도록 하는 방법이다. 교사가 '모자'라는 낱말 카드 제시 → 아동의 무반응 → 교사가 '모~'하고 발성 → 아동이 '모자' 하

고 반응 → 칭찬의 과정을 거친다.

2) 시 연

시연(rehearsal)은 일반적으로 교사나 집단 구성원들이 격려를 위한 피드백이나 제안 등을 함께 활용하는 역할놀이(role playing)나 실행이다. 사회적 기술 훈련이라는 맥락에서 역할놀이는 특정한 언어적 · 비언어적 행동을 증진시키려는 의도로 시도된다. 교사가 학생으로 하여금 문제 상황을 연출하게 하고, 실생활에서처럼 실제 행동에 따르는 인과-결과(consequences)의 염려 없이 대안적인 새로운 행동을 학습할 수 있는 기회를 준다. 또한 학습과정에서 혐오적인 반응 결과로부터 보호받을 수 있으며, 역할놀이는 수행 과정에서 학생이 긍정적 강화를 받아 실제 생활에서도 그와 같은 바람직한 행동을 할 가능성을 높여 준다.

3) 강 화

강화(reinforcement)는 긍정적 행동에 대한 인정과 칭찬이다. 정적 강화는 사회적 · 물질적 · 행동적 보상 등의 유형으로 이루어질 수 있으며, 집단의 리더, 다른 구성원들 혹은 개인 스스로가 할 수 있다. 강화는 행동을 변화시킬 수 있는 효과적인 방법이며, 가치 있는 기술이다.

4) 지적해 주기

지적해 주기(coaching)는 학생의 긍정적인 반응을 유도하기 위해 구체적으로 제안을 하는 교정적 피드백이다. 집단의 리더나 구성원들이 서로 사회적 기술 훈련 상황에서 활용할 수 있다. 이러한 지적해 주기는 개인의 적절한 사회적 반응을 발달시키고 유지하도록 하는데 도움을 준다. 또한 교정적 피드백은 수정하려는 상황에서 긍정적인 측면과 함께 제안하면 효과적이다. 예를 들면, "너의 눈 맞추기는 아주 좋았어. 그런데 너의 목소리를 조금만 더 높이면 더 훌륭할 것 같다."와 같이 말해 준다. 지적해 주기는 다른 사회적 모델링과 함께 활용하면 더 효과적이다.

5) 긍정적 자기-진술

개인은 자기-진술을 통해 강한 영향을 받게 된다. 즉, 사건이나 상황에 대하여 자신의 평가나 해석을 자신의 말로 해 봄으로써 강화를 받는다. 이 메시지에는 평가적(예: "그렇게 한 건 정말 바보 같은 짓이었어.") 요소와 교수적(예: "계속해, 보고 있는 사람이 없어.") 요소를 담고 있다. 모델링, 상상하기, 조건 붙여 생각하기 등과 같은 개인의 내적 대화는 부적응 행동을 긍정적인 행동으로 수정할 수 있는 가능성을 높여 준다. 긍정적 자기-진술 훈련의 첫 과제는 개인으로 하여금 행동에서 가상의 역할놀이를 더 적극적으로 할 수 있도록 돕는 것이다. 인지적·내적 진술 행동은 스스로 개인이 자극하고 인식하는 단서를 활용함으로써 발달된다. 자신의 비합리적 신념이나 부적응적 행동을 스스로 인식하고 난 뒤, 자기반성이나 비판 의식을 발달시키게 되고, 또한 다른 사람으로부터 받게 되는 비판이나 두려움을 의식하고 자기 스스로를 더 긍정적 진술로 대체하는 훈련을 하게 된다(예: "이것은 내가 잘할 수 있는 것이야." "잠깐만, 내가 해야 할 것에 대해 잠시 멈춰 생각해 보자.").

6) 일반화

일반화는 상황 일반화, 행동 일반화 그리고 시간 일반화로 나누어 볼 수 있다. 상황 일반화는 사회적 기술 훈련 상황이 아닌 다른 상황에서 행동을 하게 하는 것이다. 사회적 기술 훈련 상황 외의 다른 여러 상황에 일반화되는 것이다. 행동

일반화는 사회적 기술을 훈련시키고자 한 행동이 아닌 다른 행동을 변화시키는 것이다. 즉, 동일한 자극이 주어질 때 아동이 다른 행동을 수행하게 된다. 시간 일반화는 지도 상황에서 지도 프로그램을 철회한 후에도 지속적으로 훈련받은 행동을 하는 것이다(정대영 외, 1994).

4. 사회적 기술 지도 프로그램 1

사회적 기술 지도를 위한 실제 프로그램을 적용해 보기 위하여 먼저 신현기, 김형일과 유장순(2004)이 제시한 프로그램을 제시하고자 한다. 이 프로그램은 개인생활, 학교생활 및 직장생활 영역에서 기능적 · 효율적으로 사회적 기술을 사용할 수 있는 잠재능력을 개발하는 데 있다. 또한 장애인이 일상생활에서 직면하는 여러 가지 대인 문제를 적절한 방법으로 사고하고 합리적으로 해결하는 능력과 태도를 갖추도록 하는 데 있다.

1) 프로그램 진행 단계

1단계: 학습의 필요성 확립하기

1단계는 직접 교수-학습 단계로, 사회적 기술을 위한 학습의 필요성 확립으로 시작한다. 교사는 특정 기술을 학생이 개인적으로 반드시 인식하고 사용할 수 있는 조건을 유발하고 사고를 도출해 낼 수 있도록 해야 한다. 전체 학습에서 기술(skills)을 나타낼 수 있는 질문, 이야기, 짧은 상황극 등으로 출발한다. 개인적 경험이나 자기소개 등을 하면서 사회적 기술의 필요성과 해당 기술에 대하여 알아야 할 것을 지도하고, 또한 그 이유를 파악하게 한다. 중요한 것은 교사보다는 학생이 스스로 이러한 기술에 대한 관계를 파악할 수 있도록 유도해야 한다. 그러나 지적장애 학생에게는 교사가 직접 촉진을 사용한다. 이 단계의 목적은 주제에 대하여 학생이 개인적으로 의미를 부여함으로써 교수에 대한 주의를 환기시키는 데 있다. 그리고 요구에 대한 토론을 하면서 다음 단계로 자연스럽게 이끌어 가고자 하는 것이다.

2단계: 필요한 기술 확인하기

1단계 학습의 필요성을 확립한 다음, 교사는 필요한 기술 요인들을 순서화하여야 한다. 중재와 다음 단계로 넘어가기 위해 일련의 단계들을 쓰기판이나 칠판, 오버헤드 프로젝트 등에 기록하여 필요한 기술 요인들을 나타내거나 제시한다. 각 단계는 학생과 같이 진행한다.

필요한 기술이 일단 순서화되면, 시연을 통해 다양한 기술을 활용할 수 있는 기회를 갖도록 한다. 나이 어린 학생은 기계적으로 반복된 시연을 교수과정에 포함시킬 수 있다. 그리고 시연 과정에서 어떤 것을 기억하거나 외우는 것을 이끌어 낼 수 있는 단서를 사용할 수 있다. 기계적으로 반복하는 시연에서 칠판에 적어 놓은 글이나 짧은 시구, 짧은 이야기 글 등의 내용으로 필요한 기술을 확인할 수 있을 것이다. 청소년을 위해서는 언어적 표현 전략이 시연보다 더 성공적이고 적절하다. 언어적 표현은 교사가 각 기술 단계를 대화로 진행할 수 있다. 그리고 기술의 각 단계에서 여러 가지 다양한 측면을 반복해 줄 수도 있다. 학생 개인과 연관된 것이나 관련 정보와 결부시켜 언어적 표현을 하도록 한다.

필요한 기술을 확인하는 시연은 기간을 늘려 가면서 제시한다. 그리고 중요한 것은 기술을 알게 한 다음의 과정이다. 제시한 연습이 쉽게 이루어질 수 있도록 기술을 때때로 검토하는 과정이 필요하고, 필요한 기술을 상기시키기 위해 교사가 학생에게 직접 질문을 할 수도 있다.

3단계: 기술 시범 보이기

사회적 기술을 가르칠 때 실제적 모델링과 상징적 모델링 모두 효과적이다. 실제적 모델링은 교사가 다른 성인 혹은 동료가 어떻게 행동을 수행하는지 보여 주는 것이다. 상징적 모델링은 실제적 모델링과 같은 방식이지만, 기술을 시범 보이기 위해 비디오테이프나 영화 또는 인형 등을 활용한다는 점이다.

장애학생은 판단력이 부족하기 때문에 기술을 시범 보일 때 소리 내어 말하기 절차를 사용한다. 실제적 · 상징적 모델링 모두에서 소리 내어 말하기 절차를 사용할 수 있는데, 상징적 모델링에서는 비디오의 진행 장면을 잠시 멈추고 그것에 대해 말하게 함으로써 시범을 활용할 수 있다.

또한 학생은 모델링이나 진술하기 기술 외에 자신이 관찰한 기술 단계를 외우거나 그것에 대해 토론할 수 있다. 각 단계의 기술들을 모델링하고 다양한 조건과 상황에서 그 기술들을 일반화하기 위해 내용을 바꿀 필요가 있다. 예를 들면, 이름을 부를 때 적절히 반응하도록 하기 위해서 그 기술을 놀이터, 집, 교실, 통학버스 장면 등에서 적용하고, 이름을 부르는 사람 역시 어른, 또래, 형제로 바꾼다.

4단계: 역할놀이

역할놀이 과정에서 학생들에게 역할 수행, 실제 연습 그리고 책임감을 부여함으로써 수업의 주의집중을 촉진할 수 있다. 또한 피드백 제공은 언어적으로 혹은 피드백 카드를 사용할 수 있다. 피드백을 언어적으로 제시할 때, 교사는 학생 개개인이 단 한 가지의 특정 기술 요인에 주목하도록 하여야 한다. 피드백 카드는 언어적 피드백과 같은 방법으로 하지만, 각 상황에서 새로운 역할을 한 후에 학생들을 집중시키고, 동료 학생이 수행하는 동안에 새로운 기술요인에 대한 학생의 판단력을 강화시킨다. 피드백은 정확히 수행하는 데 필요한 기술을 형성하도록 도와준다. 또한 피드백은 강화인자로서 일단 그 기술이 습득되면 유지하도록 도와준다. 이런 측면에서 역할놀이를 할 때 피드백을 사용하며, 또한 학생이 각 단계에서 기술을 정확하게 수행하도록 촉진 전략을 사용한다. 즉, 학생이 새로운 기술을 정확히 수행하도록 각 단계에서 촉진을 해 주고, 그 기술 자체나 기술 구성 요인을 정확하게 수행하면 칭찬이나 다른 보상으로 강화해 준다.

만약 학생이 기술을 습득하는 데 많은 촉진을 필요로 할 때는 기술을 반복해서 가르치고 광범위하게 연습시켜야 한다. 즉, 일반화를 고려하여 다양한 환경 내에서 역할놀이를 하고 그 기술을 수행할 수 있도록 해야 한다.

5단계: 연습

새로운 기술을 유지하고 궁극적으로 일반화하기 위해서는 연습을 해야만 한다. 장애학생은 학습기술을 배우기 위해 상당한 연습을 필요로 하고, 마찬가지로 사회적 기술을 습득하는 데에도 그와 같은 노력이 요구된다. 기술을 습득하기 위해서는 다양한 방법으로 연습을 할 수 있다. 예를 들면, 학기 초부터 기회가 있을 때마다 교사는 학생이 일련의 기술을 시도하도록 말과 단서로 기술 수행을 촉진하고 새로운 기술을 연습시킬 수 있다. 또한 보조원을 통하여 학생이 연습하게 할 수 있다. 어떤 학생이 전체 과정에서 어떤 특별한 기술을 정확하게 수행하지 못할 때, 원리에 따라 단계적으로 그 기술을 훈련시킬 수 있다.

학생이 기술을 연습하도록 도전시킴으로써 많은 기술이 실습될 수 있을 것이다. 기술의 도전은 학생이 기술을 수행할 수 있는 환경이 만들어졌을 때 일어난다. 즉, 장애학생이 새로운 사회적 기술을 배운 후 즉시 역할을 수행할 수 있도록 환경을 제공해야만 기술을 시도할 수 있는 도전을 받게 되고, 그 결과에 대한 피드백을 동료로부터 받을 수 있게 된다.

또한 학생은 학습한 기술을 숙제, 규칙적인 복습 기간, 일일 역할놀이를 통해 연습할 수 있다. 관련된 기술 구성 요인을 숙제로 부여하거나, 1주 혹은 월 2회 등 복습 시간을 정하여 학급에서 시범을 보이도록 한다.

6단계: 일반화

장애학생의 사회적 기술에 대한 일반화가 일어나지 않는다면, 교실에서 이루어진 교육은 쓸모가 없게 된다. 특수학급에서 지도된 사회적 기술들이 다른 환경에서 항상 일어나는 것은 아니다. 또한 가정에서 지도된 기술들이 학교나 다른 지역사회에서 일관되게 수행되지 않은 경우가 있다. 따라서 사회적 기술의 일반화를 위한 몇 가지를 제안하면 다음과 같다.

- 사회적 기술은 실제생활 상황에서 가르친다.
- 다양한 물리적 공간(운동장, 교실), 인적자원(일반학급 교사, 특수학급 교사, 교과 전담 교사, 영양사, 보건교사 등)에 의해 사회적 기술 사용을 촉진한다.
- 서로 다른 환경(일반 학급, 특수학급, 운동장, 급식실 등)에서 사회적 기술을 활용할 때 피드백을 제공한다.
- 서로 다른 환경(학교장, 교사, 일반 교직원, 부모 등)에서 강화하고 격려한다.
- 자연스러운 환경에서 재교육을 실시한다.
- 학급 구성원과 학급 크기 등 배치 변화에 따른 재교육 및 실습을 한다.
- 숙련된 다른 훈련생을 통해 사회적 기술을 실습시킨다.
- 사회적 기술 사용에 대해 학생들 스스로 자기 복습을 하도록 한다.
- 사회적 기술 사용에 대해 학생들 스스로 자기 모니터링하도록 한다.
- 학습된 사회적 기술의 일반화를 위해 학생에게 강화를 제공한다.

2) 프로그램의 적용 예시

- 영역: 부적절한 신체적 접촉 피하기
- 학습목표: 친구나 어른과의 부적절한 신체적 접촉을 피할 수 있다.
- 수행 기준
  - 친근한 어른과 친구를 구별한다.
  - 신체적 접촉을 하기에 적절한 때를 안다.
  - 접촉해서는 안 되는 신체 부위를 안다.
  - 주의를 끌기 위해 친구의 팔이나 손을 접촉한다.
  - 소개할 때 친구나 어른과 악수한다.

–다음의 것을 삼간다: 끌어안기, 다른 사람의 다리와 가슴, 팔, 머리에 손 올리기, 등 때리기, 얼굴 만지기

–다른 사람 신체의 개인적인(허리 이하) 부분을 접촉하지 않는다.

• 자료: 칠판, 인물 포스터, 큰 인형이나 동물인형

1단계: 학습의 필요성 확립하기

① 친구를 지나치게 좋아하여 부적절한 신체적 접촉을 하는 성준이의 이야기를 들려준다.

성준이는 누구에게나 좋은 친구다. 그는 항상 게임을 할 때 규칙과 질서를 잘 지키고 결과에 대해 공정하게 승복하였다. 학교에서 놀 때도 자신의 장난감을 가지고 와서 친구들과 함께 나누어 놀았다. 그리고 친구들에게는 욕을 하지 않고 친절하게 대했기 때문에 모든 친구들은 성준이를 좋아했다. 그런데 성준이는 친구들을 너무 좋아하다 보니 게임을 하다가 즐겁고 신나면 갑자기 친구의 몸을 껴안거나 등을 치는 습관이 생겼다. 그의 친구들은 성준이의 행동에 대해 별로 신경을 쓰지 않았다. 하지만 성준이는 점점 친구들이 싫어하는 행동을 하더니 결국에는 더 좋지 않은 습관이 생겼다. 그는 친구들에게 자신의 몸을 기대거나 항상 다른 친구들의 어깨에 자신의 팔을 올렸고, 그들의 뺨을 꼬집기도 하였다. 성준이는 그런 행동이 친구들과 더 친하기 때문에 하는 것이라고 생각했지만, 친구들은 성준이의 그런 행동이 싫어서 점점 그를 멀리하게 되었다. 그리고 성준이가 놀러 오거나 멀리서 나타나면, 모두 집으로 가거나 학교에서는 함께 놀지 않았다.

② 남들이 자신을 끌어안고, 만지고, 매달리는 것이 항상 좋은지에 대해 각자의 생각을 발표하게 한다.

③ 만약에 성준이와 같은 친구가 학급에 있어서 자신이 싫어하는 신체적 접촉을 하면 어떻게 할 것인지에 대해 말하게 한다.

④ 만져서는 안 되는 개인적인 신체 부위는 어떤 것이 있는지 모둠별로 토론하게 한다.

2단계: 필요한 기술 확인하기

① 모둠별로 적절한 신체적 접촉과 적절하지 않은 신체적 접촉에 대해 토의한 후 내용을 정리하여 발표하게 한다.
② 언제 신체적 접촉이 적절한지 그리고 신체 부위 중 허용할 수 있는 접촉 방법이 무엇인지에 대해 토의하게 한다.
③ 운동이나 게임 등 신체적 접촉이 적절할 때를 알려 준다.
④ 학교에서 친구의 주의를 유도하기 위한 경우를 제외하고는 신체적 접촉을 항상 피할 것을 확인시킨다.
⑤ 신체적 접촉을 허용할 수 있는 부위나 방법을 알려 준다(예: 어깨를 두드린다거나 누군가의 팔이나 손을 가볍게 잡기).

3단계: 기술 시범 보이기

① 마네킹이나 커다란 인형을 이용해서 적절한 신체적 접촉과 적절하지 않은 신체적 접촉에 대한 시범을 보인다. 학생에게 피해야 할 행동에 관해 생각-말하기를 하게 한다. 그리고 학생에게 적절하지 않은 행동을 확인시킨다.
② 주의를 끌기 위해 어깨를 두드리거나 팔을 잡는 것을 해 보게 한다. 단, 사람에게 적절치 않은 신체적 접촉의 시범은 보이지 않도록 한다.

4단계: 역할놀이

① 가상의 상황을 설정해 주고, 허용할 수 있는 신체적 접촉의 유형을 생각-말하기로 역할놀이를 하게 한다.
② 여러 가지 가상 상황을 설정한다.

- 운동장에서 제일 친한 친구와 함께 있을 때
- 오랫동안 보지 못했던 옛 친구를 만났을 때
- 친구의 주의를 끌려고 할 때
- 친구들과 어울려 술래잡기를 하고 있을 때

③ 학생에게 피드백을 제공하고 각자에게 피드백을 주도록 한다.

④ 역할놀이에서 했던 행동을 평가해 보게 한다.

5단계: 연습

① 모둠별 토의에서 허용되는 신체적 접촉과 적절치 않은 신체적 접촉의 유형을 자세히 이야기하게 한다.

② 이 활동은 사회 교과와 연관된 수업 상황에서 복습하고, 학생에게 적절한 신체적 접촉에 대해서 이야기하거나 설명해 보게 한다.

③ 학생이 설명한 적절한 신체적 접촉을 강화한다.

6단계: 일반화

① 교사는 운동장이나 그 밖의 학교 이외의 장소에서 학생들을 관찰하고, 그들이 신체적 접촉의 규칙을 이해하거나 혹은 이해하지 못했을 경우 계획된 피드백을 제시한다.

② 학생들이 신체적 접촉의 규칙들을 항상 지각할 수 있도록 다른 교사들에게도 수업시간에 지도하도록 요청한다.

③ 교사는 가르친 기술 내용을 설명한 것과 몇 가지 당부 사항을 적어 부모에게 보낸다. 부모님들은 자녀가 적절한 신체적 접촉에 대해 알고 있거나 실제 실천을 하면 칭찬을 한다.

④ 공공장소에서 적절하게 여겨지지 않는 행동을 하지 않도록 부모가 관찰하고 지도한다. 부적절한 신체적 접촉에는 끌어안기, 손 올려놓기, 사람에게 기대기, 등 때리기 등의 행동이 포함된다.

5. 사회적 기술 지도 프로그램 2

1) 지원 수준 결정하기

사회적 기술과 지원 수준을 결정하기 위해 교사는 각 학생의 지도에 필요한 명확한 우선순위를 결정해야 한다. 이 과정은 신중한 평가가 요구된다. 이를 위해 학생과 부모와의 효과적인 의사소통이 필요하며, 학생의 장애가 현재와 미래 환경에 독립적으로 생활하는 데 어떤 영향을 주고 이를 고려하여 어떻게 참여시킬 것인가에 대한 명확한 그림이 그려져야 한다. 이러한 결정 과정에 크게 도움을 주는 것은 각 학생과 그 가정이 진행해 온 미래에 대한 장기적인 비전이다. 1992년 AAMR 정의 매뉴얼에서는 지역사회 적응을 위한 전반적인 지도 영역에 대해 아홉 가지 적응기술 영역을 제시하고 있다. 이 영역들을 참조하여 학생의 지역사회 적응 기술 지도를 위한 계획을 세우는 데 활용할 수 있다(〈표 8-1〉 참조).

표 8-1 지역사회 적응 기술의 수준 정하기

영 역	기술 활용 수준(하위 영역)
의사소통	다른 사람과 상호작용 시도, 낯선 사람과 보완 대체 의사소통 사용, 상호 호혜적 대화, 의사소통 선택, 요구나 도움 요청, 복잡한 지시에 대한 효과적인 반응
자기관리	개인위생 관리, 일상생활에서의 적절한 외모 관리, 위생관리 품목 관리, 머리 손질, 양치, 계절에 맞는 옷 입기
가사생활	생활용품 관리, 금전 관리 및 저축, 쇼핑 목록 작성, 건강 다이어트 계획, 음식하기, 집안 청소 및 단장
사회적 기술	다른 사람과의 공유, 상호작용 시도, 부정적 피드백 대처, 분위기 인식, 실수에 대한 사과, 집단 참여, 사회적 역할 인식, 사회적 규칙과 질서 지키기, 다른 사람 도와주기

지역사회 이용	자동차 운전, 대중교통 수단 이용, 버스 노선표 읽기, 여행 계획과 택시 호출, **지역사회 도보 이동**, 위치 알기, 낯선 사람 대하기, 길을 잃었을 때나 문제발생 시 도움 요청, 식당 이용, 지역 내 서비스 기관 이용, 교회 가기, 건강센터나 시설 이용, 지역센터에 도움 구하기, 원하는 물건 구하기
자기-지시	일 · 주 · 월별 개인일정 관리, 개인일정 변경, 타인과 활동 계획, 사전 계획, 자기-행동 관리, 지시, **필요한 지원 요청하기**
건강과 안전	안전 규칙 따르기, 비상시 출구 찾기, 아프거나 다쳤을 때 다른 사람에게 알리기, 지시에 따라 약 복용하기, 도움 요청을 위한 전화 걸기, 알코올 · 마약 · 담배 피하기, 비상시 구급센터 알기, 건전한 성생활, 피임, 위험한 상황 알리기, 자신의 계획 타인에게 알리기
기능적 교과	은행 저축하기, 계획한 물건 구입을 위한 저축, 기능적 읽기와 쓰기, 컴퓨터 활용을 통한 정보 이용
여가생활	여러 가지 레크리에이션 활동 참여, 건강과 체력 증진 활동, 지역 내 다른 사람과의 관계 증진을 위한 활동, 참여 레크리에이션, 관람 레크리에이션(단독활동, 집단활동, 가족활동, 지역 단위 활동)

출처: Ford et al. (1989).

2) 훈 련

〈표 8-1〉과 같이 사회적응을 위한 여러 가지 영역이 있을 수 있지만, 그중에서 지역사회 접근을 가능하게 하는 지역사회 이용과 자기-지시를 예를 들어 제시하면 다음과 같다. 이 두 영역 훈련도 IEP 및 ITP에 따라 체계적으로 접근할 필요가 있다.

(1) 지역사회 이용 영역 및 지도 기술

- 영역: 직업 II(직업준비), 지역사회 이용
- 하위 영역: 지역사회 도보 이용
- 지도 내용
  - 이동 거리를 안다.

–대중교통 수단의 종류를 안다.

–대중교통 수단에 따라 승하차하는 방법을 안다.

–목적지까지 가서 내리고 다시 돌아온다.

〈사전 준비 학습〉

• 일반적 지식: 공간 지각 능력, 주위 환경 인식 능력, 안전 지각 능력

• 구체적 지식

–교통신호에 따라 안전하게 길 건너기

–버스나 지하철 바르게 타기

–표지판 바르게 읽기

–상황에 맞게 결정하기

–스스로 행동 취하기

–필요한 지원 알기 및 적절한 도움 요청하기

–지시 따르기

–위험한 상황과 장애물 인식 및 피하기

–적절한 행동 유지하기

–예기치 못한 상황 대처하기(예: 버스나 지하철 놓침)

–낯선 사람과 눈 맞추기

〈사전 평가 시 고려 사항〉

• 사전 면담을 통해 학생의 기능과 행동에 대한 정보를 수집한다.

• 다양한 과제를 수행하면서 학생의 기능적 능력, 요구, 경험, 동기 등에 대한 정보를 기록한다.

• 부모 동의서를 받는다.

–훈련 내용 및 절차에 대한 충분한 설명

–낯선 세상에 대한 불안 요인 최소화

〈훈련 절차 및 훈련 방법〉

- 모델링: 학생이 이동 경로와 이동 절차에 친숙하도록 교사와 동행한다.
- 촉진: 교사는 학생이 각 절차에 성공할 수 있는 언어적 단서를 사용한다.
- 지원 줄이기: 교사는 학생의 수행 여부가 성공적인지 관찰하고, 좀 더 많은 지원을 필요로 하는지 판단하면서 학생으로 하여금 독립적으로 수행하게 한다.
- 혼자하게 하기: 학생이 안전하게 그리고 최선의 방법으로 수행한다면 교사는 뒤에서 따라가기만 한다. 이때 더 필요한 훈련 내용이 무엇인지를 결정하기 위한 기초 자료를 수집한다.
- 훈련 방법: 지역사회 이동 훈련은 학생이 이동을 독립적으로 할 수 있을 때 실시해야 한다. 그래야만 학생이 소음, 다양한 조명, 많은 사람, 피로감, 복잡한 교차로, 아무도 없는 특정한 거리를 효과적으로 통제하는지 평가할 수 있고, 이동 훈련을 조정할 수 있다. 이동 훈련은 날씨가 좋지 않을 때에도 실시해야 하는데, 우산을 사용할 수 있도록 훈련할 수도 있고, 눈이나 결빙 등으로 도로 조건이 좋지 않을 때 적절한 옷을 입는 방법 등을 제시할 수도 있기 때문이다. 장애 특성과 관계없이, 대부분의 학생들이 이동에 필요한 모든 조건에 직면하게 해 주어야 한다. 그리고 이동 훈련은 한 번에 일대일로 실시하는 것이 바람직하다. 교사는 학생과 이동로를 같이 수행하고 길을 잃거나 공사 현장을 우회하는 문제 등을 훈련하여야 한다. 교사는 결정하는 것, 결정에 따른 예상 결과에 대처하는 것, 그리고 적절한 안전을 유지하고 적절한 행동을 수행하는 것을 가르쳐 주어야 한다.

  학생이 지정된 도로를 교사와 동행하여 처음으로 혼자서 완수하면, 그다음 단계로 학생 혼자 버스나 기차를 타고 이동하는 훈련을 하도록 한다. 이때 교사는 자가용이나 훈련용차를 타고 뒤를 따라 가면서 수행과정을 지켜본다. 처음 단독 이동 훈련에서는 학생 뒤에 교사가 따라 가고 있다는 것을 알려 준다. 그다음에는 학생이 모르는 제3의 훈련자가 학생 모르게 추적하면서 독립적 수행 여부를 확인한다. 실제적으로 학생이 누구의 도움도 받지 않고 책임감 있게 이동을 할 수 있는지 평가한다. 이때 학생이 중재를 필요로하면, 바로 지원할 수 있도록 가까이에 있어야 한다. 마지막으로, 교사는 학생과 부모 그리고 관련 인사에게 학생의 독립적인 이동 훈련에 대한 정보를 자세하게 문서로 기록하여 제공한다.

(2) 자기-지시 영역 및 지도 기술

- 영역: 자기-지시
- 하위 영역: 필요한 지원 요청하기
- 활동 환경: 직장 내, 직장 밖
- 활동 영역
  - 공장 내에서의 활동
  - 공장 밖에서의 활동
- 지도 기술
  - 공장 내에서의 활동
    - *도움을 요청할 감독/동료에게 다가간다.
    - *대답할 상대와 마주한다.
  - 공장 밖에서의 활동

〈학습목표〉

- 직접적 촉진 없이 80% 정확하게 요청할 수 있다.
- 직접적 촉진 없이 80% 정확하게 대답할 수 있다.

〈사전 준비 학습〉

- 지시 따르기를 할 수 있다.
- 요청하기의 상황을 파악할 수 있다.

• 요청하기의 절차를 파악할 수 있다.
• 질문에 답하기 절차를 파악할 수 있다.

〈준비물〉

작업장에서 활용할 질문 카드 및 상황 카드

〈훈련 절차〉

교사는 작업 상황의 내용이 있는 카드를 보여 준다. 한 명의 학생은 요청하는 역할을, 다른 한 명의 학생은 이에 대답하는 역할놀이를 하게 한다. 예시 카드는 다음과 같다.

요청하기: 당신이 동료와 교대하고 싶습니다. 어떤 질문을 하면 될까요?

적절한 요청: 철수야, 너 월요일 아침에 나와 교대해 줄 수 있니? 내가 치과에 가야 하는데…….

적절한 대답: 그러니? 영수야, 너와 교대해 줄게. 치과 잘 다녀와.

다른 카드를 다음과 같이 사용할 수도 있다.

지원하기: 당신은 작업 순서에 도움이 필요합니다. 어떤 질문을 하면 될까요?

초대하기: 당신은 회사 사장님을 저녁 식사에 초대하고 싶습니다. 어떤 질문을 하면 될까요?

정보 요청하기: 당신이 회사 감독님을 어떻게 만날 수 있는지 알고 싶습니다. 어떤 질문을 하면 될까요?

〈훈련 방법〉

첫 단계에서 기술을 연습시키기 위해 교사는 게임이나 역할놀이를 활용할 수 있다. 교사는 직접적 교수를 하지 않더라도 학생의 반응을 도울 수 있다. 지원은 정해진 촉진 수준(단계)에 맞춰 해야 한다. 즉, 지원이 많은 모델링 촉진에서 언어적 촉진, 단서 촉진, 학생 스스로 시도하도록 하게 한다. 목표는 독립적으로 수행할 수 있는 수준에 맞춘다. 최종적으로 학생이 교사의 촉진 없이도 요청하고 대답할 수 있게 한다.

- 모델링 촉진: 교사가 요청하고 대답하는 적절한 방법을 모델이 되어 시범을 보인다.
- 언어적 촉진: 교사가 학생이 반응할 내용이 포함된 구어적 관련 단계를 제시한다.
- 단서 촉진: "부탁해 보세요." 혹은 "대답하세요."와 같이 말한다.

교사는 단서 촉진으로 훈련을 시작하지만, 필요하다면 언어적 촉진을 사용한다. 두 가지 촉진에서도 정확하게 반응하지 않으면, 모델링 촉진을 사용한다. 촉진은 일관되게 사용하여야 하고, 계획성 없이 접근하지 말아야 한다. 촉진 과정에서 학생의 실수를 줄이기 위해서는 학생이 실수를 하면 즉시 중지시키고 적절한 촉진으로 지원해야 한다. 이는 실수의 반복을 피하고 적절한 반응을 보일 때 즉각적인 피드백을 주기 위함이다.

〈평 가〉

학생을 지도한 후 학생의 반응에 대하여 교사의 지원(촉진) 수준을 기록한다. 기록 용지를 만들어 각 지도 기술에 따라 어느 수준의 촉진을 달성했는지 체크한다. 학생이 자기 스스로 수행하는 데 어느 정도 도움을 필요로 하는지에 대한 평가는 다음 독립적인 단계의 준비가 된다.

연구문제

1. 사회적 능력, 사회적 기술의 정의적 의미를 구분해 봅시다.
2. 사회적 기술을 지도하기 위한 지도 영역을 정해 봅시다.
3. 지적장애 학생을 대상으로 다양한 사회적 기술 지도를 해 봅시다.
4. 사회적 기술 향상을 위한 지역사회 탐방 계획을 세워 봅시다.

참고문헌

김형일(1995). 대인문제해결훈련이 정신지체인의 직업적응행동에 미치는 효과. 단국대학교 대학원 석사학위 논문.

김형일(2001). 부적응아의 사회·정서적 정보처리 모형 고찰. **특수교육연구**, 8.

문영옥(2006). 온양여자중학교 사회과 수업지도안. **충남교육청 교사수업연구대회 자료.**

문영옥, 김형일(2004). 사회성 기술 훈련이 고등부 정신지체 학생의 사회적 능력에 미치는 효과. **특수교육연구**, 11(2), 377-399.

신현기(2004). **정신지체아 교수방법론.** 서울: 교육과학사.

신현기, 김형일, 유장순(2004). **장애학생과 비장애학생을 위한 함께 지내는 기술지도.** 서울: 박학사.

정대영, 이석진, 정해동, 권오희, 권재남(1994). **사회적 기술훈련 프로그램.** 아산: 국립특수교육원.

Castles, E. E., & Glass, C. R. (1986). Training in social and in social and interpersonal problem solving skills for mildly and moderately mentally retarded adults. *American Journal on Mental Deficience, 91*, 35-42.

Craig, A. M. (1994). *Transition strategies for persons with learning disabilities.* San Diego, CA: Singular Publishing Group INC.

Ford, A., Schnorr, R., Meyer, L., Davern, L., Block, J., & Dempsey, P. (1989). *The Syracuse community-referenced curriculum guide for students with moderate and severe disabilities.* Baltimore, MD: Paul Brookes.

Gambrill, E. D., & Richey, C. A. (1986). Criteria used to define and evaluate socially competent behavior among women. *Psychology of Women Quarterly, 10*, 183-196.

Gresham, F. M. (1984). Social skills and self-efficacy for exceptional children. *Exceptional children, 51*(3), 253-261.

Gresham, F. M. (1986). Conceptual issues in the assessment of social competence in children. In P. Strain, M. Guralnick, & H. Walker (Eds.), *Children's social behavior: Development, assessment, and modification* (pp.143-186). New York: Academic Press.

Gresham, F. M., & Horner, R. H. (2001). Interpreting outcomes of social skills traning for students with high-incidence disabilities. *The Council for Exceptional Children, 67*(3), 331-344.

Hazel, J. S., Sherman, J. A., Schumaker, J. B., & Sheldon, J. (1985). Group social skills training with adolescents: A critical review. In D. Upper & S. Ross (Eds.), *Handbook of behavioral group therapy* (pp. 203-246). New York: Plenum Publishing.

Kazdin, A. E. (1992). Cognitive problem-solving skills training and parent management trining in the treatment of antisocial behavior in children. *Journal of Consulting and Clinical Psychology, 60*(5), 733-747.

Ladd, G. W., & Mize, J. (1983). A cognitive-social learning model of social-skill training. *Psycholog, Rev. 90*(2), 127-157.

Patton, J. R., & Dunn, C.(1998). *Transition from school to young adulthood: Basic concepts and recommended practices.* Austin, TX: PRO-ED.

Pierangelo, R., & Giuliani, G. (2004). *Transition services in special education: A Practical Approach.* Boston, MA: Pearson A and B.

Ross, D. M., & Ross, S. A. (1978). Cognitive training for the EMR children: Choosing the best alternative. *American Journal of Mental Deficiency, 82*, 598-601.

Selman, R.L., Beardslee, W., Schulz, l., Krupa, M., & Podorefsky, D. (1986). Assessing adolescent interpersonal negotiaton strategies: Toward the intergration of structure and functional models. *Developmental Psychology, 22*, 450-459.

Schloss, P. J., Hughes, C. A., & Smith, M. A. (1988). *Community intergration for persons with mental retardation.* Boston, MA: A College-Hill Publication.

Vaughn, S., Hogan, A., Kouzekanani, K., & Shapiro, S. (1990). Peer acceptance, self-perceptions, and social skills of LD students prior to identification. *Journal of Educational Psychology, 82*(1), 101-106.

Vaughn, S., McIntosh., & Zaragoza, N. (1992). *Social interventions for students with learing disabilities.* In S. A. Vogel (Eds.), Educational alternatives for students with learning disabilities(pp.183-198). New York: Springer-Verlag.

Vaughn, S. R., & Ridley, C. A. (1983). Evaluating the eficacy of an interpersonal skills training program with children who are mentally retarded. *Education and Training of the Mentally Retarded, October*, 191-195.

제 9 장

지적장애 학생의 통합교육

학습목표

1. 지적장애 학생의 통합교육의 중요성과 의미를 이해한다.
2. 지적장애 학생의 통합교육을 위한 교수적 적합화의 개념을 이해한다.
3. 지적장애 학생의 통합교육을 위한 구체적 방법을 이해한다.

최근 지적장애 학생을 위한 교육의 중요한 강조점은 이전의 특수학교나 특수학급 중심의 분리교육에서 가능한 한 또래와 함께하는 통합교육이라고 할 수 있다. 특히 졸업 이후 성인 사회에서의 준비를 위한 교육에 초점을 두고 있다. 따라서 교사들도 교과 내용의 소재를 점차 지역사회에서 찾고 있다. 이러한 주요 이유는 지적장애 학생이 일반학교의 통합된 상황에서 또래들과 학교과정을 마치게 되면 졸업 이후 사회 적응을 잘할 것이라고 보기 때문이다. 그러나 지적장애 학생이 통합교육에서 효과적인 결과를 보이기 위해서는 일반교육에서 체계적인 교수적 지원과 행정적인 뒷받침이 전제되어야 할 것이다.

이 장에서는 일반교육 상황에서 지적장애 학생에게 효과적인 통합교육을 위한 다양한 접근방법을 모색하고자 한다.

1. 통합교육의 중요성

통합교육(inclusive education)은 지적장애 학생이 자신의 연령에 적절한 교육을 일반학교에서 받는 것이다. 또한 통합교육은 장애학생의 장애 정도에 상관없이 그들의 교육적 요구를 또래 학생이 받는 자연적인 교육 장면에서 차별없이 동등하게 제공하는 것을 의미한다(Hunt & McDonnell, 2007).

지적장애 학생을 위한 초기 통합교육 정책 방향은 법적 근거에 따라 지역사회 내의 공교육 시스템에서 차별 없이 동등한 접근을 보장하는 것이었다. 그러나 점차 통합교육의 지원이 공교육 차원의 차별 없는 접근의 보장뿐만 아니라 지역과 학교에서 지적장애 학생의 삶의 질을 증진하기 위한 효율성 문제를 다루게 되었다. 예를 들면, 학교에서 특별활동 참여 기회 확대(Wagener et al., 2003), 적절한 설정과 지원을 통한 또래와의 사회적 상호작용 및 관계 증진(Carter & Kennedy, 2006; Schwartz et al., 2006), 일반교육과정 접근 증진(Wehmeyer et al., 2003), 대안적 평가 수행(Roach & Elliot, 2006), 일반 직업교육을 통한 중등교육 이후 고용 증진(Benz, Lindstorm, & Yovanoff, 2000; Phelps & Hanley-Maxell, 1997) 등이다.

지적장애 학생의 궁극적 목적은 졸업 이후 독립적인 삶을 유지 하도록 하는 것이다. 최근 전환교육이 강조되고 졸업 이후 삶에 대한 성공적 결과를 중시하는 것도 이러한 맥락이라고 할 수 있다. 그리고 지적장애 학생의 개별화교육계획(IEP)이나 개별화전환교육(ITP)의 목적도 이러한 지적장애 학생의 졸업 이후 결과에 맞게 계획된다고 볼 수 있다. 따라서 지적장애 학생이 일반교육의 통합된 학교 환경에서 교육받는 것은 이와 같은 졸업 이후의 긍정적인 결과를 가져오게 하는 데 큰 역할을 하게 될 것이다. 또한 교사는 지적장애 학생이 일반교육과정에 접할 수 있는 전략을 활용하고 그들의 독특한 학습 요구를 반영할 수 있는 교수를 제공할 수 있다(Dymond et al., 2006). 아울러 교사는 교수적 활동에 참여하는 학생을 통해 일반교육이라는 자연적인 상황에서 자연스럽게 사회적 지원을 할 수 있고, 또래들과 상호작용할 수 있는 기회를 제공할 수 있다(Carter & Kennedy, 2006).

2. 통합교육을 위한 교수 전략

지적장애 학생의 일반교육 과정에서의 통합교육 성공을 위한 주요 전략으로는, 학생이나 교육과정 수준의 전략으로 교수적 수정, 조절, 교수 적합화(자료와 환경의 수정, 보조공학, 중다수준 교수, 중복 교육과정), 학생주도 학습, 개별 지원, 개별화교육, 삽입교수를 제시할 수 있으며, 학급수준 전략으로 전문가 팀 협력, 협동학습, 또래 중재 교수를 고려할 수 있다(Demchak, 2005; Hunt & McDonnell, 2007; Snell, 2007).

1) 교수적 수정, 조절, 교수 적합화

교수적 수정(modifacaions), 조절(accommodation) 그리고 교수 적합화(adapptation)의 의미를 교육과정을 기준으로 살펴보면 다음과 같다(한국통합교육학회, 2005).

교수적 수정이란 한 학생이 교실 내의 다른 학생들과 동일한 교과 영역을 학습하고 수행하면서 보여 주는 기대 수준을 변화시키는 것을 의미한다. 이러한 수정은 학생이 장애로 인해 표준적인 학년 목표에 도달할 수 없을 것이라 보기 때문이다. 교사는 수정을 통해 지적장애 학생에게 제공되는 교육과정의 전체적인 수준을 변화시키며, 학생은 자신의 학년 수준에서 공부하면서 교사가 설정한 기준에 쉽게 도달할 수 있게 된다. 그리고 교사는 학년 수준에서 다루어야 할 과제의 자료나 난이도를 변화시키거나 내용의 양을 줄이거나 학생의 성취 목표를 낮추어 설정함으로써 학생이 자신의 생활연령이나 학년 수준에 맞는 과제에 참여할 수 있게 돕는다. 수정은 주로 중등도(moderate)나 중도(severe) 지적장애 학생에게 적용된다. 이들 지적장애 학생은 또래들과 동일한 교수내용이나 기술을 거의 습득할 수 없기 때문에 주로 생활 기술이나 기능적 교과에 근거하여 수업에 참여하게 된다. 하지만 중요한 것은 그들도 역시 일반교육 환경에서 수업에 참여하는 것이 바람직하다는 것이다(Wood, 1998).

교수적 조절은 정보의 전달 방법, 지식 그리고 기술을 보여 줄 수 있는 동등한 기회를 학생들에게 제공하기 위해 교수 혹은 평가 절차에 가해지는 변화를 의미한다(Castagnera et al., 1998). 즉, 교육과정의 내용이나 개념적 난이도 수준에는 큰 변화를 주지 않고 교수의 전달, 학생의 수행 방법, 사정 방법을 적합화하는 것이다. 따라서 조절은 학생이 교육과정 목표에 도달할 수 있도록 도와주는 대안적 전략을 포함한다(Wood, 1998). 결국 조절은 학생이 목표나 기준점에 도달할 수 있도록 돕기 위해 전략을 제공하는 것으로서, 목표나 기준점에 도달할 수 있도록 방법상의 변화를 가하는 것이라고 할 수 있다. 따라서 조절은 수정에 비해 경도 지적장애 학생들에게 도움을 줄 수 있는 전략이라고 할 수 있다. 또한 교사의 부담이 상대적으로 적기 때문에 지적장애 학생이 포함된 일반학급의 일반교사들이 사용하기에 비교적 용이할 수 있다(정주영, 신현기, 2002).

교수 적합화는 수정과 조절을 통한 하나의 과정을 의미한다. 신현기 등(2005)은 교수과정의 수정을 교수 적합화(curricular adaptation 또는 instructional adaptation)라는 용어를 사용하여 "다양한 교육적 요구를 지닌 학생의 수행의 향상과 수업 참여의 범위와 양을 확장시키기 위해서 교수 환경, 교수 집단, 교수 내용, 교수 방법, 평가 방법을 포함하는 교육의 전반적 환경을 조절하고 수정하는 과정"이라고 하였다. 박승희(2003)는 '교수적 수정(instructional adaptation)은 한 활동에 적어도 부분적 참여를 허용하거나 한 학생의 수행을 강화하는 학습을 위해 사용되는 학습 기대, 교육과정의 내용, 환경, 교수, 자료에서의 어떤 종류의 조정 혹은 수정을 의미한다."라고 하였다. 정주영(2001)은 교수 적합화를 일반교사와 특수교사가 직면하게 될 교수과정상의 도전을 해결하기 위한 방안의 하나로서 장애학생들이 통합학급 수업에 참여할 수 있도록 돕는 교수-학습상의 전반적 지원으로 정의하고 그 지원에는 사회 · 정서적인 교수 환경, 행동 관리, 교수 집단, 수업계획, 교수 전략, 교수 내용, 교수 매체, 평가, 점수 부여 등을 제시함으로써 더 적극적이고 역동적인 과정으로 이해하고 있다. 이상의 정의를 요약하면, 장애학생의 다양한 요구를 고려하여 수행의 향상이나 교육활동 참여를 목적으로 하고, 이를 위해 교수 환경, 교수 집단, 교수 내용, 교수 방법, 평가 방법, 교수 자료, 유관적인 행동관리 등을 조절, 수정, 보완하는 일련의 교수적 과정이라고 할 수 있다.

따라서 필요한 교수 적합화를 결정하기 위해 통합교육을 계획하고 수행하는데 있어 여러 가지 한계를 극복할 필요가 있다. 교육과정 문제(교수 내용, 방법)가 지적장애 학생의 교육적 요구에 맞게 제시될 필요가 있다. 물리적 장벽이 접근 문제와 관련하여 수정되어야 한다. 교사와 일반학생에게 장애에 대한 인식이 이루어져야 하고, 새로운 학생과 대면하기 위한 전략이 교육되어야 한다. 그리고 교수 적합화는 의미 있는 방법으로 학급활동 과정에 학생의 참여를 촉진하기 위해서 ① 학생의 요구와 특정한 장애에 대하여 구체적이어야 하고, ② 활동과 상황에 대하여 구체적이어야 하며, ③ 장애학생과 또래 간의 차이가 최소화되어야 한다(Demchak, 2005).

2) 학생주도 학습

학생주도 학습(student-directed learning)은 학급에서 학생의 자발적인 참여와 활동을 목적으로 한다. 따라서 특수교사와 일반교사의 지원을 줄이고 지적장애 학생이 스스로 과제를 수행할 수 있도록 하는 것이다. 학생주도 학습으로 문제 해결 기술(problem solving skill), 연구 계획(study planning), 목표 정하기(goal setting), 자기조절(self-monitoring) 등이 있다(McDonnell & Brown, 2010). 그 외 학생주도 학습으로 자기관리(self-management) 기법이 있다. 자기관리는 자기감독, 자기평가, 자기강화 등으로 이루어진다. 자기관리 기법은 다음과 같은 단계로 지도할 수 있다(한국통합교육학회, 2005).

① 기초선 단계: 교사가 학생의 바람직한 목표 행동을 정하여 관찰
② 교사 관리 단계: 학생에게 교사가 관찰한 행동 빈도를 알려 주고 바람직한 빈도 수를 보일 때까지 계속 관리
③ 맞춰 보기 단계: 학생이 자신의 행동을 측정하여 교사가 측정한 것과 맞춰 보기
④ 교사지원 줄이기 단계: 맞춰 보기 횟수를 점진적으로 줄이고 강화를 줄여 나감
⑤ 자기관리 완수: 점수화 체제 및 보상을 제거하고 자연적인 상태로서의 절제된 행동 단계

3) 삽입교수

삽입교수(embedded instruction)는 일과가 진행되는 활동 상황에서 교수적 시도를 하는 것이다. 삽입교수가 수행되는 교수 절차는 학생의 개별적 요구, 가르치려는 기술, 제시되는 교수 내용에 따라 다양하게 실시된다. 그동안 삽입교수는 통합교육에서 장애학생을 일반교육에 참여시키는 전략으로 권장되어 왔다(Harrower, 1999; McDonnell, 1998).

삽입교수는 일반학급의 비장애 또래를 통한 학습에서도 매우 효과적인 전략으로 보고되었다. 비장애 또래에게 삽입교수 절차에 대해 학습시키고 이를 지적장애 학생 친구에게 수행하게 하였을 때 지적장애 학생은 또래 학생을 통해 목표한 기술을 잘 수행한 것으로 나타났다. 또래들 역시 책임감을 가지고 진행 절차를 잘 수행한 것으로 보고되었다. 그리고 지적장애 학생이 있는 일반학급의

일정 속에서 일반교사가 지적장애 학생에게 적용할 수 있는 효과적인 전략인 것으로 나타났다(Jameson et al., 2008).

삽입교수는 일반교육 과정을 운영하는 중에 지적장애 학생에 대한 교수활동을 삽입하여 일반학생의 교수목표와 동시에 성취할 수 있게 하는 '활동 중심 중재(activity-based intervention: ABI, Bricker & Cripe, 1992)' 와 활동 중에 교수 기회를 삽입하는 '삽입 학습 기회(embedded learning opportunity: ELO, Horn et al., 2000)'의 두 가지 교수 전략을 혼용한 용어다(이소현, 2003).

이소현(2010)은 삽입교수를 넓은 의미의 교육과정 수정이라고 보고, 구체적인 삽입교수 실시를 위한 실행 지침을 다음과 같이 제시하였다.

〈실행지침〉

첫째, 삽입교수는 하루 일과와 활동 중 삽입된 학습 기회를 이용한다.

둘째, 삽입교수는 그 성과를 보장하기 위하여 학습 기회가 충분히 주어지도록 계획되고 실행되어야 한다.

셋째, 삽입교수는 그 성과를 보장하기 위하여 체계적인 계획과 실행을 필요로 한다.

넷째, 삽입교수는 일반교육 과정 내에서 일과와 활동이 진행되는 중에 지적장애 학생의 개별화교육과정상의 교수목표를 교수하는 과정이므로 그 성과를 보장하기 위하여 일반교사와 특수교사 그리고 관련 모든 성인의 긴밀한 협력이 전제되어야 한다.

또한 이소현(2010)은 실행절차(〈표 9-1〉 참조), 삽입교수 일정표(〈표 9-2〉 참조), 삽입교수 계획표(〈표 9-3〉 참조)를 제시하였다.

표 9-1 삽입교수 실행절차

1단계	교수목표 점검 및 수정	• 개별화교육계획의 교수목표 검토 • 일과 및 활동의 목표 검토
2단계	학습기회 구성	• 일과 및 활동 분석을 통한 학습기회 판별 • 삽입교수를 위한 일과 및 활동 선정
3단계	삽입교수 계획	• 삽입교수를 위한 교수전략 및 실행계획
4단계	삽입교수 실행	• 활동의 진행 중 삽입교수 실행 • 삽입교수의 중재 충실도 점검
5단계	삽입교수 실행	• 지적장애 학생의 진도에 대한 정기적인 점검 • 자료를 기반으로 하는 프로그램 평가

*출처: 이소현(2011).

표 9-2 삽입교수 일정표

장애 유아 삽입교수 일정표 이름: 김민희 작성자: 김형일 날짜: 2014. 5. 15					
시간	목표행동				
9:00 등원	독립적인 이동하기	또래에게 반응하기	요구하기	크레용 사용하기	일대일 대응 (수세기)
9:15 자유선택 활동	✓		✓		✓
9:30 대집단 활동	✓	✓		✓	
9:45 소집단 활동	✓	✓	✓	✓	✓
10:15 실외놀이	✓	✓	✓		
10:45 화장실/손 씻기		✓	✓		
11:15 간식	✓	✓	✓		✓
11:30 이야기/음율		✓			
11:50 하교		✓	✓	✓	

*출처: 이소현(2011).

표 9-3 삽입교수 계획표

<table>
<tr><th colspan="7">삽입교수 계획표
이름: 김민희 작성자: 김형일</th></tr>
<tr><td colspan="2">교수목표</td><td colspan="5">활동 중에 제시된 5개 이상의 사물을 손가락으로 하나씩 짚으면서 다섯 개까지 셀 수 있다.</td></tr>
<tr><td>날짜</td><td>5.15-5.22</td><td>활동</td><td>자유선택 활동/간식/ 소집단 영역 활동</td><td>교재</td><td colspan="2">영역의 모든 자료</td></tr>
<tr><td colspan="7">교수활동</td></tr>
<tr><td>활동</td><td colspan="2">삽입교수</td><td colspan="4">교사 역할</td></tr>
<tr><td>책 읽기</td><td colspan="2">책에 등장하는 등장인물, 동물, 사물 등을 다섯 개 단위로 세게 한다</td><td colspan="4" rowspan="4">행동
모든 영역의 새로운 활동이나 자료에 대한 시범을 보인다. 필요한 경우에 신체 및 또는 언어 촉진을 제공한다. 가능한 한 아동의 주도에 따른다.
언어
활동 맥락에 따라 자연적 단서를 사용한다—"자, 강아지가 몇 마리 있는지 세어 볼까?"
반응(후속결과)
칭찬, 정반응에 대한 피드백, 오/무반응에 대한 시범 및 촉진, 진행 중인 활동에 함께 참여하기</td></tr>
<tr><td>간식</td><td colspan="2">시리얼, 젤리, 과자 등의 간식을 다섯 개 단위로 세어서 먹게 한다</td></tr>
<tr><td>역할놀이</td><td colspan="2">시장 보기 목록에 적힌 쇼핑 품목을 다섯 개 단위로 세게 한다.</td></tr>
<tr><td>조형놀이</td><td colspan="2">그림을 그릴 때 다섯 가지 색깔의 크레용을 하나씩 세며 고르게 한다.</td></tr>
<tr><td rowspan="3">평가</td><td>평가자</td><td>김형일</td><td>방법</td><td>관찰</td><td>시간</td><td>첫 번째 학습 기회</td></tr>
<tr><td rowspan="2">자료 수집*</td><td>월</td><td>화</td><td>수</td><td>목</td><td>금</td></tr>
<tr><td></td><td></td><td></td><td></td><td></td></tr>
<tr><td colspan="7">*I(독립수행/정반응) P(독립수행/부분 정반응) H(보조 제공) W(오/무반응)</td></tr>
</table>

출처: 이소현(2011).

4) 전문가 팀 협력

통합교육이 성공적이기 위해서는 일반교사와 특수교사 간 전문적인 협력이 중요하다. Wallace, Anderson과 Bartholomay(2002)는 고등학교에서 지적장애 학생에 대한 일반교사와 특수교사의 협력 전략에 대한 연구에서 교사와의 면담, 포커스 그룹, 조사 연구를 통해 특수교사와 일반교사의 성공적인 협력을 위한 학급 변인들을 조사하였다. 서로 다른 분야의 전문가가 함께 학생에 대한 지원과 그들의 지식 및 자료를 공유하고 적절한 시간을 함께 계획하는 것이 성공의 주요 요인이라는 것을 제시하였다.

5) 협동학습

협동학습(cooperative learning)은 학생들이 각자 혹은 집단의 학습 과제를 극대화하기 위해 소집단으로 교수적 활동을 하는 것을 의미한다(Johnson, Johnson, & Holubec, 1993). 협동학습은 통합교육에서 지적장애 학생의 교과와 사회적 결과에 대한 긍정적 영향을 주는 것으로 타나났다(Slavin, 1995). 협동학습이 지적장애 학생의 태도 변화(권영호, 1995), 문장재인 효과(박선자, 1999), 자아개념 및 사회적 기술(조안나, 1999), 의사소통(박경옥, 1998), 문제행동 감소(김영순, 2002)에 효과적인 결과를 보이는 것처럼, 통합교육의 협동학습은 지적장애 학생을 위한 의미 있는 전략으로 고려되고 있다.

협동학습의 주요 특징은 다음과 같다(Demchak, 2005; McDonnell & Brown, 2010).

첫째, 학습 과제 완성은 2~5명의 소집단이 공통의 교과나 사회적 목표를 정해 공동의 목표를 가지고 한다. 협동학습에서 학생들은 소그룹에서 직접 대면을 통해 상호작용과 토론을 하도록 한다.

둘째, 교사는 학생들이 서로의 학습을 지원하기 위해 집단 구성원들 간에 긍정적인 상호 의존성을 발달하게 한다. 각 구성원이 이룬 목표는 다른 구성원이 이룬 목표와 같다는 것을 인식하고, 결과에 대한 책임과 보상도 구성원 모두가 같이 받게 된다. 구성원 모두가 공동의 목적을 수행하고, 공동으로 동일한 보상을 받게 되며, 자료나 정보 등도 동등하게 주어지고, 각자가 맡은 역할도 서로 연관되어 있다.

셋째, 집단 내 각 개인은 자기가 맡은 역할과 학습에 대하여 책임을 질 수 있어야 한다. 집단 구성원은 공통의 목적을 달성하기 위해 각자에게 맡겨진 과제를 수행해야 하며, 수행한 결과는 공통 목적을 달성하는 데 기여할 것임을 인식하게 된다. 각 구성원들이 자료를 학습하는 데 도움이 되도록 여러 가지 방법이 활용된다. 집단에서의 토의를 위해 한 학생이나 여러 집단의 학생들에게 한 학습과제를 마치고 나면 평가를 위한 질문이 무작위로 주어질 수 있다. 예를 들면, 교사는 각 소집단에 그 집단의 진행과정을 기록하는 사람을 정해 주고 집단을 대표하여 진행과정에 대해 설명할 수 있도록 한다. 그 외에도 기록 담당, 평가 담당, 전체 보고서 작성 담당을 지정할 수도 있다.

넷째, 개인 및 소집단의 협력적인 사회적 기술을 활용하게 한다. 모든 구성원이 대인관계 및 집단 기술에 익숙하지 않기 때문에 교사는 이러한 사회적 기술에 대하여 지도하여야 한다. 학생들로 하여금 서로 정확하게 의사소통하고 피드백을 주어 갈등을 해소하는 것 등을 지도할 필요가 있다.

다섯째, 소집단으로 진행한다. 소집단의 진행에서 교사는 집단 활동을 결정하는 데 있어 도움이 되는 활동인지 그렇지 않은지에 대한 선택을 할 수 있는 틀을 정해 주어야 한다. 그리고 특정한 집단 활동의 진행을 계속해야 할지 변경을 해야 할지에 대한 결정을 하여야 한다. 이러한 것은 매 과제를 마치고 간단하게 토론 시간을 갖게 함으로써 결정하는 데 도움이 될 수 있다.

지적장애 학생이 포함된 협동학습에서 일반학생들은 자기 집단에 지적장애 학생이 포함되면 집단점수나 집단보상에서 손해를 볼 수 있다고 생각할 수 있다. 이러한 경우 구성원들의 기준을 서로 다른 차이가 있는 학생들로 집단을 구성하도록 하거나 학생 수 만큼 자료를 준비하여 학생들이 각자 나름대로 학습과제를 달성하도록 할 수 있다. 과제에 대한 평가도 성취한 분량보다는 그 활동을 하기 전과 비교하여 얼마나 개선되었는가를 고려하여 평가할 수 있다. 때로 일반학생들은 지적장애 학생이 집단에 포함되는 것을 싫어하거나 회피하는 경우가 있다. 이러한 경우에는 교사의 주의 깊은 설명이 중요한데, 교사가 사전에 일반학생들에게 협동합습의 절차와 역할에 대해 설명을 하면 일반학생들은 이해하게 된다. 또한 협동학습을 하기 전에 역할놀이를 통해 학생들이 가정된 자신의 역할을 수행해 봄으로써 협동학습 활동에 도움이 될 수 있다. 이때 학생들이 집단 상황에서 맡게 되는 역할은 그들의 현재 수준에 적합해야 한다(한국통합교육학회, 2005).

협동학습에는 과제분담학습 모형, 집단조사 모형, 교실 내 학생 개인교수팀, 팀보조 개별학습, 능력별 팀 학습 등이 있다. 이 모형들을 실제 수업 장면에 적용하여 설명한 예시자료를 살펴보면 다음과 같다(김남순, 김경신, 2008; 박승희, 2003).

(1) 과제분담학습 모형(Jigsaw)

한 모둠은 보통 5~6명의 이질적인 학생들로 구성된다. 각각은 주어진 과제의 특별한 부분에 대해서 전문가로서 일을 할당받는다. 교실 전체의 여러 모둠들의 각 전문가들은 교사가 제공한 특정 자료에 대해 만나서 공부를 한다. 각각의 전문가들은 자신의 모둠으로 돌아가서 자신의 모둠 구성원들에게 공부한 내용을 가르친다. 각 구성원은 각자가 전문가인 자료에 대해서만 접근 가능성이 있고 개별적인 퀴즈가 주어진다.

진행 단계는 다음과 같다(김남순, 김경신, 2008에서 재인용).

- 1단계(원래 모둠): 학습자들은 원래 모둠에서 만나 무엇을 배워야 하는지에 대해 안내 받는다(Jigsaw Ⅰ, Ⅱ)

- 2단계(전문가 모둠): 학습자들은 전문가 모둠을 형성하여 협동해서 공부하며 서로 배워 각자가 공부하는 분야의 전문가가 된다(Jigsaw Ⅰ, Ⅱ).
- 3단계(원래 모둠 재소집): 학습자들은 원래 모둠으로 돌아와 각자의 전문영역을 나머지 구성원들에게 가르치며, 성공적으로 배웠는지를 점검한다(Jigsaw Ⅰ, Ⅱ).
- 4단계(평가 대비를 위한 원래 모둠 소집): 학습자들은 원래 모둠으로 다시 모여 그 단원에 대해 복습하는 것을 서로 돕는다(Jigsaw Ⅰ, Ⅱ, Ⅲ).

(2) 집단조사 모형(Group Investigation)

집단은 2~6명의 이질적인 팀으로 구성한다. 주어진 과제를 완성하기 위해서 필요한 일들을 판별하고 자료를 구하고 과제를 완성하기 위해 각 구성원의 책임을 결정한다. 과제가 완성되었으면 교실 전체에서 보고하고 피드백을 받는다. 진행 순서는, 첫째, 하위 주제와 소집단을 조직한다. 둘째, 학생들과 교사는 학습목표와 과제에 대한 구체적인 탐구 계획을 수립하고 역할을 분담한다. 셋째, 학생들은 하위 주제에 관한 학습을 위해 정보를 모으고 조직하며 토론을 통해 탐구학습을 실행한다. 넷째, 학생들은 수집한 정보를 종합하고 소집단별로 발표 준비를 한다. 다섯째, 각 집단은 보고서를 제출하고 전체 학급에 탐구한 결과를 보고한다. 여섯째, 활동을 평가한다. 평가는 개인 및 집단평가가 이루어져야 한다.

(3) 교실 내 학생 개인교수팀(Classwide student tutuoing teams: CSTT)

교실 내 학생 개인교수팀은 또래교수와 협동학습 양쪽의 원칙들을 합한 형태다. 교실 내 학생 개인교수팀 형태에서는 4~5명으로 구성된 이질적인 집단이 기술 혹은 교과내용을 학습하기 위해 교사가 개발한 구조화된 수업을 따른다. 예를 들면, 팀의 각각의 학생들은 연습 시험지와 숫자가 적혀 있는 카드들을 제공받는다. 교실 내 학생 개인교수팀 형태가 시작되기 위해서는 '학생 개인교사'

라는 팀의 한 학생이 한 카드를 선택한다. 그 카드에 적혀 있는 숫자 번호가 연습 시험지에 있는 문제로서 해답이 구해져야 할 문항이다. 학생 개인교사는 그의 팀 구성원들이 그 문제를 개별적으로 풀도록 하기 위해서 교수를 제공한다. 만약 팀의 한 구성원이 문제를 정확하게 풀면, 그 개인이 점수를 얻는다. 팀의 다른 구성원이 만약 틀리게 답하였다면, 학생 개인교사는 정답을 제공하고 그 구성원은 그 문제를 다시 풀어야 한다. 팀의 구성원 각각이 모두 정답을 풀게 되면, 팀의 다른 구성원이 학생 개인교사가 되어서 번호가 적혀 있는 카드를 선정하여 이 과정이 다시 시작된다.

(4) 팀보조 개별학습(Team Assisted Individualization: TAI)

4명의 이질적인 팀으로 구성한다. 구성원들은 개별화된 수학 과제를 가지고 각자의 속도대로 공부한다. 각 구성원들은 아마 다른 단원을 공부할 수도 있지만, 서로 도우며 다른 구성원의 과제를 체크해 준다. 각자의 단원을 마치기 위해서 개별적인 시험이 실시된다. 팀들은 팀의 구성원들이 성공적으로 완성한 단원의 수에 근거해서 매주 점수를 얻는다.

(5) 능력별 팀 학습(Student Team-Achievement Division: STAD)

4~6명의 이질적인 팀으로 구성한다. 구성들은 과제를 함께 학습하고 퀴즈는 따로 본다. 학생들은 자신의 퀴즈 성적의 향상에 근거해서 점수를 얻는다. 이렇게 얻은 점수는 팀 성적에 기여한다. 성적이 좋은 개인이나 팀을 강화하는 방식이 이용된다. 진행 절차는, 첫째, 교사가 수업을 안내한다. 이는 학습활동의 기본방향을 제시해 주려는 것으로 교사가 직접 강의를 하거나 비디오나 OHP 자료 등의 학습 자료를 이용할 수도 있다. 둘째, 소집단을 구성한다. 셋째, 개인별로 평가를 받는다. 각 구성원은 이전에 치른 여러 번의 퀴즈 점수의 평균인 기본 점수를 가지고 있으며 이 기본 점수에 비하여 어느 정도 향상되었는가에 따라 부여되는 점수가 각 개인의 향상 점수다

6) 또래 중재 교수

또래 중재 교수(peer-mediated instruction)는 학생으로 하여금 서로가 교수적 기제로 역할을 하도록 하는 것이다(Harper, Maheady, & Mallette, 1994). 또래 중재 교수는 비공식적인 형태인 학생들의 자원봉사로 운영될 수 있다. 따라서 지도되는 장소나 형태로 또래가 서로 자유롭게 만나고 교류할 수 있는 곳에서 이루어질 수 있다. 나이가 같거나 다른 또래가 될 수 있고, 같은 학급이거나 다른 학급 혹은 다른 학교의 또래도 가능하다.

또래 중재 프로그램은 다음과 같이 몇 가지 단계로 진행된다(Demchak, 2005).

첫째, 교사가 또래 교수를 선정한다. 또래 교수의 선정은 학급이나 다른 학급을 통해 공식적인 알림을 통해 진행될 수 있다. 또한 또래 교수는 특정한 기술 영역을 담당할 수 있고, 역할을 바꾸어 학생의 입장이 될 수 있다. 지적장애 학생도 또래 교수가 될 수 있다.

둘째, 또래 교수는 사용할 교수 방법에 대해 훈련받는다. 교수할 때 지시, 칭찬, 피드백, 학습 모니터를 하는 방법에 대하여 지도받아야 한다. 필요하다면 또래 교수에게 의사소통과 사회적 기술 훈련도 제공할 수 있다.

셋째, 교사는 교수 과정에 대하여 계획에 따라 점검(감독)하여야 한다. 이러한 점검은 일일, 주간, 격월, 매월 단위로 실시할 수 있다. 이러한 점검을 통하여 또래 교수가 적절한 지도를 할 수 있고, 의사소통이나 사회적 기술에 대하여 피드백을 줄 수 있을 것이다.

넷째, 또래 교수에 대한 지속적인 평가가 이루어져야 한다. 교사는 점검을 통해 알게 된 정보를 활용하고 교수 방법이나 대인관계 문제 등의 변경 가능성, 그리고 교사 관찰 평가의 빈도 등도 점검한다. 평가는 형성평가나 총괄평가를 통해 이루어질 수 있다.

또래와의 수학 의사소통 프로그램 수업절차(〈표 9-4〉 참조)와 장애학생끼리의 또래 교수 훈련 프로그램(〈표 9-5〉 참조) 및 또래 교수 학습 단계(〈표 9-6〉 참조), 또래 교수 활동 기록지(〈표 9-7〉 참조)의 예시를 소개하면 다음과 같다(국립특수교육원, 2012).

표 9-4 수학 또래 교수 절차

수업 단계(분)	의사소통	내용
개념 설명(5분)	개념	교사의 개념 설명 듣기
		교사의 설명 듣고 수학적 개념 친구에게 말하기
시범(10분)	전략	교사의 시범 보기, 전략 설명 듣기
		교사가 설명한 전략 친구에게 말하기
단서 듣고 문제 풀기(10분)	전략	교사의 단서 듣기
		교사의 단서 친구에게 말하기
		문제 풀기
		자신의 풀이 전략 친구에게 말하기
문제 풀기(15분)	전략	스스로 문제 풀기
오류 교정(9분)	전략	친구의 전략 듣기
		친구와 함께 말하며 풀기
		스스로 다시 풀기
		다른 문제 다시 풀기
수업 정리(1분)	개념 · 전략 · 감정	중요 내용이나 감정을 친구에게 말하기
총 50분		

출처: 국립특수교육원(2012).

표 9-5 또래 교수 훈련 프로그램

또래 교수는 이렇게 합니다 〈1〉

• 또래 교수 시작 전에

1. 짝과 함께 학습 목표를 설정합니다.
   예: 오늘 형성평가에서 70점 이상 받기
2. 설정한 학습 목표를 또래 교수 활동 기록지에 씁니다.

*잊지 마세요.
-학습 목표를 무리하게 선정하지 않습니다.
-학습 목표는 점점 향상되도록 합니다.

또래 교수는 이렇게 합니다 〈2〉

• 또래 교수 활동 〈중 1〉

1. 1단계 1번 문제를 보여 주고 짝이 풀도록 합니다.
2. 답이 맞았으면 어떻게 풀었는지 설명하게 합니다.
3. 틀렸으면 같이 문제를 큰 소리로 읽고 카드 뒷면의 해설을 참고하여 설명하여 줍니다.
4. 다시 문제를 풀게 하고 맞게 풀면 다음 문제로 넘어갑니다.
5. 1단계 문제를 다 해결하면 2단계로 넘어갑니다.
6. 2단계를 다 해결하면 3단계로 넘어갑니다.

• 또래 교수 활동 〈중 2〉

1. 설명보다는 질문을 통해 스스로 문제를 풀도록 합니다.
2. 또래 선생님은 또래 학습자에게 명령하거나 벌을 주지 않습니다.
   * 잊지마세요.
   -큰 소리를 치거나 명령을 하지 않습니다.
   -답이 틀렸다고 벌을 주거나 욕을 하지 않습니다.
3. 자신감을 가집니다.
   * 잊지마세요.
   -답을 모른다고 두려워하지 말고 카드 뒷면의 해답과 풀이 과정을 참고하세요.
   -또래 학습자도 자신감을 가질 수 있도록 해 주세요.
4. 여러분은 친구를 가르칠 수 있는 선생님임을 잊지 마세요.

• 또래 교수 활동 〈중 3〉

1. 오늘 열심히 공부해 준 친구를 적절히 칭찬합니다.
2. 물론 또래 교수 과정에서 칭찬하고 싶은 일이 생겼을 때도 칭찬 해 줍니다.

칭찬할 때 사용하는 말
잘했다, 아주 잘했어, 잘하고 있어, 훌륭해, 야! 더 나아졌구나, 아주 좋아, 오케이, 똑똑하네, 지난번보다 잘했어, 점점 잘하고 있어, 정말 잘했어, 많이 좋아졌어, 계산을 아주 잘했어

또래 교수는 이렇게 합니다〈3〉

• 또래 교수가 끝났을 때

1. 선생님과 학습자 모두 형성평가지를 풉니다.
2. 형성평가 결과를 또래 교수 기록지에 기록합니다.
3. 오늘 또래 교수한 내용도 또래 교수 기록지에 기록합니다.
4. 형성평가와 또래 교수 기록지를 모두 쓴 팀은 선생님께 제출하고 보상을 받은 후 가도 좋습니다.

* 잊지 마세요.

–학습 목표를 도달하지 못한 책임을 서로에게 떠넘기기 않습니다.

–학습 목표를 도달했을 때 서로에게 칭찬해 주세요.

출처: 국립특수교육원(2012).

표 9-6 또래 교수 학습 단계

	단계	과정요소	교수 · 학습 활동
1일	사전학습 (10분)	• 학습 문제 인식 • 교수–학습 활동	• 또래 교수 학습 내용을 제시하고 교사 주도의 교수–학습 활동을 실시한다. • 진단평가를 실시하여 또래 교수 시행 여부를 결정한다.
2일	또래 교수 도입 (10분)	• 학습 문제 인식 • 학습 목표 확신	• 또래 교수 학습 내용을 다시 한 번 제시하여 학습 목표에 대한 인식을 명확히 한다. • 훈련 내용을 상기시킨다.
	또래 교수 전개 (20분)	• 학습 목표와 보상 선택 • 또래 교수 실시	• 학습 목표와 팀 보상을 결정해서 활동기록표에 기록한다. –또래교사가 '연습 1' 문제 카드를 제시한다. –정답이면 칭찬하고 '연습 1'의 다른 문제를 제시한다. –오답이면 '연습 1'의 문제를 또래 교사와 또래 학습자가 같이 큰 소리로 읽고 또래 교사는 지도 카드를 이용하여 또래 교수를 실시한다. 그런 다음 또래 학습자가 스스로 문제를 풀어 본다. 다 풀고 나면 '연습 1'의 다른 문제를 제시한다. –오답이면 또래 교수를 실시한다. –'연습 1' 문제를 모두 해결하면 '연습 2' '연습 3'의 문제를 차례대로 해결한다.

2일	또래 교수 평가 및 정리 (10분)	• 평가 • 학습 목표 도달 확인 • 팀 보상 실시	• 형성평가지를 해결한다. • 또래 교사는 채점하고 맞은 수를 합한다. • 또래 교수 활동표에 결과를 기록한다. • 설정한 목표에 도달되었으면 보상한다.

출처: 국립특수교육원(2012).

표 9-7 또래 교수 활동 기록지

* 또래 교수 활동 전에 작성하세요.

월 일 요일 또래 교수 실시 번째	
학년 반 이름: 짝이름 :	
학습 목표	
팀 보상	연구자 선생님께 칭찬 받기
	담임 선생님께 칭찬 받기

* 또래 교수 활동 후에 작성하세요. 또래 교사용/학습자용
  다음 사항을 잘 읽고 해당 사항에 ○표 하세요.

활동사항	예	아니오	활동사항	예	아니오
또래 교수 시간에 맞추어 왔다.			또래 교수 시간에 맞추어 왔다.		
학습 목표를 짝 학생과 상의해서 결정했다.			학습 목표를 또래 선생님과 상의해서 결정했다.		
팀 보상을 짝 학생과 상의해서 결정했다.			팀 보상을 또래 선생님과 상의해서 결정 했다.		
또래 학습자에게 적절한 칭찬을 했다.			또래 선생님에게 칭찬을 들었다.		
또래 학습자가 문제를 스스로 풀도록 문제해결 과정을 도와주었다.			또래 선생님이 문제를 스스로 풀도록 문제해결 과정을 도와 주었다.		
나는 또래 교사로서 자부심을 가졌다.			나는 또래 학습자로서 학습에 진지하게 임했다.		

또래 교사로서 또래 학습자를 가르치는 일이 나의 수학문제 해결에 많은 도움이 되었다.			또래 학습이 나의 수학문제 해결에 많은 도움이 되었다.		
또래 학습이 재미있다.			또래 학습이 재미있다.		
또래 학습자에게 천천히 자세히 말했다.			또래 선생님이 천천히 자세하게 말했다.		
학습 목표를 성취했다. ( )문제 중에서 ( ) 맞춤			학습 목표를 성취했다. ( )문제 중 ( ) 맞춤		
팀 보상 실시			팀 보상 실시		

출처: 국립특수교육원(2012).

7) 자료나 환경의 수정

교수 적합화는 학생의 일반교육 상황에 사용되는 최근 자료를 제작하는 데 적용될 수 있다. 자료에 대한 적합화의 한 유형은 지적장애 학생들에게 활동에 적극적인 수용자가 되게 하는 것이다. 이러한 자료에 대한 적합화는 의미 있는 참여를 유도한다. 어떤 수정은 매우 단순할 수도 있다. 예를 들면, 시험 문제지에서 완성해야만 하는 숫자 항목을 줄이거나 지시문을 간략하게 하여 수정을 할 수 있다. 경우에 따라서 수정을 더 많이 가할 수도 있다. 예를 들면, 다른 학생들이 문자를 통한 읽기 활동을 하는 데 참여시키기 위해 녹음된 책을 이용할 수 있고, 사진 혹은 그림이 포함된 단어나 대상물을 활용할 수도 있다. 감각장애를 가진 중복장애 학생들의 의미 있는 참여를 위해 촉각 자료나 천(texture) 조각을 이용할 수도 있다.

적합화는 여러 가지 활동에 참여할 때 나타내는 학생들의 반응 양식으로 이루어질 수 있다. 음성으로 혹은 쓰기로 대답하는 대신, 녹음기, 그림, 혹은 그림이나 사진 지적하기 등으로 응답할 수 있다. 아니면 다른 학생들이 대화식으로 대답할 때, 지적장애 학생들은 예/아니요 질문에 대한 대답을 통해 활동에 대한 이해를 나타낼 수 있다. 지적장애 학생은 전통적인 방식으로 자리에 앉아서 강의를 듣는 것보다 협력적 학습 집단, 또래와의 협력 등 소규모 집단 활동을 통해 더 의미 있는 참여를 할 수 있다. 학생들의 반응 방법은 개별화교육지원팀이나 교사의 창의적 노력으로 개발될 수 있다.

또한 환경의 상황을 수정할 수 있다. 예를 들면, 학급에서 빛의 밝기, 듣기 보조장치, 좌석의 위치, 이동 작업대 등으로 수정할 수 있다. 그리고 학생의 신체 자세 교정으로 상황을 수정할 수 있다. 자세 유지 장치를 통해 학생으로 하여금 활동에 참여할 수 있고, 또래들과 상호작용할 수 있다.

모든 장치를 활용하여 또래 학생들의 것과 유사한 자세를 취할 수 있도록 해 주어야 한다. 만일 모든 학생이 마루 활동을 수행하고 있다고 하면, 자세 유지 장치 등을 통해 마루 앉기 자세를 취할 수 있도록 하여야 한다. 그러나 학생들이 테이블에 앉아 있다고 하면, 장애학생이 테이블에 앉아 있을 수 있는 수정된 의자를 사용하는 것이 더 적절할 것이다.

적응 장치의 목적은 학생이 교육 활동에 참여하는 것이라는 것을 기억해야 한다. 즉, 학생이 매일 같은 시간 특정한 장치로 자리하게 하는 것은 간단한 일이 아니다. 적응 장치가 필요하다면, 작업치료사들이 개별화교육지원팀의 주요 구성원으로서 역할을 할 수 있다. 치료사들은 교사들이 적응 장치를 학급 활동에 적합하게 적용하도록 결정하는 데 중요한 도움을 줄 수 있다.

8) 보조공학

보조공학은 장애학생의 능력을 증진하고 유지하기 위하여 상업적으로 구입하거나, 학생이 직접 만들어 사용하여 쓸 수 있는 폭넓은 영역의 장치를 의미한다. 보조공학 장치는 저급 장치와 고급 장치를 포함하고 있다. 보조공학 장치는 컴퓨터, 의사소통 장치, 스위치, 이동 및 자세 보조기, 수정된 장난감, 섭식 장치 등이 될 수 있으며, 컴퓨터에는 컴퓨터 프로그램, 주변 기기 등이 포함된다. 특히 컴퓨터는 장애학생과 일반학생 모두가 이용하기 때문에 또래들과 서로 공동 작업을 수행할 수 있는 동기를 줄 수 있다.

보완대체의사소통(augmentative and alternative communication: AAC) 장치는 장애학생의 의사소통 기술을 지원할 수 있다. 또한 장애학생과 또래들과의 상호 의사소통 능력을 증진할 수 있는 좋은 도구가 된다.

보조공학 장치는 학생들의 연령과 수준을 고려하여 적절한 것을 선정할 필요가 있다. 이를 위해서는 보조공학 전문가나 작업치료사 등이 함께 하는 팀 접근을 통한 개인별 요구를 파악하는 진단 평가가 우선되어야 한다.

9) 중다수준 교수

중다수준 교수(multilevel teaching)는 한 교과나 영역에서 특정 학생을 위해 각각 다른 목적과 목표를 설정하는 것이다. 이 교수는 각각 다른 수준이지만, 모든 학생이 목표를 가지고 수업할 수 있도록 설계하는 것이다. 지적장애 학생들도 교과(영역)에서 자신의 수준에 맞는 학습을 할 수 있다. 목표를 설정할 때 학생들을 단순히 능력 수준에 따라 중다수준으로 범주화하는 것은 학생의 개별적 특성이나 요구를 충분히 반영하지 못하며, 교사가 단순히 측정학적 관점의 용이성에 따라 목표를 수정한 것에 불과하다. 따라서 교육과정 운영에서 학습 목표를 개발할 때는 학생들의 대안적 상징 체계를 활용하는 것에서 출발하여야 한다. 그리고 교사는 학생의 반응양식이나 표현양식, 신체적 및 감각적 조건에 따라 수행 조건이나 방식을 변화시키는 학습 목표를 개발하여야 한다(국립특수교육원, 2012). 중다수준 교육과정 진행 절차를 보면 다음과 같다. ① 학급의 전체 학습 목표를 설정하기, ② 학급 활동에 대해 간단한 진술하기, ③ 장애학생이 학급활동에 참여할 방법 정하기, ④ 이 활동에서 장애학생이 참여할 중요 기술 정하기, ⑤ 장애학생이 활동에 참여하는 데 필요한 교수적 수정 사항 정하기. 이러한 절차는 장애학생들에게 자신의 또래 친구들과 더불어 동일한 학습 내용에 참여할 기회를 준다(〈표 9-8〉 참조).

중다수준 교수의 원칙은 다음과 같다(국립특수교육원, 2010).

- 집단 구성 시 통합적이고 이질적인 집단 구성을 원칙으로 한다. 예를 들면, 한 집단 안에 상, 중, 하 수준의 학생이 고루 배치되도록 한다.
- 수준에 상관없이 모든 학생이 해당 수업에서 반드시 학습해야 할 핵심 개념이 들어가도록 각자의 수준에 따라 서로 다른 학습 목표를 세운다. 즉, 상, 중, 하 집단의 학습목표를 다르게 세운다.
- 학습한 것을 표출해 보일 다양한 방법(말, 그림 등)을 학습자가 선택하도록 한다.
- 높은 수준의 학생에게는 심화학습을, 낮은 수준의 학생에게는 수정된 교수를 제공한다.
- 각 수준의 학생이 협력적으로 활동할 수 있는 활동을 제공한다. 예를 들면, 각 모둠별 다른 역할 부여하기가 이에 해당된다.
- 수준별 학습이 이루어지는 것을 알지 못하도록 학생들에게 미션지 등을 활용한다.
- 동일한 수업 내에서 각 학생이 자신의 수준별로 전체 수업의 일부를 개인적으로 수행할 수 있는 기회를 제공한다.
- 학생 수준에 적합한 정리 학습지나 정리 활동을 제공한다.
- 평가 시 학생 수준별 평가지를 제작하여 활용한다.

10) 중복 교육과정

장애학생이 다른 학생과 차이가 많이 난다고 하면 모든 활동을 동일한 활동에 참여시키기는 어렵지만 이들에게 중복 교육과정(curriculum overlapping)을 고려할 수 있다. 중복 교육과정은 학생들이 같은 학습활동을 하지만 서로 다른 교과

표 9-8 중다수준 교육과정과 중복 교육과정 운영의 실제

기본교육과정: 과학			
단원명	편리한 도구	제재	무게가 다른 물체 힘의 이동 알아보기
학습 목표	● 수평이 된 널빤지의 양쪽에 다른 수의 블록을 올려 수평을 만들 수 있다.		중다수준
	▲ 수평이 된 널빤지의 양쪽에 같은 수의 블록을 올려 수평을 만들 수 있다.		
	■ 널빤지와 받침대로 수평을 만들 수 있다.		
기본교육과정: 사회			
단원명	어디 가게에서 살까요?	제재	먹을 것 파는 가게 알기
학습 목표	● 생선, 과일, 채소, 빵을 파는 가게를 구별하여 말할 수 있다.		중다수준
	▲ 과일을 파는 가게를 과일 가게라고 말할 수 있다.		
	■ 먹을 것 사진을 보고 같은 사진을 찾을 수 있다.		중복

출처: 국립특수교육원(2012).

의 목표를 가지고 수업을 하는 것이다. 이를 위해 교사는 중복 요소를 포함하는 주제 중심의 단원을 설정할 수 있다. 특히 중복 교육과정은 중다수준 교육과정보다 개인차가 큰 집단을 대상으로 적용할 수 있다. 이때 교사들이 유의할 점은 서로 다른 교과와 수업목표로 인해 장애학생이 다른 학생들과 고립되거나 낙인되지 않도록 유의하여야 한다(〈표 9-8〉 참조).

11) 집단 수업

대집단 수업은 동일한 학습을 학급의 모든 학생을 대상으로 교사가 주도하여 실시하는 것이다. 대집단 수업은 장애학생의 통합교육에 방해를 줄 수 있지만, 대집단 수업에서 다양한 협력 수업을 할 수 있도록 수업을 수정하면, 통합교육 수업을 효율적으로 수행할 수 있다. 예를 들면, 교사의 강의 내용과 같은 주제나 내용에 대한 녹음 자료를 수업시간에 듣게 할 수 있다. 이러한 수정은 장애학생이 긴 시간 동안 수업을 들어야 하는 어려움을 덜어 줄 수 있다. 또 다른 대안적 수정 방법으로 전체 수업에서 특수교사가 일반교사와 팀티칭을 실시할 수 있다.

소집단 수업은 교사들이 학급을 교수 방법에 따라 다양하게 나누어 실시하는 것이다. 소집단 수업 유형은 흥미, 교수 내용, 학습 스타일, 능력, 또는 과제 내용에 따라 달라질 수 있다. 그리고 공동 과제 완성 그룹, 협력학습 그룹으로 나눌 수 있다.

3. 통합교육에서의 사회적 지원 전략

지적장애 학생들에 대한 통합교육을 위하여 필요한 것은 적절한 교수적 지원뿐만 아니라 지속적인 사회적 지원이다. 사회적 지원의 주된 목적은 또래들과의 사회적 상호작용을 증진시키는 것이다(Carter & Kennedy, 2006). 사회적 능력을 증진하기 위한 또래들과의 전략을 소개하면 다음과 같다(McDonnell & Brown, 2010).

1) 또래 도우미 전략

또래 도우미 전략(peer-to-peer strategies)은 학급의 활동이나 일정에 지적장애 학생을 참여하도록 돕는 비장애 또래를 한 명이나 그룹으로 하여금 짝을 지어 조직할 수 있다. 교사는 지적장애 학생과 또래의 도우미 맺어 주기를 통해 학급에서 이들의 교과와 사회적 요구를 충족시킬 수 있는 전략을 세울 수 있다.

Kennedy, Cushing과 Itkonen(1997)의 연구에서, 비장애 또래들에게 중학교 학생과 고등학교 학생들의 일반학급 참여를 도와주는 훈련을 실시하였다. 각 4학급에 또래 도우미 한 명을 배정하여 지적장애 학생을 지원하도록 하였다. 또래 도우미의 자리 배치는 지적장애 학생 옆자리에 앉도록 하였다. 그리고 또래 도우미에게 수업시간에 의사소통하는 방법과 적절하게 상호작용하는 방법을 지도하였다. 또한 학급 숙제와 활동에 지적장애 학생을 참여시키는 방법을 훈련하였다. 이 연구에서 연구자들은 또래 도우미의 학급에서와 수업 이외의 시간에 사회적 지원 전략의 영향을 알아보고자 하였다. 연구 결과에서 또래 도우미와의 사회적 상호작용이 연구 기간 전반에 걸쳐 의미 있게 증가한 것으로 나타났다.

최근에는 일대일 또래 도우미를 통한 사회적 상호작용보다 중다 또래 도우미(multiple-peer support strategies)를 통한 사회적 지원 전략에서 의미 있는 결과를 보이고 있다(Carter et al., 2005). 이러한 중다 또래 도우미 전략은 일대일 또래 도우미 지원보다 여러 측면에서 잠재적인 장점을 가지고 있다. 첫째, 이들은 지적장애 학생으로 하여금 다양한 친구들과 서로 번갈아 가면서 여러 기회에 노출되면서 여러 사람들과 관계를 가질 수 있게 한다(Ryan, 2000). 둘째, 중다 또래 도우미 전략은 지적장애 학생에게 한 명의 또래 도우미가 없을 때를 대신하여 서로 다른 지원을 해줄 수 있다. 이것은 학급에서 지적장애 학생을 지속적으로 도울 수 있다. 셋째, 중다 또래 도우미 지원은 학급에서 지적장애 학생을 위한 하나의 후원 집단들이 생겨날 수 있다는 장점이 있다(Carter et al., 2005; Kennedy, Shukla, & Fryxell, 1997).

2) 또래 친구

비형식적인 또래 도우미뿐만 아니라, 또래 친구(peer buddies)는 중·고등학교의 통합교육에서 지적장애 학생의 친구관계 형성과 사회성 증진에 의미 있는 전략으로 관심을 받고 있다(Hughes & Carter, 2006). 또래 친구 프로그램은 원래 일반교육과정 학급에서 참여하는 또래 친구들에게 학점을 인정해 주는 것으로 적용되었다. 최근에는 지원의 범위를 넓게 적용하고 있다. 즉, 또래 친구가 지적장애 학생과 점심 함께 먹기나, 특별활동 같은 학교의 일정이나 활동의 참여를 돕는 역할까지 활용되고 있다. 또한 또래 친구와 비교수적 활동이나 사회적 상호작용, 심지어 여가 활동을 통한 지적장애 학생의 일반교육 참여를 고려하고 있다. 또래 친구 학급은 지적장애 학생이 필요로 하는 지원 내용과 또래와의 적절한 상호작용 전략에 대한 정보를 제공하기 위해 마련된 것이다. 그러나 또래 친구가 교사일 수 없다는 점과, 또래 학생은 장애학생에 대한 책임을 질 수 없다는 점도 강조되었다. 또래로서의 사회적 지원에 중점을 둔 것이지 또래 권위자로서의 역할에 비중을 두지 말아야 한다는 것이다. 그리고 또래 친구 프로그램은 또래 학생의 지원 인력이 점차 그들의 지원을 줄여 나감에 따라 가장 효과적일 수 있다. 이는 학생과 그들의 또래 친구들로 하여금 서로 상호작용과 지원을 통해 신뢰할 수 있는 관계로 발전해 가도록 하는 것을 의미한다. 또한 이것은 또래 친구 간의 자발적인 상호작용 기회를 증가시키는 것이다.

4. 효과적인 통합교육 계획

1) 개별화교육계획 및 지도

지적장애 학생의 일반교육과정 접근을 위한 통합교육에서 개별화교육프로그램(IEP)의 개발이 중요하다. IEP에는 장기 목적과 단기 목표가 설정되어야 한다. 장기 목적과 단기 목표를 도달하기 위한 서비스의 내용과 방법 그리고 서비스의 제공 기간 등이 포함된다. 통합교육을 위한 IEP에 관련된 인사로는 특수교사와 일반교사 모두가 포함되어야 한다. 그리고 학생과 가족이 IEP의 전체 과정에 참여하는 것이 매우 중요하다. 학생과 가족은 첫째, 현재 수행 수준과 관련된 학생의 장점과 필요성에 대한 정보를 제공해 줄 수 있다. 둘째, 목적과 목표를 설정하는 데 도움을 준다. 셋째, 의미 있는 준거를 설정하는 데 도움을 준다. 넷째, 특수교육과 관련하여 요구되는 그들의 선호도와 의견을 나눌 수 있다. 다섯째, 그들이 필요로 하는 지원이 무엇인지에 대하여 의견을 들을 수 있다.

Demchak(2005)는 IEP 과정으로 다음의 일반적인 단계를 예를 들어 설명하고 있다.

- 목표 설정: 현재 수행 수준이 검토된다. 학생의 요구에 근거하여 학생의 특정한 목적과 목표를 개발하게 된다. IEP 목표 설정은 교육적 서비스나 배치를 어떻게 할 것인지를 결정하는 데 영향을 미친다. 사실 대부분의 많은 교사들은 중증 지적장애 학생들의 IEP가 통합교육에서 활용될 수 있도록 작성하지 않고 있다. 통합교육과 관련이 적은 의사소통이나 생활기술, 사회적 기술로 IEP 목표를 설정하고 있다(예: 철수는 스스로 점심을 준비할 수 있다).

  비록 이러한 특정한 목표들이 지적장애 학생에게 의미 있을 수 있지만, 개별화교육지원팀이 통합교육 상황에 이들을 배치하기에는 어려움을 느낄 수 있다. 따라서 목표들은 통합 상황에 적절하게 작성되어야 한다. 예를 들면, '점심 준비하기' 목표는 가사실습 시간에 학급 친구들과 함께 음식 만들기에 참여할 수 있다로 수정할 수 있다.
- 필요한 관련 서비스 계획: 작성된 목적과 목표들은 지적장애 학생들의 요구에 맞추기 위해 특수교육과 관련 서비스를 고려하여야 한다. 그리고 이들 요구에 부합되는 교육적 배치를 고려하여야 한다. IEP에 포함되는 일반적인 관련 서비스들은 작업치료, 물리치료, 말-언어 치료, 교통, 그리고 학교 건강 서비스가 있다. 이러한 관련 서비스들은 특수교육에서 학생들에게 도움이 될 수 있도록 준비하여야 한다. 개별화교육지원팀은 지적장애 학생들에게 적합한 이러한 관련 서비스의 내용을 결정할 수 있다.

지적장애 학생의 통합교육에서의 개별화교육계획과 이에 따른 교수를 위해 개별화된 요구에 교수의 중점을 둘 필요가 있다. 이를 위한 몇 가지 원칙은 다음과 같다(McDonnell & Brown, 2010).

- 의도된 학습 결과의 진술은 분명하고 구체적인 진술로 기술되어야 한다.
- 효과적인 학습을 위해 충분한 교수적 시도가 이루어져야 한다.
- 목표 기술의 일반화와 유지를 위해 교수적 예시가 주의 깊게 선정되고 진행되어야 한다.
- 교수과정에서의 사용되는 반응에 대한 촉진과 지원 줄이기는 실수를 최소화하도록 설계되어야 한다.
- 학생 실수는 체계적으로 수정되어야 한다.
- 학생의 학습을 위해 자연적 강화가 사용되어야 한다. 또한 강화는 자연적인 수행 환경에서 강화 수준이 점차 줄여지도록 해야 한다.
- 학생 수행 자료는 규칙적으로 수집되어야 하고, 정보는 학생의 학습을 극대화하고 필요한 교수적 절차를 수정하는 데 사용되어야 한다.

개별화된 교수 전략(individualized teaching strategies)은 개별 학생의 학습 양식과 개별적 요구나 수행 수준에 따라 접근할 수 있다. 특히 개별화된 교수적 과정(instructional process)은 구체적인 수행 기술에 대한 목표 설정 및 다양한 활동을 통한 구조화된 방법으로 지도할 수 있다. 개별 학생의 문제 해결 수준에 맞는 촉진 단서를 제공함으로써 궁극적으로 바람직한 반응(문제 해결)으로 유도해 간다. 학생들은 즉각적인 혹은 지연된 후속자극(consequence)을 통해 정확하거나 혹은 부정확한 반응을 하게 된다. 교사들은 자연적 단서를 통한 교수적 촉진을 궁극적인 목표로 정할 필요가 있다. 학생들 수준에 따른 다양한 촉진 단서(신체적 지원 단서, 부분적 신체적 지원 단서, 제스처, 모델링, 지적하기 등)를 점차 줄여 자연적 단서에서도 학생들이 반응할 수 있도록 한다.

교수적 촉진(instructional prompts)은 앞서 언급한 것처럼 궁극적으로 학생의 독립성을 촉진하기 위해 점차 소거해 가는 것이다. 수업 장면에서 학생의 수준에 따른 다양하고 체계적인 교수적 촉진을 통해 수업의 효율성을 높일 수 있다. 점진적 촉진 감소 체제(system of decreasing prompt)는 점진적으로 촉진을 감소하는 접근 체계로 지원의 수준을 점차 줄여 가는 것이다. 두 개 이상의 촉진이 있다면 지원의 정도가 높은 수준에서 점차 지원의 수준이 낮은 것으로 배치한다. 처음 학생에게 과제를 제시할 때, 도움을 많이 주는 높은 수준의 촉진으로 시작한다. 그리고 지원을 점차 체계적으로 소거하여 도움 없이 학생이 스스로 과제를 수행할 수 있도록 한다. 최소 촉진 체제(system of least prompts)는 학생들은 촉진이나 어떤 지원을 하지 않고서도 과제를 수행하는 경우가 있다. 최소 촉진 체제는 지원을 하지 않은 상태에서 학생으로 하여금 과제를 수행하게 하고 필요한 경우 지원을 늘려 가는 방식이다. 이는 많은 지원을 하지 않고 학생이 과제를 수행할 수 있는 기회를 제공하기 위함이다. 따라서 교사는 학생이 과제를 성공적으로 수행하는 데 필요한 최소한의 지원을 하고, 학생이 반응할 때까지 5~6초를 기다려 준다. 이후 학생이 반응을 하지 않거나 오반응을 하게 되면, 이보다 더 지원 정도가 높은 촉진을 사용하여 해당 단계를 반복한다. 촉진은 학생이 과제의 행동을 수행할 때까지 계속 증가시켜 나간다.

강화는 동기를 부여하여 행동을 이끌어 내게 하는 과정이다. 동기는 학생들이 학습하는 데 있어 매우 중요한 구성 요소 중의 하나다. 그리고 강화의 목적은 학습의 증진을 높이는 것이다. 자연스러운 사회적 칭찬은 자연적인 상황과 가장 가깝고 자주 활용되는 유형이다. 자연스러운 칭찬의 수준으로 학생이 과제를 성공적으로 수행한다면, 부가적인 훈련 강화를 사용할 필요가 없다. 교사는 자연스러운 강화만으로 학습이 충분한지, 어떤 동기가 필요한지, 얼마나 자주 강화를 해야 하는지, 그리고 일단 학습이 되었을 때 강화 내용과 수준을 어떻게 줄이고 얼마나 줄인 것인지 등에 대하여 계획하여야 한다. 또한 강화 시간(time)은 훈련 과정에서 매우 중요하다. 모든 긍정적인 강화는 바람직한 행동을 한 즉시 이루어져야 한다. 바람직한 행동에 대한 즉각적인 칭찬은 정반응 행동을 촉진시키는 역할을 하게 된다. 그러나 보상의 경우는 즉각적인 제시가 효과가 없을 경우도 있기 때문에, 교사는 활동 이후에 교환할 수 있는 토큰이나 카드에 표시하기, 달력에 표시하기 등의 방법을 사용할 수 있다(Wehmam, 1996). 그리고 강화자의 지원 거리와 친숙도도 고려하여야 한다. 처음 학생이 훈련을 실시할 때 교사는 학생 바로 옆에서 강화를 하고 점차 학생이 과제에 독립적이 되면 거리를 멀리 하거나 지원을 철회해 간다. 학생이 처음 훈련할 때 학생과 친숙한 사람이 훈련을 하고 점차 과제에 익숙해지면 제3자가 훈련에 개입하여 독립성을 높여 간다.

2) 개인적 지원

어떤 상황에서는, 개별화교육지원팀은 개인에게 필요한 교수 적합화를 위해 학교 인사 이외의 외부 인사의 지원을 고려할 수도 있다. 그러나 각 영역별 전문가의 협력적 지원이나 정부에서 비용을 지원하는 개별 치료지원, 방과 후 프로그램의 경우 학생 개인에게 불리하게 작용할 수 있는 몇 가지 점이 있다. 지적장애 학생이 외부 지원 및 인사에게 지나치게 의존적이 될 수 있고, 일반화 기술에 대한 제한과 또래 동료들과의 상호작용과 사회적 친구관계를 제한할 수 있다.

자연적 지원의 활용은 이러한 점에서 개별적으로 비용을 지불하는 외부인사의 도움의 한계를 극복할 수 있다. 우선, 자연적 지원은 비용이 들지 않고, 일반 또래들과의 자연적인 상황에서 활용할 수 있다. 모든 학생이 도움을 주고 받을 수 있는 또래들이 지원자로 활용될 수 있다면, 모든 학생이 서로 도움을 줄 수 있는 상황에서 이루어져야 한다. 다른 사람에게 지원을 제공할 기회가 전혀 없는 한두 명에 한정해서 지원을 받도록 해서는 안 된다. 또래 지적장애 학생들과 어떻게 상호작용할 것인가에 대하여 일반학생들에게 지도하는 것이 중요하다. 또 다른 자연적 지원에는 부모 자원봉사, 고등학생의 보조 교사 활동, 대학생 예비 실습 등이 있다. 또래와 함께 해 주기 위해, 이들 자연적 지원 인사들은 환경 내에서 지원을 위한 비공식적인 훈련을 할 수 있을 것이다.

3) 팀 중심 지원

지적장애 학생의 통합교육을 위해 특수교사, 일반교사, 관련 서비스 인사들이 팀을 구성해 지원에 필요한 것을 계획할 필요가 있다. 전문가 팀은 성공적인 통합교육과 연관하여 매우 중요한 요소다. 전문가 팀이 주로 관심을 두는 부분은 수시로 변하는 아동의 요구에 따른 정기적인 회의와 팀으로 학생의 사회적 · 교과적 지원을 위한 협력적 개발, 구체적인 책무성 체계를 중시하였다(Demchak, 2005; McDonnell & Brown, 2010).

Hunt와 동료들(2003)은 통합교육에서 장애학생의 통합교육을 지원하기 위한 통합지원계획(Unified Plans of Support: UPS) 개발 과정을 기술하였다. 이 개발 과정의 주요 내용은 장애학생이 의미 있는 학습 결과를 나타내기 위한 교육 계획을 하는 과정이다. 의미 있는 학습이란 일반교육과정과 통합교육 학습의 일정과 활동에 일치하는 학습이다. 그러나 UPS 개발 과정은 IEP/ITP 계획이 성공적으로 수행되기 위해 필요한 구체적인 지원 개발을 포함하는 의미 있는 학습 수업계획 결과를 나타낼 수 있도록 고안되었다. 그리고 UPS 개발 과정은 다음과 같은 네 가지 주요 단계로 이루어졌다.

① 각 학생의 학습과 사회적 수업계획을 정한다.
② 수업계획에 따라 팀은 학생으로 하여금 성공적으로 일반교육과정의 각 영역에 참여할 수 있도록 교과, 교수 그리고 사회적 지원 전략에 대해 브레인스토밍을 실시한다.
③ 일단 각 지원 전략이 정해지면, 팀 구성원은 전략이 수행되도록 다른 팀 구성원과의 활동을 조정하고 전략 수행에 대한 책임이 부여된다.
④ 학생의 요구에 부합하는 UPS의 효과성을 팀이 평가하도록 하는 책무성 체계가 개발되고 수행된다. 이 단계에서 정기적인 팀 회의가 이루어진다. 이 회의에서 팀 구성원은 각 전략의 효과를 평가하고 UPS를 재정립한다.

다음 〈표 9-9〉는 과학 수업에 참여하는 장애학생의 UPS 실행의 한 예시 자료다. 통합교육을 위한 교육과정 수정과 적합화, 사회적 지원, 그리고 학생의 특정 교수 계획에 대한 내용을 중심으로 제시되었다.

표 9-9 UPS의 활용 예시

<table>
<tr><td>학생명</td><td colspan="3">김철민</td></tr>
<tr><td>팀 구성원</td><td colspan="3">김동철 선생님, 김철수 선생님, 박미나 선생님</td></tr>
<tr><td>수업내용</td><td>지구과학</td><td>날짜</td><td>2015. 9. 10</td></tr>
<tr><td colspan="4">교육적 지원(적합화, 수정, 대안교수적 양식)</td></tr>
<tr><td>지원</td><td>책임자</td><td colspan="2">수행 수준</td></tr>
<tr><td>읽기 및 단어 어휘에 대한 삽입교수</td><td>김동철 선생님</td><td colspan="2">전반적 부분적 일시적</td></tr>
<tr><td>미리 지정된 녹음 자료 읽기</td><td>김철수 선생님</td><td colspan="2">전반적 부분적 일시적</td></tr>
<tr><td>선정된 단어 어휘에 수정된 숙제장</td><td>박미나 선생님</td><td colspan="2">전반적 부분적 일시적</td></tr>
<tr><td colspan="4">사회적 지원(지원 조직, 친구 체계, 사회적 시설)</td></tr>
<tr><td>김동준 학생, 김영철 학생으로부터 또래 지원 받기</td><td>김동철 선생님,
김철수 선생님</td><td colspan="2">전반적 부분적 일시적</td></tr>
<tr><td></td><td></td><td colspan="2">전반적 부분적 일시적</td></tr>
<tr><td></td><td></td><td colspan="2">전반적 부분적 일시적</td></tr>
<tr><td></td><td></td><td colspan="2">전반적 부분적 일시적</td></tr>
<tr><td colspan="4">기타 관심사항: 교실에서 김철민 옆자리에는 김동준, 김영철이 앉도록 한다.</td></tr>
</table>

* 출처: Hunt et al. (2001); McDonnell & Brown (2010)에서 재인용.

4) 학생 및 학급 중심 적합화와 수정

지적장애 학생이 통합교육에서 일반학급의 활동과 일정에 참여하는 정도를 높이려고 하면 학급에서 학생 및 학급 중심의 교육과정 적합화와 수정이 개발되어야 한다. 교육과정 적합화(curriculum adaptations), 교수적 적합화(instructional adaptatons), 환경 적합화(ecological adaptation)에 대하여 Janney와 Snell(2000)은 다음과 같이 제시하였다.

교육과정 적합화는 지적장애 학생을 위해 지도할 것을 변경하는 것이다. 그리고 여기에는 배운 내용에 대하여 보충화(supplemental)하고 단순화(simplified)하거나 대안적 교과(alternative curricula)를 마련해 주는 것이다.

보충적 교과는 학생으로 하여금 추가적인 지식이나 기술을 제시해 주는 것이다. 이를 위해 학생이 자신이 읽은 교재의 주요 정보를 나중에 찾아내기 위해 질문을 만들게 하는 자기-질문 전략을 활용할 수 있다. 혹은 주요 개념이나 아이디어에 대한 기억 목록을 통한 기억 돕기 전략을 사용할 수 있을 것이다.

단순화한 교과는 표준교과의 핵심 내용을 수정한 것이다. 예를 들어, 〈표 9-9〉의 김철민 학생의 경우, 교사는 무생물과 생물이 생태계에 주는 변화를 구체적으로 알아보기보다는 주요 단어 어휘(예: 생태계, 먹이사슬, 생물체계)를 읽고 뜻을 알게 할 수 있다.

대안적 교과는 수업에서 핵심 교과와 직접적으로 관련이 없는 지식과 기술 지도에 중점을 둔다. 오히려 지적장애 학생이 살아가는 데 필요한 기능적 기술 지도에 중점을 두어 수업한다. 김철민 학생의 경우, 학급의 또래들과 대화를 시도하기나 학습 시간표 활용하기를 지도하는 것이 될 것이다. 그러나 또래와 의사소통하기 위하여 전자 의사소통판이나 장치를 활용하여 대화 시도하기 기술에 중점을 두거나 휠체어에서 일반 의자로 전환하는 기술을 훈련할 수 있다.

교수 적합화는 교수적 활동에서 투입(예: 자극 자료)과 산출(예: 학생이 완성하는 행동)을 변화시키는 데 중점을 둔다. 학생이 받아들이는 투입에 대한 적합화는 교사의 강의를 들을 때 들은 내용의 주요 개념을 상위 수준으로 리스트를 하면서 듣거나 노트하거나 읽는 것이 아니라, 〈표 9-9〉의 김철민 학생의 예와 같이 미리 지정되어 녹음된 문단을 CD나 오디오로 듣는 것이다. 학생의 산출에 대한 적합화는 기대된 반응에 대한 변화에 중점을 둔다. 예를 들면, 어휘 시험에서 단어의 정의를 쓰도록 하는 것이 아니므로 단어 카드를 보고 지적하게 하거나 시험지에서 모든 문항을 완성하기보다는 건너뛰고 완성하게 하는 것이다.

환경적 적합화는 지적장애 학생이 속해 있는 학급에 대한 변화를 포함한다. 혹은 학생의 일정에 대한 수정, 그가 함께하는 사람에 대한 수정이다. 학급에서 위치에 대한 변경은 좀 더 조용한 곳으로 옮기는 것이 될 수 있다. 이를 통해 지적장애 학생이 과제를 완성하는 데 방해를 덜 받게 해 줄 수 있다. 또는 학생의 책상을 교실 앞쪽으로 옮겨 주어 칠판의 글씨나 설명 자료가 더 잘보이게 한다. 학생의 일정을 변경하는 것은 학생으로 하여금 과제를 완성하게 하는 것이다. 또한 정해진 휴식시간에 문제 행동을 하게끔 해서는 안 된다. 그리고 학생이 집단 교수보다는 일대일 교수를 받을 수 있도록 지원을 변경해 주는 것이다. 또는 전문가보다는 또래를 통한 교수가 되도록 하는 것이다.

5) 또래 중심 교수와 사회적 지원 강화

통합학급 교실에서 지적장애 학생 지원을 위한 교수적 그리고 사회적 지원을 위한 가장 일반적이고 적절한 접근 중에 하나는 또래 중심 중재다(Carter & Kennedy, 2006; Hunt & McDonell, 2007). 또래 중심 지원은 교사가 협력교수(cooperative learnig)나 또래 중재 교수전략을 사용할 수 있고, IEP/ITP 지원팀에서 비공식적이거나 공식적으로 또래 지원 전략을 통합학교의 학습 전략으로 활용할 수 있다. 일반학급에서 또래는 지적장애 학생과의 관계에서 다양한 역할을 할 수 있다. 즉, ① 교육과정, 교수적, 환경적 적합화, ② 과제 완성 시 필요한 지원이나 피드백 제공, ③ 적절한 의사소통 및 사회적 기술 모델링, ④ 지적장애 학생 및 기타 다른 또래와의 의사소통과 사회적 기술, ⑤ 일반교육에서 특정한 기술을 삽입교수하거나 IEP/ITP 계획 등이다. 성공적인 또래 지원 프로그램을 개발하고 수행하기 위한 단계는 다음과 같다(McDonnell & Brown, 2010).

첫째, 같은 학급에서 지적장애 학생을 지원할 한 명이나 그 이상의 또래를 지정한다. 또래 선정 시 또래의 지원 역할, 훈련 내용, 또래 모니터링, 지적장애 학생의 개별적 요구 등을 고려하여야 한다.

둘째, 또래가 할 구체적인 지원에 대하여 훈련을 실시한다(Carter & Kennedy, 2006). 훈련은 지적장애 학생과 함께 수행하는 절차에 대하여 중점을 두고 실시한다. 이러한 절차는 교사가 준비하는데, 절차에는 각 또래가 지적장애 학생과 함께 수행할 수 있도록 안내된 연습이 제시되어야 한다. 이 과정에서 중요한 것은 또래가 학생의 교사라는 것을 강조하여서는 안 되고 지적장애 학생의 학급 활동과 일정에 참여하는 것을 도와주는 것이라는 것을 인식하여야 한다.

셋째, 지적장애 학생이 점차 적응 능력을 갖게 되고, 자신감을 갖게 되면 지원을 체계적으로 줄여 나가야 한다(Carter & Kennedy, 2006).

넷째, 또래에 의해 제시되는 지원에서 지적장애 학생이 필요로 하는 것이 점차 이루어져 가고 있다는 것을 확인하기 위한 규칙적인 모니터링이 이루어져야 한다. 모니터링에서 중요한 것은 또래와 과제가 진행되는 상황에 대하여 이야기하고, 지적장애 학생에게 제공되는 어떤 문제나 지원에 대하여 서로 직면하고 있는 것에 대하여 모니터링하는 것이다. 연구에 따르면 또래는 지적장애 학생에게 제시되는 지원에 대한 중요한 통찰력을 가지고 있다(Fisher & Frey, 2001).

연구문제

1. 지적장애 학생을 위한 통합교육의 의미를 탐색해 봅시다.
2. 지적장애 학생을 위한 통합교육의 유형을 알아봅시다.
3. 지적장애 학생을 위한 일반교실에서 통합교수 방법을 탐색해 봅시다.
4. 지적장애 학생을 위한 통합교육 계획을 세워 봅시다.

참고문헌

강영심 외(2009). 통합교육(2판). 서울: 학지사.

국립특수교육원(2012). 장애학생 이해와 통합학급 운영. 2012 교원 직무연수 자료. 아산: 국립특수교육원.

권영호(1996). 협력학습에 참여한 정신지체 또래에 대한 일반아동 태도변화. 대구대학교 교육대학원 석사학위 논문.

김남순, 김경신(2008). 협동학습 모형을 이용한 정신지체아동의 교과지도 교수-학습전략. 통합교육을 위한 방법론적 접근: 보편적 설계. 한국특수교육학회 2008년 추계학술대회 자료집.

김영순(2001). 통합학급에서의 협동학습이 정신지체아 과학과 학업성취 및 일반아의 태도에 미치는 영향. 우석대학교 교육대학원 석사학위 논문.

박경옥(1998). 협력학습 프로그램을 통한 정신지체아동의 의사소통능력 향상에 관한 연구, 특수교육연구, 5, 35-51.

박선자(1999). 협력학습 프로그램이 교육가능급 정신지체 학생의 문장 재인에 미치는 효과. 대구대학교 재활과학대학원 석사학위 논문.

박승희(2003). 한국장애학생 통합교육: 특수교육과 일반교육의 관계 재정립. 서울: 교육과학사.

신현기, 최세민, 유장순, 김희규(2005). 통합교육의 이론과 실제. 서울: 박학사.

이대식 외(2011). 통합교육의 이해와 실제: 통합학급에서의 효과적인 교육방법. 서울: 학지사.

이소현(2011). 개별화교육과정:장애유아를 위한 일반교육과정 기반의 교수적 접근. 서울: 학지사.

정주영(2001). 실천적 통합모형의 방향성 탐색. 특수교육요구아동연구, 9, 131-154.

정주영, 신현기(2002). 통합학급 정신지체 초등학생을 위한 교수적합화에 대한 일반교사의 지각. 특수교육학회, 37(1), 247-268.

조안나(1999). 협동학습이 정신지체아의 학업성취 자아개념과 친사회적 기술에 미치는 효과. 대구대학교 교육대학원 박사학위 논문.

한국통합교육학회(2005). 통합교육: 교사를 취한 특수교육입문. 서울: 학지사.

Agran, M., Sinclair, T., Alper, S., Cavin, M., Wehmeyer, M., & Hughes, C. (2005). Using self-monitoring to increase following-direction skills of students with moderate to severe disabiities in general education. *Education and Training in Developmental Disabilities, 40*, 3-13.

Benz, M. R., Lindstrom, L., & Yovanoff, P. (2000). Improving graduation and employment outcomes of students with disabilities: Predictive factors and student perspectives. *Exceptional Children*, *66*, 509-529.

Bricker, D. (2000). Inclusion: How the scene has changed. *Topics in Early Childhood Special Education*, *20*, 14-19.

Carter, E. W., Cushing, L. S., Clark, N. M., & Kennedy, C. H. (2005). Effects of peer support interventions on students' access to the general curriculum and social interactions. *Research and Practive for Persons With Severe Disabilties, 30,* 15-25.

Carter, E. W., & Kennedy, C. H. (2006). Promoting access to the general curriculum using peer support strategies. *Research and Practice for Persons with Severe Disabilities, 31*, 284-292.

Castagnera, E., Fisher, D., Rodifer, K., & Sax, C. (1998). Deciding what to teach and how to teach it: *Connecting students through curriculum and instruction* (pp. 341-350). CO: PEAK Patent Center.

Demchak, M. A. (2005). Three step: Teaching students with severe disabilities in inclusive settings. In M. L. Wehmeyer, & M. Agran (Eds.), *Mental retardation and intellectual disabilities: teaching students using innovative and research-based strategies.* Boston: Pearson Merrill Prentice Hall.

Dymond, D. K., Renzaglia, A., Rosenstein, A., Chun, E. J., Banks, R. A., Niswander, V. et al. (2006). Using participatory action researchapproach to create a universally designed inclusive high school science course: A case study. *Research and Practice for Persons With Severe Disabilities*, *31*, 293-308.

Fish, D., & Frey, N. (2001). Access to the core curriculum: Critical ingredients for student success. *Remedial and Special Education*, *22*, 148-157.

Harper, G. F., Maheady, L., & Mallette, B. (1994). The power of peer-mediated instruction: How and why it promotes academic success for all students. In J. S. Thousand, T. A. Villa, & A. I. Nevin (Eds.), *Creativity and collaborative learning: A practical guide to empowering students and teachers* (pp. 229-242). Baltimore: Paul H. Brookes.

Harrower, J. (1999). Educational inclusion of children with severe disabilities. *Journal of Positive Behavioral Interventions, 1*, 215-230.

Horn, E., Lieber, J., Li, S., Sandall, S. R., & Schwartz, I. S. (2000). Supporting young children' s IEP goals in inclusive settings through embedded learning opportuntis. *Topics in Early Childhood Special Education, 20*, 208-223.

Hughes, C., & Carter, E. W. (2006). *Success for all students: Promoting inclusion in secondry schools through peer buddy systems.* Upper Saddle River, NJ: Allyn & Bacon.

Hunt, K., Doering, A., Hirose-Hatae, J., Maier, & Goetz, L. I. (2001). Across-Program Collaboration to Support Students with and without Disabilities in General Education Classrooms, *Journal of the Association for Persons with Severe Handicaps, 26*, 240-256.

Hunt, P., & McDonnell, J. (2007). Inclusive education. In S. L. Odom, R. H. Horner, M. Snell, & J. Blacher (Eds.), *Handbook on developmental disabilities* (pp. 269-291). New York: Guilford.

Jameson, J. M., McDonnell, J., Polychronis, S., & Riesen, T. (2008). Training middle school peer tutors to embed constant time delay instruction for students with significant cognitive disabilities in inclusive middle school settings. *Intellectual and Developmental Disabilities, 46*, 346-365.

Janney, R., & Snell, M. E. (2000). *Modifying schoolwork.* Baltimore: Paul H. Brookes.

Johnson, D. W., Johnson, R. T., & Holubec, E. J. (1993). *Circles of learing: Cooperation in the classroom* (4th ed.). Edina, MN: Interaction Book Company.

Kennedy, C. H., Cushing, L. S., & Itkonen, T. (1997). General education participation improves the social contacts and friendship networks of students with severe disabilities. *Journal of Behavior Education*, *7*, 167-189.

Kennedy, C. H., Shukla, S., & Fryxell, D. (1997). Comparing the effects of educational placement on the social relationship of intermediate school students with severe disabilities. *Exceptional children*, *64*, 31-47.

McDonnell, J. (1998). Instruction for students with severe disabilities in general education settings. *Educational and Training in Mental Retardation and Developmental Disabilities*, *33*, 199-215.

McDonnell, J., & Brown, B. (2010). Inclusion in general education classes. In J. McDonnell, & M. L. Hardman, (2nd ed.), *Successful transition programs: Pathways for students with intellectual and developmental disabilities*. Los Angeles: CA. SAGE.

Phelps, L. A., & Hanley-Maxell, C. (1997). School-work transitions for youth with disabilities: A review of outcomes and practices. *Review of Educational Research*, *67*, 197-226.

Roach, A., & Ellot, S. N. (2006). The influence with access to the general education curriculum on alternate assessment performance of students with significant cognitive disabilities. *Educational Evaluation and Policy Analysis*, *28*, 181-194.

Schwartz, I. S., Staub, D., Peck, C. A., & Galluci, C. (2006). Peer relationships. In M. E. Snell & F. Brown (Eds.), *Instruction of students with severe disabilities* (pp. 375-404). Upper Saddle River, NJ: Pearson.

Slavin, R. E. (1995). Cooperative learning: *Theory, research, and practice* (2nd ed.). Boston: Allyn & Bacon.

Wagner, M., Newman, L., Cameto, R. Levine, P., & Marder, C. (2003). *Going to school: Instructional contexts, programs, and participation of secondary school students with disabilities*. Menlo Park, CA:SRI International.

Wallace, T., Anderson, A. R., & Bartholomay, T. (2002). Collaboration: An element associated with the success of four inclusive high school schools. *Journal of Educational and Psychological Consultation*, *13*, 349-381.

Wehmeyer, M. L, Lattin, D. L, Lapp-Rincker, G., & Agran, M. (2003). Access to the general curriculum with midle school students with mental retardation: An bservational study. *Remedial and Special Education*, *24*, 262-272.

Wood, J. W. (1998). *Adaptiing instruction to accommodate students in inclusive settings.* NJ: Merrill Prentice Hall.

제 10 장

지적장애 학생의 중등 이후 교육과 전환

학습목표

1. 지적장애 학생의 중등 이후 교육 경로 및 유형을 이해한다.
2. 지적장애 학생의 중등 이후 교육을 위한 전환전략을 이해한다.

고등학교를 졸업하고 계속교육을 한다는 것은 성인기로 접어들면서 하나의 진로 과정을 선택한다는 의미를 갖는다. 중등 이후 교육을 준비한다는 것은 장애학생뿐만 아니라 이들을 지원하는 관련 교육자 및 부모에게도 어려운 문제다. 중등 이후 교육으로는 2년제나 4년제 대학, 전문대학, 직업 기술학교, 그 외 성인 교육기관 등이 있다. 장애학생이 중등교육을 마치고 이들 기관으로 전환하는 데는 상당한 준비와 계획이 요구된다. 왜냐하면 각 환경에 적응하는 데 필요한 기술이나 경험이 요구되기 때문이다. 중등 이후에 필요한 전환교육 내용을 파악하는 것은 교사가 장애학생이 이러한 환경에 요구되는 서비스와 지원을 계획하는 데 도움을 줄 것이다.

최근 지적장애 학생의 졸업 이후 진로에 대한 관심이 높아지고 있고, 이들의 평생교육 및 대학 프로그램 참여에 대한 논의가 활발하게 진행되고 있다. 이 장에서는 지적장애 학생을 위한 중등 이후 교육에 대한 전반적인 내용을 살펴보고, 중등 이후 교육 유형에 대하여 국내 현황 및 실태를 비교하여 살펴보고자 한다. 그리고 중등 이후 교육을 위해 고등학교에서 준비해야 할 전략을 다루고자 한다.

1. 지적장애 학생을 위한 중등 이후 교육의 실태 및 필요성

중등 이후 교육(postsecondary education)은 일반적으로 중등교육 이후의 고등교육과 직업교육을 의미하는 개념이다. 고등교육은 중등교육과 대비되는 용어로 당대 최고의 교육을 말하며, 교육과정을 이수하면 이를 증명하는 학위나 졸업증서 또는 수료증을 수여하는 대학이나 대학원 등의 교육을 의미한다. 그리고 직업교육이란 일정한 직업에 종사하는 데 필요한 지식이나 기능을 가르치는 교육을 의미한다. 따라서 중등 이후 교육은 2년제 대학이나 4년제 대학 및 성인 교육기관 등에서 이루어지는 교육을 지칭한다고 정의할 수 있다(정동영, 2012). 따라서 중등 이후 교육의 결과를 위한 학생에 대한 준비나 목표 설정은 전환지원팀이 고려하여야 할 매우 중요한 영역이라고 할 수 있다. 그리고 비교과뿐만 아니라 교과 영역, 지역사회 경험 등은 중등 이후에 성공하기 위한 과정이라고 할 수 있다(Debra, Greg, & Penny, 2005).

그러나 미국의 경우 중등학교를 졸업하는 장애 청소년의 고용 비율은 그렇게 높지 않게 나타났고, 이에 따라 장애 청소년이 점차 중등 이후 교육을 위해 고등학교에서 수학 및 과학과 같은 대학 진학 준비 수업을 포함하는 엄격한 학업적 교육과정을 받고 있다. 그럼에도 불구하고 장애 성인 10명 중 3명만이 고등학교를 떠난 이후 고등교육에 참여하고 있는 것으로 보고 있다(Wagner et al., 2005). 그리고 대학에 출석하는 장애 성인의 경우 일반 성인에 비해 절반 이하인 것으로 나타났고, 이중에서도 지적장애 학생은 극소수에 해당한다(Johnson & Nord, 2010). 이러한 결과는 지적장애 학생의 대다수에게 대학교육은 아직도 실행 가능하거나 현실적인 선택권이 되지 않고 있어 중등 이후 교육이 제대로 이루어지지 않고 있음을 나타내는 것이라고 할 수 있다(정동영, 2012).

또한 미래의 고용 요구 경향은 중등 이후에도 계속적으로 더 많은 훈련을 필요로 한다. 뿐만 아니라 높은 기술, 고임금에 수반되는 창의적 사고, 교과기술,

문제해결이나 대인관계 문제해결 능력을 요구하게 된다(Getzel, Stodden, & Briel, 2000; Hoye, 1998). 많은 직종은 직업 및 기술 고등학교를 졸업하기 이전에 취업에 필요한 다양한 자격증을 필요로 하고 있다(Gray, 2002). 따라서 이러한 급변하는 시대에 요구되는 사항을 체계적으로 준비하지 못한다면, 중등 이후 교육, 직장 유지 및 지역사회 적응을 어렵게 할 수 있을 것이다.

우리나라도 통합환경에서의 장애인 평생교육 프로그램 실시와 중등 이후의 교육 기회 확대의 일환으로 대학입학특별전형 제도와 같이 장애학생이 고등교육에 참여할 수 있는 제도적 장치를 마련하였다. 그러나 지적장애 학생의 중등 이후 전환교육 과정에 대한 현재 우리나라 특수교육 전달체계는 고등부를 졸업하고 특수교육기관인 전공과에 진학하는 구조를 취하고 있다. 현실적으로 전공과는 중등 이후 교육기관이어야 함에도 「장애인 등에 대한 특수교육법」에서는 전공과를 중등과정의 교육기관으로 분류하고 있다. 그리고 고등부를 졸업한 일부 학생만 전공과 과정에 진학하고 있어 취업하지 않은 지적장애 학생의 진로가 매우 제한되어 있다고 할 수 있다. 현재 일부 대학에서 지적장애 학생을 위한 학부과정을 개설하거나 평생교육과정을 설치하여 진학 기회를 제공하고 있지만, 소수의 학생에 국한되어 있다(김형일, 2013). 따라서 고등학교 졸업 이후 지적장애 학생의 진로를 다양화할 필요가 있다. 정동영(2012)이 주장하는 것처럼, 전공과는 고등학교 과정의 특수학교나 특수학급에 설치하기보다 대학과 공동으로 설치하여 중등 이후 교육을 위한 이중 등록이나 동시 등록을 허용하는 경로로 재구조화할 필요가 있다. 이에 대한 경비는 중등교육을 지원하는 국가나 지방자치단체에서 부담하게 하는 것이다. 그리고 미국과 같이 지적장애 학생을 위한 중등 이후 교육모형을 현재 우리나라 일부 대학에서 시도하고 있는 분리모형 외에 혼합·혼성 모형과 통합모형을 개발하여 중등 이후 교육모형을 다원화할 필요가 있다. 이를 위해 법적 토대를 마련하여 제도화할 수 있을 것이다(김형일, 2013).

2010년 교육부는 장애 성인 평생교육 활성화 방안을 마련하여 교육 기회를 놓친 장애 성인의 초 · 중등교육 지원, 원격교육 시스템을 활용한 장애 성인 평생교육 지원, 프로그램, 관련 인프라 구축을 실시하고 있다. 따라서 학령기를 놓친 지적장애인이 평생교육을 받을 수 있게 되었고, 졸업 후에도 특수학교, 특수교육지원센터, 평생학습관, 대학 등에서 운영하는 다양한 평생교육 지원 프로그램에 참여할 수 있게 되었다(송준만 외, 2012). 지적장애 성인을 위한 이러한 평생교육 제도가 확대 · 정착될 수 있도록 제도적 장치가 구체화되어야 한다. 그리고 현재 국립특수교육원에서 추진하고 있는 자격 있는 장애인 평생교육사 제도를 조기에 도입하여 지적장애인이 각자 특성에 맞는 서비스를 받을 수 있는 기회를 만들어야 한다(김형일, 2013).

2. 중등 이후 교육의 유형

지적장애 및 발달장애 청소년이 정규 고등학교 과정을 마치고 중등 이후 교육(postsecondary education)에 참여하는 것이 일반적인 사항이 아닐 수 있다. 또한 불행하게도, 많은 고등학교 프로그램의 구조와 조직은 장애 청소년의 교육적 요구를 충족시키는 데 충분한 여건을 갖추지 못한 실정이다. 예를 들면, 장애 청소년은 자신의 직장에 전환하는 데 필요한 준비를 지역사회 중심 고용 환경에서 정규적인 교수(instruction)를 받아야 한다. 그러나 일반 고등학교 과정에서는 학생과 교사를 위한 이러한 교수적 필요성을 효과적으로 제공하지 못하고 있다. 또한 장애 청소년들은 친구 사귀기나 사회적 관계 형성을 통해 성인으로서 사회적 관계를 유지해야 하지만, 고등학교에서의 또래와의 제한된 접근으로 어려움을 갖게 된다(Debra, Greg, & Penny, 2005).

최근 장애 청소년에 대한 일반 고등학교에서의 이와 같은 불충분한 지원 상황에 대하여 여러 분야의 지원 조직들이 관심을 갖기 시작하였다. 이들의 주요 관심 사항은 기술 및 직업 학교, 전문대학, 대학에 접근을 용이하게 하는 프로그램 개발이라고 할 수 있다(Doyle, 2003; Fisher, Sax, & Pumpian, 1999; McDonnell, Kiuhara, & Collier, 1996; Patton et al., 1996; Smith & Puccini, 1995; Tashie, Malloy, & Lichtenstein, 1998; Wehman, 2006). 장애 청소년이 이러한 환경에 접근한다고 하는 것은 지식과 생산적 고용에 필요한 기술을 획득하는 것이고, 부모로부터 자신의 독립성과 자율성을 이루는 것이며, 완전한 지역사회 참여를 가능하게 하는 데 필요한 사회적 관계를 개발하는 것이다. 결과적으로 이러한 환경은 고등학교를 졸업하고 사회에 진출하는 장애학생의 전환 요구를 충족시키는 것이 된다(Debra et al., 2005).

현재 미국에서 지적장애 학생의 중등 이후 교육을 지원하는 모형으로 혼합 · 혼성 모형(mixed/hybrid model), 분리모형(substantially separate model) 그리고 통합모형(inclusive individual model)이 있다. 이러한 이중 등록 프로그램(dual enrollment program)은 지적장애 학생이 대학에 접근하고 참여하도록 지원하는 것이다. 이 프로그램은 학생이 지역의 학교에서 제공하는 프로그램과 대학에서 제공하는 프로그램을 동시에 등록하는 것이다. 이 이중 등록 프로그램은 원래 고등학교 상위수준 학생에게 교육적 기회를 제공하기 위하여 시도되었지만, 현재는 장애학생의 고등학교 중도 탈락 방지와 대학으로의 전환을 돕기 위하여 활용되고 있다. 일반적으로 수반되는 비용은 지역 교육구에서 법령에 따라 지급하고 있지만, 대부분의 프로그램은 주 정부의 직업재활국, 지적장애 기관, 대학의 장애학생 지원 프로그램에서 보충해 주고 있다. 미국에서 시행되고 있는 세 가지 유형의 프로그램은 다음과 같다(Hart, Grigal, & Weir, 2010; Hart et al., 2006; McDonnell, Kiuhara, & Collier, 2009; Neubert & Moon, 2006; 정동영, 2012에서 재인용).

1) 혼합 · 혼성 모형

혼합 · 혼성 모형은 장애학생이 일반 학생과 함께 사회적 활동과 학업적 강좌(청강 또는 학점 인정 강좌 수강)에 참여하거나 다른 장애학생과 함께하는 강좌

(때론 생활기술 혹은 전환수업이라고 하는 강좌)에도 참여하는 모형이다. 이 모형은 일반적으로 학생에게 학교 안팎에서 고용 경험을 제공한다. 이 모형은 일부 지역사회에서도 운영되지만, 전형적으로 지역사회 대학이나 4년제 대학의 캠퍼스에서 운영된다. 일부 분리된 교수와 통합되지만, 지적장애 학생에게 대학 강좌에 등록하고 캠퍼스의 사회적 활동에 참여하는 기회와 지역사회 고용을 탐색하는 기회를 제공한다. 이 모형에서 지적장애 학생은 고등학교를 졸업하는 때인 18세에 한 번 또 대학을 졸업하는 때인 21세에 한 번, 모두 두 번의 졸업식에 참여한다.

혼합 · 혼성 모형은 미국에서 가장 빈번히 시행되고 있는 모형이라고 할 수 있다. 그리고 대부분 특수교육 교사가 학생 집단과 개별적 또는 소집단으로 주간 작업의 일부를 수행하는 분리된 교실이나 사무실 공간을 지방의 중등과정의 학교체제에 두고 있으며(예: 기능적 학업, 자기결정 기술), 지역사회 중심 교수, 직무 훈련, 개인별 지역사회 현장 고용, 지역사회 서비스 프로젝트, 기관 간 연계 및 부모 참여 프로그램 등을 포함하고 있다. 그리고 이 모형은 지방의 중등과정 학교체제의 특수교육자, 전환 전문가 및 보조원이 프로그램의 스태프로 참여하며, 대학이나 지역사회 현장은 수업 공간, 장비 및 교실, 사정 및 시설을 기증하거나 유상으로 제공하고, 연방 정부의 생활보조비(Supplemental Security Income: SSI)를 받을 자격을 지닌 학생에 대해서는 지역사회 대학 교실에 등록하는 수업료의 일부를 면제해 주고 있다.

2) 분리모형

분리모형은 학생이 생활기술 혹은 전환 프로그램으로 불리는 수업에 다른 장애학생과 함께 참여하는 모형을 말한다. 이 모형에서 지적장애 학생은 교내의 일반적인 사회적 활동에 참여할 기회를 가지며, 종종 미리 설정된 학교 안팎의 고용 장소를 통하여 고용 경험을 제공받는다. 지적장애 학생을 위한 중등 이후 교육의 분리모형은 역사적으로 지적장애 학생을 위한 생활기술 교육과정에 기초하여 고용훈련, 직업 기회 및 분리 수업을 제공하였다. 이 모형의 프로그램들은 대부분 주간 활동 프로그램의 대안으로서 비영리 성인기관이나 지역사회 대학 캠퍼스 혹은 직업훈련 프로그램에 장애 성인을 통합하는 데 관심을 지닌 부모나 개인에 의해서 시작되었으며, 또한 이들의 지원을 받는다. 지적장애 학생을 위한 중등 이후 교육의 분리모형은 학생이 연령에 적절한 지역사회 중심의 경험을 제공받지 못하고 있다고 여기는 부모와 교육자의 관심 때문에 개발된 것이다.

3) 통합모형

통합모형은 학생이 대학 과정 인증 프로그램, 학위 프로그램, 청강 혹은 학점 이수를 위해 교육 코치, 가정교사, 기술적 및 자연적 지원과 같은 개별화된 서비스를 받는 모형이다. 이 모형은 인턴십, 도제, 작업 중심 학습과 같이 학습과정 및 고용 경험과 직결되는 학생의 진로 목표를 확립하는 데 초점을 두고, 기관 간 팀을 매개로 성인 서비스 기관, 일반적인 지역사회 서비스, 대학의 장애학생교육지원센터 등이 협력을 하며, 서비스의 범위를 확인하여 비용을 공동으로 부담한다. 이 모형에서 학생은 각각 개인 팀과 학교 이후의 목적을 계획하며, 그에 따라 특정 목적을 충족시키는 데 필요한 서비스나 기금에 배정된다. 특수교육자나 전환 전문가는 서비스와 지원을 조정하는 사례관리사로서 역할을 한다. 학생은 자신의 선호와 흥미에 따라 대학 강좌, 수료증을 받는 훈련 프로그램 및 지역사회의 직장에 등록하며, 지역사회의 여가활동에 참여한다. 교사나 사례관리사는 지역사회의 대학이나 다른 기관들과 함께 학생의 진보를 점검하고, 필요한 지원을 확인하며, 서비스를 조정한다. 특히 통합모형이 요구하는 멘토링은 경험과 지식이 풍부한 사람이 상담자에게 지도와 조언을 하면서 실력과 잠재력을 계발하는 것으로, 지적장애 학생의 중등 이후 교육의 교수에 유용하게 활용된다.

멘토는 친구의 역할과 사회적 동아리로서 그리고 사회적 행동의 모델이 될 수 있다. 또한 지적장애 학생이 도전적인 사회적 상황을 의논할 수 있는 멘토뿐만 아니라 튜터로서 학업적 지원도 제공할 수 있다.

3. 성공적인 중등 이후 교육의 특징

최근 미국을 중심으로 지적장애 학생을 위한 대학 수준의 전환 프로그램에 대한 논의가 상당히 많이 이루어지고 있다. 또한 고등학교에서 지적장애 학생의 대학 과정에의 참여를 지원하기 위한 교수 전략을 적용하고 있다. 그리고 지원 프로그램들은 주로 학생이 중등 이후에 사회적 활동과 대학에서의 활동에 참여를 증진하는 전략을 수행하는 데 맞추어져 있다. 학생이 지원받는 방법들은 주로 고등학교와 대학이 협력적으로 개발한 개별화된 계획으로 진행된다. 지적장애 학생을 위한 상당히 많은 프로그램은 지적장애 학생과 그들의 부모가 전통적 고등학교에서 연령에 적절한 대안을 모색할 수 있을 정도로 발전했다. 또한 프로그램은 학생의 요구를 충족시키기 위해 개별화된 지원, 학생 중심, 기관 간 협력, 교직원의 준비 등을 중시하게 되었다. 이와 관련하여 McDonnell 등(2009)은 성공적인 중등 이후 프로그램의 특징으로 다음과 같은 내용을 제시하였다.

1) 개별화, 학생 중심 계획

성공적인 중등 이후 프로그램의 핵심은 교육 계획 시 학생 중심 접근을 수행하는 것이다. 학생 중심 IEP와 전환계획은 구체적으로 개별화전환교육계획(ITP) 6장에서 논의하였다. 대학에서의 성공적인 계획의 핵심은 개별화교육지원팀이 학생을 위한 대학 경험 목적의 명확한 비전을 제시하는 것이다. 이러한 비전의 방향은 학생의 중등 이후 목적과 직접적으로 일치해야 한다. 그리고 중등 이후 프로그램의 서비스와 자원, 대학, 기타 기관들도 이러한 목적들이 성취될 수 있도록 협력적으로 지원하여야 한다. 또한 학생에게 제공되는 ITP는 대학 프로그램에서도 연간 정기적으로 점검되고 검토되어야 한다. 전환계획에서 설정한 지원, 교수적 수정, 서비스를 제공하기 위한 활동 목록들은 수시로 학생의 진전에 따라 수정될 수 있어야 한다. 최종적으로 졸업을 할 시기에는 학생들이 학교를 떠나 서비스를 제공받게 될 관련 성인 서비스 기관들과 연계하여 개별화나 개별화전환교육계획을 문서화하는 작업이 이루어져야 한다.

2) 기관 간 협력

중등 이후 교육과 서비스의 지원 환경을 효과적으로 관리함으로써 장애학생의 대학과 지역사회를 경험하는 전환 과정을 강화시킬 수 있다(Stodden, Conway, & Chang, 2003). 대학 프로그램은 특수교육기관, 대학, 지역사회 서비스 기관의 인사들이 밀접하게 협력하면서 이들의 전반적인 요구사항을 프로그램에 맞게 유지시켜 나가는 것이 필요하다. 성공적인 대학 프로그램의 일반적인 특징은 지역교육구, 대학, 직업재활기관, 지적장애 기관과 같은 지역의 관련 기관들 간의 팀 협력을 구성하는 것이다. 이러한 팀들의 목적은 다음과 같다. 첫째, 학생이 자신의 교육적 서비스를 위해 대학 캠퍼스에 효과적으로 전환할 수 있도록 정책적 구성 절차를 설정한다. 둘째, 학생이 적절한 프로그램이나 과정에 참여하기 위해 필요한 자료를 개발한다. 셋째, 학생에게 제공되는 지역사회 중심 고용과 거주 서비스를 협력한다. 넷째, 학생이 고용과 지역사회 생활을 위해 학교를 떠나 지역의 성인 서비스 체계에 전환할 수 있는 원활한 지원을 제공한다.

3) 대학 교직원의 준비

대학 프로그램과 대학의 장애학생지원서비스센터 직원과 연관된 이중 등록 실행에 대한 직접적 책무는 주로 특수교육 교사가 담당하게 된다. 이들은 학생이 특정한 과정에서 추가적인 지원과 필요한 서비스가 이루어질 수 있도록 한다. 그러나 학생의 교과적 성공에 가장 의미 있는 영향을 미치는 사람은 대학의 구성원들이라고 할 수 있다. 또한 대학 및 각 전공의 교직원은 대학 생활에 필요한 도움을 주는 데 중요한 역할을 담당한다.

Getzel과 Finn(2005)은 중등 이후 프로그램의 장기적 성공은 장애학생의 요구에 맞출 수 있는 대학 교직원의 능력을 개발하는 데 달려 있다고 하였다. 이것은 다음과 같은 사항이 충족되어야 함을 의미한다. 첫째, 중등 이후 프로그램과 장애학생지원서비스센터 직원이 훈련과 공학(예: 유니버설디자인, 보조공학 등)과 같은 중요한 영역에 배치되어야 한다. 둘째, 교직원이 학생의 요구를 충족시킬 수 있는 지식과 기술을 배울 있는 다양한 기회(예: 일대일 훈련, 온라인 자료 활용 등)를 제공하여야 한다. 셋째, 교직원에게 항상 새로운 전략과 지원 접근이 가능한 공학적 지원 자료가 제공되어야 한다. 넷째, 훈련과 공학적 지원 활동을 통한 장애학생에 대한 교직원의 수용 정도가 어느 정도 효과적이었는지에 대한 규칙적인 평가가 이루어져야 한다.

4. 중등 이후 대학 프로그램

1) 대학 프로그램의 경로

미국의 경우 지적장애 학생을 위한 중등 이후 교육 프로그램은 제한적으로 운영되고 있고, 프로그램의 유형 또한 다양하지 않으며, 학생의 장애와 주거 및 기타 서비스들이 충분히 제공되지 않고 있다. 그러나 현재 미국에서는 지적장애 학생과 중등 이후 교육을 위하여 보조금을 확대하고 있으며, 프로그램의 표준을 개발하는 연구들을 지원하는 등 체계적인 노력을 기울이고 있다(정동영, 2012).

일반적으로 미국의 지적장애 학생이 중등 이후 교육에 접근하는 경로는 전통적 경로와 대안적 경로로 구분하여 살펴볼 수 있다([그림 10-1] 참조). 전통적 경로는 지적장애 학생이 대학의 입학 심사를 받고, 필요한 경우 대필자, 통역사, 튜터링, 시험 시간 연장과 같은 조정과 상담 및 보조공학을 이용하여 모든 강좌를 이수하는 것이다. 여기서 전통적 경로를 받아들이기 어렵거나 불가능한 지적장애 학생은 비전통적 경로를 통하여 중등 이후 교육에 접근할 수 있다(Hart et al., 2010; 정동영, 2012에서 재인용). 비전통적 경로는 대학의 입학 허가를 받지만 학위나 수료증 프로그램을 추구하지 않는 학생을 위한 대안적 경로다. 이들은 대학의 강좌를 청강할 수도 있고, 학점을 인정하는 강좌나 학점을 인정하지 않는 강좌를 이수할 수도 있으며, 특수교육과 관련되지 않은 평생교육 강좌를 수강할 수도 있고, 장애학생만을 위하여 설계된 분리된 교육과정에 참여할 수도 있다. 이러한 미국의 지적장애 학생을 위한 중등 이후 교육의 대안적 경로는 앞서 제시한 혼합·혼성 모형, 분리모형, 통합모형 외에 대학 주도 프로그램(college-initiated program), 개인 또는 가족 주도 지원(individual or family-intiated supports) 등이 있다(Hart & Grigal, 2009; Hart et al., 2006; 정동영, 2012에서 재인용).

대학 주도 프로그램은 대학이 캠퍼스에서 지적장애 학생을 지원하는 프로그램으로 이중 또는 동시 등록 프로그램과 동일한 범위에서 다양한 서비스를 제공하지만, 중등과정의 학교 체제는 학생에 대한 지원이나 서비스를 제공하지 않는다. 이 프로그램은 일반적으로 교수 중심이지만, 항상 일반 학생이 이용하는 전통적인 입학 허가 과정을 요구하지 않는다. 이 프로그램의 장애학생 지원은 연방과 주 기관들에 의하여 제공된다.

그리고 개인 또는 가족 주도 유형은 지적장애 학생이나 그들의 가족이 다양한 방식으로 중등 이후 교육에 대한 접근 경로를 개발하는 경우다. 이들의 일부는

전통적 경로(학생 1)	대안적 경로(학생 2)
지도교수, 장애지원센터 또는 전환 조정가와 함께 • 진로 목적 확인(교사, 변호사, 소방관, 경찰관, 의사, 보육사 등) • 상담가와 가족과 함께 진로 목적을 성취할 수 있는 단계를 확인한다.	지도교수, 장애지원센터 또는 전환 조정가와 함께 • 진로 목적을 설정하기 위하여 일을 한다(예: 인간 중심 계획) • 진로 목적을 성취하는 단계를 확인한다. • 작업 중심 학습계획을 개발한다.
중등 이후 교육 선택권	
2년제 대학(학점 인정 강좌, 학점 비인정 강좌, 수료증, 전문학사학위)	2년제 대학(청강, 학점 인정 강좌, 학점 비인정 강좌, 수료증, 전문학사학위)
4년제 대학(학점 인정 강좌, 학점 비인정 강좌, 학사학위)	4년제 대학(청강, 학점 인정 강좌, 학점 비인정 강좌, 학사학위)
직업기술학교(학위)	직업기술학교(청강, 학위)
평생교육	평생교육(청강, 학점 인정 강좌)
성인교육	성인교육(청강, 학점 인정 강좌)
원격교육	원격교육(청강, 학점 인정 강좌)
입학 기준	
대학진학적성검사(SATs)	포기 또는 대안적 기준
선수 요건 및 기타 자격 요건의 면제	포기 또는 대안적 기준
대안적 기준	포기 또는 대안적 기준
중등 이후 교육 오리엔테이션 캠퍼스 여행	
캠퍼스 여행, 재학생과의 만남, 면담	캠퍼스 여행, 재학생과의 만남, 면담
재정	
재정 보조, 근로 장학, 학비 면제, 학생 자체 부담	재정 보조, 근로 장학, 학비 면제, 학생 자체 부담, 교육청 부담, 성인기관 부담
중등 이후 교육 활동	
학생증 발급	학생증 발급
장애지원센터 등록	장애지원센터 등록
오리엔테이션 참여	오리엔테이션 참여
학업적 참여	수강 신청(진로 목적과 흥미 영역에 의해 안내된)
캠퍼스 생활의 모든 비학업적 활동 참여	필요한 경우 교육 코칭과 학업적 지원
	인턴십, 봉사 학습, 도제식 수업, 유급 통합고용 참여
	캠퍼스 생활의 모든 비학업적 활동 참여
경쟁고용 그리고/또는 계속된 중등 이후 교육	

[그림 10-1] 지적장애 학생의 중등 이후 교육 접근 경로

출처: Hart et al. (2010), p. 140; 정동영(2012)에서 재인용.

표준 입학 허가 과정을 통하여 대학에 입학하지만, 나머지 대부분은 표준 대학 입학 허가 과정 대신 개별 교수에게 접근하여 대학에 입학한다. 또 다른 학생은 관심을 지닌 교과를 확인하기 위하여 장애지원센터를 찾기도 한다. 지적장애 학생은 대부분 직업재활 기관, 성인 서비스 기관, 발달 서비스 기관 등과 같은 장애 성인이 이용할 수 있는 기관을 통하여 지원을 받는다. 이러한 협력적 지원은 일부 지적장애 학생의 경우 성공적인 것으로 증명되고 있다(Hart & Grigal, 2009; Weir, 2004; 정동영, 2012에서 재인용).

우리나라의 경우, 나사렛대학교에서는 지적장애 학생을 위한 독립된 재활자립학과를 설치 · 운영하고 있다. 나사렛대학교 재활자립학과는 국내에서 유일하게 학위과정으로 운영되고 있다. 주요 교육과정은 주요 이론 및 여가 관련 과목으로 재활기초, 인간관계, 자립생활, 자기-결정 기술, 사회적응 기술, 컴퓨터 활용, 재활 스포츠 교과가 있다. 직업 관련 과목으로 직업생활과 직업 탐색, 직업 준비, 직업적응, 현장 실습 및 실기, 인턴 과정, 간병 보호, 동물 관리, 원예 치료, 사서 보조 및 사무행정 실제 등이 있다. 그리고 교양 일부 과목과 학교의 채플 과목은 일반 학부 학생과 통합교육 차원에서 공통으로 이수할 수 있도록 하고 있다. 그 밖에 이화여자대학교와 대구대학교에서는 비학위 과정으로 평생교육 프로그램을 운영하고 있다. 호산나대학교에서는 대안교육 과정으로 대학 주도로 프로그램을 운영하고 있다. 2010년부터 교육부 차원에서 지적장애인의 중등 이후 교육으로 예산을 지원하는 프로그램을 운영하고 있다. 선정된 대학은 금오공과대학교, 백석대학교, 이화여자대학교, 충주대학교, 한국폴리텍II대학으로, 이 대학들은 평생교육 차원에서 지적장애 학생을 대상으로 대학 주도 프로그램을 운영하고 있다. 교육부는 매년 선정된 대학에 대하여 프로그램 운영 결과에 대한 평가를 하고 프로그램의 지속 여부를 결정한다.

이와 같이 중등 이후 교육은 미국이나 우리나라에서 아직까지 체계적인 운영이 이루어지고 있는 상황은 아니지만, 지적장애 학생의 졸업 후 과정에 대한 중요성이 점차 강조되고 있음을 확인할 수 있었다. 또한 프로그램도 다양하게 시도되고 있는 것을 알 수 있다. 이는 장차 우리나라도 지적장애 학생을 위한 중등 이후 교육 프로그램이 대학, 평생교육기관 그리고 기타 지역사회 관련 기관 등에서 다양한 과정으로 확대 운영될 것으로 예상할 수 있다. 여기서는 중등 이후 프로그램 접근에 필요한 준비에 대하여 McDonnell 등(2009), Finn과 Klein(2009)이 제시한 내용을 중심으로 소개하고자 한다.

2) 중등 이후 교육 프로그램을 위한 준비

중등 이후 교육 프로그램의 준비 과정에서 지적장애 학생이 알아야 할 중요한 점은 고등학교와 대학과정 간에 많은 차이점이 있다는 것이다. 강의 시간, 수업 규모, 독립적인 연구 시간, 다양한 시험, 학점 이수, 교수 방식, 자유시간 활용 등 많은 것이 고등학교와 다르다(Brinckerhoff, McGuire, & Shaw, 2002). 지적장애 학생은 고등학교 시기에 ITP의 일환으로 대학 준비를 하는 데 필요한 설계에서 자신의 능력이 어느 정도인지 그리고 계획을 위한 지원을 어떻게 하여야 하는지 명확하게 확인할 필요가 있다. 이와 관련하여 Babbitt과 White(2002)는 학생이 중등 이후 준비를 체크할 수 있는 질문지를 제시하였다(〈표 10-1〉 참조).

〈표 10-1〉의 질문지는 문항별로 사회적 기술, 자기-인식, 자기주장, 일상 기능적 기술, 교과 수정 및 교수적 적합화, 준비도, 지원 사항, 고용과 재정적 사항 및 책임감으로 구분되어 있다. 질문지의 결과를 통해 ITP 팀이 학생의 계획에 대한 준비과정을 확인할 수 있게 하고, 대학에서의 적응에 필요한 기술과 전략을 개발하는 데 도움을 줄 수 있다.

표 10-1 중등 이후 준비에 대한 학생 질문지

학생 정보	이름 : 학년 : 일자 :				
확인 안내	예: Y 아니요: N, 확실하지 않음: NS, NA: 전혀 그렇지 않음				
번호	항목	Y	N	NS	NA
1	나는 고등학교 졸업 후 계속 공부하길 원한다.				
2	나는 고등학교에서 중등 이후 준비를 위해 필요한 수업을 들어 본 적이 있다.				
3	나는 중등 이후 교육을 마치고 어떤 직장을 갈지 알고 있다.				
4	나는 여러 중등 이후 기관의 정보를 검색하였다.				
5	나는 전화번호부와 전화 안내를 활용할 수 있다.				
6	나는 내가 가길 원하는 중등 이후 기관의 직원과 만나서 이야기한 적이 있다.				
7	나는 나의 예산을 어떻게 쓰는지 알 수 있다.				
8	나는 일반 교통 노선을 이용할 수 있다.				
9	나의 가족은 중등 이후 교육을 위한 계획을 도와주고 있다.				
10	나는 진도를 알 수 있다.				
11	나는 중등 이후 교육을 위한 비용을 도울 수 있다.				
12	나는 현금자동입출금기를 사용할 수 있다.				
13	나는 중등 이후 교육을 위한 계획 세우기에 도움이 필요하다.				
14	나는 내가 참여하고 필요로 하는 장애지원센터에 지원을 요청할 수 있다.				
15	나는 중등 이후 기관에 참여하는 동안 집에서 생활할 수 있다.				
16	나는 중등 이후 교육에 참여하는 동안 직업을 갖기 위한 계획을 세울 수 있다.				
17	나는 건강/치과 관련 보험을 들었다.				
18	나는 중등 이후 교육 기간 동안 어디에서 살 것인지 알 수 있다.				
19	나는 은행을 이용할 수 있다.				
20	나는 중등 이후 교육에서 내가 성공하는 데 도움을 주는 자료와 교수적 수정을 알 수 있다.				
21	나는 내가 참여하는 기관에서 부모가 아닌 내 스스로 필요한 것을 요구할 수 있다.				
22	나는 나의 교육을 계속하기 위해 필요한 재정 지원하는 방법을 알 수 있다.				
23	나는 공공 지원을 요청할 수 있다.				
24	나는 중등 이후 기관에 가기 위해 필요한 서류를 작성하기 위해 도움을 요청할 수 있다.				
25	나는 나의 중등 이후 교육 경험 기간 동안 비용을 지불할 수 있다.				
26	나는 고등학교와 중등 이후 교육 간의 차이점을 알 수 있다.				
27	나는 약속 일정을 정할 수 있다.				
28	나는 나의 장애가 중등 이후 교육에 어떤 영향을 미칠지 알 수 있다.				

29	나는 중등 이후 교육에서 성공에 필요한 영역을 알 수 있다.					
30	나는 대중교통 수단을 이용할 수 있다.					
31	나는 중등 이후 교육이 나에게 맞지 않으면 다시 바로 계획을 수정할 수 있다.					
32	나는 새로운 친구를 사귈 수 있다.					
33	나는 내 스스로 살아갈 기술이 있다.					
34	나는 필요할 때 도움을 요청할 수 있다.					
35	나는 어떻게 나를 주장하는지 알 수 있다.					
36	나는 장애지원센터에 갈 수 있다.					
37	나의 IEP/ITP는 나의 중등 이후 교육을 준비하기 위해 작성되었다.					
38	나는 나의 개인정보를 관리할 수 있다.					
39	나는 어떻게 의료지원을 받게 되는지 알 수 있다.					
40	나는 우체국이 어디에 있는지 알 수 있다.					
41	나는 집단에서 편안함을 느낀다.					
42	내 주위의 사람들은 나의 학습을 방해할 것이다.					
43	나는 컴퓨터와 워드프로세스를 사용할 수 있다.					
44	나는 읽기와 쓰기를 위해 특수한 도구를 필요로 한다: 필요한 것 적어 보기					
45	나의 컴퓨터는 기술적인 장비 수정이 필요하다: 필요한 것 적어 보기					
46	나의 과제는 수정이 필요하다: 수정이 필요한 것 적어 보기					
47	교수적 방법이 학습을 위해 수정되어야 한다: 수정이 되어야 할 것들 적어 보기					
48	나는 나의 학습에서의 장점을 알고 있다: 장점들 적어 보기					
49	나는 나의 학습에서의 약점을 알고 있다: 약점들 적어 보기					
50	나는 중등 이후 교육에서 다음 영역에 도움이 필요하다: 이들 영역 적어 보기					

관심 영역 알아보기

관심 영역	문항 번호
사회적 기술	32, 41, 42
자기-인식, 자기주장	1, 3, 18, 28, 29, 35, 48, 49
일상 기능적 기술	5, 8, 10, 12, 19, 23, 27, 30, 33, 39, 40
교과 수정 및 교수적 적합화, 기타 요구 사항	20, 36, 37, 44, 45, 46, 47
준비도	2, 4, 6, 26, 31, 43
지원 사항	9, 13, 15, 17, 24, 50
고용과 재정적 사항	7, 11, 16, 22, 25
책임감	14, 21, 34, 38

출처: Babbitt & White (2002), pp. 62-66.

학생의 지역사회에서 중등 이후 목적과 중등 이후 교육의 접근성에 따라, IEP와 ITP 팀은 학생의 요구에 맞는 대학이나 전문대학을 선택할 수 있도록 지원하여야 한다. 이러한 결정에는 학교의 규모, 위치, 지역에서의 접근성, 장애 관련 시설에서 지원되는 서비스의 유형 등 여러 가지 요인을 고려하여야 한다. Adron과 Durocher(2007)는 IEP와 ITP 팀이 대학을 선택할 때 고려해야 할 사항들에 대하여 〈표 10-2〉와 같이 제시하였다.

표 10-2 대학 선택 시 고려 사항

영역	고려 사항
참여하고자 하는 대학의 규모와 유형	• 지방대학 혹은 전문대학 • 수도권 4년제 대학
학생이 거주할 곳	• 대학 내 기숙사 • 학교 주변 아파트 • 룸메이트와 거주 • 단독 생활
독립생활 기술 가능성	• 생활비 운영 • 대중교통 여건
자신의 장애 이해하기	• 이야기할 사람 • 이야기할 시기
적절한 교과 지원과 접근 시설 알기	• 필요한 내용 기록할 노트 • 필요한 추가 시험 시간 • 알아야 할 보조공학 장비
필요한 사회적 지원 알기	• 위기 상황 시 도움 구할 사람 • 친구에게 나에 대하여 소개하기 • 학급에서 동료와 스터디 그룹 구성하기 • 멘토 정하기
대학 환경 적응하기	• 장애지원센터 위치 알고 찾아가기 • 장애 관련 지원 법 알기 • 대학의 장애학생 지원 장학금 파악하기, 활동도우미 제도 알기 • 여러 가지 음식 만들기와 계획

출처: Adreon & Durocher (2007), pp. 271-279.

3) 관련된 생존 기술 개발

학생이 대학에서 적응하기 위하여 교과 기술과 내용 지식을 아는 것도 필요하지만, 대학 주변 환경을 스스로 찾아다니거나 대학의 일상생활에 필요한 여러 가지 사항에 대한 숙지하는 것도 중요한 요인이다. 연구에 따르면, 주로 다섯 가지 영역이 학생들이 대학 생활을 성공적으로 적응하는 데 중요한 것으로 나타났다. 즉 ① 자기주장 기술 및 자기-결정 기술 개발, ② 시간 관리 및 자습 기술, ③ 공학기기 활용 능력 높이기, ④ 대학 캠퍼스와 지원 서비스 찾아가기, ⑤ 독립생활 기술 익히기 등이다(Brinckergoff et al., 2002; Gajar, 1998; Getzel, Stodden, & Briel, 2001; Sitlington, 2003).

(1) 자기주장 및 자기-결정 기술 개발

중등 이후와 대학 프로그램에서는 학생에게 학급에서 성공적인 수행과 제시된 프로그램에 필요한 교수적 수정에 대한 구체적인 이해를 할 수 있는 기회를 주어야 한다. 또한 학생은 교수에게 자신에게 요구된 과제와 프로그램에서의 요구사항을 완성하는 데 필요한 교수적 수정 사항에 대하여 설명할 수 있어야 한다. 학생은 이러한 기능에 대하여 주로 부모나 교사에게 의지한다. 그러나 학생은 교수와 상담자에게 접근할 수 있는 자기-확신 능력을 계발하고 자신의 필요성을 의사소통하는 데 더 효과적이 될 수 있는 전략들을 활용하여야 한다. 그리고 학생은 교육계획에서 보다 더 적극적인 참여를 할 수 있도록 해야 하며, 그들의 요구에 대하여 일반 교육자와 적극적인 상호작용을 지원할 수 있도록 해야 한다. 그러기 위해서는 장애 청소년들이 자신의 실제적인 장단점을 인식할 수 있는 상담 서비스를 제공할 수 있다.

(2) 시간 관리 및 자습 기술

중등 이후 교육에서 크게 차이가 나는 수업 구조는 학생에게 자신의 시간을 스스로 관리하고 학습에 대한 책임감을 더 요구한다는 점이다. 이는 장애학생이 자신의 학교 일정과 중요 과제에 대하여 자기-조절 기술 능력이나 전략을 개발하여야 함을 의미한다. Reis, McGuire와 Neu(2000)는 학생에게 대학 생활 준비를 위해 다양한 보상 전략(compensatory strategies)을 가르쳐야 함을 제안하였다. 이들은 다음과 같은 것들을 포함하는 보상 전략을 정의하였다. 즉, 학습전략(노트하기, 시험 준비, 플래시카드나 기억장치와 같은 기억전략), 자기-조절 학습 전략, 보상 지원(녹음테이프, 워드프로세스 프로그램, 테이프나 CD로 된 책, 철자기계, 음성 활성화 소프트웨어 프로그램), 교수적 평가 수정(시간 연장, 조용한 환경 조성, 참고자료, 대독, 대필) 등이다. 이들은 또한 학생에게 과제의 요구에 따라 그리고 자신의 선호도나 방식에 따라 특정한 전략을 선정하는 방법을 가르칠 필요가 있다고 제안하였다.

Oliver 등(2000)은 관련 학습전략을 지도할 때 교육자는 학습능력을 높여 주는 다음의 구체적인 요인들을 파악하여야 함을 제안하였다. 즉, ① 표현 속도(자료의 제시 속도), ② 학습할 자료 분량(일주일에 읽을 자료의 양), ③ 자료의 조직(정보를 좀 더 작은 단위로 나누기), ④ 어휘, 문단, 생각의 복잡성, ⑤ 동시 처리 요구, 그리고 ⑥ 여러 가지 방법으로 표현되거나 대안적 형태로 제시된 지원의 활용성이다.

(3) 공학기기 활용 능력 높이기

기술/직업 학교, 전문대학 및 대학은 공학 활용이 상당히 많은 환경이다. 학생은 교과적 요구에 필요한 공학이나 행정적 절차에서 요구하는 공학의 활용을 배워야 한다. 결과적으로 학생의 대학 적응 능력은 대학 입학 사전 요건으로 컴퓨터를 얼마나 잘 활용하고 보조공학적 지원을 잘 활용하는가에 달려 있다. 학생의 공학 활용 능력을 높이기 위해서는 중등 이후 프로그램에 대한 학생의 요구와 현재 능력에 대한 평가에 근거하여야 한다. 일단 적절한 방법이 결정되면 학생에게 과제나 활동에 일반화된 적용을 높일 수 있는 공학의 활용을 직접 교수하여야 한다.

(4) 대학 캠퍼스와 지원 서비스 찾아가기

대학에 가기 위한 준비 활동의 하나는 학생을 위한 대학 오리엔테이션에 참여하는 것이다. 이 프로그램은 학생이 대학에 좀 더 친숙하게 적응하는 능력을 높이기 위해 마련된다. 이 프로그램은 대학 캠퍼스 익히기, 수강신청 방법, 사회적 지원 상황, 장애학생 지원 시스템 등을 일반 학생 자원봉사자와의 연계를 통해 도움을 주기도 한다. 대학에 입학하기 전에 방학을 이용하여 전환 프로그램 형식으로 개최하기도 한다.

(5) 독립생활 기술 익히기

종종 대학에 가는 학생에게는 가정과 지역사회 생활에서 직면하는 문제를 극복하는 학습 지원이나 교수를 요구하지 않을 수 있다. 그러나 다른 학생과 달리 지적장애 학생은 일상생활에 필요한 독립성과 책임감을 늘리는 데 필요한 많은 도전을 받고 있다. 이들에게는 돈 관리와 공공시설에서의 계산하기 등 많은 부분에서 지속적인 교수와 지원이 필요하다. 성공적인 대학 생활을 위하여 전반적인 영역에서의 전환교육 프로그램이 체계적으로 운영되어야 한다.

4) 개별화된 지원 계획 개발하기

이중 등록 프로그램의 장점은 학생이 중등 이후 프로그램과 대학에서 이중으로 지원을 받을 수 있다는 점이다. 지원 계획은 학생에게 맞추어져야 하고, 학생의 구체적인 장점과 요구를 반영하여야 한다. 모든 학생에게 적절하게 맞는 계획은 없지만, 모든 학생을 위한 지원 계획은 다음과 같은 몇 가지 중요한 원칙에 근거하여야 한다.

- 학생이 그들의 프로그램에서 요구하는 사항에 가능한 한 책임감을 가지고 임하게 한다.
- 학생이 중등 이후 기관에서 장애학생에게 일반적으로 제공하는 교과와 사회적 지원을 최대한 활용한다. 학생이 언제든지 스스로 이러한 지원을 찾아 보도록 한다.
- 중등 이후 프로그램 인사는 특정한 과정에서의 요구를 지원하기 위하여 학생이 공식적·비공식적 일대일 또래관계 지원 전략을 활용할 수 있도록 지원한다.
- 중등 이후 프로그램 인사는 관련 고용 및 인적 관리에서 요구되는 사항을 직접적인 교수나 모니터링을 통해 학생을 지원하여야 한다.

지원 계획에서 가장 우선적으로 고려되어야 하는 것은 학생이 대학에 가기 위해 알아야 하는 것을 어떻게 접근시킬 것인가, 그리고 이를 성공하기 위해 요구되는 지원을 어떻게 수행하게 할 것인가다. 즉, 입학 지원 및 재정적 지원 얻기, 필요한 경우 주거 문제, 학생 신분증 발급, 교수적 수정, 학점 신청, 장애학생 활동도우미 활용하기 등이다. 일반학생과 마찬가지로 장애학생도 대학 입학 준비를 위해 수개월에 걸친 계획과 훈련이 필요하다. 대부분의 대학과 전문대학은 학생에게 지원 과정과 대학 시작을 위한 오리엔테이션을 실시한다. IEP/ITP 팀은 이러한 자료를 확보하여 학생들의 전환 계획에서 안내될 수 있도록 계획을 세워야 한다.

이와 같이 대학에서 요구하는 것을 포함하여, 지원 계획에는 학생이 필요로 할 때 바로 활용할 수 있는 기타 다른 영역들도 포함하여야 한다. 일대일 또래지원 활용 계획은 전공을 이수하는 데 많은 도움이 된다. 최근 장애 대학생이 재학하고 있는 대학에서는 장애학생지원센터를 통해 이들을 일대일로 돕는 일반

대학생 자원봉사자를 활용하는 프로그램을 운영하고 있다. 이들로 하여금 수업 지원, 대필, 대학 캠퍼스 이동 지원, 수강 신청 지원, 또래와 함께하는 문화생활, 동아리 참여, 개인 교습 등 다양한 방법으로 지원하고 있다(나사렛대학교 장애학생고등교육지원센터). IEP/ITP 팀은 대학에서의 이러한 지원 계획 자료를 확보하여 또래 활용하기 프로그램을 계획할 수 있다. 그 외에도 가족이나 친구를 통한 지원을 활용할 수 있다. 그리고 중등 이후 프로그램 담당자는 고용 훈련, 대중교통수단 이용하기, 학생회 참여하기, 자기관리, 일정 관리 등과 같은 활동들을 전환교육의 과정에 포함시켜 지원할 수 있다.

5) 대학생활 준비를 위한 교사와 학생의 역할

Finn과 Klein(2009)은 장애학생의 중등 이후 교육 준비를 위한 교사와 학생의 역할을 다음과 같이 제시하였다.

(1) 교사의 역할

① 대학이나 중등 이후 기관의 지원 담당자와의 만남 주선하기

각 대학의 장애학생지원센터는 학생에게 적절한 서비스를 제공하기 위해 설치된 기관이다. 고등학교에서 전환 과정의 일환으로 대학에서의 일반 대학생을 위한 지원과 장애학생을 위한 지원에 대한 사항을 담당 직원을 통해 설명을 듣고 질의 응답하게 하는 것은 매우 중요하다. 특히 대학에서의 장애학생을 위한 특별한 지원 프로그램(관련 서류, 장애학생과 대학 교수와의 의사소통 방법, 정보 활용 등)에 대하여 설명을 안내받게 하면 학생으로 하여금 사전에 대학에 대한 정보를 충분히 파악할 수 있는 좋을 기회가 될 것이다. 또한 대학 담당 직원들과의 사전 대면 기회를 통해 장애학생이 대학에 진학했을 때 더 효과적이고 즐거운 마음으로 적응할 수 있게 한다.

② 원활한 학교생활에 필요한 요구 사항과 관련 서류를 사전에 조사하기

입학 첫날부터 서비스를 받기 위해 학생은 필요한 서류를 준비하여야 한다. 중등 이후 학교에서는 장애학생을 증명하는 관련 서류를 요구할 수 있다. 이러한 서류는 동사무소에서 공식적으로 발급하지만, 장애 유형에 대한 판정은 지정된 병원의 담당 의사에 의해 사전에 검증되어야 한다. 전환교육의 한 과정으로 장애인수첩뿐만 아니라 대학 생활과 중등 이후 기관에서 필요로 하는 관련 서류 목록을 작성해 보고 준비하는 훈련을 사전에 조사하고 스스로 챙기는 훈련을 해 볼 수 있다.

③ 여러 가지 관련 과제를 사전에 준비하기

일반적으로, 지역사회 대학이나 직업 프로그램에 참여하기 위해 입학 시험을 치르는 것이 아니지만, 이들에게 대학 수준의 학습 준비도를 확인하는 배치 평가를 간단한 읽기 및 셈하기 수준으로 시행할 수 있다. 교사가 대학 프로그램 참여를 위한 사전 승인 요건을 검토해 보는 것은 매우 중요할 수 있다. 관련 대학이나 중등 이후 기관 담당자를 통해 필요한 정보를 파악하여 학생들에게 사전에 어떤 내용을 이해시키고 준비는 어떻게 할 것인지에 대하여 결정할 필요가 있다.

④ 학생과 가족에게 사전에 대학 캠퍼스 탐방 권장하기

대학이나 전문대학에서는 종종 특별한 행사를 준비한다. 축제나 학생 체육대회, 문화 행사 등과 같이 하루 일정이나 며칠 혹은 일주일간 진행되는 행사들이 있다. 또한 예비 대학생을 위한 대학교 자체 오리엔테이션 행사를 개최하기도 한다. 이러한 행사의 목적은 대학에 대한 선택 기회와 인지도를 높이기 위한 것이다. 교사는 이러한 기회를 활용하여 학생과 가족이 대학에 대한 시설과 관련 서비스 기관(식당, 학습 센터, 도서관, 컴퓨터 및 보조공학실 등)에 대한 정보를 얻을 수 있게 한다. 이러한 기회를 통해 학생은 대학이라는 새로운 환경에 대한 흥분

과 도전을 할 수 있게 된다. 이를 위해 사전에 대학 담당 부서나 직원에게 전화하여 행사 개최 일정을 파악해 둘 필요가 있다.

(2) 학생의 역할

① 캠퍼스 정보 파악하기

학습관, 도서관, 자료실, 온라인 지원, 교통노선, 교내 동아리 등과 같은 장애인과 비장애인에게 제공되는 이용 자료들을 탐색한다. 특히 1학년이 이용하는 시설을 탐색한다.

② 원하는 자료가 없을 때는 장애학생지원센터에 추가적 지원 요청하기

교내 장애인 접근 시설이나 교수적 수정 그리고 특수한 서비스가 갖춰져 있지 않을 경우, 자신에게 필요한 자료에 대한 정당한 요구를 할 수 있다. 자신에게 필요한 요구 사항의 이유와 관련 배경 지식, 정당성 등을 표현할 수 있다. 고등학교에서는 교사가 무상의 적절한 공교육에 필요한 모든 것을 챙겨 주었지만, 대학에서는 교수를 위한 접근 시설과 교수적 수정에 대하여 학생 스스로 어떻게 주장할 것인가에 대한 책임이 있다.

③ 필요한 서류 준비하기

자신이 장애인임을 증명하기 위한 근거 자료를 요청받을 수 있다. 고등학교를 졸업하기 전에 이와 관련한 준비를 할 필요가 있다. 중등 이후 기관에서 필요한 서류가 무엇인지에 대해 상담가나 특수교사에게 상의할 필요가 있다.

④ 교과 수업 이외에 필요한 접근 시설과 교수적 수정에 관해 생각해 보기

레크리에이션과 여가 시설 그리고 중등 이후 성공의 중요한 요소인 직업 유형을 파악하기 위해 필요한 건물이나 공간에 접근하기 위한 시설에 대하여 관심을 가져야 한다. IEP/ITP의 한 과정으로 이러한 내용을 알아보기 위해 정리한 것을 가지고 대학 직원과 이와 관련한 중요한 정보를 자문해 볼 수 있을 것이다.

⑤ 교수적 수정의 필요성 및 이유에 대하여 교수와 개인적으로 이야기하기

고등학교에서는 당연히 모든 걸 다 해 주었는데 대학교에서는 왜 안 되는가를 요구하기보다는 지금 자신의 장애로 절실히 필요한 지원과 접근 시설, 교수적 수정에 대하여 교수에게 지원을 요청한다.

⑥ 권리, 법, 교내 학칙 알기

대학에 가기 위한 준비의 일환으로 그리고 지원 서비스를 받기 위해 자신의 권리나 법규, 교내 학칙 등에 대하여 IEP/ITP의 연간 전환 목적을 정해 훈련할 수 있다(〈표 10-3〉 참조).

표 10-3 중등 이후 지원 서비스를 받기 위한 계획

전환 목적: 대학에서의 지원 서비스 받기
• **1학기 수행할 내용** 1. 내가 합격한 대학을 찾아 대학에서 필요로 하는 서류 알기 2. 선생님과 내가 해야 할 일 정하기 3. 장애인증명서를 받기 위해 학교 심리학자, 안내자, 상담사, 장애인복지관, 병원, 동사무소에서 해야 할 일 알아보기
• **어려운 일** 1. 내가 어디서부터 시작해야 할지 모를 때 2. 직면할 일이 너무 부담스러움 3. 지금 내가 받아야 할 서비스를 받을 수 있을지 확실하지 않을 때 4. 내가 공부를 하고 싶은지 또는 지원이 정말 필요한지 잘 모를 때
• **어려움 극복하기와 실행하기** 1. 대학에서 서비스를 받기 위해 필요한 것이 무엇인지 부모님께 도움 요청하기 2. 상담사와 안내자에게 상담하기 3. 선생님께 도움 요청하기
• **실행 계획** 1. 어디서부터 시작해야 하는지 오늘 저녁 부모님과 이야기하기 2. 상담사를 찾아가서 상담할 시간을 정하기 위해 선생님에게 도움 요청하기 3. 부모님과 함께 이야기할 것들을 찾아 목록 작성하기 4. 다음 주 나의 IEP/ITP 회의 전에 선생님과 이와 관련된 일 이야기하기
• **올해 내가 수행할 일** 1. 대학에 가기 위해 내가 해야 할 과제에 대하여 선생님과 훈련하기 2. 부모님과 나의 장애에 대하여 더 많은 정보 이야기하기 3. 상담사와 내가 해야 할 일에 대하여 이야기하기 4. 대학을 방문할 때, 내가 보고 싶은 내용에 대하여 확인하기 위해 장애학생지원센터 찾아가기 5. 최소한 3개 정도의 대학에 지원하기 6. 나의 IEP/ITP 회의 준비를 위해 선생님과 발표 자료 준비하기(예: 내가 수행할 내용의 파워포인트) 7. 대학 과정을 준비를 위해 교사와 컴퓨터 프로그램 작동에 대해 훈련하기

출처: Wehmeyer et al. (2002): Finn & Klein (2009)에서 재인용.

연 구 문 제

1. 지적장애 학생을 위한 중등 이후 교육의 한국적인 유형을 제시해 봅시다.
2. 중등 이후 교육기관으로의 한국적인 전환 준비 계획을 세워 봅시다.
3. 바람직한 중등 이후 교육의 결과에 대해 논의해 봅시다.

참고문헌

김형일(2005). 장애학생의 전환교육을 위한 정책적 지원 방안 연구. **특수교육연구, 12**(2), 3-25.

김형일(2013). 지적장애아 교육의 정책에 대한 토론자료. **지적장애아 교육의 최선의 실제, 2013 한국지적장애교육학회 학술대회 자료집**. 한국지적장애교육학회.

송준만 외(2012). **지적장애아교육**. 서울: 학지사.

정동영(2012). 미국의 지적장애 학생 중등 이후 교육 현황과 함의. **지적장애연구, 14**(4), 27-53.

Adreon, D., & Durocher, J. S. (2007). Evaluating the college transition needs of individuals with high-functioning autism spectrum disorders. *Intervention in School and Clinic, 42*, 271-279.

Babbitt, B. C., & White, C. M., (2002). R U Reading? Helping students assess their readiness for postsecondary education. *Teaching Exceptional Children, 35*, 62-66.

Brinckerhoff, L. C., McGuire, J. M., & Shaw, S. F. (2002). *Postsecondary education and transition for students with learning disabilities* (2nd ed.). Austin, TX: PRO-Ed.

Cobb, R. B., & Neubert, D. A. (1992). Vocational education moldels. In F. R. Rusch, L. Destefano, J., Chadsey-Rusch, L. A. Phelps, & E. Syzmanski (Eds.), *Transition from school to adult life: Model, linkages, and policies* (pp. 3-113). Sycamore.

Debra, D, W., Greg, C., & Penny, L. G. (2005). Postsecondary education and career paths. In W. F. Robert, J. S. Thomas, L. Pamela, & M. B. Robert (2nd eds.), *Transition planing for secondary students with disabilities* (pp. 141-177). Columbus, OH: Merrill Prentice-Hall.

Doyle, M. B. (2003). We want to go to college too: Support students with significant disabilities in higher education. In D. L., Ryndak & S. Alper (Eds.), *Curriculum and instruction for students with significant disabilities in inclusive setting* (pp. 307-322). Upper Saddle River, NJ: Allyn & Bacon.

Finn, D. E., & Klein, J. W. (2009). Universal design for transition and postsecondary education. In C. A. Thoma, C. C. Bartholomew, & L. A. Scott, (Eds.), *Universal design for transition* (pp. 125-138). Baltomore, MD: Paul H, Brookes Publishing.

Fisher, D., Sax, C., & Pumpian, L. (1999). *Inclusive high schools: Learning from comtemporary classroms*. Baltimore, MD: Paul H. Brookers.

Gajar, A. (1998). Postsecondary education. In F. R. Rusch & J. G. Chadsey (Eds.), *Beyond high school: Transition from school to work* (pp. 383-405). Belmont, CA: Wadsworth.

Getzel, E. E., & Finn, D. E., Jr. (2005). Training university faculty and staff. In E. E. Getzel & Wehman (Eds.), *Going to college: Expanding opportunities for people with disabilities* (pp. 199-216).

Getzel, E., Stodden, R., & Briel, L. (2000). Pursuing postsecondary educational opportunities for individuals with disabilities. In P. Wehman (Ed.), *Life beyond the classroom: Transition strategies for young people with disabilities* (3rd ed., pp. 247-259). Baltimore, MD: Paul H. Brookes.

Getzel, E. E., Stodden, R. A., & Briel, R. W. (2001). Pursuing postsecondary education opportunities for individuals with disabilities. In P. Wehman (Ed.), *Beyond high school: Transition strategies for young people with disabilities* (pp. 247-260). Baltimore, MD: Paul H. Brookes.

Gray, K. (2002). *The role of career and technical education in the American high school: A student centered analysis*. Washington, DC: U. S. Department of Education.

Greene, G. (2003). Transition pathways. In G. Greene & C. A. Kochhar-Bryant (Eds.), *Pathways to successful transition for youth with disabilities* (pp. 199-229). Columbus, OH: Merrill Prentice-Hall.

Hart, D., & Grigal, M. (2009). Students with intellectual disabilities in postsecondary education: The question of "otherwise qualified." In M. L. Vance & L. Bridges (Eds.), *Students with disabilities: Striving for universal success* (2nd ed., pp. 37-46). Manhattan, KS: National Academic Advising Association.

Hart, D., Grigal, M., & Weir, C. (2010). Expanding the paradigm: Postsecondary education options for individuals with autism spectrum disorder and intellectual disabilities. *Focus on Autism and Other Developmental Disabilities, 25*(3), 140.

Hart, D., Grigal, M., Sax, C., Martinez, D., & Will, M. (2006). Postsecondary education option for students with intellectual disabilities. *Research to Practice, 45*, 1-4.

Hoye, J. D., (1998, July). Integrating school-to-work into preservice teacher education. Paper presented at Conference for Professors of Education in Ohio, Kent, OH.

Jonson, D. R., & Nord, A. (2010). Students with disabilities in higher education: Participation in America's future. *Impact, 23*(3), 2-3.

Kokaska, C., & Brolin, D. E. (1985). *Career education for handicapped individuals* (2nd ed.). Columbus, OH: Merill.

McDonnell, J., Kiuhara, S. A., & Collier, M. (2009). Transition to postsecondary education. In J. McDonnell & M. L. Hardman (Eds.), *Successful transition programs: Pathways for students with intellectual and developmental disabilities*. Thousand Oaks, CA: SAGE.

Neubert, D. A., & Moon, M. S. (2006). Postsecondary setting and transition services for students with intellectual disabilities: Models and research. *Focus on Exceptional Children, 39*(4), 1-9.

Oliver, C., Hecker, L., Klucken, J., & Westby, C. (2000). Language: The embedded curriculum in postsecondary education. *Topics in Language Disorders, 21*, 15-29.

Patton, J. T., Polloway, E. A., Smith, T. E. C., Edgar, E., Clark, G., & Lee, S. (1996). Individuals with mild mental retardation: Postsecondary outcomes and implications for educational policy. *Education and Training in Mental Retardation and Developmental Disabilities, 31*, 75-85.

Reis, S. M., McGuire, J. M., & Meu, T. W. (2000). Compensation strategies used by high-ability students with learning disabilities who succeed in college. *Gifted Child Quarterly, 44*, 123-134.

Sitlington, P. L. (2003). Postsecondary education: The other transition. *Exceptionality, 11*, 103-113.

Smith, T. E. C., & Puccini, I. K. (1995). Position statement: Secondaty curriculum and policy issues for students with mental retardation. *Education and Training in Mental Retardation and Developmental Disabilities, 30*, 275-282.

Stodden, R. A., Conway, M. A., & Chang, K. (2003). Secondary school curricula issues: Impact on postsecondary student with disabilities. *Exceptional Children, 70*(1), 9-25.

Tashie, C., Malloy, J. M., & Lichtenstein, S. J. (1998). Transition or graduation? Supporting all students to plan for the future. In C. M. Jorgensen (Ed.), *Restructuring all high schools for all students: Talking inclusion to the next level* (pp. 233-260). Baltimore, MD: Paul H. Brookes.

Turnbull, H. R., Turnbull, A. P., Wehmeyer, M. L., & Park, J. (2203). A quality of life framework for special education outcomes. *Remedial and Special Education, 24*(2), 67-74.

U. S. Department of Labor (1991). *The revised handbook for analyzing jobs*. Washington, DC: Employment and Training Administration.

Wagner, M., Newman, L., Cometo, R., Garza, N., & Levine, P. (2005). *After high school: A first look at the post school experiences of youth with disabilities. A report from the National Longitudinal Transition Study-2(NLTS2)*. Menlo Park, CA: SRI International. Retrieved 12/12/10 from http://www.nlts2.org/report/2005-04/nlts2-report-04complete.pdf.

Wehman, P. (2006). *Life beyond the classroom: Transition strategies for young people with disabilities* (4th ed.). Baltimore, MD: Paul H. Brookes.

Wehmeyer, Sands, Knowlton, & Koleski (2002). Sample approach for planning to receive postsecondary support services.

Weir, C. (2004). Person-centered and collaborative supports for college success. *Education and Training in Developmental Disabilities, 39*, 678-3.

제 11 장

지적장애 학생을 위한 긍정적 행동지원

학습목표

1. 긍정적 행동지원의 정의 및 특징을 이해한다.
2. 긍정적 행동지원의 단계별 전략을 이해한다.
3. 개별 및 학교 차원의 행동지원 전략을 이해한다.

긍정적 행동지원은 도전적 행동을 가진 사람의 독특한 요구를 지원하는 데 있어 포괄적이고 가치 중심적인 접근이라고 할 수 있다. 그리고 그 행동에 대한 개인적 강점, 선호도와 관심을 근거로 지적장애 학생에 대한 평가와 지원전략을 제시한다. 긍정적 행동지표의 목적은 지속 가능하고 의미 있는 결과를 얻기 위한 과정이라고 할 수 있다.

이 장에서는 긍정적 행동지원의 정의 및 특징, 평가와 중재 방법을 살펴보고, 개별 차원의 긍정적 행동지원의 실행 절차와 보편적 차원의 긍정적 행동지원의 실행 방안을 살펴보고자 한다.

1. 긍정적 행동지원의 정의 및 특징

긍정적 행동지원은 문제행동의 예방을 강조하는 협력적 문제해결 과정을 활용하는 것이다. 학자들이 제시하는 정의를 살펴보면 다음과 같다.

첫째, 긍정적 행동지원은 교사가 다양한 상황에 걸쳐 효과적으로 활용할 수 있는 가치 지향(values-driven) 문제해결 접근이다(Bambara & Knoster, 1998). 둘째, 긍정적 행동지원의 목적은 지역사회에서 문제행동을 감소시키기 위해 행동 원칙을 적용하고, 변화 가능성과 삶의 질 향상을 위한 바람직한 행동을 형성하는 것이다(Carr et al., 1999). 셋째, 긍정적 행동지원 접근은 문제행동 예방을 위해 개별화된 개입을 개발하기 위해 효율적인 교육 프로그램을 통한 협력적 문제해결 과정을 강조한다(Janney & Snell, 2000).

긍정적 행동지원은 도전적 행동을 가진 사람의 독특한 요구를 지원하는 데 있어 포괄적이고 가치 중심적인 접근이라고 할 수 있다. 그리고 그 행동에 대한 개인적 강점, 선호도와 관심을 근거로 환경적 영향을 파악하는 평가로부터 출발한다. 이를 바탕으로 개별적 요구에 맞는 여러 가지 지원이나 지원 전략 혹은 대안적 기술 훈련을 계획하게 된다. 긍정적 행동지원의 목적은 지속 가능하고 의미 있는 결과를 얻기 위한 과정이라고 할 수 있다. 의미 있는 결과는 단지 문제행동의 감소보다는 대안적 기술의 수행이나 개인 삶의 질을 향상하게 해 주는 것이다. Bambara와 Knoster(2005)는 구체적인 주요 특징을 다음과 같이 제시하였다.

- 긍정적 행동지원은 평가를 기반으로 하고, 교수는 문제행동의 기능과 직접적으로 연관된 환경적 영향과 가설을 중시한다.
- 긍정적 행동지원 계획은 단일한 중재가 거의 없고 포괄적이고 다중적 중재(multiple interventions)를 활용한다.
- 긍정적 행동지원은 예방 중심이다. 즉, 대안적 기술과 환경 수정을 통해 문

제행동이 일어나지 않을 때 중재를 시행함으로써 그러한 행동이 재발하는 것을 예방하는 데 초점을 둔다.

- 긍정적 행동지원은 전생애적 관점에서 장기적이고 종합적인 삶의 방식의 변화에 초점을 둔다. 즉, 중재의 목적이 장기간에 걸친 체계적인 실행의 과정으로서 지금까지 중재의 유지가 수개월 지속되어 중재가 성공적인 것으로 간주되었다면, 긍정적 행동지원은 수십 년간 지속될 때 성공적으로 실행되었다고 간주한다.
- 긍정적 행동지원은 개인의 선호도나 가치를 소중하게 여기는 개인 중심 접근 방식이다.
- 긍정적 행동지원은 실생활의 자원을 활용하여 일상생활에서 실제 적용할 수 있는 내용으로 설계한다. 따라서 개인이 속해 있는 전형적인 장소인 학교 · 가정 · 직장에서, 중재자가 되는 부모, 교사 및 직업 보조원이 수행할 수 있는 중재에 더 초점을 둔다.
- 대안적 기술의 활용을 높일 수 있고, 문제행동의 발생을 줄일 수 있으며, 삶의 질을 향상시킬 수 있는 중재 관점을 중시한다.

2. 긍정적 행동지원 모형 및 실행 단계

1) 긍정적 행동지원 모형

최근 학교 차원의 긍정적 행동지원은 3차원의 예방 및 중재에 의한 접근 방법을 강조하고 있다. 1차원은 예방으로 학교 수준에서 이루어지는 보편적인 지원이고, 2차원은 위험 요소가 있는 특정 집단을 대상으로 소집단 지원을 중시하고, 마지막으로 3차원은 특별한 개인을 대상으로 집중적인 지원으로 구성된다. 김미선(2011)은 [그림 11-1]과 같이 3차원의 원으로 응용하여 학교 차원의 긍정적 행동지원 모형 및 실행 단계 모형을 소개하였다(김삼섭 외 2012에서 재인용; 신현기, 2004; Baker, 2005; Hawken & Honer, 2003; Honer et al, 2009; Stormont, Lewis, & Becker, 2005; Turnbull et al., 2002).

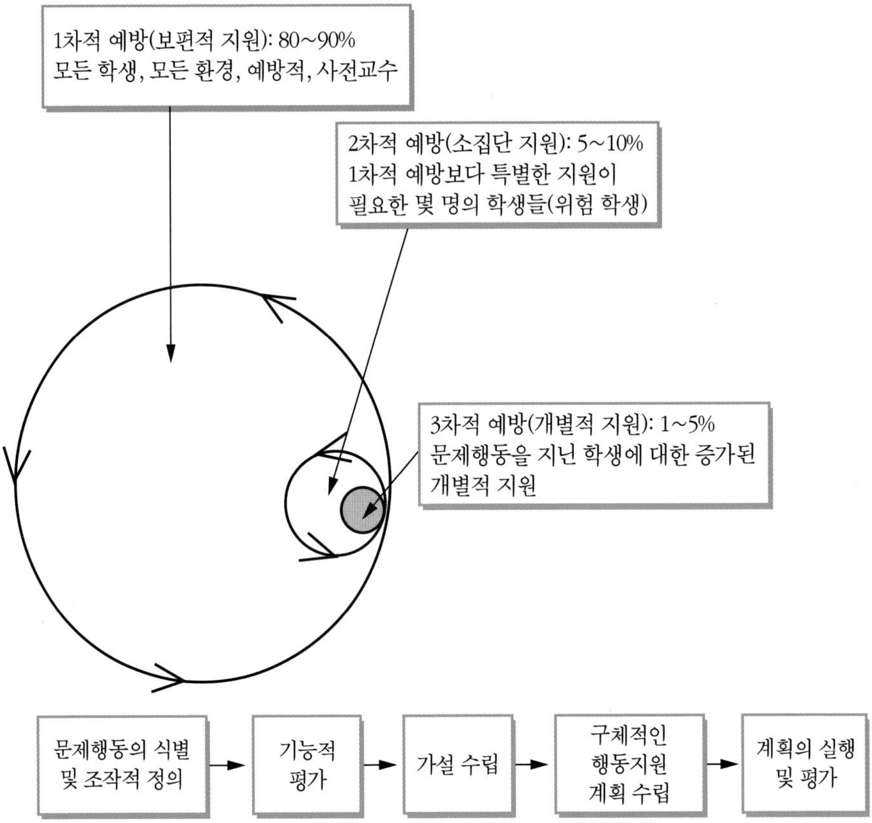

[그림 11-1] 긍정적 행동지원의 3차원 예방 모형 및 구체적인 행동 계획 수립 및 실행 계획의 평가

출처: 김미선(2011), p. 85에서 발췌 및 수정.

(1) 1차적 예방 단계(보편적 지원)

- 목적: 바람직한 행동 증가 및 부적절한 행동 감소를 통한 예방 교육
- 대상: 모든 학생(80~90%)
- 시기 및 장소: 매일, 수시, 모든 학교 환경(예: 복도, 카페테리아, 운동장, 통학 버스 등)
- 참여 인사: 학교의 구성원 전체(교직원 전체)
- 지도 내용 예시: 학교 및 교실 규칙, 훈육, 교육과정 실행, 사회성 기술 훈련, 친구 존중하기, 예절 교육 등

(2) 2차적 예방 단계(소집단 지원)

- 목적: 1차 지원을 통해 해결되지 않은 일부 학생을 위한 추가적이고 효율적인 지원, 경우에 따라서 더욱 특수화된 중재 지원
- 대상: 만성적이거나 심각한 문제행동에 의해 학업 실패의 위험이 있는 학생, 1차 지원에서 문제가 해결되지 않은 학생, 평가 팀의 평가 결과에 따른 추가된 구체적인 집단(5~10%)
- 시기 및 장소: 소집단 특성과 지도내용에 따라 정함
- 참여 인사: 집단별 책임자(교사, 상담 등), IEP 지원 팀
- 지도 내용 예시: 금연, 복장 지도, 식당에서 줄서기 중 다툰 학생 지도 등

(3) 3차적 예방 단계(개별적 지원)

- 목적: 문제를 보이는 대상 학생에게 심각한 문제행동의 정도에 따라 집중적이고 강도 높은 개별 차원의 지원을 통해 삶 전체의 실패를 예방
- 대상: 특정한 문제행동을 보이는 학생, 장애가 없지만 개별화된 지원 요구 학생(1~5%)
- 시기 및 장소: 개별 특성과 문제행동 유형에 따라 정함
- 참여 인사: 관련 교사 및 상담사, IEP 지원 팀, 다학제적 평가 팀

• 지도 내용 예시: 자기학대, 기물 파괴, 때리기, 차기, 물기 행동, 상동행동 지도 등

2) 긍정적 행동지원 실행 단계

(1) 1단계: 문제행동의 식별 및 조작적 정의

개별 차원의 긍정적 행동지원을 실행하기 위해서는 먼저 개별 학생의 문제행동과 일상생활에서 무엇이 문제인지 파악하여야 한다. 일상생활에서 학생이 보이는 여러 가지 문제행동 중에서 가장 우선적으로 지원해야 하는 행동을 결정한다. 학생의 문제행동 결정에서 중요한 것은 일상의 자연적인 상황에서의 문제행동을 고려하여야 한다는 점이다. 문제행동을 보일 때의 상황, 시기, 빈도 및 정도를 면밀히 파악하여야 한다. 문제행동의 우선적 선정은 자신이나 타인의 안전을 위협하는 것, 수업을 방해하는 것, 문제행동 해결을 통해 사회적 관계가 향상될 수 있는 것들을 고려한다.

문제행동의 조작적 정의는 개별 학생의 문제행동에 대하여 긍정적 행동지원을 수행하는 데 필요한 공통된 이해의 틀을 제공할 수 있다. 그리고 문제행동을 식별하면 그 행동은 관찰 가능한 용어로 정의되어야 한다. 예를 들어, 문제행동의 기술은 "영수는 교사가 지도하려고 할 때 때린다." "영수는 수업을 거절한다." 또는 "책을 집어 던진다."라고 모호하게 정의하기보다는 "영수는 교사가 덧셈 풀기를 지시하면 옆 사람과 장난치거나 책을 집어던지며 수업을 방해한다."로 상세하게 기술해야 한다.

(2) 2단계: 기능적 평가

기능적 평가(functional assessment)의 목적은 특정한 문제행동을 설명하기 위한 노력의 일환으로 광범위하고도 구체적인 맥락적 정보(예: 환경적 영향)를 수집하는 것이다. 그리고 평가가 끝나고 나서 평가 결과를 요약하고, 개별 학생에 대

한 문제행동을 설명하며, 문제행동 지원 계획에 대한 안내를 제시하는 가설 설정을 개발하게 된다(Bambara & Knoster, 2005). 이와 같이 기능적 평가는 환경적 사건과 문제행동 간의 관계를 이해하는 데 중점을 두고, 개별 학생이 아닌 환경을 변화시키는 데 목표를 둔다. 이는 기능적 평가가 수정해야 할 학생의 문제를 확인하는 데 목표가 있으며, 원하지 않는 행동 양식을 유지시키는 환경 내의 유관성을 이해하는 데 초점이 있다. 구체적인 목표는 다음과 같다(O'Neill et al., 1997; 신현기, 2004에서 재인용).

- 문제행동의 조작적 정의
- 문제행동이 잘 일어나는 시기 · 상황과 문제행동이 잘 일어나지 않는 시기 · 상황을 예언하는 배경 사건과 선행 사건에 대한 기술
- 문제행동을 유지시키는 결과의 기술
- 문제들 간의 연계성과 통제하에 있는 선행 사건과 선행 사건 결과를 입증하는 자료에 대한 직접 관찰
- 행동 중재를 설계하는 데 사용될 수 있는 요약적 가설 진술

Bambara와 Knoster(2005)는 기능평가를 위한 정보수집으로는 맥락적인 광범위한 정보수집과 특정한 영역의 정보수집이 있다고 하였다.

첫째, 광범위한 맥락적 정보수집은 학생에 대한 맥락적 정보를 광범위하게 수집하는 것이다. 그 내용은 일상을 통해 나타나는 개별 학생의 능력, 기술, 선호도와 관심 사항, 건강, 삶의 질 등이 될 수 있다. 이를 위해 다양한 형태의 정보수집 도구나 방법이 활용될 수 있는데, 개별화교육지원팀 협의, 학생 면담, 교사, 가족 구성원, 학생 기록물 검토, 표준화된 평가척도, 특정한 기술평가 영역(예: 의사소통, 사회적 기술, 읽기 등) 등이다.

둘째, 특정한 영역의 기능적 정보수집은 학생의 문제행동과 일정하게 연관되는 조건을 나타내는 것과 개인의 행동에 대한 기능과 목적을 규명하는 내용이

다. 이를 위해 먼저 개별 학생이 언제 문제행동을 보이는지, 개별화교육지원팀에서는 특정 시간이나 기간 혹은 하루 중에서 언제 가장 연관성이 있는지를 논의할 필요가 있다. 다음으로 문제행동으로 바로 연계된 선행 사건(예: 어려운 과제 제시, 기다리기 지시, 교사의 직접 지시)이 무엇인지 탐색해 보아야 한다. 아울러 물리적인 상황 특징(예: 소음 수준, 기분, 무서움)도 선행 사건으로 문제행동에 영향을 미치지 않았는지 살펴볼 필요가 있다.

셋째, 개별 학생이 문제행동을 하게 된 기능이나 목적이 무엇인지 파악할 필요가 있다. 〈표 11-1〉은 각 기능에 따른 가능한 의사소통 의도를 제시한 것이다.

넷째, 고려할 사항은 학생이 문제행동을 덜 보이는 것이 무엇인지 파악하는 일이다. 이것은 문제행동을 분석하는 데 중요한 단서가 될 수 있다. 예를 들어, 학생이 좋아하는 일을 할 때 문제행동을 보이지 않는다면, 좋아하지 않는 일이나 어려운 일에 직면하게 되면 문제행동을 보일 가능성이 높다는 의미다. 이러한 정보는 긍정적 사건이나 상황으로 개인의 일상생활을 계획할 수 있고, 문제가 될 가능성이 있는 사건을 예방할 수 있는 조치를 할 수 있을 것이다.

기능적 평가는 반드시 따라야 하는 특정 형식이 있는 것이 아니라 각 학생의 특성과 요구에 따라 학생마다 고유한 방법으로 행할 수 있다(김미선, 송준만,

표 11-1 문제행동의 일반적 기능과 의사소통 의도

기능	가능한 메시지
사회적 상호작용하기	"나랑 놀자." "내가 뭐하게?" "나 잘했지?" "나랑 시간 보내자." "다음 차례는 내가 할래." "게임할래."
활동, 대상, 음식물 취하기	"밖에 나가고 싶어." "쟤가 가진 것 줘!" "음악 더 듣고 싶어." "계속 할 거야! 더 하고 싶어." "배가 고파."
원하지 않는 상황 끝내기 혹은 피하기	"나 혼자 내버려 둬." "이건 너무 어려워, 도와줘." "이건 하고 싶지 않아." "따분해." "기분이 좋지 않아." "쉬고 싶어.'
하고 싶은 것 하기	"이거 하고 싶어."

출처: Bambara & Knoster (2005).

2004). 일반적으로 문제행동의 발생과 관련 있는 상황과 사건을 찾아내기 위하여 학생을 직접 관찰하고, 학생을 잘 아는 주변 사람에게 학생의 환경에 관한 정보를 수집한 다음, 적절한 가설을 수립 · 검증하는 단계를 거친다. 여기서는 면담과 관찰 방법을 주로 활용한 방법을 살펴보고자 한다(정동영 외, 2008에서 재인용).

첫째, 면담은 문제행동을 하는 학생을 잘 알고 있는 사람(예: 가족, 친구)과의 짧은 인터뷰 형식으로 이루어진다. 면담을 통해서도 행동지원 계획을 수립할 수 있다. 면담을 통해 파악하고자 하는 것은 학생의 삶에 질에 대한 정보, 문제행동, 문제행동의 빈도나 정도, 문제행동에 영향을 미치는 사건, 문제행동을 일으키는 사건, 문제행동을 유지시켜 주는 결과, 문제행동에 대한 전략(효과적이었건 또는 효과적이지 않았건 간에)과 같은 질문이 포함된다. 예를 들어, 얼마 동안 문제행동을 보여 왔는지, 약물을 복용하고 있는지, 영양 상태나 식습관, 수면 특징이나 문제점이 있는지, 학생의 가정형편은 어떠한지, 학생이 주로 생활하는 환경의 상태, 지역사회 참여 정도, 학생의 의사소통 수준과 주된 의사소통 방법 등이다.

개별 장애학생이 아닌 학급 전체의 문제행동에 대해서 평가한다면 훈육 지도에 관한 자료 기록을 검토하고, 아동들의 일과를 고려하여 어떤 것들이 문제행동과 관련 있는지를 면담을 통해서 밝히는 것이 유용하다. 문제행동은 상황 속에서 일어난다. 예를 들어, 문제행동의 대부분이 교실 뒤의 아동 공간에서 일어나거나 이동 시간에 일어나는 것으로 나타났다면, 중재 계획에는 교실 공간이나 복도를 중심으로 한 환경 변화(김미선, 박지연, 2005; 김미선, 송준만, 2006)도 고려될 것이다.

둘째, 관찰 방법이다. 면담을 통한 기능을 확인해야 할 때나 면담을 통해서 수립된 중재에 아동이 별다른 진전을 보이지 않을 때는 직접관찰을 실시한다. 직접관찰은 자연스러운 상황에서 문제행동이 언제, 어디서, 어떻게, 왜 일어났는지 그리고 문제행동이 일어나지 않는 환경 조건은 무엇인지를 찾는다. 직접관찰을 할 때는 목표행동을 정의하고 관찰 시간과 장소 그리고 관찰자를 결정한다. 목표행동을 기록할 가장 적합한 기록 방법과 기록 도구를 선택한다.

직접관찰에는 일화기록(anecdotal note), A-B-C 분석(〈표 11-2〉 참조), 색인카

드 기록 양식(index card narrative format, 〈표 11-3〉 참조), 검목표(checklist, 〈표 11-4〉 참조), 산점도(scatter plot, 〈표 11-5〉 참조) 등이 있다. 일화기록은 문제행동과 관계된 아동에 대한 정보를 보이는 것 위주로 기록한다. A-B-C 분석은 선행 사건-행동-후속 결과의 형태로 기록한다. 검목표는 행동을 유발시키는 선행 사건과 후속 결과의 목록에 표시하게 되어 있다. 산점도는 문제행동이 자주 일어나는 시간과 자주 일어나지 않는 시간을 시각적으로 볼 수 있게 한다. 교육현장에서는 목표행동이 자주 일어나지 않을 수도 있고 관찰자를 구하기도 쉽지 않다. 이 경우는 색인카드 기록 양식을 이용한다. 색인카드 기록 양식은 하루 전체에 걸쳐서 목표한 행동이 일어날 때 기록하여 선행 사건의 유형과 후속 결과의 패턴에 따라 카드를 분류할 수 있다. 색인카드 기록 양식은 사용이 쉽고 교육현장에서 쉽게 문제행동의 기능을 파악하고 그에 따른 행동지원의 계획을 세울 수 있어 유용하다.

표 11-2 A-B-C 분석을 통한 기능적 평가

아동 이름: 주영	관찰 날짜와 시간: 4월 15일 10:15~10:45		
사건 번호	아동이 행동 문제를 보이기 바로 전 무슨 일이 있었는가?	아동이 어떤 행동 문제를 보였는가?	아동의 행동에 대해 어떤 반응이 일어났는가?
1	선생님이 주영이에게 연필과 종이를 주고 글자 따라 쓰기를 시작하자고 할 때 짜증이 시작되었다.	소리를 지르고 바닥에 주저앉았다. 바닥에서 계속 소리 지르고 바닥에 자신의 머리를 박기 시작하였다.	선생님은 주영이에게 일어나라고 말했다. 주영이는 계속 소리 지르고 바닥에 드러누웠다. 주영이에게 일어나라고 말한 지 1분쯤 지나자 선생님은 주영이를 포기하고 떠났다. 주영이는 점점 조용해졌고 소리 지르기와 바닥에 머리 박기를 멈추었다. 주영이는 스스로 교실 구석 쪽으로 몸을 움직였다.
2	운동장에서 교실로 돌아왔다.	교실 문 쪽으로 다다르자 소리를 지르고 바닥에 드러누웠다.	선생님은 주영이가 몇 분 정도 밖에서 놀도록 허락하였고, 임상가는 그녀를 달래어 교실로 들어가게 하였다.

출처: 김진호 외 역(2009).

표 11-3 색인카드 기록 양식을 통한 기능적 평가

이름: 김영철	관찰자: 최사랑(자원봉사자)	날짜: 00. 00. 00
전반적 상:	청소 시간: 2:00 pm	

- 누구와 무엇을 하던 중:
  수업 후 교사가 영철에게 교실 바닥을 진공청소기로 한 번 돌려 달라고 요구함
- 발생된 문제행동:
  진공청소기를 켠 후 교실 바닥의 1/3 정도 청소를 하다가 청소기로 바닥을 치며 소리를 지름
- 행동에 대한 주변 반응:
  교사는 영철에게 잠시 나가라고 야단을 친 후 나머지 부분을 청소함

- 추정되는 문제행동의 기능:
  영철이는 청소를 끝까지 하는 것이 싫어서 청소기로 바닥을 치고 소리를 지르는 문제행동을 보임(회피)

출처: 김진호 외 역(2009).

표 11-4 문제행동이 발생하는 것을 예측하기 위한 배경 사건 검목표

관련된 이슈(배경 사건)		환경적 특징	
__ 질병	기타: ________	__ 질책/교정	__ 구조화된 활동
__ 약물복용		__ 신체적 요구	__ 비구조화된 시간
__ 부정적 사회성		__ 사회적 고립	__ 매우 지겨운 과제
__ 가정에서의 갈등		__ 또래와 같이 있는	__ 매우 긴 활동
__ 학업실패		__ 기타	__ 매우 어려운 과제

출처: 김진호 외 역(2009).

표 11-5 산점도의 예

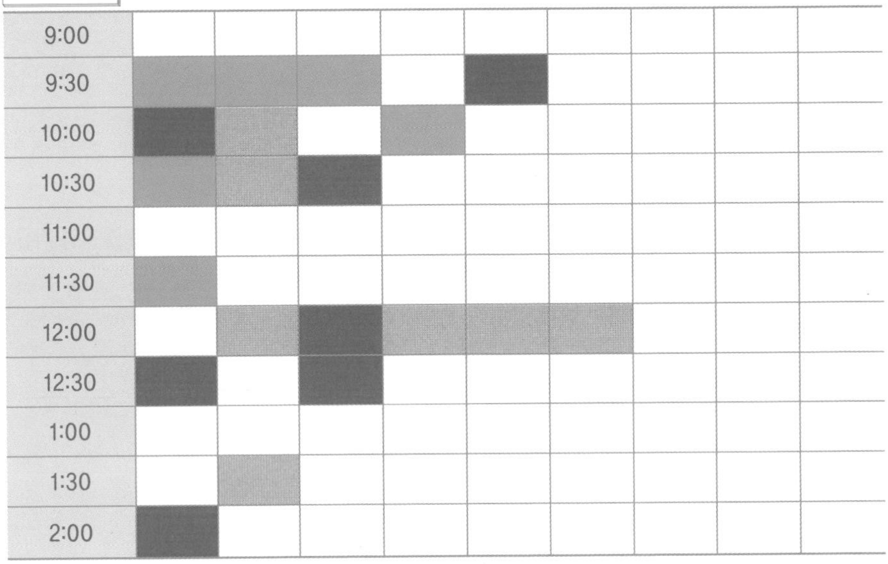

대상자 이름: 소영 관찰행동: 다른 사람 때리기

Key: □ = 0 ▒ = 1번, ▒ = 2번, ■ = 3번

출처: Carr (1977).

(3) 3단계: 가설 수립

기능적 평가 과정이 완성되고, 학생의 문제행동이 발생하는 이유와 원인이 예상되면 가설 설정을 하게 된다. 즉, 이 단계에서는 문제행동의 기능적 평가 결과에 따라 가설을 수립한다. 문제행동이 왜 발생하며 학생이 어떠한 목적으로 문제행동을 하는지를 설명하는 단계다. 가설 진술은 문제행동에 대한 논리적 설명을 통한 평가의 요약뿐만 아니라 긍정적 행동지원 계획의 개발을 안내해 준다. 평가에 근거한 가설 없이 개입을 한다는 것은 성공하기 어렵다. 왜냐하면 문제행동의 원인과 조건을 무시하게 때문이다. Bambara와 Knoster(2005)는 특정한(구체적인) 가설과 포괄적 가설 두 가지 방법을 제안하였다.

첫째, 특정한 가설은 기능적 평가 과정에서 수집된 구체적 정보를 모으는 것이다. 특정한 가설은 문제행동과 연관된 일정한 선행 사건과 상황에 따라 문제행동을 설명하는 것이다. 그리고 이와 관련된 가능성 있는 기능을 규명하는 것이다. 특정한 가설은 다음 세 가지 내용을 포함하여 기술할 수 있다.

- 이 특정한 문제행동이 발생한 시기(문제행동과 연관된 특정한 선행 사건과 상황의 기술)
- 학생이 하는 행동(문제행동 진술)
- '~하기' 위하여(문제행동의 가능한 기능의 기술)

특정한 가설은 단기간의 행동지원 계획을 위해 설정된다. 이것은 문제행동의 발생을 예방하기 위해 어떤 선행 사건과 상황을 수정할 것인지에 대한 정확한 정보를 제공하는 데 있다. 문제행동의 가능한 기능을 규명함으로써 대안적 기술을 지도하는 데 꼭 필요한 정보를 제시한다. 따라서 필요에 따라 몇 가지의 특정한 가설이 설정될 수 있다.

둘째, 특정한 가설은 의미 있고 효과적인 지원 계획을 설정하는 데 필요한 방법이다. 그러나 특정한 가설은 행동에 영향을 미칠 수 있는 복잡한 조건을 전반적인 이해로만 제시할 수 없다. 따라서 기능적 평가 과정에서 수집된 관련성, 맥락적 정보를 요약하여 포괄적 가설을 설정할 필요가 있다. 포괄적 가설은 개인의 기술, 건강, 선호도, 일상생활, 전반적인 삶의 질과 관련하여 광범위한 영향력을 다룬다. 그리고 포괄적 지원은 특정한 가설로 규명된 상황이 개인에게 문제가 된 이유에 대하여 맥락적 설명을 제시한다. 따라서 포괄적 가설은 긍정적 행동지원을 위한 장기간에 걸친 지원 내용을 다룬다. 포괄적 가설은 개별화교육지원팀으로 하여금 개인의 기술을 확장하고, 의미 있는 결과를 촉진하며, 개인의 삶의 질을 향상시키는 데 중점을 두게 한다.

(4) 4단계: 구체적인 행동지원 계획 수립 및 실행

행동지원 계획 수립 단계에서는 앞서 기능적 평가를 통해 분석한 문제행동의 발생에 영향을 미치는 배경 사건과 선행 사건, 문제행동에 영향을 미치는 후속 결과를 조작하여 궁극적으로 문제행동을 감소시키는 행동지원 계획을 수립한다. 이에 대한 배경 사건과 선행 사건, 문제행동을 유지하는 후속 결과, 배경 사건 전략, 선행 사건 전략, 교수 전략, 후속 결과 전략을 세운다. 기능적 평가 요약과 행동지도 계획의 예는 [그림 11-2]와 같다. 배경 사건과 선행 사건, 대체 행동, 후속 결과 사용에 대한 과정별 지원을 구체적으로 제시하면 다음과 같다.

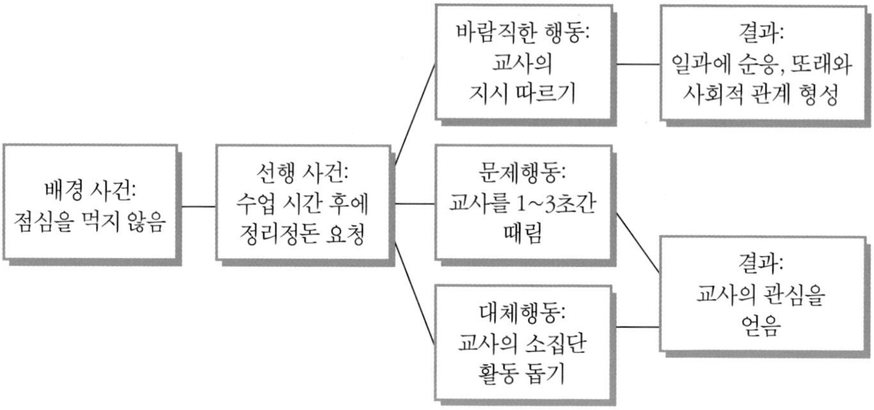

배경 사건 중재	선행 사건 중재	새로운 기술(대체행동) 지도	결과 중재
• 자신이 좋아하는 반찬을 먹는 것 허용	• 교사는 영철이에게 정리정돈 시간 전에 다음 수업을 도와 달라고 요청하기 • 교사가 영철이가 정리정돈을 하고 다음 시간으로 전이하는 것 돕기 • 교사가 영철이가 정리정돈 하는 것을 도와주기	• 정리정돈하기, 교사 돕기, 다음 활동 전이하기 연습 • 영철이가 정리정돈한 후에 교사를 돕는 것에 대해서 요청하기를 교수 • 영철이가 정리정돈을 잘할 수 있도록 교수	• 영철이가 정리정돈을 하거나 전이활동을 잘했을 때 교사를 돕도록 허락하기 • 영철이가 교사를 때리면 "때리면 안 되지."라고 말하거나 영철이가 교사를 때렸을 때 약속한 것을 이행하게 하기(반응대가 등) • 필요한 경우에 위기관리 전략 사용하기(다른 곳으로 옮기기)

[그림 11-2] **기능적 평가 요약과 행동지도 계획**

출처 : 정동영 외(2008); Janney & Snell (2000); O' Neil et al. (1997).

① 배경 사건 및 선행 사건 조절

선행 사건 지원 전략을 고려할 때, 두 가지 중요한 점은 다음과 같다. 첫째, 문제행동을 야기하는 배경 사건과 선행 사건을 문제행동이 발생하지 않도록 어떻게 조절할 것인가 하는 것이다. 특히 개별 아동의 특정한 가설로 설정된 문제가 되는 배경 사건을 가정, 학교 및 지역사회 상황에서도 문제행동이 나타나지 않도록 유의하여야 한다. 둘째, 바람직한 행동과 좀 더 만족한 상황이 일과 중에 나타날 수 있도록 하여야 한다. 팀에서 기능적 평가를 통해 제시된 정보뿐만 아니라 개인에게 긍정적인 결과를 가져올 수 있는 특정한 활동, 사건, 혹은 상호작용을 파악하기 위한 포괄적 가설에서의 단서를 활용하도록 하여야 한다. Bambara와 Knoster(2005)는 〈표 11-6〉과 같이 배경 사건과 선행 사건 조절의 예를 제시하였다.

표 11-6 배경 사건과 선행 사건 조절 예시

전략	교수적 예시	사회적 혹은 건강적 예시
문제 사건 제거	• 어려운 단어 문제 피해 혼자 할 수 있는 과제 제시하기 • 반복적인 요구 과제 피하기 (예: 철자 쓰기 등)	• 카페인 음료 피해서 주기 • 사람 많은 곳으로 데려가지 않기 • 오래 기다리지 않게 하기
문제 사건 수정	• 학습 줄여 주기 • 풀 문제의 수 줄여 주기 • 실수를 줄일 수 있게 교수 내용 수정하기(예: 오답 없는 학습 전략) • 학습 간격 늘려 주기	• 목소리 높낮이 변화시키기 • 지루한 일정 수정하기 • 직설적 언어보다 제안적 언어 사용하기 • 섬유질 식품 높이기 • 아픈 곳 살피기
편하고 즐거운 배경 사건으로 어렵거나 불쾌한 배경사건 완화하기	• 어려운 단어에 쉬운 것 끼워 넣기 • 혼자 할 수 있도록 이미 알고 있는 과제 끼워 넣기	• 좋아하는 활동(예: 여가활동)에 좋아하지 않는 활동(예: 청소) 넣기 • 좋아하지 않는 활동의 지시(예: "너 양치해.")보다는 쉽게 따를 수 있는 지시(예: "서랍을 열고, 네가 좋아하는 치약을 골라라.")하기

바람직한 행동을 높일 수 있는 배경 사건 추가하기	• 과제, 자료, 활동의 선택 기회 제공 • 교육과정 선정에 학생의 선호하는 내용 포함하기 • 참여를 높일 수 있는 협력적 학습 전략 활용하기 • 매 학습 시작점에서 학생의 수행 목표를 명확하게 진술하기	• 일정에서 선호하는 활동 계획하기 • 예측 가능성을 높이기 위해 계획에 참여시키기 • 선택할 수 있는 활동을 많이 준비하기 • 문제가 발생하기 이전의 사회적 상호작용 기회 높이기 • 매일의 연습 기회 제공하기 • 건강한 식습관 높이기
부정적 배경 사건의 충격을 없애거나 방지하기	• 어려운 과제 활동 시 쉬는 시간 자주 주기 • 흥분하거나 화를 낼 때 교과 과제 줄여 주기	• 피곤하거나 아프다고 할 때 휴식 시간 주기 • 부정적 경험을 한 뒤에 혼자 있는 시간을 주거나 마음을 정리할 시간 주기

출처: Bambara & Knoster (2005).

② 대체행동 기술

긍정적 행동 지원은 아동으로 하여금 바람직한 결과를 가져오게 하기 위하여 대안적인 수단을 가르치는 것이다. 일반적으로 지적장애 학생은 자신이 필요로 하는 것을 충족할 수 있는 기술이 부족하거나 부적절한 행동을 통해 자신이 원하는 것을 얻었기 때문에 도전적인 행동을 하게 된다. 문제행동을 하는 대부분의 장애아동은 또래와의 관계 형성에서 일반적이고 과격하지 않는 방법으로 자신의 요구나 필요를 충족시키는 방법을 잘 알지 못한다. 또한 적절한 사회적 기술이 부족하여 학교생활에 적응하지 못하는 경우가 있다. 따라서 대체행동 기술 지도와 함께 아동에게 필요한 사회적 상호작용 기술과 자기교수(self-instruction), 자기모니터링(self-monitoring), 자기평가(self-evaluation), 자기강화(self-reinforcement) 등의 자기관리 전략을 가르치는 것도 필요하다. 자기관리 기술은 아동들이 적극적인 참여자로서 자신의 행동을 직접 선택하여 목표행동을 수행하도록 지원하며, 아동의 독립성을 증진시킬 수 있고 비교적 실행 방법이 간단하다. 대부분의 긍정적 행동 지원 계획은 장애아동의 외부 의존과 성인의 조절을 감소시키고 자기관리 기술을 향상시키는 방법을 사용한다(권인순, 박지연, 2008).

Bambara와 Knoster(2005)는 〈표 11-7〉과 같이 대체행동 기술을 일대일 대체 기술(one-to-one replacement skills), 일반적 기술(general skills), 대처하고 참는 기술(coping and tolerance skills) 영역으로 나누어 예를 들어 설명하였다.

표 11-7 대체행동 기술 지도 예시

영역	교수적 예시
문제행동과 같은 기능을 배울 수 있는 일대일 대체 기술	• 곤란한 상황이 되면, 머리 때리기를 하는 대신에 "나는 도움이 필요해요."라고 말하기 지도하기 • 친구를 괴롭히는 대신, 사회적 상호작용을 시도하게 지도하기(예: "나랑 놀자.") • 손가락을 만지작거리는 행동을 대신하여 비디오 게임 놀이 가르치기
문제 상황을 바꾸고, 문제행동을 예방하는 일반적 기술	• 복잡한 과제에 직면했을 때 좌절하지 않도록 스스로 조절할 수 있는 기술 지도하기 • 사회적 놀이 기술을 확장하여 더 많은 친구를 사귈 기회 제공하기 • 과제 수행 시 지루함을 줄이기 위해 그림 일정표를 활용한 자기시도 활동 지도하기
어려운 상황을 대처하고 참는 기술	• 의료적 치료를 받아들이기 위한 둔감화 기술 지도하기 • 스트레스 상황에서 긴장이완 기술 지도하기 • 협상이나 갈등해소 기술 지도하기 • 화를 내는 감정 억제하는 기술 지도하기

출처: Bambara & Knoster (2005).

③ 후속 결과 사용

후속 결과 사용은 문제행동이 일어나면 무엇을 해 줄 것인가에 대한 개입으로 행동관리와 같은 의미다. 문제행동을 수정할 수 있는 후속 결과는 문제행동을 중단시킬 수도 있고 유지시킬 수도 있다. 문제행동의 후속 결과는 아동의 입장에서 매력적이고 강력하며 즉각적이다. 따라서 후속 결과를 고려할 때는 바람직한 행동이 효과적으로 문제행동과 경쟁할 수 있도록 결과를 바꾸는 것에 초점을

표 11-8 후속 결과 지도 예시

영역	교수적 예시
대안적 기술 지도 높이기	• 대체기술 - '휴식' 관련 모든 요구에 즉시 그리고 지속적으로 대응하기 - '놀이' 관련 아동의 요구에 대한 반응으로 친구 지원 활용하기 • 일반적 기술 혹은 대처하고 참는 기술 -단어 문제를 해결한 보상으로 스티커나 칭찬 제공하기 -화를 스스로 조절한 것에 대한 자기기록 하게 하기
문제 상황을 바꾸고, 문제행동의 결과 줄이기 기술	• 아동에게 다른 활동을 하게 하거나 대안적 기술을 활용하도록 지원하기 • 바른 피드백 제공하기(예: "친구를 다치게 하면 안 돼요!") • 연령에 적합한 부적 후속결과 주기(예: 특권 박탈, 타임아웃, 배상하기 등)
어려운 상황을 대처하고 참는 위기관리 기술	• 처음 위기 단계에서, 침착하게 행동하기 지도하기 • 주변의 여러 가지 물건 치우기: 교실 안전 관리 • 자기학대를 예방하기 위한 부드러운 제재 활용하기

출처: Bambara & Knoster (2005).

두고 활용하여 한다. 따라서 후속 결과의 목적은 학생으로 하여금 바람직한 결과를 가져올 수 있는 대체기술을 지도하여야 하고, 문제행동은 목적을 달성하는 데 비효율적 · 비효과적 혹은 사회적으로 바람직하지 않은 수단이라는 것을 학생에게 가르치는 것이어야 한다.

Bambara와 Knoster(2005)는 〈표 11-8〉과 같이 후속 결과 지도 영역을 대안적 기술 지도 높이기(increase use of alternative skills), 문제행동의 결과 줄이기(reduce outcomes of problem behavior), 위기 관리(crisis management) 영역으로 나누어 예를 들어 설명하였다.

(5) 5단계: 계획의 평가

긍정적 행동지원의 마지막은 계획한 것을 실행하고 변화가 나타났는지 평가하는 단계다. 평가 결과 계획하였던 대로 만족스러운 결과가 나타나지 않았을 때는 적절한 피드백과 수정이 이루어진다. 측정과 자료수집의 좋은 방법은 학교나 가정의 전형적인 활동을 방해하지 않고 자연적인 상황에서의 정보를 수집하는 것이다. 평가를 위한 측정 방법은 상황과 학생의 특성을 고려하여 평가 시기와 평가 주체에 의한 다양한 방법(예: 사회적 평정척도, 보고서 카드, 배치 기록 노트)이 동원될 수 있다.

평가 내용은 단순히 목표 문제행동의 감소에 관한 단기간의 평가만이 아닌 대상자의 삶의 전반적인 방식에 대한 변화에 성과의 초점을 맞춘다. 또래와의 우정 향상, 전형적인 학교활동에의 참여 증진, 가족 및 지역사회 활동에의 참여 증진, 부모 및 형제자매와의 상호작용 증가, 자기결정을 위한 기회 증가, 개인적인 만족감이나 행복감 강화 등이 이에 해당한다(Carr, 2007).

행동중재를 잘 실행하는 것만으로 행동 지도의 끝이 아니다. 목표행동에 대한 잦은 측정과 관찰을 통해서 행동중재 계획을 실제로 수행하고, 바람직한 변화가 일어났는지, 수행 과정이 얼마나 잘 진행되고 있는지, 그리고 아동에게 적합한 지원 계획인지를 끊임없이 점검하면서 계획을 수정 · 정교화 · 중단 · 철회하는 과정이 필요하다. 특히 교사는 자신이 제대로 절차에 따른 예방 전략을 사용하고 필요한 것을 가르치고 계획에 따라 강화하고 있는지를 점검해야 한다(Dunlop et al., 2010).

3. 학교 차원의 긍정적 행동지원

학교 차원의 긍정적 행동지원은 학교(일반 교실뿐만 아니라 복도, 특별실, 운동장, 식당, 도서관 등을 포함한 학교의 다양한 환경)에서 효과적이고 효율적인 체계의 확립을 토대로 모든 학생을 대상으로 한다. 문제행동을 보이는 학생뿐만 아니라 가능성이 있는 학생을 대상으로 학교의 수용능력을 향상시키는 체계적인 접근으로 문제행동을 예방하는 데 중점을 둔다. 그리고 중요한 사회적 · 학업적 성과를 성취하기 위해 보다 확장된 범위에서 체계적이고 개별화된 행동중재를 강조하는 총체적인 학교 접근이라고 이해할 수 있겠다(Turnbull et al., 2002). 이러한 접근을 위해서 학교 구성원의 전반적인 동의하에 학교행정가를 포함한 학교의 부장 교사, 특수교사, 상담교사, 보건교사, 교직원(예: 급식 담당직원, 주무사 등)의 대표, 부모 그리고 학생들이 참여하는 긍정적 행동지원의 팀이 구성되고, 그들이 팀 중심의 계획과 의사결정을 통해 지속적인 지원을 하게 된다. 긍정적 행동지원의 실행은 증거 기반의 실제를 적용하여 예방적이고 교육적인 환경을 조성하여 학생이 학업적 · 사회적 성과를 성취하도록 체계적이고 개별화된 행동중재를 강조한다. 이러한 행동중재는 행동문제의 기능을 평가하여 가설을 수립한 후 기능에 부합하는 예방적 차원에서의 중재계획을 수립하여 실행한다. 학교 차원에서의 보편적 지원은 개별 학생만을 위한 것이 아닌 학교 전체 차원에서 모든 학생의 문제행동 발생의 예방에 중점을 둔다. 따라서 문제행동의 발생 이후의 사후 처방적 접근이 아니라, 문제행동이 없는 상황에서 학생에게 기대되는 행동을 명확하게 교수하고, 학교생활에 필요한 바람직한 학업적 · 사회적 기술들을 적극적으로 교수하며, 바람직한 행동의 발생 시 그 행동들을 강화하는 강화체계의 실시에 초점을 두게 된다(김미선, 2008; 김미선, 박지연, 2009; 최하영, 2013).

1) 학교 차원 긍정적 행동지원의 실행 단계

학교 차원의 긍정적 행동지원은 미국 교육부 특수교육 프로그램 공학 지원센터(U.S Department of Education's Office of Special Education's of Special Education Programs: OSEP, Technical Assistance Center on Positive Behavior Intervention and Supports)에서 제시한 〈표 11-9〉와 같은 실행 단계를 거쳐 실시된다.

개별 차원의 긍정적 행동지원과는 다르게 학교 차원의 긍정적 행동지원의 실행에 관한 학교 전체 구성원의 동의가 우선시된다. 교직원의 80% 정도가 학교

표 11-9 학교 차원의 행동지원 기대 수준 설정 단계

단계	과정
1	학교 차원의 지도부나 문제행동 지원 팀 구성. 과정을 지도할 구성원으로 행정가, 학년 대표, 지원 교직원, 부모 등이 포함됨
2	능동적 지원과 참여에 대한 행정가의 동의 받기
3	학교 차원의 훈육이나 긍정적 행동지원 상태를 평가하고 학교 차원의 체계 향상을 위한 장단기 목표 설정
4	능동적 지원과 참여를 위해 적어도 80% 이상의 교직원들로부터의 약속과 동의
5	훈육이나 지원 상태에 대한 사정 결과와 타당한 연구 결과들에 따른 실행 계획 설정
6	학교 차원 훈육 체계의 실행 효과에 대한 정기적이고 효율적인 모니터링과 평가를 위한 자료 체계 구축

차원의 긍정적 행동지원의 실행에 참여할 것을 동의할 만큼 긍정적 행동지원이 필요하다는 요구가 확립되어야 한다. 이후 팀을 구성하게 되는데, 성공적이고 지속적인 긍정적 행동지원을 위해 학교행정가, 부장교사, 각 학년별 대표 교사, 특수교사, 상담교사, 보건교사, 교직원 대표(예: 학교 급식 관리인, 주무사 등), 부모 등이 팀의 일원으로 포함된다. 특히 학교행정가의 참여는 필수적인데, 학교행정가가 팀에 참여할 때 팀의 활동에 필요한 행정적 · 재정적 지원(예: 교직원 회의에서 교직원들에게 팀 활동 보고 시간 할당, 교직원 교육시간 할당 등)을 원활히 할 수 있고, 학교 전체 차원에서의 의사소통이 용이해지기 때문이다.

일단 대다수의 학교 전체 교직원의 동의하에 팀이 구성되면 〈표 11-9〉에서 제시한 긍정적 행동지원의 절차에 따라 학교 전체 학생들의 행동문제를 평가하고 중재 계획을 수립하게 된다. Turnbull 등(2002)은 학교 차원 긍정적 행동지원을 평가와 중재의 측면에서 〈표 11-10〉과 같이 설명하고 있다. 평가 측면에서는 면담, 직접 관찰의 실시, 학교의 다양한 기록을 검토함으로써 학교 전체 학생의 문제를 다루기 위한 자료를 수집하고 그에 따른 가설을 수립한다. 그런 다음

표 11-10 학교 차원 긍정적 행동지원(보편적 지원)의 핵심 특성

		보편적 지원
평가	자료 수집	• 학교 교직원 면담 • 문제행동의 정도를 결정하기 위해 학교의 모든 환경에서 관찰 실시 • 학교에서 타임아웃, 유급, 정학, 퇴학 기록 점검
	가설 수립	• 다양한 행동을 포함한 대규모 학생을 다루기 위한 가설 수립
중재	선행 사건	• 보편적 행동 기대 정의하기 • 보편적 행동 기대에 대한 광범위한 의사소통
	대체 기술	• 모든 환경에서 모든 학생에게 보편적 기대 가르치기 • 대안적 기술 가르치기 –문제행동 없이 목적 달성을 하도록 다른 방법 가르치기 –문제행동의 대안이 되는 적합한 행동을 하도록 문제해결 기술 가르치기
후속 결과		• 보편적인 강화체계 제공

출처: Turnbull et al. (2002); 최하영(2013)에서 재인용.

중재 계획을 수립하게 되는데, 특히 예방적 차원에서의 보편적 지원으로서의 선행 사건 중재, 바람직한 기술의 체계적이고 지속적인 교수, 바람직한 행동의 발생 시 일관적인 보상을 통해 긍정적 행동의 발생에 초점을 두게 된다. 보편적 기대행동을 정의하는 단계에서는 일단 3~5개 정도의 학교 규칙을 개발하고, 학교 내 모든 영역에서 적용되는 규칙을 정의하는 규칙 매트릭스를 개발한다. 〈표 11-11〉은 보편적 기대와 각 상황별 규칙 매트릭스의 예시다. 규칙 매트릭스가 개발되면 모든 학생에게 언제, 어떻게, 기대되는 규칙을 가르칠 것인지 계획을 수립하고, 모든 교직원은 '직접 교수 전 교직원 연수' 등을 통해 학급 관리와 문제행동에 대한 전략 사용 방법, 강화 체계 사용법 및 학생의 행동과 진보 감독 방법 등에 대한 지식을 습득하며, 시범이나 역할놀이 등을 통해 실습한다. 그런 다음 학생들에게 지속적이고 체계적인 교수를 실시한다. 또한 문제행동 발생의 예방적 차원에서 모든 학생의 사회적 기술의 향상을 위한 교수도 함께 실시한다. 〈표 11-12〉는 매주 1회 학급 재량활동 시간 중 20분을 활용하여 실시한 사회

표 11-11 보편적 기대와 각 상황별 규칙 매트릭스의 예시

**초등 주인답자! 학교 규칙: 우리 자신을 존중하자, 안전을 지키자, 다른 사람을 존중하자.		
상황	세부 행동규약	학교 규칙과의 관계성
교실	1. 자신의 입을 단속하자. 2. 교사의 지시를 따르자. 3. 학급 비품이나 자신의 물건을 사용 후 정리하자. 4. 정중한 단어를 사용하자. 5. 주어진 일에 최선을 다하자.	우리 자신을 존중하자: 1 다른 사람을 존중하자: 2, 4 안전을 지키자: 3, 5
복도	1. 걷자: 달리거나 뛰거나 미끄러지는 것이 아님. 2. 통행 방향을 준수하자: 우측 통행 3. 적당한 크기의 목소리로 이야기하자. 4. 자신의 몸을 간수하자: 손으로 타인을 치지 않고, 발로 물건이나 급우를 차지 않는다. 물리적인 공간을 확보하자. 5. 통로를 깨끗하게 하자.	우리 자신을 존중하자: 1 안전을 지키자: 2, 4, 5 다른 사람을 존중하자: 3

출처: 김미선, 송준만(2006), p. 212; 최하영(2013)에서 재인용.

성 기술 교수의 내용과 방법에 관한 예시다(김미선, 박지연, 2005; 최하영, 2013에서 재인용).

학교 차원의 긍정적 행동지원의 실행은 학교 전체의 체계 변화를 위해 장기간 실행되기 때문에 진보를 모니터링하고, 필요하다면 긍정적 행동지원의 계획을 수정하는 과정이 필수적이다. 긍정적 행동지원 팀은 적어도 한 달에 한 번은 회의를 통해 성과를 점검하고, 교직원 회의나 학교 홈페이지 게시판 등을 통해 프로그램의 진행에 대한 정보를 모든 교직원에게 알린다. 이러한 과정은 학교 전체의 교직원들로부터 피드백을 얻기 위한 과정이라 할 수 있다. 긍정적 행동지원의 성과에 대한 평가는 다양한 각도에서 이루어지게 되는데, 싸움이나 무단결석, 건물 내 흡연, 약물이나 무단결과와 같은 학교 차원에서의 공식적 관리가 필

표 11-12 사회적 기술 교수 내용 예시

회기	사회적 기술	내용	방법
1	규칙의 필요성 이해하기	안전하고 정돈된 환경에 도움이 되는 적절한 행동 -수업 및 쉬는 시간, 점심시간에 지켜야 할 기술 요소 확인과 연습하기	행복하고 즐거운 우리 반 만들기, 이야기 듣기와 목록 작성하기
2	통제되지 않은 부정적 행동 피하기	통제된 긍정적 행동 배우기 -1회기에 학습한 일반적인 규칙에 학생이 즐기는 활동을 추가하거나 못하게 하여 적절한 규칙 목록 완성하기	훈육 행동에 관한 사례를 듣고 규칙을 지키지 않았을 때 반에서 행해지는 중재 방법에 대한 역할놀이 하기
3	규칙 따르기	지정된 장소에서 지켜야 할 안전규칙 -교실, 복도, 화장실, 특별실, 운동장에서의 안전규칙 익히기	안전규칙을 정하고 이에 따른 실천 표어 만들기
4	자신에 대해서 좋게 느끼기	자신에 대한 긍정적인 점 발견하기 -학생 자신, 친구, 담임교사의 긍정적인 점 찾아보기	"칭찬하고 싶어요! 내가 보는 나" 차트를 만들어 교실에 게시하기
5	현명한 선택하기	잘못된 결과 알기 -규칙을 깨는 것 이외에 부적절한 행동의 결과를 찾아 규칙에 따라 행동하기 역할놀이를 보고 대처 방법 찾기	규칙을 지키지 않는 상황극 만들어 역할놀이 하기
6	문제 해결하기	평화적인 방법 알기 -상황에 따라서 가장 좋은 해결책 찾아보기	모둠별로 "~라면 나는 어떻게 할까?" 활동지 완성하고 발표하기
7	자기 통제하기	교실 규칙과 목소리 조절하기	소리 없는 움직임 집단 시연과 '쉿' 활동지 색칠하기
8	공유하기	다른 친구들과 나누는 것에 대한 필요성 익히기	아름다운 가게 물건 기증하기에 대한 사전 준비활동으로 함께 쓸 수 있는 것을 검토하고 "우리도 천사가 될 수 있어요" 활동지에 그림 붙이기
9	우리의 독특함(또는 차이점) 받아들이기	독특한 개인차 -학급에 다양한 친구들이 있다는 것을 알고 다양성으로 받아들이기	학급 전체의 윤곽을 보고 자신을 찾고 어떻게 찾았는지 발표하기와 통합 사례 비디오 시청하기
10	의사소통 방법	친구가 되기 위한 여러 가지 의사소통 -칭찬, 말, 껴안기, 몸짓, 그림, 노래, 편지	마니또 정하기

출처: 김미선, 박지연(2005), p. 363; 최하영(2013).

요하여 생활지도실에 의뢰되는 빈도, 교사 만족도, 모든 환경에서 문제행동 빈도, 국가 수준의 학업성취도 평가 점수 등의 변화를 통해 성과를 점검하게 된다.

4. 삶의 질 증진을 위한 지원

지적장애 학생의 문제행동 지원에는 문제행동의 예방이나 감소 그리고 삶의 질적인 향상이 포함되어야 한다(Bambara, Nonnemacher, & Kern, 2009). 삶의 질 증진을 위한 지원은 다음과 같이 한다. 첫째, 이들에 대한 일상생활에서의 삶의 질과 관련된 부적절한 요인들을 개선하는 데 중점을 두어야 한다. 이들을 위한 지원 환경이 적절하지 못하다면 아무리 많은 다른 지원을 해도 의미 없는 일이 될 수 있기 때문이다. 또한 장애인의 열악한 삶의 질 혹은 일상생활 환경에서의 불만족 등이 이들의 문제행동과 관련이 있을 수 있기 때문이다. 둘째, 이들에게 의미 있고, 즐길 가치가 있으며, 중요한 내용으로 그 사회에서 수용될 수 있는 사회적 행동을 지원하고 가르쳐야 한다. 이들의 문제행동이 속해 있는 가정, 학교 및 지역사회에서 거절되는 것이라고 하면, 삶의 질에 손상을 받게 될 것이다. 따라서 지원 내용은 사회에 통합 가능한 맥락과 내용으로 접근되어야 한다. 셋째, 삶의 질 증진을 위한 지원은 지속적이며 장기간에 걸친 지원이어야 한다. 주변 환경은 끊임없이 변해 가고 있다. 장애인이 대안적 기술을 유지하기 위한 지원을 해야 하고, 새롭거나 다른 환경에서도 적응할 수 있도록 부가적 기술을 지원할 필요가 있다.

삶의 질 증진을 위한 지원 전략은 다른 지원 계획들보다 체계적이지 못할 수 있다. 그렇지만 개별화교육지원팀은 지원 전략에 대하여 구성원들 간에 브레인스토밍을 할 필요가 있다. 그리고 일상생활 과정, 활용 가능한 자원, 학생의 선호도, 가족의 우선적 요구 등을 근거로 한 평가를 통해 학교, 가정 및 지역사회 환경과 연계하여 접근할 필요가 있다(Bambara & Knoster, 2005). 한편, 학교 교육과정을 통한 지원 방안으로 장애아동의 자율성 증진과 활동 참여를 위해 새로운 역할을 부여하는 것(김미선, 박지연, 2009), 학급 내에서 아동을 대할 때 존중하는 태도로 예의 있게 대하는 것, 아동이 좋아하거나 잘하는 활동을 하루 일정 또는 일주일의 일정 중에 삽입하는 것(김창호, 백은희, 2009), 여가 관련 활동을 증진하는 것(김미선, 박중휘, 2008) 등은 자주 사용되는 삶의 질 증진을 위한 행동지원의 예다.

결국 삶의 질 개선을 위한 긍정적 행동지원 계획은 각 개인의 필요성, 선호도, 장기간에 걸친 목적에 따라 개인을 위해 독창적으로 구성할 필요가 있다. 이러한 장기간에 걸친 효과는 다면적 지원 전략에 의한 결과이어야 한다. 그리고 그 전략들은 개인의 요구와 바람을 반영하여 개인에게 효과적이고 바람직하며 존중하는 방식에 중점을 둔 것이어야 한다(Bambara & Knoster, 2005).

연구문제

1. 긍정적 행동지원의 철학적 배경 및 가치에 대한 개념을 좀 더 심도 있게 조사해 봅시다.
2. 효과적인 행동지원을 수립하기 위한 절차에 대하여 설명해 봅시다.
3. 개별 차원의 긍정적 행동지원의 실행 단계에 따라 장애학생에게 긍정적 행동지원을 실시해 봅시다.
4. 학교 차원의 긍정적 행동지원 적용 사례를 조사해 봅시다.

참고문헌

권인순, 박지연(2008). 자기관리전략을 이용한 학교 적응행동교수가 정신지체 초등학생의 수업참여행동에 미치는 영향. **특수교육 저널: 이론과 실천, 9**(2), 291-310.

김미선(2008). **한 학교 이야기**. 서울: 한국학술정보.

김미선(2011). 국내 학교차원의 긍정적 행동지원 운영 현황 및 과제. **2011년도 BK21 국제 학술 워크샵: 긍정적 행동지원의 최근 동향 및 실제** (pp.83-94). 공주: 공주대학교.

김미선, 박중휘(2008). 가족이 수행한 긍정적 행동 지원이 장애 학생의 문제행동에 미치는 영향. **시각장애연구, 24**(4), 115-129.

김미선, 박지연(2005). 학급차원의 긍정적인 행동 지원이 문제행동을 보이는 초등학교 장애 학생과 그 또래의 문제행동에 미치는 영향. **특수교육학연구, 40**(2), 355-376.

김미선, 박지연(2009). 다차원적인 긍정적 행동 지원이 장애아동의 문제행동에 미치는 영향: 사례연구. **특수교육, 8**(2), 135-160.

김미선, 송준만(2004). 장애 학생을 위한 학교차원에서의 긍정적 행동 지원 고찰. **특수교육, 3**(1), 31-56.

김미선, 송준만(2006). 학교차원의 긍정적 행동 지원이 초등학교 학생들의 문제행동과 학교 분위기에 미치는 영향. **특수교육학연구, 41**(3), 207-227.

김정선, 여광응(2005). 학교에서의 긍정적 행동 지원이 정신지체학생의 문제행동에 미치는 영향. **특수교육연구, 12**(1), 305-338.

김진호, 김미선, 김은경, 박지연 역(2009). **긍정적 행동지원: 행동중재를 위한 최신 이론과 실제**. 서울: 시그마프레스.

김창호, 백은희(2009). 긍정적 행동 지원이 특수학교 전공과 정신지체 학생의 자위행동에 미치는 효과. **특수교육학연구, 44**(3), 149-167.

신현기(2004). **정신지체아 교수방법론**. 서울: 교육과학사.

정동영, 김형일, 김주영, 정동일(2008a). **특수교육의 이해**. 서울: 교육과학사.

정동영, 김형일, 김주영, 정동일(2008b). **특수아동의 이해**. 서울: 교육과학사.

정동영 외(2001). **특수교육학개론**. 서울: 교육과학사.

최하영(2013). 긍정적 행동지원. 베트남 특수교사 연수자료. 미간행.

Baker, C. K. (2005). The PBS triangle: Does it fit as a heuristic? *Journal of Positive Behavior Interventions, 7*(2), 120-123.

Bambara, L. M., & Knoster, T. (1998). *Desigining positie behavior support plans.* Washington, DC: AAMR.

Bambara, L. M., & Knoster, T. (2005). Designing positive behavior support plans. In M. L. Wehmeyer & M. Agran (Ed.), *Mental retardation and intellectual disabilities: Teaching students using innovative and research-based strategies.* Boston, MA: Pearson Custom Publishing.

Bambara, L. M., Nonnemacher, S., & Kern, L. (2009). Sustaining school-based individualized positive behavior support. *Journal of Positive Behavior Interventions, 11*(3), 161-176.

Carr, E. G. (1977). The motivation of self-injurious behavior: A review of some hypotheses. *Psychological Bulletin, 84*(4), 800-816.

Carr, E. G. (2007). The expanding vision of positive behavior support: Research perspectives on happiness, helpfulness, hopefulness. *Journal of Positive Behavior Interventions, 9*(1), 3-14.

Carr, E. G., Horner, R. H., Turnbull, A. P., Marquis, J. G., McLaughlin, D. M., McAtee, M. L., Smith, C. E., Ryan, K. A., Ruef, M. B., & Doolabh, A. (1999). *Positive behavior support for people with developmental disabilities:* A research synthesis. Washington, DC: AAMR.

Dunlap, G., Iovannone, R., Wilson, K. J., Kincaid, D. K., & Strain P. (2010). Prevent-Teach-Reinforce: A standardized model of school-based behavioral intervention. *Journal of Positive Behavior Interventions, 12*(1), 9-22.

Hawken, L. S., & Horner, R. H. (2003). Evaluation of a targeted intervention within a School-wide System of Behavior Support. *Journal of Behavioral Education, 12*(3), 225-240.

Horner, R. H., Sugai, G., Smolkowski, K., Todd, A., Nakasato, J., & Esperanza, J. (2009). A randomized control trial of school-wide positive behavior support in elementary schools. *Journal of Positive Behavior Interventions, 11*(3), 133-144.

Janney, R., & Snell, M. E. (2000). *Behavioral support.* Baltimore, MD: Brookes.

O'Neil, R. E., Horner, R. H., Albin, R. W., Sprague, J. R., Storey, K., & Newton, J. S. (1997). *Functional assessment and program development for problem behavior: A practical handbook* (2nd ed.). Pacific Grove, CA: Brooks/Cole.

Sprague J., & Perkins, K. (2009). Direct and collateral effects of the first step to success program. *Journal of Positive Behavior Interventions, 11*(4), 208-221.

Stomont, M., Lewis, T. J., & Beckner, R. (2005). Positive behavior support systems: applying key features in preschool settings. *Teaching Exceptional children, 37*(6), 42-49.

Turnbull, A., Edmonson, H., Griggs, P., Wickham, D., Sailor, W., Freeman, R., Guess, D., Lassen, S., McCart, A., Park, J., Riffel, L., Turnbull, R., & Warren, J. (2002). A blueprint for schoolwide positive behavior support: Implementation of three components. *Exceptional Children, 68*(3), 377-402.

제 12 장

지적장애 학생을 위한 보조공학

학습목표

1. 보조공학의 개념적 정의와 특성을 이해한다.
2. 보조공학 관련 법률과 국내외 정책 및 제도를 이해한다.
3. 장애 영역에 맞게 활용 가능한 보조공학기기를 알고 보조공학서비스를 계획한다.

보조공학은 재활 각 분야의 다양한 기반 지식에 과학기술을 접목한 활용 기술이다. 이를 통해 장애인의 독립성과 사회적 접근성을 증진시키고, 장애인도 비장애인과 동등하게 삶을 영위할 수 있는 방법을 모색할 수 있다. 그리고 보조공학은 장애아동의 신체기능과 일상생활, 학습, 사회성 등의 발달을 도모하는 데 중요한 역할을 한다.

이 장에서는 지적장애 학생의 교육을 담당하는 특수교사가 알아야 할 기본적인 보조공학의 개념과 특성에 대해서 살펴본다. 그리고 특수교육 현장에서 보조공학서비스가 비교적 잘 통합되어 이루어지고 있는 미국의 보조공학 관련 법률과 국내의 정책 및 제도를 살펴본다. 또한 특수교육 관점에서 보조공학서비스의 세부 영역을 소개하여 지적장애 학생의 교육에 대한 보조공학서비스의 통합 가능성을 살펴보고자 한다.

*제12장은 나사렛대학교 재활공학과 정동훈 교수님의 원고 기증으로 작성되었음을 밝힌다.

과학기술의 발달로 삶의 방식이 크게 변화하고 개선되고 있다. 우리는 일상에서 과학기술의 산물을 적극 도입하고 활용함으로써 편리하고 안락한 삶을 영위하지만, 과학기술을 일상생활에 활용하지 못하는 경우에는 여러 가지 불편함과 제약을 감수해야 한다. 특수교육 및 재활에서도 상황은 비슷하여 테크놀로지를 활용한 교육 및 중재가 최근의 패러다임을 주도하고 있다.

보조공학은 재활 각 분야의 다양한 기반에 테크놀로지를 접목한 활용기술로서 기능과 독립성, 사회 접근성을 증진시키고, 장애인과 비장애인이 동등하게 삶을 영위할 수 있는 방법을 창출해 냄으로써 삶의 질을 높이며, 교육과 고용의 기회를 증진시키는 유용한 도구다. 보조공학은 모든 인간에게 유익한 수단이 됨으로써 '장애인에게 편리한 것은 비장애인에게도 편리하다.'는 보조공학의 모토를 사회 곳곳에서 실현하고 있다. 이처럼 보조공학은 모든 사람에게 도움을 줄 수 있어 그 대상이 광범위하지만, 그중에서도 장애아동이 신체기능과 일상생활, 학습, 사회성 등의 발달을 도모하는 데 결정적인 역할을 한다(Mistrett, Hale, & Gruner, 2001). 장애학생에게 다양한 보조공학을 적용한 결과, 일상생활 활동, 학교, 놀이와 여가, 사회적 참여 영역에서 생산성과 독립성, 수행력의 증가를 가져왔으며, 이를 통해 장애학생은 다른 사람에게 의존하는 경향이 줄어들고 지역사회에 통합될 수 있었다(Lvanoff, 2006; Smith, 1991; Todis & Walker, 1993). 따라서 미국은 「장애인교육법(Individuals with Disabilities Education Act: IDEA)」과 「보조공학법(Assistive Technology Act)」 등 다양한 법률과 제도로 보조공학기기와 보조공학서비스를 제공할 수 있도록 규정하여 장애학생의 보조공학 요구를 최대한 반영하고자 노력하고 있다(Hager & Smith, 2003). 우리나라에서도 「장애인차별금지 및 권리구제에 관한 법률」과 「장애인 등에 대한 특수교육법」에서 장애학생에 대한 보조공학서비스 제공과 보조기기 활용을 의무화하고 있는 등 제도적 기반을 갖추게 되었으며, 보조공학의 관심과 역할 또한 꾸준히 증가하는 추세다.

보조공학의 긍정적 측면이 부각되면서 장애학생이 활용할 수 있는 보조공학 기기와 서비스는 점점 다양해지고 있으며, 보조공학 활용에 필요한 비용도 점차 현실화되면서 활용의 범위와 폭이 점차 확대되고 있다(김영걸, 2009). 이에 국립특수교육원이나 개인 연구자 차원에서 특수학교(급)나 특수교육지원센터의 보조공학 활용 실태와 요구에 대한 인식 조사를 수시로 실시하여 변화하는 보조공학 환경에 따라 특수교육 기관의 대응과 실태를 가늠할 수 있는 정보를 제공하고 있다. 국립특수교육원의 보고서 '특수교육 현장의 보조공학 활용 실태 및 요구'(오유정 외, 2010)에 따르면, 특수교육 현장의 보조공학 인식과 물적 환경은 점차 긍정적으로 변화하고 있는 것으로 보인다. 그러나 해마다 보조공학기기의 구매와 보급 등의 하드웨어적 구축은 점진적으로 이루어지고 있으나 보조공학서비스에 해당하는 보조공학 요구 평가와 처방 및 활용 방법론, 그리고 사용 성과 측정 등의 소프트웨어적 측면의 전달 체계가 아직 확립되지 않았다고 보는 시각이 지배적이다. 또한 우리나라의 경우 보조공학의 유형과 적용대상이 편중되어 있다는 문제도 지적되고 있다(김용욱, 2000; 황지현, 박은혜, 김정연, 2012). 보조공학의 특성상 주로 지체장애와 감각장애 중심의 기기 개발과 도입 등이 많이 이루어졌기 때문이기도 하며, 지적장애의 경우는 기기 사용법을 훈련시키는 데 오랜 시간이 필요하거나 기능 습득 자체에 상당한 어려움이 있다는 일선 교사의 인식(오유정 외, 2010) 때문에 시도 자체를 하지 않는 경우도 있다. 그러나 지적장애인은 보조공학기기를 스스로 조절하기 위한 인지능력의 부족으로 서비스가 어렵다는 기존 개념을 깨고 보조공학서비스를 IEP에 포함시키고 학습에 활용하는 등의 다양한 접근법을 시도하고 있는 것이 선진국의 동향이다(정동훈, 2009; Edyburn, 2007; Smith, 2000).

보조공학의 활용은 지적장애 학생에게 글쓰기의 접근성, 만족감, 효율성을 제공하는 효과적인 중재임을 보고한 연구(황지현 외, 2012)가 있고, 중증 지적장애인도 컴퓨터와 보완대체의사소통을 통해 글자를 익힐 수 있을 뿐만 아니라 실제 더 많은 것을 표현할 수 있다고 보고 있다(김영숙, 2003). 분명 지적장애 학생이 습득할 수 있는 기술의 수가 제한되고, 기술 습득을 위한 시간과 비용이 많이 들며, 학습의 전이와 일반화 능력도 떨어지는 것은 사실이다(박은영, 김은주, 김세연, 2010). 그러나 이러한 이유로 지적장애 학생이 보조공학서비스를 제공받지 못한다면 학업적 · 행동적 목표를 달성할 수 없게 된다(박현옥, 김정현, 2007; Edyburn, 2003). 또한 이는 고정관념을 더욱 고착화시키고 또 하나의 차별적 가치를 만드는 것이다.

이 장은 지적장애 학생의 교육을 담당하는 특수교사가 알아야 할 기본적인 보조공학의 개념과 특성에 대해서 소개하였다. 그리고 특수교육 현장에서 보조공학서비스가 비교적 잘 통합되어 이루어지고 있는 미국의 보조공학 관련 법률과 국내의 정책 및 제도를 살펴보았다. 또한 특수교육 관점에서 보조공학서비스의 세부 영역을 소개하여 지적장애 학생 교육에 보조공학서비스의 통합 가능성을 살펴보고자 한다.

1. 보조공학의 개요

1) 보조공학기기

보조공학에 대한 개념적 정의는 가장 먼저 미국의 「장애인에 대한 보조기구 지원법(Technology-Related Assistance for Individuals with Disabilities Act: TRAID)」(1988)에서 찾아볼 수 있다. 그 후 「보조공학법」이나 IDEA에서도 이를 사용하고 있으며, 국내에서도 이들 법안에 사용된 개념적 정의를 보편적으로 받아들이고 있다. 따라서 여기서도 IDEA에 명시된 내용을 중심으로 살펴볼 것이다. 이 법률에서는 보조공학을 모든 특수교육 서비스를 위한 기초를 제공하는 것으로 보조공학기기와 보조공학서비스의 두 가지로 구성된다고 하였다. 2004년 IDEA에서는 보조공학기기를 "장애아동의 기능을 향상시키고 유지 · 증진시키기 위해 사용되는 도구로서, 상업적으로 구입이 가능하거나 개조할 수 있으며, 주문 제작이 가능한 모든 소재, 기구 또는 생산체계'라고 하였다.

보조공학기기는 장애아동의 기능에 영향을 미친다. 예를 들면, 지체장애 아동은 전동휠체어를 통해 교실 이곳저곳을 이동할 수 있으므로 모든 활동에 참여가 가능하고, 보완대체의사소통 시스템은 자신이 선호하는 것을 표현할 수 있게 해 줌으로써 의사소통 능력을 증진시킨다. 이러한 사례에서 알 수 있듯이, 보조공학기기는 '장애아동의 기능을 향상, 유지, 증진'시킬 수 있다. 보조공학기기를 정의하는 첫 부분을 보면, 보조공학기기는 상업적으로 구입이 가능하거나 개조할 수 있다. 이는 각 개인의 특별한 요구에 맞게 주문제작할 수 있거나 개조 가능한 아이템을 구매할 수 있음을 말한다. 대형 컴퓨터 모니터(영상표시를 크게 할 필요가 있는 시각장애 학생을 위해서)는 매장에서 구입이 가능한 보조공학기기의 일례가 될 수 있다. 언제든지 구입이 가능한 보조공학기기의 또 다른 예는 정확하게 숫자를 타이핑하는 데 어려움이 있는 학습장애 학생에게 청각적 피드백을 제공하는 '말하는 계산기'를 들 수 있다. 언제든지 구입이 가능한 제품의 개조 사례는 다음과 같다. 한쪽 다리 길이가 짧은 아동의 세발자전거 페달에 나무 블록을 덧대어 발이 페달에 닿도록 해 준다거나, 연필 손잡이를 만들어 주거나, 숟가락 같은 식사도구에 폼을 덧대어 줌으로써 운동 능력이 떨어지는 아동이 쉽게 잡을 수 있고 조작할 수 있게 해 주는 것이다. 또한 일반 컴퓨터에 특수 소프트웨어를 설치하여 자폐아동이 새로운 학문적 기술을 배울 수 있게 해 주는 것도 포함된다. 주문 제작이 가능한 보조공학기기에는 매우 폭넓고 다양한 아이템이 있다. 교사는 그림과 사진을 이용하여 비교적 쉽게 의사소통판을 만들 수 있고, 개별 학생의 수준에 맞게 말하는 컴퓨터 장치가 보완대체의사소통 시스템으로 제공될 수도 있다. 교사가 직접 제작한 컴퓨터 기반 활동은 학생의 요구 수준에 맞는 특수한 기술을 가르칠 수 있으므로 또 다른 형태의 주문 제작이 가능한 보조공학기기라 할 수 있다(Dell, Newton, & Petroff, 2008). 2004년 IDEA의 보조공학기기에 대한 정의에서 주목할 점은 "수술을 통해 신체에 이식되는 의료용 장치 또는 그러한 장치의 대체물은 포함되지 않는다."라는 것이 있다. 예를 들면, 음식 섭취가 어려운 학생을 위한 섭식용 튜브와 청각장애 학생을 위한 인공 달팽이관 등은 신체에 이식되는 장치로 보고 보조공학기기에 포함시키지 않는다. 즉, 이러한 기기나 장치는 생명연장이나 수술, 치료, 모니터링 등 의료 목적으로 주로 전문가에 의해 시술되고 사용되는 의료기기로 분류되지만, 보조공학기기는 장애인이 일상생활에서 기능성과 독립성을 증진시키기 위해 장애인 자신이나 보호자가 사용하는 모든 아이템을 말한다.

2) 보조공학서비스

보조공학에 대한 IDEA의 정의 2항에서는 보조공학서비스를 "장애아동이 보조공학기기를 선택, 획득, 사용하는 것을 직접적으로 도와주는 모든 서비스"라고 규정한다. 보조공학서비스에는 보조공학을 위한 아동의 평가, 아동을 위한 보조공학기기의 구입 또는 임대, 아동의 특별한 요구에 부합하는 기기의 맞춤 제작, 고장 난 기기의 수리 또는 교환, 기기 사용을 위한 아동 교육, 아동의 '일상생활 기능과 밀접히 관련 있는' 전문가에게 제공되는 훈련 등이 포함된다(〈표 12-1〉 참조). 법에 명시된 보조공학서비스의 내용을 생각해 보면, 단순히 하드웨어적인 보조공학기기를 제공하는 것만으로는 충분하지 않고, 이를 제대로 활용할 수 있는 소프트웨어적인 방법론의 중요성을 강조하고 있다. 보조공학서비스에 제시된 필수적인 지원 없이 이용 가능한 기기만 제공한다면 보조공학은 성공적으로 이행될 수 없다.

관련 법에 근거한 보조공학은 이와 같이 보조공학기기와 보조공학서비스로 구분하여 정의내릴 수 있고, 이를 종합해서 다음과 같이 정리할 수 있다.

"보조공학은 기계적, 전자적, 마이크로프로세서 기반의 기기와 비기계적이고 비전자적인 보조기기, 교수-학습을 위해 특별히 고안된 자료, 서비스 및 전략을 모두 포함하며, 이는 장애인의 학습 보조, 접근성이 보장된 환경 조성, 작업장에

표 12-1 2004년 IDEA의 보조공학 정의

1. 보조공학기기
'보조공학기기'는 장애아동의 기능을 향상시키고 유지, 증진시키기 위해 사용되는 도구로서, 상업적으로 구입이 가능하거나 개조할 수 있으며, 주문 제작이 가능한 모든 소재, 기구 또는 생산체계를 말하는 용어다.

2. 보조공학서비스
'보조공학서비스'는 장애아동이 보조공학기기를 선택, 획득, 사용하는 것을 직접적으로 도와주는 모든 서비스를 의미하는 용어다. 보조공학서비스에는 다음과 같은 내용이 포함된다.
(1) 일상 환경에서 아동의 기능 평가를 포함한 보조공학 요구 평가
(2) 보조공학기기의 획득을 위한 구입, 임대 또는 다른 방법을 통한 제공
(3) 보조공학기기의 선택, 설계, 맞춤, 주문 제작, 개조, 적용, 유지, 수리 또는 교환
(4) 교육 및 재활(프로그램)에 보조공학기기의 통합 사용
(5) 보조공학을 올바르게 사용할 수 있도록 아동 및 가족을 위한 훈련과 기술 지원
(6) 전문가(교육 및 재활 서비스 제공자 포함), 고용주 또는 기타 서비스 제공자, 고용 또는 아이들의 일상생활 기능과 관련 있는 사람들을 위한 훈련과 기술 지원

서의 경쟁 고용, 그리고 일상생활에서 독립성의 촉진을 통해 궁극적으로 삶의 질을 향상시키기 위해 사용된다." (Blackhurst & Lahm, 2000)

2. 미국의 보조공학 관련 법률

미국에서는 보조공학 관련 법률이 지속적으로 수정 및 개정되어 왔다. 연방정부의 특수교육 관련 법에 보조공학의 정의를 명시하면서 테크놀로지가 장애학생의 교육 접근성을 위해 필요하다면 보조공학기기와 보조공학서비스를 반드시 제공하도록 지시하고 있다.

1) 미국 장애인교육법(IDEA)

1997년 이전의 IDEA 개정안에서는 단지 추가적인 보조기기나 서비스의 제공만을 언급하였다. 그 결과, 보조공학의 혜택은 일반적으로 중증 장애학생에게만 제한적으로 제공되었다. 1997년 개정된 IDEA는 보조공학의 정의를 명확히 하고 특수교육을 받는 학생에게 일상적으로 요구되는 보조공학의 필요성을 수용함으로써 이러한 상황을 극적으로 변화시켰다. 1997년 IDEA는 「장애인에 대한 보조기구 지원법(TRAID)」(1988)에서 확립한 보조공학의 정의를 채택하였고, IEP에 보조공학을 고려하도록 함으로써 보조공학서비스를 받을 수 있는 학생의 수를 획기적으로 증가시켰을 뿐만 아니라 장애의 범주도 확장시켰다(정동훈, 2011; Angelo, 1997). 2004년 IDEA는 "장애학생의 접근성을 극대화하고 일반 교육과정에 참여할 수 있도록 보편적 설계의 테크놀로지와 보조공학기기 그리고 보조공학서비스를 개발하고 사용을 장려하는 프로젝트"에 예산 우선권을 부여함으로써 장애학생의 교육에 있어서 보조공학의 중요성을 반복해서 언급하였다. 보조공학서비스를 위한 다학문적 팀(multidisciplinary team)이 구성되어 학생에게 필요한 보조공학기기와 서비스가 무엇인지 알아내고 특수교육 및 다른 재활 프로그램과 조화롭게 통합될 수 있도록 방법을 강구함으로써 모든 아동이 서비스를 받을 수 있도록 제도적인 절차가 마련된 것이다.

2) 미국 재활법 504조

미국에서 등록 장애인은 그 누구도 장애를 이유로 고립되거나 참여에서 배제되지 않고, 연방 정부의 재정 보조를 받는 모든 프로그램과 활동에서 불이익을 받거나 차별받지 않는다. 연방 정부의 예산을 받는 교육구(school districts)는 반드시 「재활법 504조(Section 504 of the Rehabilitation Act of 1973)」의 규칙을 따라야 하는 데, 민권 조항인 「재활법 504조」는 2004년 IDEA에 명시된 장애 범주보다도 더 광범위한 학생에게 적용된다. 심지어 특수교육 자격 대상이 아닌 사람에게도 적용되며, 장애가 있을 것으로 예상되는 심장 기능부전, 혈관질환, 만성피로 증후군, 호흡계 질환, 간질 그리고 암과 같은 건강장애 학생들도 교육에 영향을 미친다고 판단되면 「재활법 504조」의 적용 대상이 된다. 따라서 「재활법 504조」에 의해 장애가 있다고 판단되는 학생들은 교육에 필요한 보조공학서비스를 받을 수 있다(Dell et al., 2008).

3) 미국 장애인법

「미국 장애인법(Americans with Disabilities Act: ADA)」은 장애로 인해 차별받지 않도록 하기 위해 제정된 시민권으로, 수많은 장애인의 직업 획득과 고용 유지를 촉진시키고, 대중교통과 편의시설을 이용하며 사회에서 좀 더 생산적인 일원이 될 수 있도록 제정되었다(Bain & Leger, 1997). ADA에서는 취학 및 미취학 아동과 고등교육을 받는 모든 사람에게 보조공학서비스를 의무적으로 제공하도록 명시하고 있다(정동훈, 2004). 중등교육 이상은 더 이상 IDEA에 의해 보호받을 수 없기 때문에 ADA는 중등교육 이후의 학생에게 특히 중요하다. 이 법에는 보조공학이 명확하게 언급되어 있지는 않지만, 일반적으로 프로그램에 접근할 수 있도록 반드시 제공되어야 하는 '보조기기 또는 서비스(auxiliary aids and services)'라는 용어를 사용한다. 많은 대학은 장애학생이 프로그램에 접근할 수 있도록 '합당한 편의 증진(reasonable accommodation)'의 일환으로 보조공학을 제공하고 있다(Dell et al., 2008).

4) 보조공학법

1988년 제정된 「장애인에 대한 보조기구 지원법(TRAID)」을 모태로 1998년 「보조공학법」이 만들어졌다. 이 법의 핵심 내용은 보조공학기기를 구입할 수 있는 비용을 장애인에게 직접 지급하지 않는 대신, 연방 정부가 각 주에 보조금을 지급함으로써 주 정부가 주에 거주하는 장애인의 보조공학기기 및 관련 서비스에 대한 접근성을 제고하도록 관련 프로그램을 개선한 것이다(한국장애인고용촉진공단, 2002). 2004년 개정안은 장애 유형, 나이, 수입 정도, 거주 지역이나 필요한 보조공학기기 및 서비스에 상관없이 해당 주에 거주하는 모든 장애인에게 보조공학 프로그램을 동등하게 제공해야 함을 규정하고 있다. 또한 2004년 개정안은 보조공학기기 기증과 관련된 서비스를 추가하고 전문가를 위한 훈련과 기술적 지원을 교육 및 재활전문가는 물론 보조공학기기 제작 및 판매자까지 확대하였으며, 전자정보기술 접근성을 확대할 수 있는 서비스를 추가하였다.

3. 국내 보조공학 관련 법률

보조공학과 관련된 우리나라의 대표적인 법률은 「장애인 등에 대한 특수교육법」의 특수교육 관련 서비스, 「장애인복지법」의 장애인보조기구, 「의료급여법」의 장애인보장구, 「국민건강보험법」의 장애인보장구, 「노인장기요양법」의 복지용구 급여제도가 있다. 이러한 법에서는 보조공학기기를 장애인보조기구, 테크니컬 에이드(technical aids), 보장구 등 각 법률에서 정한 대상과 목적에 맞게 용어가 다르게 사용되고 품목도 약간씩 차이가 있지만, 보조공학기기 사용의 기본 목적과 개념은 동일하다. 2004년 이후 장애인차별금지법 제정 추진 연대가 중심이 되어 추진한 「장애인차별금지 및 권리구제 등에 관한 법률」 안에 보면, 보조공학적 설비 및 도구의 설치 · 운영을 강제하는 '적극적 조치 의무'가 있어 보조공학에 관한 전문 법률안 마련에 기반이 되고 있다. 그리고 정보 격차 해소에 관한 법률을 통해 정보통신망 접근과 정보 이용을 보장하기 위한 기기와 서비스 제공을 의무화하는 등 관련 부처에서 보조공학에 대한 관심이 지속적으로 증대되고 있다. 그러나 모든 법률안의 내용들을 살펴보면 공통적으로 보조공학기기 및 의료보장구 등 하드웨어적인 내용만을 담고 있으며, 이를 적극적이고 구체적으로 실현할 보조공학서비스를 위한 소프트웨어적인 측면은 다루고 있지 못하다. 그럼에도 불구하고 재활 패러다임의 변화로 테크놀로지를 이용한 재활서비스의 수요가 급증하면서 관련 서비스 내용을 법제화하고 예산을 확보하는 등의 큰 변화가 짧은 시간 안에 이루어지고 있다. 또한 정부부처 산하 기관 및 비영리기관에서 보조공학기기를 대여하거나 무상 공급하고 보조공학서비스를 시범적으로 실시함으로써 이에 대한 장애인의 참여와 인식 확대가 이루어지고 있다(김희규 외, 2010).

1) 장애인 등에 대한 특수교육법

2007년 제정된 「장애인 등에 대한 특수교육법」 제2조 2항에서는 특수교육 관련서비스를 "특수교육대상자의 교육을 효율적으로 실시하기 위하여 필요한 인적·물적 자원을 제공하는 서비스로서 상담지원, 가족지원, 치료지원, 보조인력지원, 보조공학기기 지원, 학습보조기기 지원, 통학 지원 및 정보 접근 지원을 말한다."라고 정의하였다. 이중 보조공학기기 지원, 학습보조기기 지원, 통학 지원 및 정보 접근 지원이 직접적인 보조공학서비스에 해당하는 내용으로, 특수교육 분야에서 처음으로 보조공학 지원에 대한 법적 근거를 마련하였다. 그러나 동법 제28조에 "각급 학교의 장은 특수교육대상자의 교육을 위하여 필요한 장애인용 각종 교구, 각종 학습보조기기, 보조공학기기 등의 설비를 제공해야 한다."라고 명시되어 있으나 서비스 전달체계에 대한 내용과 이를 실현할 방법론은 구체화되지 못하였다.

2) 장애인복지법

「장애인복지법」은 총 12개 조항, 1개 시행령, 11개 시행규칙에서 정보 접근권과 편의 시설, 의료재활 서비스, 장애인의 보조기 또는 보조기구 구입 관련 자금 융자 및 수리비용 청구, 보조기기 제조업체 관리와 업체 육성에 관련된 내용을 포함하고 있어 국내법 중 보조공학 관련 내용을 가장 많이 포함하고 있는 법률이다. 동법에서는 보조공학기기를 장애인보조기구라는 용어로 사용하고 있으며, 제6장 장애인보조기구 조항에서는 장애인보조기구를 장애인의 장애의 예방과 보완 및 기능의 향상을 위하여 사용하는 의지, 보조기, 기타 보건복지부장관이 정하는 보장구와 일상생활의 편의 증진을 위하여 사용하는 생활용품으로 정의하고 있다.

3) 국민건강보험법 장애인보장구 급여제도

장애인보장구 급여제도는 「장애인복지법」에 의해 등록된 장애인인 가입자 및 피부양자가 보장구를 구입할 경우, 구입금액 일부를 「국민건강보험법」 제46조에 의거하여 국민건강보험공단에서 보험급여비로 지급하는 제도이고, 장애인보장구의 건강보험 급여 실시는 장애인의 보장구 구입에 따른 경제적 부담을 덜어 주고 또한 건강보험제도 본래의 목적인 전 국민의 건강한 생활 유지를 위해 도입된 것으로서 1997년 4종의 보장구에 대해 급여를 시작한 이후 2011년에는 의

표 12-2 장애인보장구 급여품목

구분	품목명
의지 보조기	① 팔의지 21개, ② 다리의지 18개, ③ 팔보조기 5개, ④ 척추보조기 7개, ⑤ 골반보조기 1개, ⑥ 다리보조기 11개
기타 보장구	① 지팡이, ② 목발, ③ 수동휠체어, ④ 저시력보조안경, ⑤ 콘택트렌즈, ⑥ 돋보기, ⑦ 망원경, ⑧ 의안, ⑨ 흰지팡이, ⑩ 보청기, ⑪ 체외용 인공후두, ⑫ 전동휠체어, ⑬ 전동스쿠터, ⑭ 정형외과용 구두 2개, ⑮ 자세보조용구 * 전동휠체어 및 전동스쿠터용 전지(소모품)

지보조기와 기타 보장구 등 모두 21종의 보장구에 대해 급여를 실시하고 있다. 2013년 10월부터는 그동안 수요가 많았던 장애아동의 자세보조용구에 대한 보험급여가 적용되었다.

4. 보조공학의 특성에 따른 구분

특수교육에서는 보조공학을 장애학생의 성공적인 학교생활에 필요한 모든 종류의 테크놀로지라는 의미로 사용한다(Dell et al., 2008). 그러나 보조공학은 특수교육뿐만 아니라 물리치료, 작업치료, 언어치료, 레크리에이션, 운전재활과 같이 테크놀로지를 적용할 수 있는 광범위한 분야에서 사용(Church & Glennen, 1992)되므로 보조공학의 개념과 주요 보조공학서비스의 세부 내용은 분야마다 약간씩 다르게 해석되고 있다. 이렇듯 보조공학은 보는 관점에 따라 다르게 구분되기도 하지만, 사용되는 용어의 이해를 통해 보조공학의 공통적 특성을 이해할 수 있을 것이다.

1) 로우-테크와 하이-테크

앞서 보조공학기기의 정의에 대해서 살펴본 바와 같이, 보조공학기기의 종류는 매우 광범위하다. 로우-테크(low-tech) 기기는 전자적 구성요소 없이 사용할 수 있고 비교적 값이 저렴한 것으로 일상생활 활동을 좀 더 쉽게 해 주거나 가능하게 해 주는 간단한 도구를 말한다. 교실에서 사용하는 전형적인 로우-테크 기기에는 쓰기(조절이 쉽도록 연필 손잡이를 만들어 줌으로써)에 도움이 되는 펜슬그립, 종이를 고정하는 클립보드, 책의 읽고자 하는 부분을 응시할 수 있도록 도와주는 마스킹 카드(masking cards), 그리고 그림으로 만든 간단한 의사소통판 등이 있다. 하이-테크(high-tech) 기기는 흔히 컴퓨터 테크놀로지에 기반을 둔 아이템을 말한다. 일반적으로 하이-테크는 조작이 좀 더 복잡하고 로우-테크에 비해 더 많은 훈련 시간이 요구되며, 가격이 상당히 비싼 편이다. 그러나 하이-테크 기기는 비싸고 훈련이 필요하지만 효과적이고 융통성이 있으며 많은 다른 과제를 수행할 수도 있다. 예를 들어, 데스크탑 컴퓨터와 휴대용 컴퓨터는 인터넷에 연결할 수 있고, 특수 소프트웨어를 내장하여 쓰기, 읽기, 정보수집, 이메일을 통한 통신, 그리고 새로운 기술의 학습에도 사용할 수 있다. 정교한 보완대체의사소통 시스템은 이러한 동일한 작업을 수행하는 데 사용될 뿐만 아니라 말을 할 수 없는 장애학생에게 목소리를 제공하는 중요한 별도의 기능도 가지고 있다. 정교한 하이-테크 기기와 비전자적인 로우-테크 기기 사이에 미드-테크(mid-tech)로 구분할 수 있는 아이템도 있다. 미드-테크 기기는 사실상 전자적인 장치이지만 하이-테크보다는 저렴하며 훈련이 덜 요구된다. 교사의 강의를 녹음하기 위한 테이프 레코더와 디지털 레코더, 포켓용 전자사전, 스펠체커(spell-checkers, 전자 문서 내의 철자법을 검사하는 프로그램) 등은 미드-테크의 사례이며, 대형 계산기나 말하는 계산기도 대표적인 미드-테크에 해당한다(정동훈, 2011).

2) 하드-테크와 소프트-테크

하드-테크(hard-tech)는 주변에서 구입하거나 수집이 가능하여 쉽게 이용할 수 있는 것으로, 형태와 실체가 있어 만지거나 접촉해서 쉽게 알 수 있는 것들이다. 예를 들면, 간단한 마우스 스틱, 컴퓨터, 소프트웨어 등도 여기에 속한다. 우리나라의 「장애인 등에 대한 특수교육법」 등 관련 법에 명시되어 있는 보조공학의 정의는 대부분 여기서 말하는 하드-테크와 같은 개념이라 할 수 있다. 반면에 소프트-테크(soft-tech)는 의사결정, 전략, 훈련, 서비스 전달 등 인간 영역(보조공학 전달 모형의 구성요소 중 하나)에 해당하고, 일반적으로 사람이나 문서 자료, 컴퓨터를 통해 얻어진다. 즉, 인간의 지식과 경험, 훈련, 교재를 통해 서서히 습득되는 것으로 효과적인 활용 전략을 통해 보조공학의 성패가 좌우되므로

IDEA 등에서 정의된 보조공학서비스가 여기에 속한다고 볼 수 있다. 이러한 전략을 효과적으로 수립할 수 있는가는 보조공학서비스 팀의 지식과 경험, 창의성에 달려 있다(Cook, Polgar, & Hussey, 2008).

3) 기기와 도구

기기(appliances)는 각 개인의 기능 수준에 상관없이 도움을 줄 수 있는 기구 또는 장치(devices)다(Vanderheiden, 1987). 그러나 도구(tools)는 사용하려면 어느 정도의 기술 개발이 요구되는 것을 말한다. 냉장고 같은 가전제품 기기는 사용을 위해 특별한 기술이 필요하지 않지만, 망치나 톱 같은 도구는 효과적인 사용을 위해 어느 정도의 기술이 필요하다. 기기와 도구를 구별하는 방법은 사용 결과의 질이 사용자의 기술 수준에 따라 달라지는지 여부에 달려 있다. 예를 들어, 안경, 키가드, 확대 렌즈, 자세보조용구 등은 기능적 결과가 사용자의 기술 수준에 따라 달라지지 않으므로 모두 기기라 할 수 있다. 그러나 전동휠체어의 조이스틱 컨트롤은 사용자의 기술 수준에 따라 달라지므로 도구로 분류된다. 〈표 12-3〉은 보조공학 도구와 기기의 사례를 제시하고 있다(Cook et al., 2008).

Vanderheiden(1987)이 지적한 것처럼, 보조공학 도구를 성공적으로 사용하려면 훈련과 전략 그리고 특별한 기술이 필요하다. 이런 측면에서 보면, 앞서 언급한 소프트-테크가 여기에 해당한다. 정리하면, 보조공학기기는 그것이 기기든

표 12-3 보조공학에서 기기와 도구의 사례

보조공학 영역	기기	도구
컴퓨터 접근	키가드, 확대렌즈	조이스틱, 확대키보드
휠체어 이동	휠체어 팔걸이	휠체어 조이스틱, 휠체어 바퀴 손잡이
감각장애 보조공학	안경	시각장애인 지팡이

도구든 간에 성공적으로 사용하기 위해서는 정확한 평가와 이를 바탕으로 한 적절한 기기 추천, 그리고 시험 사용 등의 과정이 필요하지만, 도구의 경우에는 그 밖에도 기술개발의 과정이 추가로 요구된다고 할 수 있다.

4) 상용 제품과 맞춤 제작

보조공학기기는 상업적으로 시판되는 것에서부터 맞춤형으로 주문 제작되는 것까지 다양하다. 상업적으로 시판되는 상용(commercial) 제품은 대량생산이 가능한 것으로, 여기에는 일반 대중을 위해 개발된 상업용 기기(상업적으로 판매되는 표준기기)와 장애인을 위해 개발되었지만 대량생산이 가능한 보조공학기기 모두가 포함된다. 최근 시판되는 대부분의 상용 제품은 보편적 디자인(universal design)의 원칙(〈표 12-4〉 참조)에 따라 개조하거나, 특수하게 디자인하지 않더라도 모든 사람이 쓰기 편리하게 제작되고 있다. 특히 장애인의 요구를 충족시키려면 생산품이 이미 만들어진 이후에 그것을 개조하거나 수정하는 것보다 처음부터 그렇게 제작하는 것이 비용 절감 측면에서 유리하다.

보조공학에 대한 장애인의 욕구가 일반 대중을 위해 상업적으로 만들어진 기기에 의해 충족될 수 없을 때, 장애인을 위해 판매되는 특별한 기기의 사용이 시도된다. 휠체어나 보완대체의사소통 시스템, 일상생활 보조기기 등이 대표적인 예라 할 수 있다. 어떤 경우에는 표준기기와 특수기기가 함께 사용될 수 있는데, 예컨대 일반 목적의 컴퓨터가 보완대체의사소통으로 사용되기 위해서 특수 소프트웨어와 더불어 사용될 수 있다(오길승 외, 2009).

상업적으로 구입할 수 없거나 개조 또는 수정이 불가능한 경우에는 주문 제작하여 장애인에게 필요한 보조공학기기를 만들어 줄 필요가 있다. 이를 맞춤(custom) 제작이라 하며, 이는 대량생산이 불가능하기 때문에 상용 제품에 비해 단가가 비싸다. 또한 맞춤 제작이므로 제작자의 숙련도가 제품의 외형과 기능에 영향을 미칠 수 있고, 표준화된 사용 지침서를 제공하기 어려우며, 체계

표 12-4 보편적 디자인의 7원칙

① **공평한 사용**
자동문과 경사로 같이 장애인은 물론 유모차를 미는 보호자나 노인, 무거운 짐을 든 사람, 쇼핑카트를 미는 사람 등 모두에게 도움이 되어 독립적이고 편리하게 접근할 수 있도록 해 준다.

② **융통성 있는 사용**
다양한 개인적 선호도와 능력 수준을 고려한다. 예를 들어, 윈도우에서 마우스 끌기를 이용하여 아이템을 휴지통에 버릴 수도 있고, 시프트 키와 함께 삭제 키(Shift + Delete)를 눌러 아이템을 완전히 삭제할 수도 있다. 또한 '내게 필요한 옵션'을 통해 컴퓨터 사용자의 정밀성과 정확성, 그리고 사용자 속도의 다양성을 고려하도록 한다.

③ **단순하고 이해가 빠른 사용**
사용자의 경험이나 지식, 주의집중 수준에 상관없이 직관적으로 사용할 수 있다.

④ **지각할 수 있는 정보**
주변 상황이나 사용자의 감각능력에 상관없이 사용자에게 필요한 정보를 효과적으로 전달한다.

⑤ **실수에 대한 포용**
잘못 또는 의도하지 않은 행동을 해도 위험하거나 불리한 결과를 최소화한다. 예를 들면, 컴퓨터 문서 작업 도중 의도하지 않게 전원이 꺼져도 다시 컴퓨터를 재부팅하면 저장 여부를 묻는 팝업창이 뜬다.

⑥ **최소한의 신체적 노력**
가장 효과적이고 편안하며 최소한의 피로를 느끼며 사용하도록 반복되는 노력을 최소화하고 육체적 노력을 되도록 적게 한다.

⑦ **접근과 사용이 용이한 크기와 공간**
사용자의 신체 크기와 자세, 이동 가능성에 상관없이 접근하고 도달하며, 조작하고 사용하기에 적절한 크기와 공간을 제공한다.

적인 수리나 보수를 받을 수 없는 경우가 많다. 대표적인 맞춤 제작은 자세변형을 예방하고 기능적인 앉기 자세를 지지하기 위해 사용하는 자세보조용구 등이 해당된다. [그림 12-1]은 상용 제품과 맞춤 제작의 구분을 도식화하여 보여 주고 있다.

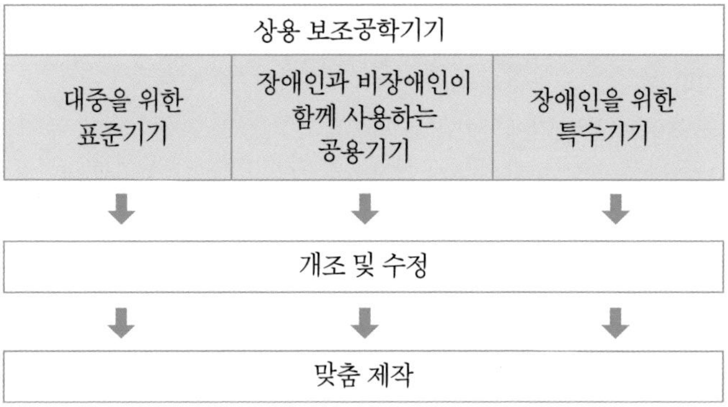

[그림 12-1] 상용 제품과 맞춤 제작의 구분

출처: Cook et al. (2008), p. 8.

5. 보조공학서비스 전달체계

1) 보조공학서비스 과정과 팀의 역할

보조공학서비스 팀의 핵심은 서비스를 필요로 하는 수요자(장애학생)다. 이들은 자신의 능력과 욕구, 그리고 서비스로 얻을 수 있는 장점이 무엇인지 누구보다도 잘 알고 있다. 따라서 서비스의 어떠한 과정에서든지 항상 최종 결정권을 가져야 한다. 또한 가족이나 보호자는 보조공학기기 사용이나 실패에 대한 귀중한 정보 제공의 역할을 한다. 그 밖에 인터페이스 전문가로서 작업치료사 또는 물리치료사, 보완대체의사소통을 위한 언어치료사, 직업재활상담사, 특수교사, 사회복지사, 재활의학과 의사, 재활엔지니어, 보조공학기기 판매업자 등이 보조공학서비스 팀에서 함께 일할 수 있다(Angelo, 1997).

보조공학서비스 팀은 성공적인 서비스를 위해서 먼저 보조공학을 필요로 하는 사람들을 선별(screening)하고, 이를 통해 얻을 수 있는 잠재적인 이득과 필요성 그리고 수요자의 능력을 평가하게 된다. 정확한 장애진단 평가 후, 적절한 기기나 장치를 선택하고 필요에 따라 기기를 통합하거나 조립하며, 사용자에게 맞춤형 보조공학서비스를 제공하기 위해 주문 제작(customizing), 조정(adjusting), 개조(modifying)의 과정을 거치게 된다. 이러한 모든 과정이 끝나면 보조공학기기의 효율적 사용과 유지를 위해 사용자와 보호자를 훈련시키고 사용 과정에 있을 수 있는 여러 가지 질의에 응하고 지속적인 사후관리를 제공한다. 또한 보조공학기기의 개선을 위해 사용자와 전문가로부터 정보를 수집하고, 수리 및 보수가 필요한 경우 그에 대한 의뢰의 역할까지 수행해야 한다(Galvin, 1996; Smith, 1987). 보조공학서비스는 평가에서 시작해서 평가로 끝난다고 하여도 과언이 아니다. 평가는 사전, 사후, 중간 등 필요에 따라 수시로 이루어지고, 신체능력은 물론 인지력, 지각력, 심리사회적 상태, 요구와 필요 등 다면적인 측면을 평가하게 되고, 성공적인 보조공학기기의 선택과 서비스를 위해서 관련 전문가에 의한 평가와 통합, 조정의 과정이 필요하다. 보조공학의 효과성 평가는 크게 기능 수행능력 측정과 사용자의 만족도 측정, 그리고 삶의 질 측정을 통해 이루어진다.

2) 보조공학 시스템

보조공학은 인간과 기기 그리고 기능적 활동을 수행하는 환경이라는 세 가지 구성요소를 가지고 있으며, 이 요소들이 보조공학의 성공적인 활용에 상호 보완적이고 긴밀한 연관성을 가진다는 개념이 보조공학 시스템이라 할 수 있다. 보조공학 시스템에 대한 여러 가지 이론적 접근이 있지만, 여기서는 보편적으로 수용되고 있는 Cook과 Hussey의 인간-활동-보조공학(Human Activity Assistive Technology: HAAT) 모형을 중심으로 살펴본다([그림 12-2] 참조).

HAAT 모형은 인간, 활동, 보조공학 그리고 배경의 요소로 구성되어 있고, 배경은 환경과 물리적 상황(예: 온도, 소음 수준, 조명)뿐만 아니라 사회적 · 문화적 측면도 포함된다. 각각의 요소는 전체적인 시스템 내에서 나름대로 독특한 역할을 한다. 어떤 시스템을 구체화하는 것은 보통 활동을 수행하려는 인간의 욕구

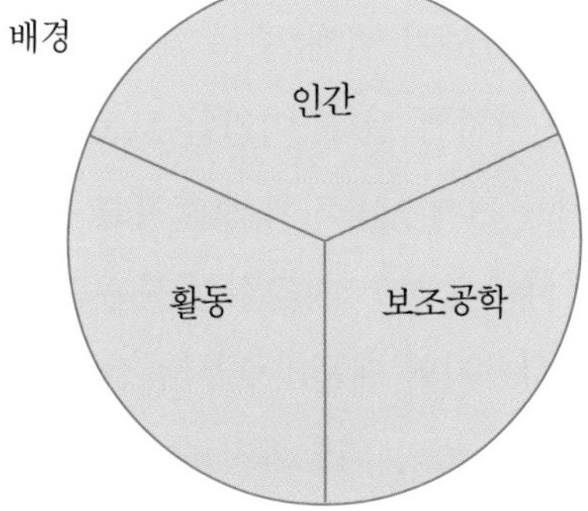

[그림 12-2] 인간-활동-보조공학(HAAT) 모형

와 희망에 의해 시작된다. 글을 쓴다거나 요리를 하는 활동은 보조공학의 목표를 분명하게 한다. 이러한 활동은 일련의 과제를 수행함으로써 성취될 수 있고, 각 활동은 주변 배경 안에서 이루어진다. 활동과 주변 배경이 결합되어 목표를 달성하는 데 요구되는 인간의 기술을 구체화시킨다. 활동 수행기술이 부족한 인간은 보조공학이 사용되고, 보조공학을 활용하기 위해서는 또 다시 기술이 요구된다. 그러나 이러한 기술은 그 사람의 개인적 능력에 맞게 조정되고, 그런 다음 보조공학 시스템에 연계되는데, 결과적으로 그러한 보조공학 시스템의 기능을 통해 원하는 활동을 달성하게 된다(Cook et al., 2008). 예를 들어, 쓰기 과제를 수행하려고 하는 척수손상 장애학생 철수를 가정해 보자. 철수는 척수손상으로 손을 사용할 수 없지만 말은 분명하게 할 수 있으므로 음성언어를 문자로 변환시켜 주는 음성인식장치를 통해 쓰기 과제를 수행할 수 있다. 그러나 사무실에는 여러 사람이 있기 때문에 음성인식에 오류가 생기지 않도록 소음제거 마이크를 사용해야 한다. 이러한 상황에서 철수를 위한 보조공학 시스템은 활동(글쓰기), 주변 배경(소음이 많은 사무실), 인간 기술(말하는 것), 보조공학(음성인식장치)으로 구성된다. 철수가 아닌 다른 사람의 경우에는 이 시스템의 구성요소 중 하나 또는 그 이상에서 차이가 있을 수 있다. 철수와 달리 조용한 집 안에서만 일을 할 수밖에 없거나 말을 못해서 음성인식장치를 사용할 수 없는 경우다. 이렇게 보조공학 시스템은 각 개인마다 독특하고 차이가 있다.

(1) 활 동

활동은 일상생활의 일부로서 수행되고 인간 존재에 필수적이며, 학습될 수 있고 우리가 사는 사회와 문화로부터 영향을 받는다. 활동은 무언가를 하는 과정으로, 사람이 행한 기능적 결과로 표현될 수 있으며, 보조공학의 궁극적 목적이기도 하다. 미국 작업치료협회의 작업치료 실행 구조(Occupational Therapy Practice Frame: OTPF)에 따르면, 활동은 일상생활 활동, 일(work)과 생산적 활동, 놀이 및 여가활동의 세 가지 수행 영역으로 구분된다. 일상생활 활동에는 식사, 옷 입고 벗기, 용변 보기, 개인위생, 이동 등이 포함되고, 일과 생산적 활동에는 가정관리, 다른 사람 돌보기, 교육 활동, 직업 활동 등이 포함된다. 놀이 및 여가 활동에는 놀이 탐구와 연령에 적합한 활동의 놀이 또는 여가 수행이 포함된다(Pedretti & Early, 2001).

활동은 좀 더 작은 단위인 과제(tasks)로 나뉠 수 있다. 예를 들어, 편지를 보내는 활동은 편지지와 편지봉투의 구입, 편지 쓰기, 봉투에 주소 기입, 우표 붙이기, 편지봉투 봉합, 우체통에 넣기 같은 일련의 과제로 구성된다. 인간에게 본래 주어진 능력과 기술은 이런 종류의 일련의 과제는 웬만큼 심한 장애를 갖고 있지 않는 한 쉽게 수행함으로써 그 활동의 기능적 성과를 가져올 수 있다. 이러한 과제 수행에 필요한 기술은 소근육 운동, 시각적 기능, 약간의 인지기술, 이동능력 등이다. 손으로 물체를 다루는 능력이 제한된 장애인은 이러한 간단한 활동을 수행하는 데도 어려움이 있을 수 있다. 그러나 과제가 수행되는 방법을 바꾸거나 도구의 사용으로 그러한 수행상의 어려움을 해결할 수 있다. 보조공학 시스템은 이런 요소를 인식하는 것이 중요하다. 활동을 구성하는 과제를 분석함으로써 활동을 수행하는 사람이 요구되는 능력이나 기술을 가지고 있는지, 또는 보조공학과 같은 대안적 접근법이 필요한지를 알 수 있다(오길승 외, 2009).

(2) 인 간

인간은 보조공학 활용 여부와 관계없이 활동과 과제를 수행하는 주체다. 보조공학을 적용하고자 할 때에는 무엇을 할 수 있는지(기술), 무엇을 못하는지(제한), 그리고 무엇을 하고자 하는지(동기)에 대해 알아야 한다. 이를 위해서는 인간의 기능에 대한 이해가 선행되어야 하고, 인간의 기능은 크게 감각기능, 정보처리 기능 그리고 운동기능으로 나누어 볼 수 있다. 우리가 원하는 활동이나 과제를 수행하려면 움직이고 조작하고 의사소통하는 등 운동출력(motor output)이 필요하다. 그러나 운동출력이 일어나려면 감각 자극이 선행되어야 하고 감각기(receptor)가 정확하게 감각을 탐지할 수 있어야 한다. 쉽게 말하면, 배고픔이라는 감각자극이 있어야 음식 섭취의 동기가 발생하고, 이를 통해 결과적으로 식사 활동을 수행하는 운동출력이 일어난다는 것이다. 또한 배고픔의 감각자극을 정확히 해석하고 이에 대한 합당한 운동명령을 내리고, 활동 수행이 제대로 이루어지고 있는지를 끊임없이 확인하고 피드백을 주는 기능이 정보처리 기능이라 할 수 있다. 이러한 정보처리는 인간의 뇌가 그 역할을 담당하고 지각, 인지, 운동조절 등의 기능은 물론 선행 경험을 통한 기억정보를 통해 감각정보를 해석, 주의, 기억, 문제해결, 의사결정, 학습, 언어 등의 기능을 주관한다. 보조공학은 이러한 인간의 운동기능과 감각기능, 정보처리 기능의 장애를 보완해 주거나 대체해 주는 역할로 사용될 수 있다.

(3) 배 경

장애를 바라보는 관점과 재활에 대한 패러다임은 끊임없이 변화하고 있다. 과거의 의료적 관점에서는 장애를 개인의 신체구조나 기관(organ) 수준의 문제로 보았지만, 지금은 인간을 둘러싸고 있는 환경적 요인들이 장애를 초래하고 장애의 격차를 심화시킨다는 인식이 증가하고 있다. 또한 과거에는 연석을 제거하고 엘리베이터를 설치하는 등 물리적 건축 환경에 초점을 두었지만, 장애인의 사회참여가 늘면서 물리적 환경뿐만 아니라 사회적이고 태도적인 장벽 또한 중요함을 인정하고 있다. 세계보건기구의 ICF(Interantioal Classification of Functionong, disability, and health) 분류에서도 활동(activities)과 참여(participation)를 강조하고 있는 것은 '인간 속의 문제'에서 '환경 속의 문제'로 우리의 관심을 돌려야 함을 강조하는 것이다. HAAT 모형에서는 환경과 같은 외적 영향을 배경이라는 개념으로 다루고 있고, 이를 다시 물리적 · 사회적 · 문화적 · 제도적 배경으로 크게 분류하고 있다(Cook et al., 2008).

- 물리적 배경: 온도, 소리, 빛과 같이 보조공학이 사용되는 곳에 존재하는 환경적 상황을 물리적 배경이라고 하고, 이는 보조공학의 활용에도 영향을 미친다. 교실의 조명은 컴퓨터 모니터 같은 디스플레이 사용에 영향을 주고, 음성인식장치나 음성합성장치 역시 주변의 소음에 따라 기능에 영향을 받는다.
- 사회적 배경: 의사소통하고 움직이고 물체를 조작하는 등의 인간 활동은 사회적 환경 안에서 일어난다. 휠체어가 장애를 상징하는 것처럼 보조공학기기의 사용은 때론 장애인이라는 낙인과 함께 고립감을 줄 수도 있다. 보청기 착용을 거부하는 사람도 독서를 위해 안경을 착용하는 것은 대수롭지 않게 생각할 수 있는 것처럼, 보조공학기기에 따른 낙인의 정도도 다르다. 이처럼 보조공학 사용에 사회적 배경이 중요한 영향을 미칠 수 있다.
- 문화적 배경: 문화는 학습된 행동 패턴으로 집단의 구성원에 의해 형성되고, 다른 사람 및 환경과 상호작용하기 위한 효과적인 메커니즘이다(Krefting & Krefting, 1991). 이 정의에 따르면, 학습된 행동 패턴은 보조공학을 활용하는 데에서의 인간 수행을 말하고, 집단의 구성원에 의해 형성된다는 것은 상호의존성을, 마지막은 외적 세계와의 사회적 · 물리적 상호작용을 강조하는 것이다. 이러한 문화의 요소는 HAAT 모형과 잘 조화를 이루고, 보조공학 시스템을 실행하는 데에서 문화적인 측면을 고려해야 함을 의미한다. 돈에 대한 가치관, 가정에서의 역할, 신체적 외모를 중요시하는 정도, 감정을 표

현하는 방식, 인간관계에 대한 믿음, 독립성을 중요시하는 정도 등 다양한 요인이 보조공학 시스템의 활용에 영향을 미치는 것으로 알려져 있다(오길승 외, 2009).

- 제도적 배경: 제도적 배경은 정부 지원 서비스, 법률, 정책 규정 같은 경제적 · 법적 · 정책적 요소를 말한다. 제도적 배경은 보조공학기기의 획득 및 사용과 가장 관련이 깊고, 그중 재정 지원이 가장 영향력 있는 요인에 해당한다. 많은 나라에서 법과 제도, 규정을 만들어 장애인이 사회에 참여할 수 있도록 지원하고 있다.

6. 보조공학의 분류

보조공학은 재활 각 분야에 대한 다양한 기반 지식 위에 테크놀로지를 접목한 활용 기술로서 특수교육, 재활치료, 직업재활 등 다양한 영역에서 보조공학의 접목이 시도되고 있다. 특수교육에서의 보조공학은 교과 내용 자체의 성격을 변화시키는 것이 아니라 장애학생에게 보조도구를 제공함으로써 교과 내용에 접근할 수 있도록 도와주는 기능을 한다(김종무, 강경숙, 강대식, 2001). 그리고 교과과정 내에서의 보조공학의 사용은 장애학생의 독립성과 적극적인 참여를 증진시켜 주며, 기존 교과과정의 폭과 깊이를 심화시켜 개인으로 하여금 다양한 경험을 체험하게 하는 경험 창구의 역할을 하게 된다(박은혜, 황복선, 2000). 이렇듯 보조공학서비스는 장애학생의 독립적인 일상생활을 제고하고, 나아가 직업을 갖는 등 사회통합의 목적을 달성하는 중요한 매체로서의 역할을 담당한다.

Bryant와 Bryant(2003)는 특수교육에서의 보조공학을 7개 범주, 즉 자세 잡기, 이동, 보완대체의사소통, 컴퓨터 접근, 개조 장난감과 게임(adaptive toys and games), 개조 환경(adaptive environment) 그리고 교수학습 보조기기로 나누어 제시하였다(한경근, 장수진, 2005). 또한 Wisconsin Assistive Technology Initiative(WATI),

National Assistive Technology Research Institute(NATRI), 그리고 Washington Assistive Technology Alliance(WATA) 등에서는 장애학생의 신체적 · 인지적 특성, 기능적 요구, 그리고 학교 및 가정, 지역사회 환경 등을 고려하여 보조공학을 분류하고 있다. WATI(2003)에서는 쓰기, 의사소통, 읽기 · 학습 · 수학, 레크리에이션과 여가, 일상생활, 이동, 환경조정, 자세 잡기와 앉기, 보기 및 듣기로 장애학생의 생활에서 필수적으로 요구되는 활동을 중심으로 보조공학을 분류하고 있다. NATRI(2003)에서는 보조공학을 장애학생의 전반적인 활동 영역에 따라 분류하고 있는데, 기초 생활을 지원할 수 있는 일상생활 보조공학, 여행과 이동을 지원할 수 있는 보조공학, 주변 환경을 적절하게 조절할 수 있는 보조공학, 신체를 보호하고 자세를 지지하기 위한 보조공학, 교육과 전환을 위한 보조공학, 그리고 운동 및 체력관리와 여가생활에서 활용할 수 있는 보조공학으로 분류하고 있다. WATA(2003)에서는 보조공학을 일상생활 지원, 보완대체의사소통, 컴퓨터 사용 및 접근, 환경조정 시스템, 가정과 작업장 환경 개조, 보철 및 보조기기, 착석 및 자세, 동물을 이용한 지원 서비스, 듣기 지원 도구, 휠체어 및 이동지원기기(교통수단)로 분류하고 있다(김영걸, 김용욱, 2006).

작업치료사인 Angelo(1997)는 그의 저서 『재활치료사를 위한 보조공학』에서 보조공학서비스를 앉기 자세, 이동, 장난감, 컴퓨터 그리고 다른 주변 물체를 스스로 조작하기 위한 접근방법, 기능적인 보완대체의사소통, 환경제어 등으로 구분하였다. 그는 이러한 보조공학서비스는 장애 유형과 정도에 맞게 적절하게 디자인되고 함께 통합되었을 때, 각 개인이 자기 자신의 삶의 환경 내에서 각종 사물 및 사람과 상호작용이 가능하도록 도움을 줄 수 있으며, 장애인의 잠재능력을 최적의 상태로 이끌어 내어 궁극적으로 개인의 삶의 질을 높이는 데에도 공헌한다고 보았다.

장애인의 성공적 직업재활을 위해서 기능적 평가뿐만 아니라 그것을 보완할 수 있는 보조공학의 필요성을 인식하면서 미국 재활법은 직업재활 서비스를 받는 장애인이 보조공학이 필요하다고 진단될 때에는 보조공학서비스를 제공하도록 규정하고 있다(변경희, 2001). 그리고 Franklin(1992)은 보조공학의 범주를 의사소통, 자세, 이동성, 도구의 조작, 컴퓨터와 컴퓨터 입력장치의 다섯 가지로 나누어 설명하였고, Rubin과 Rossler(2001)는 보조공학의 범주를 일상생활, 의사소통, 컴퓨터 적용, 환경조정장치, 작업장 개조와 변형, 보철구 및 교정, 앉기 및 자세, 시력 및 청력 보조기구, 이동보조기구, 수송수단의 변형으로 구분하였다(나운환, 박경순, 정찬동, 2001).

국내에서도 보조공학을 분류한 몇몇 연구가 있었는데, 이근민(1999)은 보조공학의 영역을 감각장애인을 위한 보조공학, 대체 접근, 보완대체의사소통, 일상생활 동작, 이동, 착석 및 자세, 환경 조정, 주택 및 직장 환경 개조, 여가활동, 보조공학을 이용한 농업으로 구분하였고, 권혁철(2001)은 RESNA[1)]를 참고하여 재활공학을 재활엔지니어링과 보조공학으로 나누고, 보조공학을 앉기 및 자세, 보완대체의사소통, 일상생활 편의기기 처방 및 훈련 서비스, 학습을 위한 컴퓨터 프로그램 개발, 컴퓨터 개조장치 처방 및 활용 훈련 서비스, 장애인 주거환경 개조를 위한 설계와 필요한 환경제어장치 처방 및 활용 훈련 분야로 구분하였다.

이와 같은 국내외 자료를 종합하면 보조공학의 영역은 크게 여섯 영역으로 분류할 수 있다. ① 앉기 및 자세, ② 휠체어 및 이동보조기기, ③ 보완대체의사소통, ④ 컴퓨터 보조교수와 컴퓨터 대체접근 등을 포함하는 컴퓨터 보조공학, ⑤ 자조활동 및 여가생활을 위한 보조기기와 환경개조 및 조정을 포함한 일상생활보조기기, 그리고 ⑥ 보조공학서비스를 위한 정책 홍보, 재정 지원, 정보 제공, 전달 체계 및 임상과 행정을 연계하는 인터페이스 역할, 보조공학서비스의 전반을 관리 · 감독하는 보조공학 행정이 이에 포함될 수 있다(정동훈, 2009).

---

1) 북미 재활엔지니어링 및 보조공학협회(Rehabilitation Engineering and Assistive Technology Society of North America: RESNA)는 공학을 통한 장애의 극복을 목적으로 1979년 설립되었고, 여러 분야의 재활전문가가 모여 보조공학서비스의 발전을 위한 다양한 학술 활동 및 임상전문가 양성을 위한 자격 제도를 운영하고 있는 국제적인 보조공학 학술 및 임상연구 협의체라고 할 수 있다.

7. 보조공학서비스의 세부 영역

보조공학서비스의 세부 영역에 대해 살펴보면 다음과 같다.

1) 앉기 및 자세

올바른 앉기 및 자세(seating and positioning)는 교육과 학습을 위한 기본이며, 이를 통해 읽기, 쓰기, 의사소통 등 학습 능률의 향상과 더불어 독립적인 일상생활 수준을 제고할 수 있다(정동훈, 2007). 중력에 대항하여 일정한 자세를 유지하기 어려운 장애학생은 자세 조절 능력과 안정성의 부족으로 능동적 기능훈련이나 일상생활 동작의 수행 효율성이 눈에 띄게 감소한다. 장애학생이 작업과 놀이 그리고 학습을 하며 취하는 자세는 연령과 과제에 따라 그 형태가 다르다. 예를 들어, 휠체어를 사용하는 장애아동이 수업 상황에서 단체로 원을 그려 앉는 활동을 한다면 다른 아동들처럼 장애아동 또한 마루에 앉기 자세를 취해야 한다. 마찬가지로 놀이를 위해 아동들이 기립자세를 취하고 있다면, 장애아동 역시 서기 자세보조용구(supine 또는 prone stander)를 이용하여 기립자세를 취할 수 있어야 한다. 비장애 아동이 학교생활이나 놀이 활동 시에 상황에 맞는 자세를 선택할 수 있는 것처럼 장애아동에게도 이와 같이 그 활동에 맞는 자세를 선택할 수 있도록 해 주어야 한다.

자세보조용구는 선천적 · 후천적 원인에 의해 신경-근골격계에 중증 장애가 발생하여 자세 불안정이 초래된 경우, 외적 자세 지지를 통해 편안함과 신체 변형의 예방을 목적으로 제작되는 다양한 도구들을 말한다. 자세보조용구의 종류에는 맞춤형 휠체어 착석장치(inner), 학습용 의자, 피더 시트(feeder seat), 유모차, 누운 자세유지 패드, 자동차용 카시트, 기립훈련기 등(〈표 12-5〉 참조)이 있다. 자세유지가 어려운 장애아동은 일반적인 의자나 휠체어에 의해 제공되는 자세 지지

보다 더 많은 자세 지지가 요구되므로 휠체어나 의자를 개조하거나 장애인을 위해 특수하게 디자인된 착석장치가 필요할 수 있다. 착석장치는 좌석 쿠션과 등받이 그리고 자세 지지를 제공해 줄 수 있는 부속 요소로 구성되며, 바퀴 위에 위치하거나 구동장치(mobility system)에 적합하게 디자인될 수 있다(정동훈, 2008).

표 12-5 **다양한 자세보조용구**

기기명	제품사진	설명
맞춤형 착석장치	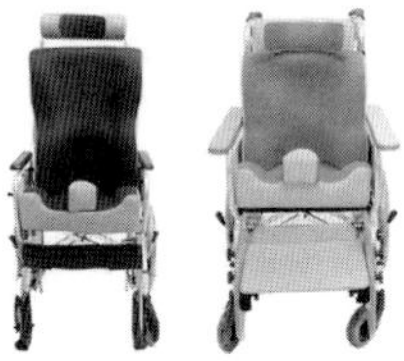	휠체어나 유모차와 같은 이동보조기기에 설치가 가능하며, 올바른 착석 자세를 유지해 주는 맞춤형 자세보조용구다. 골반자세 교정을 통해 고관절 탈구를 예방하고 척추 변형을 예방하거나 지연시키는 효과가 있다. 시트와 등받이는 탈부착이 용이하여 운반이 편리하다.
피더 시트		뇌성마비 아동의 앉기 자세, 균형감각 교정 등에 사용된다. 뇌병변 장애아동의 식사, 놀이, 학습 시 자세유지에 도움이 된다.
멀티 자세유지기	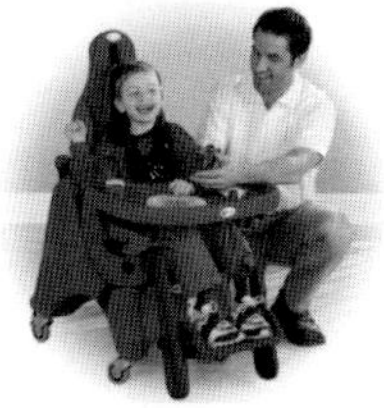	가볍고 부드러운 재질로 제작되어 편안하고 안락하게 앉아 있을 수 있으며, 수업이나 치료, 식사 활동 시 눈 맞춤이 용이하여 다양한 목적으로 사용할 수 있다.
기립자세 훈련기	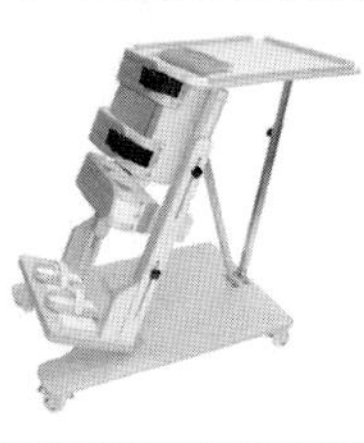	선 자세에서 손을 이용한 활동이 가능하고, 기립자세를 통해 근력 및 감각 훈련을 할 수 있다. 대상자에 맞게 전체적인 높낮이 조절이 가능하며 작업대 및 경사각 조절이 가능하다.

누운 자세 조절 쿠션	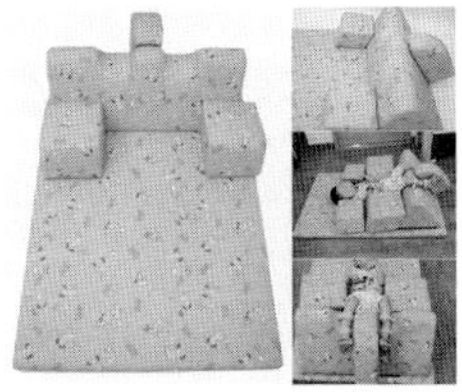	장기간 누워 지낼 때 생기기 쉬운 이차적 변형을 예방하기 위한 맞춤형 쿠션이다. 양쪽 하지의 내전 및 외전 구축과 고관절 탈구를 예방할 수 있고, 가슴벨트의 위치 조절이 가능하다.
이지 스탠더	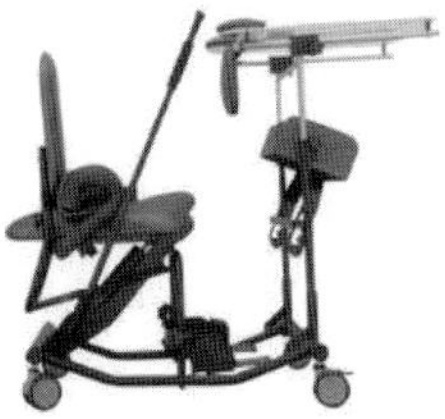	쉽게 일어선 자세를 유지할 수 있고, 이를 통해 균형 능력과 몸통 조절 능력을 발달시킬 수 있다. 일상생활에서 활동성을 촉진하고 소화기능 및 혈액순환 개선에도 효과가 있다.
기울기 조절 작업대	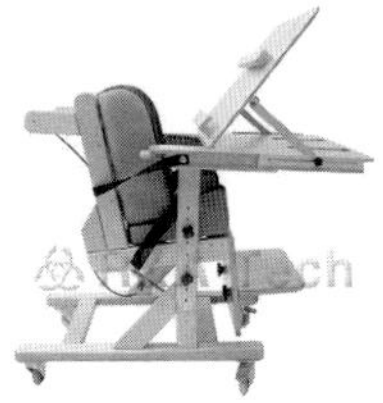	경사 조절 작업대가 달려 있어 목을 가누기 어려운 학생이 편안하게 책을 읽거나 학습활동을 할 수 있다.

출처: http://isorimall.com; rnshop.co.kr; easymove.or.kr

2) 휠체어 및 이동보조기기

이동장애가 있는 사람들이 가장 많이 사용하는 대체 이동수단은 휠체어다. 그 밖에 스쿠터도 노인과 장애인이 많이 사용하고 있으며, 크러치(crutch), 지팡이, 보행기 등 각종 보행보조기기가 장애 정도에 맞게 사용되고 있다. 과거에는 '휠체어' 하면 바퀴 달린 의자차 정도로 인식되던 것이, 최근에는 첨단 재료를 이용하여 각종 목적에 맞는 휠체어들이 속속 등장하여 여가용 휠체어, 스포츠용 휠체어, 전수동 겸용 휠체어 등이 사용되고 있다(〈표 12-6〉 참조). 과거에 주로 목재를 이용하여 만들었기 때문에 목발로 불리는 크러치도 지금은 나무목발이 거의 사용되지 않고 가볍고 내구성이 좋은 알루미늄과 두랄루민 합금 등의 재료로 생산되고 있다. 또한 첨단 공학기술의 발달로 계단을 오르내리는 휠체어, 동공의 움직임으로 조절이 가능한 휠체어, 내리막길에서 자동으로 속도가 조절되는 휠체어, 휠체어에 탄 상태로 기립이 가능한 스탠딩 휠체어 등이 개발, 보급되고 있다. 그러나 대부분 수입에 의존하고 고가여서 대중적으로 사용되지는 못하고 있다. 최근 국내에서도 고가의 스탠딩 휠체어를 국산화하여 저렴한 가격에 보급하거나 첨단 특수 목적의 휠체어 연구개발이 활발하게 이루어지는 등 국내 재활 산업의 활로를 모색하고 있다.

표 12-6 휠체어 및 이동보조기기

기기명	제품사진	설명
EZ-STAND		고강도, 경량소재의 스탠드업 휠체어로 링크장치와 가스스프링의 힘으로 쉽게 기립이 가능하다. 안전을 위해 가슴벨트와 무릎지지대를 사용해야 하며, 뒷바퀴 탈부착과 등받이 접기 기능으로 좁은 공간에도 보관이 용이한 장점이 있다. 관절구축을 예방하고 혈액순환을 촉진하여 욕창 방지의 효과가 탁월하고 사회생활이나 대인관계에 있어 기능적이다.
계단을 오르내리는 휠체어		바퀴를 사람의 다리처럼 움직여 계단을 오르내리고, 장애물을 넘으며, 방향도 바꿀 수 있는 로봇 휠체어로, 일본 치바공과대학에서 개발하였다. 기존 휠체어가 앞뒤 방향으로만 움직이며, 장애물에 부딪치면 앞으로 더 나아갈 수 없는 단점을 극복한 것이다.
경량 틸팅 휠체어		아동용 휠체어로 등받이 경사 기능 및 좌석 기울기 기능이 함께 포함되어 있고, 팔걸이 패드도 높낮이를 조절할 수 있어 다양한 체형의 사용자에게 편리하게 적용할 수 있다.

지논-SA	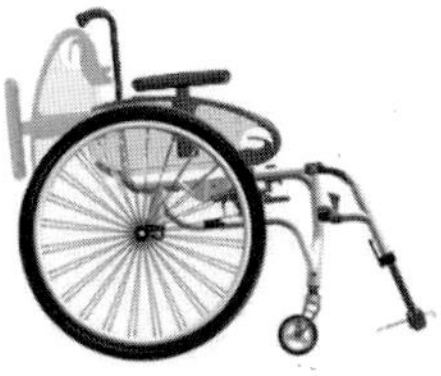	접을 수 있는 8kg의 고성능 초경량 휠체어다. 팔걸이와 발판의 스윙 분리가 가능하고 등받이 각도 조절이 용이하다. 보호자 손잡이와 발판 그리고 뒷바퀴를 선택하여 사용할 수 있다.
B-600		실내외 모두 사용 가능한 소형 휠체어로 개별적으로 길이 조절이 가능한 모듈러 시스템이다. 전자식 좌석 조절과 특수 조종 장치를 포함하고 있으며, 전자식 옵션 장착이 가능하다. 틸트, 리클라이닝, 엘리베이팅 기능도 포함되어 있다.

출처: ablemall.co.kr; wheelchair.co.kr; wheelfriend.com

3) 보완대체의사소통

보완대체의사소통(Augmentative Alternative Communication)은 보조공학과 의사소통이 연계된 용어다. 미국말언어청각협회(The American Speech-Language-Hearing Association: ASHA)는 보완대체의사소통을 의사소통, 즉 말하기와 쓰기 장애가 있는 사람들의 장애를 일시적 혹은 영구적으로 보완해 주는 임상 접근 방법이라 하였다(Angelo, 1997). 또한 보완대체의사소통 체계란 개인의 의사소통에 사용되는 상징(symbol), 보조도구(aids), 전략(strategies), 기법(techniques) 등을 총체적으로 통합한 것을 말한다. 상징은 몸짓, 사진, 손짓기호, 얼굴 표정, 그림, 낱말, 실물, 선화(line drawings), 블리스 상징(Blis Symbols) 등과 같은 것을 말한다. 보조도구는 의사소통판, 의사소통 책, 컴퓨터 장착기기 등 메시지를 주고받는 데 사용되는 물리적 도구를 말한다. 전략은 의사소통 기술을 향상시키기 위해 상징, 보조도구, 기법을 보다 효과적으로 사용하는 특정한 계획을 말한다. 그리고 기법은 직접선택(direct selection), 스캐닝(scanning), 부호화(encoding) 등 메시지를 전하는 방법이다. 이러한 상징, 보조도구, 전략 및 기법은 보완대체의사소통의 중요한 구성 요소들이다(정해동 외, 1999).

보완대체의사소통 시스템은 크게 보조도구를 사용하는 시스템과 사용하지 않는 시스템으로 나눈다. 도구를 사용하지 않는 시스템은 일반 사람에게도 많이 알려져 있는 것으로서 몸짓과 발성, 말하기, 손짓 기호, 시선 응시, 머리 끄덕임 등 신체의 여러 부분을 이용하는 것이며, 보조도구를 사용하는 시스템은 개조키보드, 의사소통판, 시선 응시 보드판, 컴퓨터 등 도구를 사용하는 것이다(〈표 12-7〉 참조).

구어가 의사소통의 가장 간편하고 효율적인 수단이기는 하지만, 대부분의 지적장애 아동은 신체 및 언어 발달의 지체 때문에 구어능력이 발달연령에 비해 낮거나 구어 산출이 제대로 되지 않는 경우도 많다. 이러한 경우 보완대체의사소통은 일반적인 구어로 자신의 의사를 표현하기 어려운 장애아동과 심리적 이유로 수용언어보다 표현 발화가 유의하게 미비하거나 말을 하는 데 자신감을 잃은 아동에게 의사소통을 향상시키는 좋은 교육 수단이 된다(이혜경, 권순복, 권요한, 2008). 보완대체의사소통은 언어발달을 저해하므로 최후의 수단으로 사용해야 한다거나, 일정 수준의 문해능력과 인지능력이 있어야 하므로 지적장애 아동에게 적용하기 어렵다는 잘못된 인식이 있다. 그러나 중증 지적장애 아동도 음성출력 의사소통 도구를 통해 제시된 언어의 의미를 이해하고, 상당수의 아동이 이해할 수 있는 말로 의사소통이 가능하다는 연구 결과가 존재한다(Romski & Sevcik, 1992). 국내에서도 지적장애 학생에게 보완대체의사소통을 중재한 연구 사례가 많이 보고되고 있다. 특히 지적장애 아동이 많은 시간을 보내는 학교에서의 활동(예: 간식 먹기, 신호등 만들기, 날씨 이야기 등)으로 아동의 흥미와 관심을 유도하고 의사소통 요구를 다양하게 사용할 수 있는 활동 장면으로 설정한 환경중심 접근법은 새로 습득한 언어행동을 일반화시키고 훈련 장면에 자연스러운 강화를 제공하기에도 적합한 것으로 알려져 있다. 또한 지적장애 아동은 자신이 좋아하는 활동 속에서 자신이 원하는 것과 하고 싶은 것을 보완대체의사소통 도구로 구어와 함께 표현할 수 있는 등 자발적이고 화용론적 의사소통 표현이 증가하는 것으로 보고하고 있다.

표 12-7 다양한 보완대체의사소통기기

이름	사진	설명
키즈 보이스		국내에서 최초로 개발된 컴퓨터 기반 보완대체의사소통 시스템으로 상황에 맞는 범주를 선택하여 어휘를 손가락으로 터치하면 음성이 출력되고, 편집 기능을 통해 원하는 사진, 그림, 소리, 음성녹음 등 사용자 어휘를 추가하거나 삭제하는 등 수정이 가능하다.
포켓 AAC	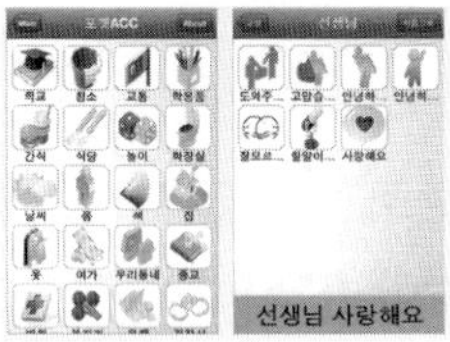	아이폰에서 사용하는 어플로 한국어 언어소통 및 문자 학습이 가능하다. 1,800여 개의 단어와 문장, 상징 육성음이 내장되어 기본적인 일상생활 의사소통이 가능하다.
슈퍼토커	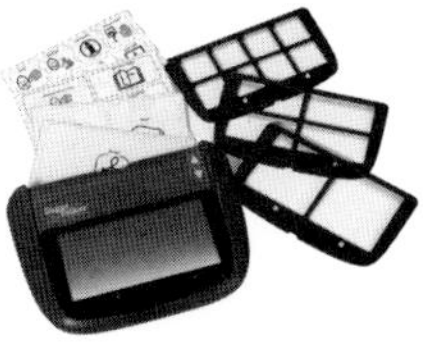	기능적인 음성 의사소통기기로 1, 2, 4, 8칸 형식의 네 종류 키가드를 포함하고 있어, 학생의 능력과 성장에 맞춰 오랜 기간 사용할 수 있다. 8단계로 나뉘어 있으며, 16분간 녹음이 가능하며 메시지 연속 재생을 위한 싱글 스위치 잭이 있다. 고음질의 음향 기능과 볼륨 조절이 가능하다.
톡트랙 (TalkTrac Plus with levels)	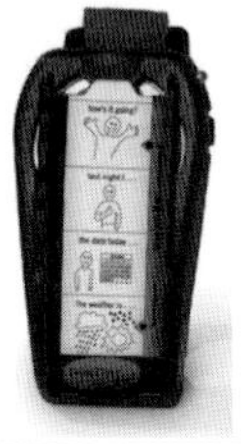	손목에 착용하여 간단한 메시지의 녹음과 출력이 가능한 휴대용 의사소통기기로 8개의 메시지를 저장할 수 있고, 일상생활이나 작업 환경에서 꼭 필요한 단어나 짧은 문장을 쉽고 간편하게 사용할 수 있다.
지적장애인을 위한 AAC		일상생활의 다양한 상황을 총 22종의 범주로 분류하고, 적절하게 활용할 수 있는 단어 혹은 간단한 문장에 대한 아이콘을 제시해, 이를 눌러 의사를 전달한다. 예를 들어, 학교에서 무언가를 필기할 '종이'가 필요하다면 종이 그림이 들어간 아이콘을 손가락으로 누르면 된다. 그럼 '종이'라는 단어가 기기에서 음성으로 출력된다. 태블릿 PC만 있으면 교사와 학생 모두가 쉽게 소통할 수 있어 학습 효과를 끌어올릴 수 있다.

출처: www.atrac.or.kr; www.speechmall.co.kr

중증 지적장애 아동은 대부분 비정상적 의사소통 단계에 머물러 있기 때문에 이를 상징적 의사소통 단계로 발달시키려면 아동의 현재 의사소통 수준에 적합한 언어 중재 전략을 동시에 수행하는 것이 중요하다(전병운, 이미애, 권희연, 2008). 즉, 아동의 언어발달을 지속적으로 고려한 보완대체의사소통과 또래 지지 등 촉진자 집단을 형성하는 것과 같은 전략적 접근이 병행되어야 효과를 볼 수 있다. 그리고 가장 널리 사용되는 그림상징 의사소통 체계는 기호의 추상적인 면이 많아 인지기술이 부족한 중증 지적장애 학생에게는 적절하지 못하다는 의견도 있다. 따라서 최근에는 대상 학생이 이미 가지고 있는 얼굴 표정이나 몸짓 같은 행동을 강화하는 것의 중요성이 점차 강조되고 있으므로 상징적 도구를 사용한 보완대체의사소통 중재뿐만 아니라 상징적 행동이나 비상징적 형태의 다양한 보완대체의사소통 중재가 도입될 필요가 있다(김미하, 손정락, 2006).

4) 컴퓨터 보조공학

컴퓨터를 이용한 다양한 업무 수행과 정보수집이 장애에 의한 직업의 장벽을 무너뜨리고 교육의 기회를 크게 확장시키고 있다. 교육과 재활에서 컴퓨터의 역할도 그만큼 크게 증대되었고, 컴퓨터 보조교수, 정보 획득, 직업재활, 취미와 여가 등을 위해 컴퓨터 보조공학(Computer Assistive Technology)이 각광받고 있다. 보조공학에서 컴퓨터 접근은 '컴퓨터'와 '접근'이라는 단어가 합성되어 두 가지의 의미를 가지는 용어로 재해석되고 있는데, ① 컴퓨터를 통한 정보의 획득이라는 측면과, ② 컴퓨터를 활용한 장애의 극복이라는 의미다. 디지털 정보화 사회에 살고 있는 우리는 정보 습득에 대한 욕구가 크게 증가하고 있고, 개인의 삶의 질도 필요한 정보를 얼마나 쉽게 접근하고 활용할 수 있는가의 유무에 따라 차이를 보이게 된다. 또한 컴퓨터는 정보 접근의 기능 이외에 뇌성마비나 실어증으로 말하기 어려운 장애인에게 목소리를 제공해 주기도 하고, 교수-학습을 위한 도구로 사용되기도 하는 등 그 활용 가치가 점점 더 커지고 있다(정동훈, 2009).

일반적인 컴퓨터 접근은 정보 입력을 위해 표준 키보드와 마우스를 사용하고 정보 출력을 위해 모니터와 프린터를 사용하는 것이다. 그러나 신체장애와 인지장애 그리고 감각장애가 있는 장애인 등은 표준 입출력 장치의 사용이 쉽지 않고 여러 가지 다양한 대체 입출력 장치의 사용을 통한 대체접근 방법이 요구된다(Bryant & Bryant, 2003). 컴퓨터 대체접근이란 표준화된 입출력 장치 및 관련 기기에 접근할 수 없는 장애인에게 다른 수단을 통하여 컴퓨터를 사용할 수 있게 하고, 원하는 정보를 얻을 수 있게 하는 방법이다. 대표적인 입력장치인 마우스의 경우, 클릭과 드래그 작업을 통해 원하는 정보를 입력할 수 있다. 그러나 불수의 운동이 있고 경직이 있거나 상지의 협응력이 떨어지는 지체장애인의 경우는 이러한 작업이 매우 힘들다. 이때에는 마우스를 뒤집어 놓은 트랙볼을 사용하는 것이 수월할 수 있다. 또한 키보드의 경우도 정확한 입력을 유도하는 키가드를 사용한다면 훨씬 더 쉽게 사용할 수 있을 것이다. 또한 인지기능이 떨어지는 경우에는 많고 복잡한 제어장치를 다룰 수 없거나 약속된 기호를 이해하는 데 어려움이 있을 수 있으므로 키보드에서 불필요하거나 사용 빈도가 적은 키를 대폭 줄여 주는 방법도 있다. 이렇게 컴퓨터 대체 입출력 장치의 사용과 주변 기기에 더 쉽게 접근할 수 있는 컴퓨터 워크스테이션 설계는 장애인의 정보 접근성을 향상시키는 데 필수적이다. 컴퓨터 보조공학은 각 개인의 독특한 특성과 능력, 제한점, 필요 그리고 요구를 고려해야 한다. 컴퓨터 보조공학 입력장치(〈표 12-8〉 참조)에는 대체 키보드, 키가드, 스위치, 개조 마우스, 포인팅/타이핑 도구, 아이게이즈 테크놀로지 그리고 모스 코드 등이 있다. 또한 광학문자인식 시스템, 스캐너, 음성인식 테크놀로지와 같이 대체입력이 가능한 특수 소프트웨어도 이에 포함된다.

컴퓨터 활용의 확산은 지적장애 학생에게도 영향을 미쳐 많은 지적장애 학생들이 컴퓨터를 활용하고 있다. 수업이나 학습활동은 물론 가정이나 학교에서 자율적으로 활동할 수 있는 시간에 컴퓨터를 활용하는 경향이 증가하고 있다(김창배, 조규영, 2011).

표 12-8 다양한 컴퓨터 보조공학기기

장치(기기)	그림	설명
안구 마우스 eyeCan		중증의 사지마비 장애인도 눈만을 사용하여 컴퓨터를 조작할 수 있는 입력장치다. 눈으로 컴퓨터를 사용하고, 책장을 넘기고, 글을 쓰고 게임도 할 수 있다. 무엇보다 가격이 저렴하고, 재료를 쉽게 구하여 제작이 가능한 보급형 안구 마우스다.
마우스 스틱용 키보드		사지마비 장애인이 마우스 스틱을 사용하여 입력할 수 있도록 설계되었다. 자판 배열은 손가락이나 스틱의 작업을 최소화해서 속도를 올려 주고 오타를 감소시킨다.
인텔리 키즈	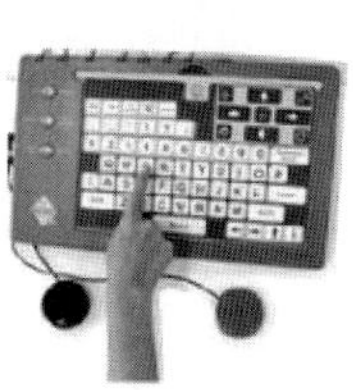	키보드와 마우스의 기능을 함께 가지고 있는 키보드다. 음성 출력으로 시각장애인이 사용하기 적합한 제품이며, 학습도구나 의사소통 도구로도 사용할 수 있다. 또한 크기 변형이 가능한 특징을 가지고 있다.
롤러 트랙볼 플러스		견고하고, 쉽게 굴릴 수 있으며, 클릭 버튼과 드래그 버튼이 분리되어 있다. 드래그 버튼을 작동하면 시각적 피드백으로 불빛이 나온다.
조우스		사지마비 장애인이 입이나 턱, 볼 등으로 조절할 수 있는 마우스다. 조이스틱을 움직이면 마우스 커서가 움직이고 튜브를 가볍게 불고 빨아서 마우스 버튼을 작동한다.

음절예측 문자입력 소프트웨어		화면 키보드 입력 시 초기 음절을 입력하는 경우 다음 출현할 음절을 예측하여 표시해 줌으로써 키보드 입력이 어렵거나 장애가 있는 경우 빠른 입력이 가능한 화면 입력장치 소프트웨어다.
Magic Trackpad	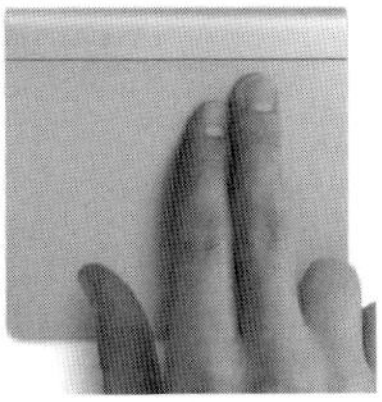	멀티 터치 방식으로 평면 패드에 손가락을 대고 마우스를 조작할 수 있다.

출처: www.atrac.or.kr; www.ablemall.co.kr

5) 일상생활 보조기기

일상생활 활동(Activities of Daily Living: ADL)이란 생활에 필요한 모든 동작으로서 개인이 일상의 생활을 영위하는 데 절대 필요한 동작군의 총칭이며, 개인이나 가정 생활은 물론 사회 구성원으로서 사회와의 관련을 가지고 생활하기 위한 매일매일의 필요한 모든 동작을 의미한다. 따라서 일상생활 활동은 이동, 자조활동, 주변 환경 설비와 보장구에 대한 관리, 여가, 가정관리 활동 등을 포함한다(정진우 외, 1991). 장애인은 일상생활의 독립성 정도에 따라 삶의 질에서 현저한 차이를 보이게 된다. 따라서 최근에는 자립생활을 위한 각종 하이-테크 및 로우-테크 기기들이 개발 · 보급되고 있다. 그러나 이러한 장치들은 장애의 정도 및 상태에 따른 맞춤형 제작보다는 일반적인 표준 기준에 근거한 대량생산 체제로 제작 · 보급되고 있으므로 크기 및 기능과 외형을 장애에 따라 조정하여 사용해야 할 때가 많다. 또한 일상생활 보조기기(ADL Devices)를 효율적으로 사용하기 위해서는 특수교사나 치료사 그리고 보조공학사 등의 계획적인 사용 훈련 과정이 반드시 요구된다. 특수학교에서 제공하는 교육 서비스는 일반적인 교수-학습과 함께 장애학생의 일상기초생활능력 향상에도 주요 초점이 맞추어져 있다. 그러나 국내 특수학교의 일상생활 지도를 위한 보조공학서비스 환경은 매우 열악한 것으로 조사되었다. 특수학교에서는 의식주에 필요한 보조공학 환경 조성에 노력해야 하며, 학교에서의 제한적 활용이 아닌 생활 전반에서 활용할 수 있도록 가정 및 직장 등과 연계한 교육 프로그램의 수립도 필요하다(김영걸, 김용욱, 2006).

식사, 위생활동, 옷 입고 벗기 등의 자조활동과 여가생활을 위한 다양한 일상

표 12-9 일상생활 보조기기

이름	사진	설명
유연한 손잡이가 달린 스푼	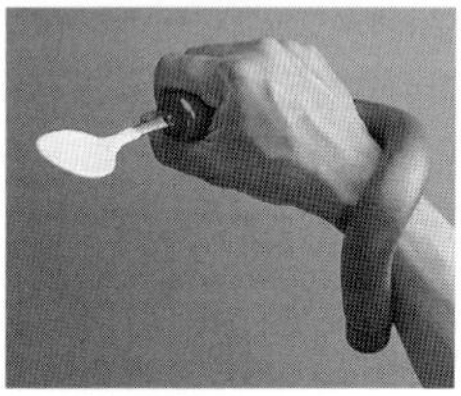	절단이나 관절 구축으로 숟가락을 잡기 힘든 경우 손 모양에 맞게 손잡이 모양이나 길이를 조절할 수 있다.
알루미늄 접이식 좌변기 (목욕 겸용)	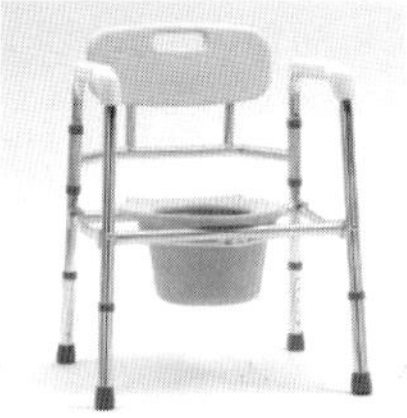	위생 보조도구로서 접을 수 있어 이동과 보관이 용이하고, 원터치 버튼으로 좌변기 높이 조절이 가능하다.
버튼 후크		한 손만 사용할 수 있는 장애인이 단추를 끼우는 데 도움을 주는 보조도구
확대경 손톱깎이		확대경이 부착되어 근거리 물체의 식별이 곤란한 사람들을 위한 손톱깎이

출처: www.atrac.or.kr; ablemall.co.kr

생활 보조기기(〈표 12-9〉 참조)가 있으며, 중증 장애인을 위해 주변 설비나 환경을 스스로 제어할 수 있는 환경제어장치도 있다. 환경개조는 물리적 환경을 장애인이 쉽게 접근하고 이용할 수 있도록 설비를 개조하거나 편의시설을 확충하는 것이고, 환경조정은 장애인 스스로 주변의 사물과 환경을 요구에 맞게 제어할 수 있음을 의미한다. 일반적으로 이러한 환경제어장치는 관절운동범위가 제한되어 있는 근육병 장애인이나 심한 사지마비 장애인처럼 중증의 신체장애가 있는 사람들이 사용한다. 환경제어장치는 사용자의 독립성을 증가시키는 것에 그 목적을 두고 있기 때문에 일반적으로 텔레비전, 비디오카세트, 레코더, 전화기, 전등, 컴퓨터, 커튼, 침대 등 일상에서 사용하는 주변기기와 연결되어 있다. 직장에서 사람들은 환경제어장치를 사용해서 전화를 걸 수 있다. 가정에서는 전동 침대의 위치를 변화시키고, 텔레비전을 켤 수 있으며, 전화를 할 수도 있다. 학교에서는 노트 필기를 하기 위한 테이프레코더를 작동시키는 데 사용할 수도 있다(Angelo, 1997).

6) 보조공학 행정

보조공학 행정은 보조공학기기 및 서비스 전달 과정에서 요구되는 각종 제반 사항, 즉 보조공학과 관련된 사항을 관리하거나 운용하는 행위다. 보조공학서비스를 위한 정책 홍보, 재정 지원, 서비스 정보 제공, 전달체계 및 임상과 행정을 연계하는 인터페이스 역할, 보조공학서비스의 전반을 관리 · 감독하는 일 등이 해당된다.

미국은 TRAID를 통해서 보조공학에 대한 인식 변화가 가시적으로 일어났는데, 이는 이 법의 주요 내용 중에 장애인이 출판, 학교교육, 세미나, 워크숍, 설명회 등을 통해 보조공학의 혜택을 인식할 수 있는 프로그램이 포함되었기 때문이다. 국내에서도 최근 학계에서 학회, 세미나, 워크숍을 통해 보조공학에 대한 인식을 제고하기 위해 노력하고 있으나, 대부분 전문가와 관련 종사자를 대상으로 한 것이어서 실질적인 보조공학서비스의 대상이 되는 장애인과 보호자, 전문가, 행정가에 대한 인식 전환이 아쉽다. 실제로 보조공학기기를 사용하고 있는 장애 학생 당사자가 보조공학의 필요성을 모르거나 인식한다 하더라도 자신에게 알맞은 보조공학서비스에 대해 지식이 없는 경우에는 국가에서 무상으로 제공하거나 실비로 제공하는 보조공학기기를 신청조차 하지 않는 실정이다(박현옥, 김정현, 2007). 따라서 보조공학 행정전문가는 국가나 지방자치단체 또는 다양한 사회복지사업의 일환으로 이루어지고 있는 보조공학서비스 실태와 정보를 파악하여 수요자에게 제공해야 하며, 보조공학기기 구입 및 서비스 실시를 위한 각종 재원을 발굴하고 수요자에게 연결시키는 역할을 수행해야 한다. 또한 정부 각 부처의 보조공학 관련 정책과 사업을 홍보하여 많은 장애인이 인식할 수 있도록 해야 한다. 각종 서비스 전달체계에 관한 많은 연구를 통해 광역권의 보조공학서비스센터의 설치를 주장하고 있지만, 센터의 효율적인 서비스 전달체계 구축을 위한 전문가의 역할 설정에 관한 내용은 찾아보기 힘들다. 이들 전문가는 실질적인 세부 영역의 보조공학서비스를 제공하는 임상전문가와 달리 보조공학서비스에 대한 전반적인 지식과 배경 정보를 갖추고 임상 서비스를 받을 수 있도록 매개하는 역할을 수행해야 한다. 즉, 앞서 제시한 보조공학 세부 영역에 대한 기본 지식을 가지고 임상과 행정을 연계하는 인터페이스 전문가를 말한다. 또한 정확한 보조공학서비스를 위한 효율성 검증과 서비스에 대한 인증제 등이 필요한데(정동훈, 2008), 이러한 보조공학서비스의 전반을 관리·감독하는 일도 보조공학 행정전문가의 역할이다.

8. 요 약

보조공학은 우리 주변에 산재한 다양한 도구를 활용한 테크놀로지 활용 기술로서 교육현장, 사회생활, 직장, 여가생활 등 모든 환경에서 필수적으로 사용되고 있다. 보조공학은 인간과 도구가 조화롭게 상호작용할 수 있는 인터페이스 해결에 초점을 맞춘 과학으로, 장애학생의 신체적 · 정신적 · 심리사회적 특성과 능력, 요구를 총체적으로 고려한 보조공학서비스를 위해서는 다양한 전문 분야의 협력이 필요하며, 특수교육 및 기능적인 일상생활에 통합적으로 활용하기 위한 노력이 필요하다. 보조공학을 통해 장애학생은 자기-주도의 삶을 선택할 수 있고, 당사자주의에 입각하여 재활 과정에서도 자기-주도의 권한을 증대시킬 수 있다(Brodwin, Star, & Cardoso, 2004).

장애학생의 인지적 문제를 보완하는 보조공학서비스가 시행된 지 20여 년이 지났지만 이 분야의 발전은 상당히 더딘 편이다(박현옥, 김정현, 2007). 그럼에도 지적장애인을 대상으로 한 보조공학의 활용은 직업기술의 유지, 전환교육, 일상생활기술의 교육 등을 목적으로 이루어지고 있다(박은영 외, 2010). 그러나 정확하고 적절한 보조공학 중재가 아니면 결과는 좋을 수 없고, 장애학생의 요구에 부합하지 않아 실제 상황에서 사용하지 못하거나 긍정적인 성과를 기대할 수 없다(Alper & Raharinirina, 2006; Lewis, 1993; Todis, 1996). 지금까지 보조공학과 관련된 대부분의 문헌들에 따르면, 장애학생의 성공적인 보조공학 사용은 특수교사의 보조공학 능력과 직접적인 관련이 있다(양현규, 박원희, 2011; Michaels & McDermott, 2003). 국내의 경우 보조공학전문가가 학교 현장에 배치되지 않은 상태이므로 특수교사가 보조공학 전문가의 역할을 담당해야 하며, 특수교사는 보조공학 계획을 통합시키는 역할을 하므로 보조공학 실행에서 중추적인 역할을 해야 한다(Chmiliar & Cheung, 2007). 이를 위해 특수교사는 장애학생에게 제공하는 보조공학의 혜택과 활용에 대한 기초지식을 갖는 것이 중요하며, 지적장애학생에게 제공해야 할 보조공학기기에 대해 잘 알고 있어야 한다(박현옥, 김정현, 2007; Edyburn, 2003; Susan, 2005).

그동안 특수교육 현장에서의 보조공학은 컴퓨터를 활용한 교수-학습 프로그램의 설계나 ICT(information communication technology) 교육, 정보 접근 등에 집중되었다. 앉기 및 자세, 보완대체의사소통, 이동기기, 일상생활 보조기기 등의 활용에 대해서는 상대적으로 소홀하게 생각되었고 다른 전문가의 역할로 미루어 왔다. 보조공학을 포함한 특수교육 관련 서비스에 대한 정보와 활용 방법에 대한 이해는 학생의 교육과 자립생활에 지대한 영향을 미칠 것이다.

연구문제

1. 보조공학 관련 국내의 정책 및 제도의 실태를 비교해 봅시다.
2. 다양한 보조공학기기를 지원 유형별로 살펴봅시다.
3. 지적장애 학생을 위한 보조공학 유형과 실태를 알아봅시다.

참고문헌

권혁철(2001). 재활공학에 대한 올바른 이해와 미래의 발전방향. 대구대학교 재활과학과 학회지, 2, 11-15.

권혁철(2006). 보조공학서비스 지원 확대를 통한 장애인 고용 활성화 방안에 대한 토론자료, 보조공학 산업 및 서비스 발전 방안. 서울: 한국장애인고용촉진공단 보조공학센터.

권혁철, 정동훈, 공진용(2004). 임상적용을 위한 재활보조공학. 서울: 영문출판사.

김명옥(2007). 장애아동 자세유지기구 및 이동기기 제작에 관한 한일 국제세미나. 인천: 노틀담복지관 테크니컬에이드센터.

김미하, 손정락(2006). 도구 및 몸짓을 사용한 보완대체의사소통 중재가 중도정신지체학생의 의사소통 행동에 미치는 효과. 특수교육저널: 이론과 실천, 7(1), 159-176.

김영걸(2009). 특수학급교사들의 보조공학 활용 실태와 요구 조사. 시각장애연구, 25(2), 185-204.

김영걸, 김용욱(2006). 특수학교 보조공학 환경과 전달체계에 대한 연구. 특수교육 연구, 13(1), 3-26.

김영숙(2003). 정신지체인을 위한 보완대체의사소통 지원. 특수교육공학: 연구와 실천, 3(1), 63-81.

김용욱(2000). 멀티미디어 자료의 특성과 개발방략. 대구대학교 학교재구조화 및 완전통합교육연구소 특수학교 교육과정 연수자료 (pp. 61-80).

김종무, 강경숙, 강대식(2001). 특수교육 정보화 체제 구축방안 연구. 서울: 국립특수교육원.

김창배, 조규영(2011). 지적장애 학생들의 자율적인 활동 시간에 컴퓨터 활용분야 조사. 지적장애연구, 13(2), 159-176.

김희규, 강정숙, 김은영, 김의정, 김주영, 김형일, 박계신, 오세철, 옥정달, 정동일, 정동훈, 정해진, 채희태, 홍은숙, 황복선(2010). 특수교육학개론. 서울: 학지사.

나운환, 박경순, 정찬동(2001). 지원고용에 있어서 재활공학적 개입에 관한 서설적 연구. 직업재활연구, 11(1), 61-93.

박은영, 김은주, 김세연(2010). 지적장애인의 직업능력 향상을 위한 보조공학 활용 연구분석: 단일대상 연구를 중심으로. 한국콘텐츠학회논문지, 10(3), 204-214.

박은혜, 황복선(2000). 보조공학의 교과과정 내 통합을 위한 방법론적 모색. 언어청각장애연구, 5(2), 227-251.

박현옥, 김정현(2007). 통합교육 상황에서 보조공학의 역할. 시각장애연구, 23(1), 133-145.

변경희(2001). 보조공학을 통한 지원고용 활성화 방안. 직업재활연구, 11(1), 117-133.

승지영(2001). 초등 특수학급 학생과 교사의 특수교육 관련서비스 욕구 및 실태조사. 연세대학교 행정대학원 석사학위 논문.

양현규, 박원희(2011). 지체장애 학생을 위해 특수교사에게 요구되는 보조공학 능력의 분석적 고찰. 중복 · 지체부자유아연구, 54(1), 109-125.

오길승, 남용현, 오도영, 남세현(2009). 보조테크놀로지의 원리와 실제: 재활보조공학 입문서. 서울: 학지사.

오도영(2007). 한국의 보조공학 서비스 체계와 보조공학서비스 발전 방안. 제1회 보조 공학 국제세미나 자료집 (pp. 123-148). 서울: 한벗재단.

오유정, 김종무, 김영걸, 민강기, 정해진(2010). 특수교육 현장의 보조공학 활용 실태 및 요구. 아산: 국립특수교육원.

이근민(1999). 장애인을 위한 보조공학적 접근 방안. 중복 · 지체부자유아교육, 33, 1-28.

이혜경, 권순복, 권요한(2008). 환경중심 교수절차를 이용한 보완대체의사소통 중재가 정신지체아의 화용론과 사회성 발달에 미치는 효과. 특수교육재활과학연구, 47(1), 277-300.

장애인차별금지법제정추진연대(2004). 장애인차별금지법 대구공청회.

전병운, 이미애, 권희연(2008). 보완대체의사소통체계의 적용이 비구어 정신지체 아동의 발성에 미치는 효과. 재활복지, 12(1), 46-62.

정동훈(2004). 장애인을 위한 재활보조공학의 이해 및 발전방안 연구. 특수아동교육연구, 6(2), 119-137.

정동훈(2007). 휠체어 사용 학생의 자세변형: 인체측정 자료와 휠체어 크기의 비교. 중복 · 지체부자유아연구, 50(3), 1-21.

정동훈(2008). 수정된 QUEST를 이용한 뇌성마비 장애학생과 부모의 맞춤형 착석 장치 사용 만족도 분석. 중복 · 지체부자유아연구, 51(3), 19-34.

정동훈(2009a). 국내 보조공학 연구동향 분석: 1998~2008년 특수교육 및 재활 관련 학술지 중심으로. 중복 · 지체부자유아연구, 52(1), 97-124.

정동훈(2009b). 보조공학의 세부 분야별 탐색과 제언. 지성과 창조, 12, 237-270.

정동훈(2011). 특수교육보조공학. 서울: 스그마프레스.

정진우, 박찬의, 안소윤, 최재청(1991). 일상생활동작과 기능훈련. 서울: 대학서림.

정해동, 김주영, 박은혜, 박숙자(1999). 장애학생을 위한 보완대체의사소통 지도. 아산: 국립특수교육원.

한경근, 장수진(2005). 국내 특수교육공학 관련 연구의 동향과 과제. 특수교육학연구, 40(2), 131-150.

한국장애인고용촉진공단(2002). 보조공학을 통한 고용환경개선 연구.

황지현, 박은혜, 김정연(2012). 로우테크 보조공학 활용을 위한 협력적 팀워크 중재가 지적장애 중학생의 쓰기 명료도와 시간에 미치는 영향. 특수아동교육연구, 14(1), 339-363.

Alper, S., & Raharinirina, S. (2006). Assistive technology for individuals with disabilities: A review and synthesis of the literature. *Journal of Special Education Technology,*

21(2), 47-64.

Angelo, J. (1997). *Assistive technology for rehabilitation therapists.* Philadelphia: F. A. Davis.

Bain, B. K., & Leger, D. (1997). *Assistive technology: an interdisciplinary approach.* New York: Churchill Livingstone.

Blackhurst, A. E., & Lahm, E. A. (2000). Foundations of technology and exceptionality. In J. Lindsey (Ed.), *Technology and exceptional individuals* (3rd ed). Austin: PRO-Ed.

Brodwin, M. G., Star, T., & Cardoso, E. (2004). Computer assistive technology for people who have disabilities: Computer adaptations and modifications. *Journal of Rehabilitation, 70*(3), 28-33.

Bryant, D. P., & Bryant, B. R. (2003). *Assistive technology for people with disabilities.* Boston, MA: Pearson Education, Inc.

Chmiliar, L., & Cheung, B. (2007). Assistive technology training for teachers-Innovation and accessibility online. *Developmental Disabilities Bulletin, 35*(1), 18-28.

Church, G., & Glennen, S. (1992). *The handbook of assistive technology.* San Diego, CA: Singular.

Cook, A. M., Polgar, J. M., & Hussey, S. M. (2008). *Assistive Technology: Principles and practice* (3rd ed.). St. Louis, MI: Mosby.

Dell, A.G., (1997). Computer use in schools. In B. K. Bain, & D. Leger (Eds.), *Assistive technology: An interdisciplinary approach* (pp. 167-174). New York: Churchill Livingstone.

Dell, A. G., Newton, D. A., & Petroff, J. G. (2008). *Assistive technology in the classroom.* NJ: Pearson Education Inc.

Edyburn, D. L. (2007). Technological enhanced reading performance: Defining a research agenda. *Reading Research Quarterly, 42*(1), 146-152.

Edyburn, D. L. (2003). Technology in special education. In M. D. Roblyer (Ed.), *Integrating educational technology into teaching* (3rd ed.). Upper Saddle River, NJ: Pearson Education.

Galvin, J. (1996). *Assistive technology credentialing review course.* Arlington, TX: RESNA.

Hager, R. M., & Smith, D. (2003). *The public school's special education system as an assistive technology funding source: The cutting edge.* Buffalo, NY: Neighborhood Legal Service.

Krefting, L. H., & Krefting, D. V. (1991). Cultural influences on performance. In C. Christiansen & C. Baum (Eds.), *Occupational therapy.* Thoroughfare: Slack.

Lewis, R. B. (1993). *Technology in the special education classroom.* Special Education Technology: Classroom Applications. Pacific Grove, CA: Brooks/Cole Publishing.

Lvanoff, S. (2006). Occupational therapy recearch in assistive technology and physical environmental issue: A literature review. *Canadian Journal of Occupational Therapy, 73*(2), 109-119.

Michaels, C., & McDermott, J. (2003). Assistive technology integration in special education teacher preparation: Program coordinators' perceptions of current attainment and importance. *Journal of Special Education Technology, 18*(3), 1-10.

Mistrett, S. G., Hale, H. M., & Gruner, A. (2001). *Synthesis on the use of assistive technology with infants and toddlers with disabilities.* Washington, DC: American Institutes of Research.

National Assistive Technology Research Institute (2003). http://natri.uky.org

Pedretti, L. W., & Early, M. B. (2001). *Occupational therapy: Practice skills for physical dysfunction.* St. Louis, MI: Mosby.

Rehabilitation Act Amendments (1992). PL 102-569, Title 29, U.S.C. 701 et seq: U.S. *Statutes at Large, 100*, 4344-4488.

RESNA (1992). *Assistive technology and the individualized education program.* Washington, DC: RESNA Press.

Romski, M. A., & Sevcik, R. A. (1992). Augmented language development in children with severe mental retardation. In S. Warren & J. Reichle (Eds.), *Causes and effects in communication and language intervention* (pp. 113-130). Baltimore, MD: Paul H. Brookes Publishing Co.

Rubin, S. E., & Rossler, R. T. (2001). *Foundations of the vocational rehabilitation process* (5th ed.). Austin, TX: Pro-ed.

Smith, R. (1987). Models of service delivery in rehabilitation technology. In L. Perlman & A. Enders (Eds.), *Rehabilitation technology service delivery: A practical guide.* (pp. 7-25). Washington, DC: RESNA.

Smith, R. O. (1991). Technological applications for enhancing human performance. In C. Christiansen & C. Baum (Eds.), *Human performance deficits.* NJ: Slack.

Smith, R. O. (2000). Measuring assistive technology outcomes in education. *Diagnostique, 25*, 273-290.

Susan, K. E. (2005). *Meeting the physical therapy needs of children.* Philadelphia, PA: F. A. Davis Company.

Technology-Related Assistance for Individuals with Disabilities Act (1988). PL 100-407, Title 29, U.S.C. 2201 et seq: U.S. Statutes at Large, 102, 1044-1065.

Todis, B. J. (1996). Tools for the task Perspectives on assistive technology in education settings. *Journal of Special Education Technology, 13*, 49-61.

Todis, M., & Walker, H. M. (1993). User perspectives on assistive technology in educational settings. *Focus on Exceptional Children, 46*(3), 1-16.

Vanderheiden, G. C. (1987). Service delivery mechanisms in rehabilitation technology. *American Journal of Occupational Therapy, 41*, 703-710.

Washington Assistive Technology Alliance (2003). http://wata.org

Wisconsin Assistive Technology Initiative (2003). http://www.wati.org

제 13 장

지적장애 아동의 가족지원

학습목표

1. 지적장애 아동의 가족지원 범위와 주요 내용을 이해한다.
2. 가족지원의 프로그램 유형을 파악한다.
3. 가족지원 모형을 알고 가족지원 계획을 작성해 본다.

지적장애 아동 교육에서 중요한 부분 중의 하나는 가족과 학교 간의 효과적 협력이다. 가족과의 효율적 협력은 지적장애 아동 교육의 효과적 목표 달성에 중요한 영향을 미칠 뿐만 아니라 아동의 졸업 후 지역사회 적응에 결정정인 역할을 하게 된다.

이 장은 지적장애 아동에 대한 가족의 적응 및 교육 전문가나 기타 서비스 시설과 가족과의 관계에 대한 조절에 초점을 두고 구성하였다. 또한 가족의 특성, 구성 그리고 다양성에 대하여 전문적인 연구 결과를 바탕으로 살펴보고자 한다.

1. 지적장애 아동 부모의 초기 반응과 적응

장애 자녀에 대한 부모의 반응 과정에 대하여 Kübler-Ross(1969)는 일반적으로 많이 알려진 이론적 단계인 충격, 불신, 부인, 분노, 조치, 우울 및 수용의 과정을 생애에 걸쳐 겪게 된다고 하였다. 이후 많은 학자도 이와 유사한 심리적 발달 단계를 제시하였다. Blacher(1984; 김진호 외 역, 2005에서 재인용)는 공통적으로 발견되는 적응의 세 단계를 다음과 같이 지적하였다. 첫째, 부모는 충격, 부인, 불신 등으로 특징지어지는 정서적 위기의 시기를 경험한다. 둘째, 분노, 죄책감, 우울, 수치심, 낮은 자아존중감, 아동 거부, 과보호 등의 특성을 갖는 정서적 혼란의 시기를 경험한다. 셋째, 부모는 자녀를 수용하게 되는 단계에 도달하게 된다. Poyadue(1993; 김진호 외 역, 2005에서 재인용)는 자녀를 수용하게 되는 셋째 단계 이후의 단계를 제안하였는데, 이것은 장애를 가진 자녀가 새로운 기술을 배웠을 때와 같은, 그 가족이 겪을 수 있는 삶의 긍정적 측면에 대한 감사의 단계다. 그러나 일부 학자들은 부모의 적응 과정 이론에 동의하지 않고 있다. 그 이유는 이론체계에 대한 자료수집 방법에 대한 문제 제기도 있지만, 모든 장애아동 부모의 조건과 상황이 다를 수 있기 때문에 일반화하기에는 무리가 있다고 보기 때문이다.

그러나 교육적 입장에서 교육자들은 장애아동의 부모에 대한 이해를 높이기 위한 노력이 필요하다. 따라서 부모의 심리적 과정에 대한 논의는 부모를 좀 더 이해하는 근거가 될 수 있다. 모든 장애아동의 부모들이 그렇겠지만, 특히 지적장애 아동의 부모는 상당히 부수적인 부분까지도 관심을 가져야 한다. 이들은 자녀가 어떤 문제나 장애를 가지고 있다는 것을 발견하는 순간 마치 땅이 꺼지는 것과 같은 정신적인 충격을 경험한다. 이러한 정신적 충격은 피할 수 없겠지만, 부모가 자녀의 장애를 받아들이는 태도는 가족의 초기 적응에 중대한 영향을 준다(Crane, 2009). 그리고 부모가 지적장애 자녀를 가졌다는 불편함과 좌절을 극복하고, 나름대로의 행복감을 찾을 수 있도록 사회와 전문가, 친구, 기타 다른 가족 구성원의 관심이 필요하다. 그렇지 않다면, 자녀의 미래에 대한 꿈과 희망이 사라지게 되고, 상황에 대한 수용을 잘 못하게 될 수 있다. 또한 지적장애 자녀의 출생으로 부모는 자신들의 모든 인생 목표가 실패했다고 여길 수 있다. 그러나 일부 부모에게 이러한 실패와 좌절은 일시적으로 지나가는 과정일 수 있지만, 분명한 것은 지적장애 아동 부모의 적응 과정은 진행형이며, 개별적으로 나타날 수 있다(Hardman, Drew, & Egan, 1999). 이러한 측면에서 Crane(2009)은 지적장애 아동 부모의 심리적 과정을 이해할 필요성을 강조하였다. 그리고 지적장애 아동 부모가 초기의 불안한 반응과 상황에서 점차 스트레스를 극복해 가는 적응 과정을 다음과 같이 제시하였다.

1) 초기 반응

신생아의 경우, 지적장애는 단지 현재 나타난 장애를 바탕으로 추측할 수밖에 없다. 장애아동에 대한 부모의 책임은 대개 의사, 간호사 또는 다른 조기 중재 전문가에게로 옮겨진다. 부모의 초기 반응은 그들이 말하는 태도와 바로 그 순간에 받게 되는 정보에 따라 영향을 받는다. 또한 장애의 유형과 정도뿐만 아니라 부모의 사회경제적 지위, 교육 수준 그리고 사회적 격리 정도도 영향을 주는 중요한 요소들이다(Challela, 1981). 전문가들은 부모가 그런 소식을 듣고 틀림없이 나타내게 되는 감정과 초기 실망의 정도를 이해해야 한다.

이미 1960년대 중반부터 연구자들은 가족에게 되도록 일찍 그리고 최대한 정확하게 아동의 장애에 관한 분명한 정보를 주어야 한다고 지적했다(Carr, 1970; Drillien, & Wilkinson, 1964; Raech, 1966). 물론 아동에 대한 정보를 제공할 때에는 친절하고, 사려 깊고, 공감할 수 있도록 해야 한다. 그리고 가능하면 부모가 함께 있을 때 아이의 장애에 대해 말해 주어야 하며, 다른 부모가 있는 병실이나 복도 또는 대기실에서보다는 개별적으로 이 소식을 전해야 한다. 아울러 이후의 상담과 향후 계획을 위한 사적인 장소가 마련되어야 한다. 사생활 보호에 대한 부모의 권리가 분명히 있음에도 불구하고, 많은 부모는 이러한 기본적 사항들이 고려되지 않았으며, 결국 부모는 깊고 지울 수 없는 불쾌한 감정을 갖게 된다(Tingey, 1988).

부모에게는 현재 아이가 가지고 있는 장애에 대해 알려 줌으로써 초기 조절에 도움을 줄 수 있다. 아이의 '이름'을 부르고, 유사한 장애를 가진 아이에 관한 정보는 비슷한 장애를 갖고 있는 아이로 말하기보다는 오히려 '어떤 특별한 조건'을 갖고 있는 아이라는 표현을 사용하여 전달하여야 한다(Tingey, 1988). 부모는 아이의 장애에 관한 이야기에 각기 개인적인 방식으로 반응한다. 어떤 사람은 울고, 또 어떤 사람은 자신을 솔직하게 표현하지 않을 수도 있으며, 또 다른 사람은 믿지 못하겠다는 반응을 보일 수도 있다. 부모는 모두 상실감과 슬픔을 경험하지만, 이 느낌을 표현하는 방식은 서로 다를 수 있다. 전문가는 부모의 독특한 반응 형태에 주목해야 하고, 그들이 감정을 자신의 방법으로 조절할 수 있도록 도와주어야 한다(Chisholm, Pappas, & Sharp, 1997).

한 가지 공통된 반응은 충격(shock)이다. 부모는 처음에는 어리둥절해하고, 혼란스러워하며, 한꺼번에 많은 양의 정보를 받아들일 여유가 없다. 그들의 시급한 요구는 현재 상황에서 기본 내용들을 이해하는 것이고, 자신이 선택한 경우에 자신의 감정에 관해 이야기할 기회를 갖는 것이다. 그렇기 때문에 부모에게 정보를 제공할 때에는 장황하고 기술적인 설명보다는 유용한 정보를 얻을 수 있도록 자료를 제공하고, 도움이 되어 줄 수 있다는 것으로 안심시키는 것이 좋다. 유사한 장애를 갖고 있는 다른 장애아동의 부모도 도움이 될 수 있다. 전문가는 부모에게 지원 단체와 연결해 줄 수 있으며, 정보를 서로 교환하고 유경험자와 상담할 수 있도록 해 주며, 문제를 극복하고 개선할 수 있는 전략을 공유할 수 있는 기회를 마련해 줄 수 있다. 몇 주 혹은 몇 달 정도가 지나면 많은 부모는 전문가의 상담이 유용하다는 것을 알게 된다. 상담가는 부모가 자신의 슬픔과 상실감을 극복하는 기회를 제공할 수 있고, 그 과정이 여러 달이 걸리는 것이 당연하다는 것을 이해하도록 도와줄 수 있다. 또한 상담가는 부모가 자녀의 능력에 초점을 두도록 하고 그들이 스트레스를 조절하기 위한 전략을 가르칠 수 있다.

2) 적응 단계: 스트레스 관리

기본적으로 대부분의 부모는 가정에서 자녀를 양육하고자 하며, 어떤 아이에게나 마찬가지로 이것은 매우 바람직한 일이다. 사실 많은 연구에서 시설에서의 생활보다는 가족과의 생활이 사회적인 면이나 적응행동, 지적 능력에 더욱 효과적임을 증명해 왔다(Lakin & Bruininks, 1985).

일단 부모가 자신의 아이가 장애라는 사실에 적응하고 자녀를 양육하기로 결정하면, 스트레스는 양육의 일상적인 실재로 변화하게 된다. 지적장애 자녀가 부모에게 많은 만족과 기쁨을 준다고 할지라도 스트레스는 불가피한 것이며, 주요 스트레스 요인은 지적장애 자체보다 건강과 행동 문제와 관련되어 있다(Hunter, 1987).

가족 스트레스는 지적장애 아동의 가족에게만 해당되는 것은 아니다. 모든 가족은 나름대로 어느 정도의 스트레스를 경험한다. 그렇지만 연구 결과에 따르면, 대부분의 지적장애 아동의 가족은 다른 가족이 갖지 않는 부가적 스트레스를 경험한다(Browne & Bramston, 1998; Dyson, 1993). 그러나 가족이 그러한 스트레스에 대처하는 방법도 다양하며, 그 스트레스에 의해 부정적 영향을 받는 정도 역시 다양하다. 어떤 가족은 잘 적응하고 효과적으로 대처해서 가족으로서의 기능을 잘하는 반면, 또 어떤 가족은 황폐화되고 결국 가정이 파괴되기도 한다. 이러한 차이는 아이가 가지고 있는 독특한 특성, 즉 반응 정도나 기질, 반복적인 행동 유형, 부모의 스트레스를 증가시키는 요구에 따라 나타난다고 할 수 있다(Beckman, 1983). 또한 아동의 심각한 문제행동과 복합적인 장애 상태는 가족의 정서적 · 육체적 인내와 고통에 영향을 주는 중요한 요인들이다(Cameron & Orr, 1989). 몇몇 연구에서 유아기나 아동기 초기, 성인기보다는 아동기 중기가 더 스트레스가 가중되는 시기라고 지적하고 있지만(Orr et al., 1993), 지적장애 아동이 나이가 들어 감에 따라 가족의 스트레스도 함께 증가한다는 연구 결과도 많다(Bristol & Schopler, 1984).

가족 스트레스 관리에 영향을 주는 강력한 요인 중 하나는 가족관계의 질적인 부분이라고 할 수 있다(Dayson, 1993; Sarimski, 1997). 또한 가족이 경제적으로나 사회적으로 일정한 지위에 있는 경우 더 잘 적응할 수 있다. 그들이 필요한 장비와 서비스(비형식적 지원 체제와 함께)를 마련할 수 있는 재정적 여유가 있을 때, 가족은 스트레스를 잘 관리할 수 있다.

장애아동의 특성, 좋은 가족관계, 사회경제적 지위가 가족 스트레스 관리 정도에 영향을 줄 수 있지만, 가족의 인식 또한 중요한 역할을 한다. 어떤 가족에게는 스트레스를 주는 사건이 또 어떤 가족에게는 그렇지 않을 수도 있는데, 이러한 차이는 각 가족이 같은 사건을 해석하는 방법의 차이라고 볼 수 있다(Dayson, 1991; Orr, Cameron, & Day, 1991). 예를 들어, 강한 종교적 신앙을 갖고 있는 가족은 자신들의 고통을 의미 있게 만들어 장애를 수용할 수도 있다(Weisner, Beizer, & Stolze, 1991). 서비스의 개별성이 강조되기 때문에 가족의 주관적인 반응 또한 서비스 제공에서 매우 중요한 의미를 가지고 있는 것이다. 가족이 높은 수준의 스트레스를 경험하고 있다고 하더라도, 가족 스스로 외부의 도움을 요구하지 않는 한 개입은 적절하지 않다. 그러므로 전문가는 가족의 의견을 수용하고, 그들과 함께 중재와 서비스에 대한 요구를 확인하고 검토해야 한다(Orr et al., 1991).

불행하게도, 일부 부모는 시간이 지나도 자녀의 장애에 대한 실망감이 줄지 않고 해결되지도 않는다. 이 경우 부모의 낮은 자아존중감과 빈번하고 지속적인 슬픔과 스트레스와 같은 고통은 오랫동안 지속될 수 있다(Mallow & Bechtel, 1999). 그렇지만 많은 가족은 잘 적응해 나가고 있으며, 지적장애라는 난제가 없는 사람들과 비슷한 삶을 영위해 나간다. 그러나 학교 입학이나 졸업을 할 때, 또는 다른 아이들이 대학에 입학하거나 결혼을 할 때 어쩔 수 없이 고통을 주기적으로 느끼게 된다(Bristol, 1987; Eake, Burke, & Hainsworth, 1998).

아주 심각한 상황이라도 자신이 예측할 수 있을 때에는 대개 문제를 더 쉽게 해결하고 스트레스를 덜 받는다. 예를 들면, 어떤 아이가 심각한 행동 문제를 갖고 있더라도, 가족이 아이의 짜증과 혼란을 자극하는 상황을 예상할 수 있으면 아이의 문제행동을 줄이거나 덜 심각하게 되도록 조절할 수 있다. 그러나 계속해서 급변하거나 악화되는 중복 건강장애인의 경우와 같이 예측할 수 없는 상황은 통제하기가 더 어려워진다. 그럼에도 가족은 계속적인 치료와 행동 문제에 적응해 나가며, 결국에는 다른 가족과는 좀 다른 수준의 가족 기능을 유지해 나간다. 실제로 많은 지적장애 아동의 가족들은 우리가 생각하는 단순한 적응이나 조절 이상의 삶을 살고 있다. 그들은 다른 가족들만큼 혹은 그 이상 서로 행복하고 만족하는 생활을 경험하면서 자녀와 가족의 삶을 즐긴다.

2. 지적장애 아동 가족지원

Drew와 Hardman(2000)은 지적장애 아동의 가족은 일반 아동의 부모와 특별히 차이 나는 점은 없지만, 이들은 지속적이고 추가적인 지원이 요구될 수 있다고 하였다. 그리고 지적장애 아동의 가족을 위한 몇 가지 지원 방안을 다음과 같이 제시하였다.

1) 공식적 및 비공식적 지원 네트워크

공식적인 가족지원 프로그램들은 대부분 정부기관이나 단체에 의해 제공된다. 여기에는 특수교육, 건강, 수입금 관리, 취업 훈련과 배치, 주거 등이 해당한다. 이러한 공식적 지원은 장애아동의 부모를 위한 의미 있는 미래의 계획과 일상생활에서의 스트레스를 줄여 주는 부모 훈련과 정보센터, 단기보호센터, 재택 지원, 상담 지원 등도 포함된다. 비공식적 지원은 정부 주관의 프로그램이 아닌 자연적 지원 상황들과 관련된다. 예를 들면, 조부모와 같은 친족, 친구, 이웃이 여기에 해당한다(McDonnell et al., 1995). 자연적 지원은 자기강화와 사회적 지원이나 지역사회 통합으로 지원을 하기 때문에 스트레스 완화와 긍정적 대처능력을 기르는 데 중요한 역할을 한다. 자연적 지원에는 집안의 친척이나 친구에 의한 집안 내 지원, 집안 청소, 교통수단 이용하기 등이 있다. McDonnell 등(1995)은 자연적 지원은 상호 모두에게 편안한 마음을 가지게 할 수 있기 때문에 참여한 개인에게는 매우 특별한 것으로 받아들여 질 수 있다고 하였다.

자연적 지원 중에서 특히 조부모나 다른 친척은 지적장애 아동과 그의 가족을 위한 비공식적인 사회적 지원에 대한 중요한 정보를 제공할 수 있다. 가족 구성의 변화는 전통적인 조부모의 역할에 영향을 주어서 이따금씩 아이를 봐 주는 정도의 역할에서 하루 종일 아이를 돌봐 주는 쪽으로 조부모의 지원 범위가 넓어졌다. 한 연구에서는 특히 외할머니가 가족 스트레스 감소에 도움을 줄 수 있다고 보고하고 있다.

자녀의 장애를 이해하고 수용하게 되면, 대가족의 구성원은 가장 효과적인 지원자가 될 수 있다(Lian & Aloia, 1994). 반면에 그들이 슬픔이나 분노, 장애에 대한 거부 등 부정적 태도로 아이에게 거의 도움을 주지 않는다면 오히려 또 다른 가족 스트레스로 발전하게 될 것이다. 이와 같은 이유로 어떤 가족 서비스 지원 단체는 대가족 구성원들(친인척)을 위한 교육과 지원 서비스를 제공하고 있다(Sonnek, 1986).

2) 의사소통

부모가 자신들을 돌봐 주는 사람이 있다는 것을 아는 것은 매우 중요하다. 가족을 지원하는 전문가가 지원에 대해서 인식해야 하는 것은 가족 구성원의 개별적 요구 사항이다(Patton, Beirne-Smith, & Payne, 1990). 중요한 사항 중 하나는 전문가로부터 정확한 정보를 듣는 것이다. 그리고 정보는 부모가 이해할 수 있는 수준으로 제시되어야 한다. 전문가의 어려운 전문 용어를 통한 정보 제시가 되지 않아야 한다. 부모는 전문가로부터 정보를 받게 될 때 종종 반감을 가진다. 대부분의 부모들은 자신들의 문제에 대해 효과적인 해결 방법뿐만 아니라 진정성 있는 접근이 필요하다고 생각한다. 그러나 상황이 진정성이 없거나 문제해결이 어려울 때 매우 힘든 관계가 형성될 수 있다.

불행하게도, 종종 부모와 전문가는 긍정적인 상호작용을 할 수 있는 의사소통 기술이 부족할 수 있다. 전문가가 부모를 경시하는 경우도 있다. 전문가는 부모가 정보를 이해하는 데 부모의 경험이나 배경 지식이 부족하다고 여길 수 있다. 이러한 태도는 부모와 관련된 모든 부분에서 어려움으로 연결될 수 있다. 때때로 전문가는 아예 정보를 제공하는 것을 포기하기도 한다. 부모는 자녀의 미래 발달에 대해 염려하고, 자녀가 어떻게 성장하며, 미래에 일어날 일들에 대해 알고 싶어 한다. 전문가는 부모의 감정을 상할 수 있는 말을 하여 반감을 살 수 있는 의사소통을 할 수도 있다. 만일 부모가 제시되는 상담에 대해 혼란스러워하거나 정보에 대하여 신뢰하지 않는다고 하면, 부모는 스스로 정보를 찾아 나서게 될 것이다. 이러한 정보 탐색 과정에서 부모는 자녀에 대하여 오히려 잘못된 정보를 얻게 될 수 있다. 따라서 전문가는 부모가 걱정을 줄이고 어떤 도움을 받고 있다는 것을 느낄 수 있도록 가능하면 조기에 정확한 정보를 제공해 주어야 한다.

3) 의학적 설명

많은 부모에게 처음으로 그들의 자녀가 지적장애라는 사실을 알려 주는 사람은 의사다. 다운증후군이거나 신체적 외상은 출생 시부터 장애라는 사실을 알게 된다. 다른 경우는 아동기를 거치거나 아이가 학교를 가고 나서 아이의 상태에 대해 듣고 알게 된다. 정보를 언제 알게 되는가에 상관없이, 부모의 죄의식을 경감하거나 최소화하는 의료적 상담에 상당한 기술이 필요하다.

일반적으로 부모는 자녀의 상태, 진단, 둘째 아이가 지적장애로 태어날 가능성에 대한 의료적 의견을 원한다. 기형이나 위험성 그리고 발생 가능한 후속 결과에 대해 전문가가 명확하게 설명해 줄 것을 원한다. 정보가 제시된 이후, 다른 자녀를 또 가질 것인지에 대한 문제는 부모가 결정할 사항이다.

포괄적인 의료적 상담과 서비스를 지적장애와 그 가족에게 제공하기 위하여 다음의 사항을 고려해야 한다.

① 의사도 지적장애와 관련된 심리적 · 의학적 · 교육적 측면의 의료적 연수를 받을 필요가 있다.
② 의사는 치료가 환자의 특정한 장애와 관련이 없는 질병이라도, 지적장애 환자의 일반적 질병에 대해서도 기꺼이 치료해 주어야 한다.
③ 의사는 특정 장애 영역의 전문가이기보다는, 필요할 때 환자에게 적절한 조치를 취해 줄 수 있는 전문가로서의 충분한 지식을 갖추어야 한다.
④ 의사는 그들의 영역을 벗어난 의료적 상담 역할을 하여서는 안 되며, 다른 관련 자원을 기꺼이 소개하고 안내해 주어야 한다(Hardman et al., 1999).

4) 치료를 찾아서

일단 부모가 자신의 자녀가 지적장애라는 것을 받아들이게 되면, 그들은 바로 '치료'에 모든 노력을 집중하게 된다. 불행하게도, 지적장애는 완전한 치료와는 거리가 있게 마련이다. 그러나 지적장애가 정서적 문제나 환경적 결핍과 연관이 있다고 하면, 어느 정도 치료적 기법(심리치료, 환경적 조절 등)이 적용될 수 있다. 만일 조기에 처치가 충분히 이루어진다면, 확실히 어느 정도 긍정적인 결과를 가능하게 할 수 있을 것이다.

갈락토스나 페닐케톤뇨증의 경우에는 식이요법 조절을 통해 지적장애를 사전에 최소화할 수 있다. 그리고 물리치료와 언어치료는 기능적 수준을 높여 줄 수 있다. 그러나 이것은 지적장애의 '치료'와는 별도의 문제다.

재정적 여유가 있는 경우, 부모는 자녀를 여러 전문가에게 데리고 가 자신들이 원하는 진단을 받기를 희망한다. 이러한 과정에서 전문가는 부모가 값비싼 치료 비용이 드는 프로그램이나 적은 비용으로도 어떤 긍정적 효과를 볼 수 있다고 유혹하려는 비양심적인 사람들로부터 보호해 주는 역할을 하여야 한다. 부모가 의심스러운 처치에 대한 자문을 얻고자 할 때 가장 신중한 접근은 부모를 전문가나 그들의 입장을 정확하게 알고 도와줄 수 있는 다른 부모에게 소개해 주는 것이다. 우리나라의 경우, 부모는 한국지적장애학회, 전국지적장애협회, 전국지적장애부모회 같은 관련 기관들을 직접 찾아 자문을 받을 수 있다.

5) 가족 기능 유지하기

지적장애 아동의 가족은 많은 도전에 직면하게 된다. 첫째, 부모는 지적장애 자녀를 둔 것에 대한 죄책감에 시달리게 된다. 그래서 이들은 자녀의 행복을 위해 모든 헌신을 해야 한다고 생각한다. 이러한 정신적 압박은 부모의 일상생활에서의 다른 사람, 장애가 없는 다른 자녀, 그들의 친구나 친척과의 상호작용을 간섭하게 된다. 둘째, 지적장애에 의한 추가적인 재정적 부담은 기본 필수품뿐만 아니라 여가나 기타 활동을 위한 정상 지출을 줄이는 결과를 가져온다. 셋째, 부모가 최소한의 여가나 사회적 활동을 하기 위해서 자녀를 돌봐 줄 사람을 찾기가 너무 어렵다. 이러한 문제들은 부모에게 일상적인 일이 되었다. 따라서 부모에게는 자신의 죄의식을 잊고 최소화하는 데 필요한 지원이 요구된다. 부모는 지적장애 자녀가 있다는 것이 가족관계를 훼손할 필요가 없다는 것을 이해하게 도와주어야 한다.

지적장애 아동 부모의 여유로운 생활을 돕기 위해 지역사회 내에서 일시적이거나 하루 혹은 저녁시간과 같이 일정한 기간 등 여러 가지 선택 사양으로 일시적으로 자녀를 맡길 수 있는 돌봄센터들이 마련될 필요가 있다. 이러한 기간을 통해 부모는 정신적으로나 육체적으로 휴식을 얻을 수 있을 것이다. 혹은 가족의 다른 구성원과 자녀에 대한 책임과 돌봄을 서로 나눌 수 있는 기회를 갖는 것도 하나의 방법이 될 수 있다. 가족관계에서 지적장애 자녀를 서로 이해하게 하고 관련된 문제를 서로 극복해 가면서 이를 긍정적인 기회로 발전시켜 가는 방향으로 지속시켜 갈 필요가 있다. 이와 관련하여 Bennett(1986)은 지적장애 자녀를 양육하는 부모에게 다음과 같은 균형 잡힌 접근을 제안하였다.

- 실제로 적용할 수 있고 활용할 수 있는 현실적인 도움 주기
- 자녀의 현재와 미래를 위해 실질적이고 구체적인 목적 개발하기
- 자신과 관련된 일은 늘 우선순위에서 미뤄 놓지 않기
- 자녀와 충분한 시간을 나누고 함께 문제를 해결해 나가기
- 다른 부모와 관계 쌓기

6) 미래 계획

지적장애 아동이 고등학교나 전공과를 졸업하는 나이가 되면 사회에 진출해 독립적인 삶을 살아가게 할 준비를 해야 한다. 그러나 많은 지적장애인은 성인으로 스스로 살아가는 능력을 갖추지 못한 상태에서 졸업을 맞게 된다. 따라서 고용, 주거, 의료 그리고 여가 서비스가 가능하다면 직접 지원을 계속해야 할 필요가 있다.

부모는 자녀의 요구나 필요가 궁극적으로 어디에서 어떻게 해결될 수 있을지 걱정이 많다. 부모는 지원에 필요한 요구 사항을 지속적으로 안내해 주고 관리해 주기를 원한다. 그리고 그들의 지적장애 자녀를 위한 위탁제도 혹은 돌봄센터와 같이 잘 계획된 제도나 기관들을 통해 여러 가지 문제를 해결하려고 한다. 또한 자녀가 배치되고 도움을 받을 수 있도록 관련 기관들의 설립에도 관심을 가지고 있다.

3. 지적장애 아동의 요구

수용은 모든 인간의 기본적 요구다. 지적장애 아동이라고 해서 다른 아동과의 차이점은 없다. 이들도 존경받는 개인으로 받아들여지길 원한다. 낮은 자아존중감, 부적절한 감정 및 우울감은 부모가 이들에게 사랑을 주려고 하는 마음을 어렵게 한다. 신체적 낙인이나 비정상적 반응 등도 부모의 애정 표현을 주저하게 한다. 부모의 아동에 대한 이러한 영향은 치명적이 될 수 있다. 많은 지적장애 아동은 자신을 인정해 줄 사람을 갈망하고 있다. 지적장애 아동과 일반 아동의 학급과 학교에서의 통합에서, 수용은 더 중요한 문제가 될 수 있다. 아동의 학급 친구와 일반 교사에 대한 세심한 교육을 통해서, 장애아동에 대한 무지에 대한 두려움을 없앨 수 있고, 수용 방법을 알게 할 수 있다. 교사는 학교나 학급에서 배제되는 이들을 포용하고 수용할 수 있다. 교사가 부모에게 장애아동의 진가를 알려 줌으로써 긍정적 태도와 호감을 갖게 할 수 있다. 그리고 부모에게 이를 수용하도록 안내해 줄 수 있다(Drew & Hardman, 2000).

부모와 교사는 아동이 성장 발전할 수 있는 긍정적 환경과 적절한 분위기를 만들어 줄 책임이 있다. 부모는 장애 자녀가 낯선 환경에서 당황하거나 공공장소에서 민감하게 반응하는 경우가 있다고 하더라도 이들에게 다양한 경험을 할 수 있도록 여건을 만들어 줄 필요가 있다. 지적장애 아동에게 그들의 지역사회에서 마트 이용하기, 버스 타기, 식당 이용하기와 같은 참여 기회를 제공해 주지 않는다면, 이들은 사회적 발달에서 매우 중요한 경험을 놓치게 되는 것이다.

적응에 영향을 주는 중요한 요인은 아동의 환경에서 조정의 적절성이다. 아동이 가족 구성원에 대해 의존적이면, 학습된 무기력(helplessness)과 자아존중감 부족 태도를 가질 수 있다. 예를 들면, 부모가 지적장애 자녀의 옷을 입히는 것이 교사가 옷 입기 지도를 하는 것보다 훨씬 쉬운 것이 될 것이다. 가르친다는 것은 힘들고 오랜 시간을 요한다. 그러나 아동이 도움 없이 옷을 입게 되면, 다른 수준의 독립적인 것을 성취하게 된다. 그리고 자기성취감이 증진된다. 그러나 반대로, 지나칠 정도로 통제적이고 간섭을 하는 가정이라면, 아동이 스스로 처리할 수 있는 기본적인 능력이 있다 하더라도 아동은 스스로 적응하고 결정하는 데 있어 문제를 보일 수 있다. 아동이 상호작용하고 참여하며 가족 속에서 책임감을 스스로 받아들이는 경험은 교육적 장면, 동료 관계, 기타 여러 사회적 상황으로 전환될 수 있을 것이다(Drew & Hardman, 2000).

4. 지적장애 아동의 형제 지원

일반적으로 지적장애 아동의 형제들도 일반 다른 형제들과 같은 심리적 과정을 겪는다. 형제들은 어울려서 서로 즐거운 일이나 어려운 일을 겪으면서 기쁨과 슬픔을 공유하게 된다. 특히 지적장애 아동의 형제자매는 다른 친구와 다르게 자신의 형제가 지적장애라고 하는 차이에 대한 애타심을 갖게 되고, 도움이 필요한 사람에 대한 동정심과 애정을 갖고 있는 것으로 나타났다. 동시에 이들은 지적장애를 가진 형제에 대한 과도한 관심과 분노를 느끼기도 하고, 형제를 어떻게 돌보고 살아가야 할지에 대한 걱정을 하기도 한다. 그들이 갖고 있지 않은 특별한 장애와 한계를 형제가 갖고 있다는 점에 대해서 부모가 느끼는 것과 같은 죄책감도 느낄 수 있다(Powel & Ogle, 1985; 정동영 외 역, 2009에서 재인용).

Griffiths와 Unger(1994)는 대부분의 형제자매들은 가족이 장애 형제에 대하여 책임을 져야 한다는 생각을 가지고 있다고 하였다. 그리고 장애 형제의 장래에도 기꺼이 돌봐야 한다는 여기고 있다는 것이다. 결국 많은 형제자매는 나이가 들어서도 지적장애 형제와 함께 살아가고 있으며, 지적장애 형제가 나이가 들어 성인이 되어도 형제가 함께 살아간다는 생각을 가지고 있다(Friedman, 1996). 그러나 다른 연구에서는 지적장애를 부양하는 엄청난 책임을 자신이 떠안아야 한다는 부담감이 형제에게 부정적인 영향을 끼친다고 제안했다. 그 원인에는 그들이 너무 빨리 성숙해진다는 것과 또래에 비해 훨씬 더 많은 집안일을 해야 한다는 것으로 짐작해 볼 수 있으며, 이러한 결과는 나아가서 자신에게 주어진 사회화의 기회를 스스로 억압해 버리는 결과를 낳았다고 밝혔다(Farber, 1959; 정동영 외 역, 2009에서 재인용). 최근의 보고서에서는 비록 지적장애 아동의 형제에게 더 많은 양육의 책임이 지어진다고 해서 반드시 그들이 또래보다 더 많은 집안일을 해야 하는 의무를 지는 건 아니라고 지적하고 있다. 사실, 부모는 비장애 자녀가 여유 시간에 장애아동을 돌보고 있다는 것을 알고 있기 때문에 이 비장애 자녀에게 집안일을 더 시키는 것을 좋아하지 않는 것으로 보인다. 또 자녀가 성장함에 따라 이러한 부가적인 가사 부담은 더 이상 형제간의 우애에 부정적인 영향을 미치지 않게 되며, 비장애 형제의 사회화에 영향을 주지 않는다(Stoneman et al., 1991).

장애아동을 대하는 부모의 태도에 대한 형제들의 생각은 그들의 행동과 적응에 강한 영향을 준다. 부모가 자녀의 장애를 정직하고 열린 마음으로 대하고 형제들에게 장애에 대한 정확한 정보를 제공한다면, 형제들의 장애에 대한 적응능력과 이해력은 강화될 것이다. 그러나 부모가 장애에 대해 말하기를 꺼린다면 형제들 역시 질문을 하거나 관심을 갖지 않는다. 또는 부모를 속상하게 하는 것이 두렵거나 부모를 고통스럽게 하고 싶지 않아 장애 형제에 대한 정보를 묻는 것 자체를 꺼리게 될지도 모른다(정동영 외 역, 2009).

비장애 형제들은 가정에서 지적장애 형제에 모든 가족의 관심이 집중되고 자신이 가족 중에 관심을 받지 못하고 있다고 생각하며 분노하게 될 수 있다. 그리고 지적장애 형제를 위해 부모의 모든 시간이 우선시되고 자신은 늘 혼자 놀아야 한다고 생각할 수 있다. 또한 지적장애 형제에 비해 장애를 가지고 태어나지 않은 것에 대한 미안함이나 죄의식을 느낄 수 있다. 그리고 어려서는 장애자가 될 수 있다는 두려움을 갖게 될 수 있고, 나이가 들어 감에 따라 자신도 지적장애 아이를 가지게 될 수 있다는 두려움이 들 수 있다. 뿐만 아니라 공공장소에서나 대중 앞에서 지적장애 형제가 있다는 것을 부끄러워하거나 당황스러워할 수 있다(Drew & Hardman, 2000).

따라서 전문가는 지적장애 아동과 그의 부모뿐 아니라 가족 내의 다른 형제들에게도 반드시 특별한 관심을 기울여야 한다. 또한 전문가는 지적장애 아동의 형제들이 느낄 수 있는 문제들을 미리 예상하고 이해해서 그들이 발전하고 적응할 수 있도록 지원할 수 있는 준비를 하는 것도 중요하다. 형제들이 장애 형제들과 함께하는 활동을 지도하는 공식적인 훈련 과정을 통해서 공적 상황뿐만 아니라 사적 상황에서도 더 긍정적인 상호작용을 유도하고, 형제간에도 긍정적인 상호작용을 촉진시킬 필요가 있다. 형제들은 문제행동을 조절하기 위한 강화와 촉진 기술, 문제행동 식별, 과제분석, 행동연쇄 등의 다양한 전략을 익힐 수 있으며, 이러한 기술과 처리능력을 통해서 효과적인 상호작용을 촉진할 수 있다. 장애아동의 형제가 공식적인 훈련을 할때 다음과 같은 지침을 고려할 수 있다(정동영 외 역, 2009; Powel & Ogle, 1985).

- 지적장애 아동과 형제자매 모두 자발적으로 참여하기
- 과제나 상황이 성공할 수 있도록 계획하기
- 형제자매 모두 상호작용을 통해 보상받기
- 훈련 상황, 특히 손위 형제자매가 함께 학습할 때 효과적일 수 있음

5. 가족과 전문가 간의 협력

전문가와 가족 간의 협력은 매우 중요하다. 가족과 전문가가 지적장애 아동의 요구에 대해 서로 협력관계를 유지할 때 지적장애 아동에게 최상의 서비스를 줄 수 있다. 따라서 전문가가 지적장애 가족과 효율적 관계를 형성하기 위해서는 다음과 같은 점에 유의해야 한다(정동영 외 역, 2009에서 재인용).

과거, 전문가들은 스스로를 아동과 가족을 위해 계획을 세우고, 무엇을 해야

하는지에 대한 정보를 제공하며, 그들의 문제를 해결해 주는 권위자로 여겨 왔다. 그러나 이러한 전문가의 태도는 부모와 함께하는 협력자로서의 역할에 부정적 영향을 주게 된다. 전문가가 가족과 '함께'하기보다 가족을 '위해서' 서비스를 제공하려고 한다면, 도움을 주기보다는 오히려 관계를 유지하기 어렵게 한다. 또한 가족에게 더 많은 스트레스를 줄 수 있고, 부적절한 프로그램으로 가족의 문제를 해결하는 데 오히려 해가 될 수 있다.

부모는 전문가 지시에 따르는 입장이 아니라, 자신의 요구를 확인하고 자녀의 지원 프로그램을 자문하며, 프로그램 수정에 참여할 권리와 책임을 갖고 있다. 이러한 부모의 역할을 통해 최상의 서비스를 받을 수 있게 된다(Gartner, Lipsky, & Turnbull, 1991).

전문가는 가족에 대한 부정적인 기대보다는 협력에 대한 긍정적인 태도를 갖추는 것이 필요하다. 즉, 전문가는 부모를 자신들의 상황에 잘 적응할 수 있는 능력을 지닌 동반자로 보아야 한다(Fine, 1991). 또한 가족 구성원 개개인의 역할, 가족 체계 및 조직에 대한 바른 이해를 함으로써 좋은 협력이 이루어진다. 결국 가족 체계 및 조직을 생각하는 데 도움이 되는 것은 가치, 태도, 전통과 관습, 가족 안에서의 역할과 규칙, 의사 결정의 주체와 방법, 감정 표현 방법, 대가족 내에서의 관계 형성 방법, 그리고 심리적 · 종교적 요인이다. 가족 구성원 모두의 감정과 생각에 대하여 관심을 갖고 확인하는 것도 중요하지만, 부모와 전문가의 협력관계의 초점은 지적장애 아동을 위한 목표 설정, 자원 활용, 각 실행 단계 확인, 목표 달성을 위한 시간 계획, 평가와 피드백을 어떻게 할 것인가에 있어야 한다(Fine, 1991).

6. 가족지원 모형 및 지원 계획

가족지원 계획을 위한 여러 가지 모형은 가족지원을 어떤 수준이나 형태로 제공할 것인가에 대한 기본 틀을 의미한다. 또한 지원의 주체나 역할의 비중에 따라 다양한 형태의 모형이 제시될 수 있다. 최민숙(2003)과 오혜경(2001)이 제시한 모형을 소개하면 다음과 같다.

- 전문가 중심 모형: 의학적 모형에 근거하였고, 장애아동의 가족은 스스로 문제해결이 어렵기 때문에 가족의 요구와 자원을 활용하기 위하여 전문가의 도움이 필요하다고 본다.
- 부모훈련 모형: 직접적인 교수를 통하여 전문가의 중재로 부모를 교육한다.
- 가족강화 모형: 가족 스스로 적극적인 참여로 새로운 지식과 기술을 획득하고 선택하는 연습을 통해 가족의 기능을 강화하고 문제를 해결하는 능력을 기른다.
- 가족협력 모형: 가족을 재활전문가의 협력자로 인식한다. 가족이 스스로 자신의 삶을 변화시키는 데 필요한 능력을 갖고 있다고 보지만, 그 능력을 발휘하기 위하여 전문가의 교육과 보호가 함께 이루어질 때 가능하다고 본다.
- 가족초점 모형: 가족이 보다 건강한 방식으로 기능하는 데 필요한 것이 무엇인가에 대하여 가족과 전문가가 서로 협력하여 결정한다. 이 모형에서는 가족을 더 긍정적인 관점에서 인식하려고 노력하지만, 여전히 전문가의 조언과 지도의 필요하다고 본다.
- 가족중심 모형: 가족의 요구에 의해 지원이 결정되고, 가족의 능력과 요구에 따라 중재 전략이 정해진다. 중재는 가족의 요구 수준에 따라 필요한 공식적이고 비공식적인 자원을 활용한다. 그리고 가족이 필요로 하는 자원의 관계망을 구축할 수 있는 능력을 강화하는 데 중재의 목표로 삼는다.

이러한 가족지원 모형을 기초로 하여 지적장애 학생을 지도하는 기관에서는 다양한 형태의 가족지원 프로그램을 운영할 수 있다. [그림 13-1]은 전문가의 역할을 줄이고 가족 스스로 문제를 해결할 수 있는 능력을 높이는 데 중점을 둔 가족강화 모형의 절차를 보여 준다.

가족의 요구 발생	각 개별 가족의 요구 확인: 형식적인 진단도구를 통한 요구 조사보다는 자연스러운 상황에서 열린 접근이 바람직함. 면담, 설문지 활용
▼	
가족의 지원망 탐색	가족의 현재 활용 가능한 자원망 확인: 자원망은 '가족의 자원망 조사서'나 면담을 통해 확인
▼	
가족의 강점 확인	모든 가족의 강점 탐색, 가족의 약점보다는 긍정적인 측면에 초점을 두고 접근: '가족기능 양식 척도' '가족 강점 척도' 등 활용
▼	
새로운 자원망 개발	가족의 기존 자원으로 욕구를 충족시킬 수 없는 경우 지역 내 공식적 · 비공식적 자원을 개발하여 활용 –공식적 자원: 교육기관, 보육기관, 특수교육지원센터, 보건소, 장애인 종합복지관, 사회복지관 등 –비공식적 자원: 가족, 친척, 친구, 이웃, 교회, 직장, 지역사회 자원봉사자 등
▼	
가족의 요구 해소	가족 스스로 요구를 충족하도록 하여 가족의 기능 향상

[그림 13-1] 가족지원 제공 절차

출처: Dunst & Deal (1994); 국립특수교육원(2008), p. 157; 이경면(2011)에서 재인용.

연구문제

1. 가족지원의 다양한 유형을 알아봅시다.
2. 가족지원 모형에 따라 구체적인 실행 계획을 세워 봅시다.

참고문헌

국립특수교육원(2008). **장애유아교육과정편성 및 운영자료** (p. 157). 아산: 국립특수교육원.

김진호, 박재국, 방명애, 안성우, 유은정, 윤치연, 이효신 역(2005). **특수교육학개론.** 파주: 시그마프레스.

오혜경(2001). 장애아동 가족지원에 관한 고찰. **사회복지리뷰, 6**(1).

이경면(2011). 장애아동의 가족지원. 정동영 외 (편). **특수교육학개론.** 서울: 교육과학사.

정동영, 김주영, 김형일, 김희규, 유장순, 정동일, 최혜승 역(2009). **정신지체: 지역사회 통합을 위한 접근.** 서울: 박학사.

최민숙(2003). 가족지원모델. **한국유아특수교육학회지.** 2003년도 학술발표대회.

Beckman, P. (1983). Influence of selected child characteristics on stress in families of handicapped infants. *American Journal of Mental Deficiency*, *88*(2), 150-156.

Bennett, C. (1986). Parenting a specail child: How difficult is it? *Exceptional Parent, 16*(4), 50-52.

Blacher, J. (1984). A dynamic perspective on the impact of a severely handicapped child on the family. In J. Blacher (Ed.), *Severely handicapped children and their families* (pp. 3-50). Orlando, FL: Academic Press.

Bristol, M. (1987). The home care of children with developmental disabilities: Empirical support for a model of successful family coping with stress. In S. Landesman, P. M. Vietze, & M. J. Begab (Eds.), *Living environments and mental retardation.* Washington, DC: American Association on Mental Deficiency.

Bristol, M., & Schopler, E. (1984). A developmental perspective on stress and coping in families of autistic children. In J. Blacher (Ed.), *Families of severely handicapped children.* New York: Academic Press.

Carr, J. (1970). Mongolism: Telling the parents. *Developmental Medical Child Neurology*, *12*, 213-221.

Challela, M. S. (1981). Coping with a mentally retarded child. In A. Milunsky (Ed.),

Coping with crisis and handicap. New York: Plenum Press.

Chisholm, C. A., Pappas, D. J., & Sharp, M. C. (1997). Communicating bad news. *Obstetrics and Gynecology*, *90*(4), 637-639.

Coley, R. L. (1998). Children's socialization experiences and functioning in single-mother households: The importance of fathers and other men. *Child Development*, *69*(1), 219-230.

Crane, L. (2009). *Mental Retardation: A community integration approach*. Upper Saddle River, NJ: Merrill/Prentice Hall.

Drew, C. J., & Hardman, M. L. (2000). *Mental retardation: A life cycle approach* (6th ed.). Merill an imprint of Prentice Hall Upper Saddle River, New Jersey Columbus, Ohio.

Drillien, C. M., & Wilkenson, E. M. (1964). Mongolism: When should parents be told? *British Medical Journal*, *2*, 1306-1307.

Dunst, C., & Deal, A (1994). *Supporting & Sterngthening Families*. Cambridge, MA: Brookline Books.

Dyson, L. L. (1991). Families of young children with handicaps: Parental stress and family functioning. *American Journal on Mental Retardation*, *95*(6), 623-629.

Dyson, L. L. (1993). Response to the presence of a child with disabilities: Parental stress and family functioning over time. *American Journal on Mental Retardation*, *98*(2), 207-218.

Eakes, G. G., Burke, M. L., & Hainsworth, M. A. (1998). Middle-range theory of chronic sorrow *Image-The Journal of Nursing Scholarship*, *30*(2), 179-184.

Farber, B. (1959). Effects of a severely mentally retarded child on family integration. *Monographs of the Society for Research in Child Development*, *24*(2), 1-112.

Fine, M. J. (1991). The handicapped child and the family: Implications for professionals. In M. J. Fine (Ed.), *Collaboration with parents of exceptional children*. Brandon, VT: Clinical Psychology Publishing.

Gartner, A., Lipsky, D. K., & Turnbull, A. P. (1991). *Supporting families with a child with a disability: An international outlook*. Baltimore, MD: Paul H. Brookes.

Griffiths, D. L., & Unger, D. G. (1994, April). Views about planning for the future among parents and siblngs of adults with mental retardation. *Family relations*, *43*, 221-227.

Hardman, M. L., Drew, C. J., & Egan, M. W. (1999). *Human exceptionality: Society, school, and family* (6th ed.). Bostion, MA: Allyn & Bacon.

Hunter, K. (1987). Rett syndrome: Parents view about specific symptoms. *Brain & Development*, *9*(5), 535-537.

Krehbiel, R., & Kroth, R. L. (1991). Communicating with families of children with disabilities or chronic illness. In M. J. Fine (Ed.), *Collaboration with parents of exceptional children* (pp. 103-128). Brandon, VT: Clinical Psychology Publishing.

Kübler-Ross, E. (1969). *On death and dying*. New York: Macmillan.

Lakin, K. C., & Bruininks, R. J. (1985). Contemporary services for handicapped children and youth. In R. H. Bruiinks & K. C. Lakin (Eds.), *Living and learning in the least restrictive environment* (pp. 3-22). Baltimore, MD: Paul H. Brookes.

Lian, M. J., & Aloia, G. (1994). Parental responses, roles, and responsibilities. In S. K. Alper, P. J. Schloss, & C. N. Schloss (Eds.), *Families of students with disabilities* (pp. 51-94). Boston, MA: Allyn & Bacon.

Mallow, G. E., & Bechtel, G. A. (1999). Chronic sorrow: The experience of parents with children who are developmentally disabled. *Journal of Psychosocial Nursing and Mental Health Services*, *37*(7), 31-35.

Marc, D., & MacDonald, J. (1988). Respite care—Who uses it? *Mental Retardation*, *26*, 93-96.

McDonnell, J. M., Hardman, M. L., McDonnell, A. P., & Kiefer-O'Donnell, R. (1995). *Introduction to persons with severe disabilities*. Needham Heights, MA: Allyn & Bacon.

Orr, R. R., Cameron, S. J., & Day, D. M. (1991). Coping with stress in families with children who have mental retardation: An evaluation of the double ABCX model. *American Journal on Mental Retardation*, *95*(4), 444-450.

Orr, R. R., Cameron, S. J., Dobson, L. A., & Day, D. M. (1993). Age-related changes in stress experienced by families with a child who has developmental delays. *Mental Retardation, 31*(3), 171-176.

Patton, J. R., Beirne-Smith, M., & Payne, J. S. (1990). *Mental retardation* (3rd ed.). Upper saddle River, NJ: Merrill/Prentice Hall.

Perske, R., & Perske, M. (1986). *Hope for the families* (3rd ed.) Nashville, TN: Abingdon Press.

Powell, T. H., & Ogle, P. A. (1985). *Brothers and sisters: A special part of exceptional families.* Baltimore, MD: Paul H. Brookes.

Poyadue, F. S. (1993). Cognitive at Parents helping parents. In A. P. Turnbull, J. M. Paterson, S. K. Behr, D. L. Murphy, J. G. Marquis, & M. J. Blue-Banning (Eds.), *Cognitive coping, familities, and disability* (pp. 95-110). Baltimore, MD: Brookes.

Raech, H. (1966). A parent discusses initial counseling. *Mental Retardation* (March-April), 25-26.

Sarimski, K. (1997). Behavioural phenotypes and family stress in three mental retardation syndromes. *European Child and Adolescent Psychiatry, 6*(1), 26-31.

Sonnek, I. M. (1986). Grandparents and the extended family of handicapped children. In R. R. Fewell & P. F. Vadsey (Eds.), *Families of handicapped children: Needs and supports across the life span* (pp. 99-120). Austin, TX: Pro-ED.

Stoneman, Z., Brody, G. H., Davis, C. H., & Crapps, J. M. (1991). Ascribed role relations between children with mental retardation and their younger siblings. *American Journal on Mental Retardation, 95*(5), 537-550.

Tingey, C. (1988). *Down syndrome: A resource handbook.* Boston, MA: Little, Brown.

Weisner, T., Beizer, L., & Stolze, L. (1991). Religion and families of children with developmental delays. *American Journal on Mental Retardation, 95*(6), 647-662.

찾아보기

인명

내용

저자 소개

김형일 | Kim Hyeungil

대구대학교 졸업(특수교육 지적장애 전공)

단국대학교 대학원 교육학 석사 및 박사(특수교육 지적장애 전공)

서울정진학교, 서울정문학교 교사

교육부 국립특수교육원 교육연구사

나사렛 새꿈학교 교장

현) 나사렛대학교 중등특수교육과 교수

〈저 · 역서 및 논문〉

『전환교육의 이해와 실행』(2판, 교육과학사, 2013)

『정신지체: 지역사회 통합을 위한 접근』(공역, 박학사, 2008)

『특수교육 교과교육론』(공저, 교육과학사, 2008)

『개별화교육계획의 이론과 실제』(공저, 교육과학사, 2002)

『중도중복장애학생을 위한 기능적 교육과정』(공역, 박학사, 2001)

「사회적 상황에 따른 정신지체학생의 사회적 정보처리 능력 연구」

「진로 · 직업교육을 위한 특수교육기관과 관련기관 간의 협력에 관한 연구」

「장애학생 전환과정 지원 방안 연구」

「지적장애 학생의 중등 이후의 전환과 교육방안: 대학과정을 중심으로」 등 다수

지적장애 학생의 이해와 교육
Understanding and Teaching Students with Intellectual Disabilities

2014년 9월 15일 1판 1쇄 발행
2021년 2월 25일 1판 4쇄 발행

지은이 • 김 형 일
펴낸이 • 김 진 환
펴낸곳 • (주) 학지사
04031 서울특별시 마포구 양화로 15길 20 마인드월드빌딩 5층
대표전화 • 02) 330-5114　　팩스 • 02) 324-2345
등록번호 • 제313-2006-000265호

홈페이지 • http://www.hakjisa.co.kr
페이스북 • https://www.facebook.com/hakjisabook

ISBN 978-89-997-0438-3 93370

정가 18,000원

이 도서의 국립중앙도서관 출판시도서목록(CIP)은 서지정보유통지원시스템 홈페이지(http://seoji.nl.go.kr)와 국가자료공동목록시스템(http://www.nl.go.kr/kolisnet)에서 이용하실 수 있습니다.
(CIP제어번호: CIP2014024326)